Das Vermächtnis der Eugenie

edition pen Band 71
Die edition pen wird im Auftrag des
Österreichischen P.E.N. herausgegeben.
Redaktion: Helmuth A. Niederle

Das Vermächtnis der Eugenie

Gesammelte Feuilletons von Eugenie Schwarzwald 1908–1938

Robert Streibel (Hg.)

Löcker

Gedruckt mit freundlicher Unterstützung
der Kulturabteilung der Stadt Wien (MA7), Literatur.

Herstellung: Prime Rate, Budapest
ISBN 978–3-85409-878-2

INHALT

DIE FEUILLETONS: EINE LESEANLEITUNG

ROBERT STREIBEL

Eine Leseanleitung für dieses Büchlein kann durchaus hilfreich sein. Um die Bedeutung dieses »Vermächtnises« ermessen zu können, ist es wichtig, sich in Erinnerung zu rufen, dass die Feuilletons, die Eugenie Schwarzwald hinterlassen hat, die einzige authentische Quelle über ihre Weltsicht und ihre Aktivitäten darstellen. So umtriebig die Schwarzwald war, so sucht man vergeblich nach pädagogischen Schriften von ihr. Es war wesentlich lohnender und ihrem Arbeitsstil angemessener, kleine Geschichten als Lebenshilfen zu verfassen. Einige der Feuilletons werden hier zum ersten Mal wieder abgedruckt.[*]

In der Zeit zwischen 1908 und 1938 erschienen etwas mehr als 300 Artikel[**] von Eugenie Schwarzwald. Ein Blick auf die Verteilung zeigt, dass das Jahr 1926 mit 24 Artikeln der absolute Höhepunkt der Aktivitäten markiert, während 1935 immerhin noch 23 Artikel erschienen. Die Artikel erschienen in mehr als 20 Zeitungen, wobei fast die Hälfte der Artikel (147) in der »Neuen Freien Presse« zu lesen waren. Weitere wichtige Publikationen waren die »Vossische Zeitung« (35) das »Neue Wiener Tagblatt« (25), »Der Wiener Tag« (22) und die »Bühne« (17).

Die Artikel garantierten für Eugenie Schwarzwald nicht nur ihren Namen und den Namen ihrer Initiativen im Gespräch zu halten, sondern sicherten ihr auch ein gewisses Nebeneinkommen. Die Liste der Artikel zeigt aber auch, dass die Schwarzwald ein Verständnis für Public Relations hatte, denn eine Reihe von Artikeln erschienen in verschiedenen auch internationalen Zeitungen, dies betrifft vor allem die Zeit, nachdem die Veröffentlichungen in der »Neuen Freien Presse« ausfallen und manche Artikel dann nochmals oder leicht verändert in der »Bühne« oder in der »Vossischen Zeitung« abgedruckt wurden.

Eugenie Schwarzwald ist ein gläubiger Mensch, sie glaubt an die Erziehbarkeit des Menschen, sie glaubt an das Gute im Menschen und nicht zuletzt glaubt sie an die Macht der Literatur. Diese Trias markiert ihren Weg, mit dieser Einstellung kann es nicht genügen, Schulen und Heime, Speisehäuser und Ferien-

---

* Bei der Texterfassung der Feuilletons von Eugenie Schwarzwald war Ursula Jokl eine große Hilfe, der ich hier besonders für ihren Einsatz danken möchte.

** Eine hervorragende Grundlage bietet die Sammlung von Eckart Früh: Spuren und Überbleibsel Bio-bibliographische Blätter aus dem Jahr 2005. (http://docplayer.org/24496427-Spurenundueberbleibsel-bio-bibliographische-blaetter.html)

heime und -hotels zu gründen, denn ihre Idee muss weiterwirken. Der Schritt in die Öffentlichkeit ist somit vorgegeben und Zeitungen und Zeitschriften als Vermittler fixiert. Die Feuilletons, die Eugenie Schwarzwald geschrieben hat, helfen mit, ihren Ruf zu begründen. Die Feuilletons sind literarische Kleinode, Tipps zur Weltverbesserung für den Alltag. Die Bandbreite der Artikel umfasst bei weitem nicht nur Erziehung, nicht nur Mädchenbildung, oder die Probleme der Jugend, sondern reicht bis hin zu Handlungsanleitungen für ein besseres Leben: Komplimente oder Lob sind ein zu wenig eingesetztes Mittel zur Verbesserung der Welt. Weiters hilfreich sind die von ihr propagierte Herzenshöflichkeit oder die Kunst der Konversation.

Der Zugang von Eugenie Schwarzwald zum Leben hat etwas Bestechendes. Wer sich berühren lässt wird merken, dass ihr Ansatz zwar Altmodisches an sich hat, jedoch niemals rückwärtsgewandt ist, sondern offen für Neues ist. (Dies wird auch deutlich, wenn sie für Arnold Schönberg eintritt oder im Feld der Literatur die unkonventionelle Schriftstellerin Esther Grenen propagiert).

Unterstützung und Hilfe in ihrem Versuch der Weltverbesserung zieht Eugenie Schwarzwald aus der Literatur. In ihrem Kanon, auf den sie sich beruht, sind die Spitzenplätze klar vergeben, denn ohne Gottfried Keller geht gar nichts, weitere wichtige Personen sind natürlich Karin Michaels, Marie Ebner-Eschenbach, Knut Hamsun oder Erich Kästner. Eine sonderbare Mischung, aber so war sie eben die »Fraudoktor«, die auch in ihren Salons die unterschiedlichsten Menschen zu vereinen verstanden hat.

Die Feuilletons können auf die unterschiedlichsten Arten gelesen werden, neben den Hinweisen auf das Erziehungskonzept und die pädagogische Philosophie, bieten die Artikel auch immer wieder biographische Spurenelemente der Jugend und Studentenzeit von Eugenie Schwarzwald, die ja auf ihre polnisch-jüdische Herkunft, nie direkt Bezug darauf genommen hat.

Die Artikel beschreiben aber auch den Freundeskreis der Schwarzwalds. So gedenkt sie Klabund und Käthe Kollwitz, der Sängerin Bar-Mildenburg, analysiert Bernhard Shaw, verehrt die Schriftstellerin Dorothy Thomson und ist ihrem Mann dem Nobelpreisträger Sinclair Lewis, liebevoll zugetan, um nur einige zu nennen.

Wie können die einzelnen Feuilletons nun gelesen werden? In diesem Band erscheinen sie in chronologischer Reihenfolge, dies eröffnet die Chance, die Artikel parallel zur Zeitgeschichte zu lesen. Dies eröffnet ein lohnendes Feld, verrät sehr viel über »Fraudoktor« und bietet auch eine Basis für eine kritische Rezeption.

Beginnen wir mit dem Ende. Es mutet fast wie ein Gesamtkunstwerk an, wenn der letzte Artikel von Eugenie Schwarzwald am 11. März 1938 erscheint und es sich dabei um eine Buchbesprechung eines Romans handelt, der von einem Hotel erzählt, das irgendwie in seinem Bestreben, das Positive im Menschen zu sehen und durch die praktizierte Offenheit und Internationalität an die Schwarzwaldschule erinnert. Das Hotel und seine Gäste werden Opfer des Bürgerkrieges in Spanien und die letzten Worte des Artikels lesen sich wie ein hilfloser Epilog: »Wenn man das Buch liest, hat man den heißen Wunsch, es möge Nancy und den Tossaleuten bald der Friede gegönnt sein, den sie und Spanien verdienen und den wir alle so heiß ersehnen.«

Selten nimmt sie direkt Bezug auf politische Ereignisse, den Ersten Weltkrieg ausgenommen, nach den Wahlen im Jahr 1930 hat sie noch Hoffnung.

Doch was und worüber schreibt die Schwarzwald während der Justizpalast 1927 brennt, das Parlament 1933 »ausgeschaltet« oder der Bürgerkrieg 1934 tobt? Das Ergebnis wird sie verblüffen und die Entdecker des Geheimnisses im ersten Moment ratlos zurücklassen.

Im August 1927, als die 89 Toten des berittenen Polizeieinsatzes gerade begraben sind, widmet sich Eugenie der »Konversation« und beschreibt Beispiele, die eines gemeinsam haben: »Also, die beiden stritten sich nicht. Sie waren nur traurig über die Nutzlosigkeit ihres Zusammenseins.«

Als das Österreichische Parlament bereits »ausgeschaltet« war, schreibt sie über die »Junge Ehe«, als der Bürgerkrieg 1934 gerade zu Ende ist, philosophiert sie über den Umgang mit Büchern.

In der »Neuen Freien Presse« war wohl nicht Platz für Anderes. Der letzte Artikel, der in der »Neuen Freien Presse« erscheint 1935 und schildert die »Gauklerwiese« in Florenz, ein pädagogisches Experiement deutscher Lehrer für Knaben und Mädchen.

Nach 1935 bleibt als einzige Publikationsmöglichkeit die Zeitschrift »Die Bühne«.

Der letzte Artikel von Eugenie Schwarzwald wird am 11. März 1938 im »Neuen Wiener Tagblatt« abgedruckt, einen Tag vor dem Ende Österreichs. Zu diesem Zeitpunkt befindet sich Eugenie Schwarzwald nicht mehr in Österreich. Ein publizistischer Abschied. In der Rezension des Romans von Nancy Johnstone über ein Hotel in Spanien scheint auch das Ende der Schwarzwaldschen Unternehmungen vorweggenommen zu sein. Die Hoffnung, die Fraudoktor für das Hotel an der Costa Brava, das wohl auch vom Spanischen Bürgerkrieg nicht verschont werden wird, formuliert ist ein frommer Wunsch.

»Wenn man das Buch liest, hat man den heißen Wunsch, es möge Nancy und den Tossaleuten bald der Friede gegönnt sein, den sie und Spanien verdienen und den wir alle so heiß ersehnen.«

EUGENIE SCHWARZWALD LEBT

Biographische Anmerkungen

Gibt es ein Leben nach dem Tod? Die Antwort fällt unabhängig vom religiösen Bekenntnis eindeutig aus. Eugenie Schwarzwald lebt. Das Wirken dieser Frau hat Spuren hinterlassen, in der Literatur, in der Wissenschaft, in der Pädagogik und vor allem in hunderten SchülerInnen. Für dieses Weiterleben, heute sagt man dazu auch Nachhaltigkeit, waren die Bedingungen keineswegs ideal. Von den Nationalsozialisten 1938 vertrieben, starb Eugenie Schwarzwald 1940 im Exil in Zürich. Die SchülerInnen und FreundInnen waren in die ganze Welt vertrieben worden und trotzdem hat die Geschichte von »Fraudoktor«, wie sie auch liebevoll genannt wurde, dem Vergessen getrotzt.

Schwarzwaldschülerinnen auf der ganzen Welt verstreut

Eugenie Schwarzwald lebt, obwohl die Spuren, welche die Schulgründerin gelegt hat, nahezu unsichtbar sind, denn wer sieht die Prägungen von Menschen, noch dazu, wenn ein großer Teil auf der ganzen Welt verstreut lebt? Und die Spuren, die hierzulande noch zu finden waren, zum Beispiel in Schulakten, wurden, wenn sie auch Jahrzehnte überdauert hatten, dann durch Schlamperei doch noch vernichtet – wie dies 1999 im Stadtschulrat passierte.

Für diejenigen, die die Massenvernichtung des Nationalsozialismus überlebt haben und für die Schülerinnen, die dem Alter getrotzt haben, lebt Eugenie in der Erinnerung.

Edith Nökleby (geb. Mühlbauer) konnte 1938 nach England fliehen wie Gerta Adler (geb. Herzberg); Antonie Neumann war 1938 als Au Pair Mädchen in Frankreich und sah ihre Eltern, die in Konzentrationslager verschleppt wurden, nie wieder, Erika Frage (geb. Herz-berg) floh nach Chile; Margareta Wright (geb. Margulies) konnte mit den Eltern in die USA auswandern. Agathe Straus (geb. Deutsch) kam über Paris und Cherbourgh nach Rio de Janiero; Franzi Heidenreich emigrierte nach England, wurde dort zur Krankenschwester ausgebildet, war in der Exil-Jugendbewegung »Young Austria« tätig und kehrte nach Österreich zurück. Trude Hesse wanderte nach Schweden aus und besuchte Wien durch Jahrzehnte immer nur im Sommer: Beispiele für Schwarzwaldschülerinnen, die überlebt haben. Die Erinnerungen an die »fröhliche Schulzeit«, die modernen und progressiven Methoden (Gerta Adler) verblassen nicht, Turnstunden auf dem Dach (Agathe Straus), die Grundlage für ein freudiges erfolgreiches Lernen (Margareta Wright), die Schule als »friedlicher Hafen«, wo Wege zu geistiger Reife und Toleranz aufgezeigt und die eigene Urteilskraft gestärkt (Antonie Neumann) wurden. Eine Erziehung zu Toleranz, Offenheit und Verständnis für

Menschen (Gertrude Sommer) stand im Vordergrund. Für Hedy Levenback (geb. Basch) war das »fließende Englisch«, das sie der Schwarzwaldschule verdankte, »schon in den ersten Tagen der Emigration in England sehr behilflich«.

Warum wurde »Fraudoktor« nicht vergessen?

Dass bei der Nennung des Namens von Eugenie Schwarzwald Erinnerungen nicht nur für den immer kleiner werdenden Kreis der unmittelbaren Zeitzeugen wach werden, hat auch etwas mit Beharrlichkeit zu tun – von einigen, die in den schnelllebigen Zeiten Widerstand geleistet haben und die es als ihre Aufgabe angesehen haben, alles verfügbare Material über Eugenie Schwarzwald zusammenzutragen – wie Hans Deichmann. Er, der als Mitarbeiter bei IG Farben in Auschwitz zum »Verräter« wurde, war von Eugenie Schwarzwald geprägt worden. Das Zusammensein mit ihr und ihrem Mann Ende der zwanziger Jahre betrachtete er als sein »wahres Studium«. »Ich lernte von ihr zuhören, offen und geduldig zu sein, nicht Opfer meiner Vorurteile zu werden, ich lernte, Achtung vor anderen zu haben; außerdem wurde mir bewusst, wie wichtig es ist, eigene Fehler zuzugeben, mich über mich selbst lustig zu machen, kurz ich lernte, ein ziemlich freier Mensch zu sein.«

Ein anderer rühriger Geist ist Fritz Kramer, der die Volksschule bei Schwarzwald besuchen konnte und mit Grete Kammerer, der Lehrerin der Schule, bis zu deren Tod von Amerika aus in Verbindung stand.

Vor allem Hans Deichmann ist es zu verdanken, dass der Name Eugenie Schwarzwald weiterleben konnte und ihre Botschaft von einer neuen Generation wie Renate Göllner, Deborah Holmes und dem Verfasser dieser Schrift aufgegriffen wurde.

In Israel, wo die Erinnerung lebt

Der Kampf gegen das Vergessen hat schon früh begonnen, ohne Gedenktag und sichtbarem Anlass haben kurz nach dem Krieg ehemalige Schülerinnen die Erinnerung an Eugenie Schwarzwald in einem Leserbrief an die »Arbeiter Zeitung« wiederaufleben lassen.

Eugenie lebt bis heute an den ungewöhnlichsten Orten, wo es niemand vermuten würde, zum Beispiel in Israel, in der Wohnung von Ruth Shermann, einer Wohnung mit vielen Stühlen. In der Wohnung im fünften Stock in Tel Aviv würden die zwölf Apostel und noch eine Menge Propheten genügend Platz finden, nicht auf irgendwelchen Stühlen, sondern auf Antiquitäten mit ausladenden Lehnen, bei denen die Finger auf dem einen oder anderen mit einem Löwenkopf spielen können. Gemeinsam mit zwei anderen jüdischen Familien hat die Familie Ruth Shermanns, die in Wien auf dem Karmelitermarkt einen Stand für

Butter und Käse betrieben hatte, für die Flucht aus der »Ostmark« einen Container gemietet, um ihre Wertgegenstände in Sicherheit zu bringen. Der Container ging nicht verloren, sondern erreichte tatsächlich Palästina. Die Familie Ruth Shermanns konnte sich retten, die beiden anderen Familien sollten nie in der neuen Heimat ankommen. »Wir haben die Möbel aufgehoben, weil wir immer noch geglaubt haben, sie würden kommen und jetzt kann ich sie nicht weggeben, denn sie sind das einzige was von diesen Familien geblieben ist.« Viele Sitzgelegenheiten gibt es in der Wohnung von Frau Shermann und die Geschichte ihrer Familie würde viele Zuhörer verdienen.

Beim Besuch kommt die Sprache auf die noch nie erzählte Vergangenheit der Familie Ruth Shermanns und auf zwei bedeutende Kunstwerke, die im Besitz der Familie waren. Ein Bild haben die Nazis geraubt, das zweite musste Ruth Schermann in den 70er Jahren verkaufen um überleben zu können. Und dann kommt der Rettungsanker. Die Schwarzwaldschule hat ihr das Leben gerettet mit einem einzigen Satz eines Lehrers, den sie all die Jahre als Stütze empfunden hat: »Einmal bist du unten und einmal bist du oben, das ist in der Geschichte von Ländern und Völkern so wie auch im Leben.« Ruth Shermann dazu: »Als uns die Nazis alles weggenommen haben, da habe ich gewusst, jetzt sind wir ganz unten und ich habe gewusst, wir werden auch wieder hinaufkommen.«

Schwarzwald in der aktuellen Literatur

Eugenie lebt. Wenn es »Fraudoktor« nicht persönlich ist, die plötzlich quirlig, weil gerade neu (wieder)erinnert oder beschrieben auftritt, dann sind es eben auch Lehrer, die in ihrer Schule gewirkt haben. Eine derartige Frischzellenkur der Erinnerung für »Fraudoktor« liefert 2003 der Romanautor Steffen Mensching, der das Arbeitsjournal seiner Reise nach New York zu einem Roman ausgebaut hat. In seinem Roman »Jabobs Leiter«* wird eine der Hauptpersonen, Lily, spät aber doch als Schwarzwaldschülerin »geoutet« – mit einer – wie könnte es anders sein – gegen den Strich gebürsteten Lebensweisheit: »Meine Lehrerin, Genia Schwarzwald, die Direktorin unserer Schule in Wien, hat immer gesagt: ›Der Gescheitere gibt nach‹ – eine traurige Wahrheit sie begründet die Weltherrschaft der Dummheit. Ich hasse diesen Spruch«.

Lily gehört zur Mittwochsrunde von »Emigranten«, die seinerzeit von Oskar Maria Graf gegründet worden war. In den Gesprächen taucht auch eine andere legendäre Gestalt der Schwarzwaldschule auf: der jüdische Religionslehrer Taglicht, auch »Herd« genannt, der hier die Ehre hat, mit einer anderen Facette seines Lebens präsent zu sein, nämlich als Erzieher der Tiffany-Zwillinge und von Anna Freud.

---

* Steffen Mensching: Jacobs Leiter. Aufbau-Verlag, Berlin 2003.

Die Erinnerung gleicht einem Myzel, das unter der Oberfläche allen Grenzen zu trotzten scheint. Unvermutet kann in England, den Vereinigten Staaten, Australien oder Wien das Kürzel »Fraudoktor« aufhorchen lassen.

Eine Wiederbelebung von Eugenie Schwarzwald am Grundlsee bietet 2005 auch der Roman »Am Fuß des Gebirgs«* von Benjamin Anastas »Arno liebt die Oper, Arno hasst die Oper«. So beginnt die Geschichte. Arno Singer ist ein Prager Deutscher und Techniker und arbeitet in den Philipps-Werken. Über seine Therapeutin Carolin Ochs kehrt er an den Grundlsee zurück, um im Sommer 1936 täglich dort eine Therapiesitzung zu bekommen. Arno ist Teil der Gesellschaft im »Seeblick«. Die Zeit ist geprägt von der Erwartung auf eine Amerikanerin, die als Gast angesagt ist und die Fantasie der Gäste beflügelt, während die Hausherrin krank darniederliegt und so die Gästeschar etwas führerlos ist und sich mit der Tatsache abfinden muss, dass das alljährliche Philosophieseminar, bei dem Eugenie Schwarzwald als Apollodorus erscheint, nicht stattfinden wird. Anastas zeichnet ein Bild dieser Sommergesellschaft im »Seeblick« fernab von einer Idealisierung. Wer sind nun die Gäste, die angesichts des schlechten Wetters zu Beginn gezwungen sind, sich viel im Haus aufzuhalten. Die Charakterisierung der Gäste erfolgt mit den Augen Arnos und über allen liegt der Schatten der Vergangenheit, alle haben wie auch der Hausherr schon bessere Zeiten gesehen. Beim Essen zerfällt die Gruppe in verschiedene Tische, die auch eine gewisse Hierarchisierung und Bedeutung widerspiegelt: So sitzt Arno am kleinen Tisch neben dem Ausgang, während die besonderen Gäste am Tisch der Schwarzwalds versammelt werden. Die Gruppe rund um den Journalisten Unger, wurde von Dr. Schwarzwald »in einem Moment seltener Unbeschwertheit die ›Degenerierten‹ getauft und hatten den meisten Spaß und sie pflegen einen – heute würde man sagen – einen Stil, der sich nicht so sehr um die political correctness bemüht.

Eine kurze Geschichte von »Fraudoktor«

Eugenies Leben und Wirken füllt Bände, zumindest drei umfassende Bücher liegen vor und ein ganzer Bestand an Akten, Kopien und Briefen im Wiener Stadt- und Landesarchiv, eine Fundgrube, die Hans Deichmann in mühevoller Arbeit durch Jahre angelegt hat.

Wie müsste eine kurze Geschichte von Eugenie Schwarzwald aussehen? Am 4. Juli 1872 wird Eugenie Nußbaum in Polupanowka in Galizien geboren. Sie besucht die Volksschule in Czernowitz und absolviert ein Studium in Zü-

* Benjamin Anastas: Am Fuß des Gebirgs (At the Feet of the Divine), Jung und Jung Salzburg, 2005.

rich, wo sie am 30. Juli 1900 zum Doktor phil. mit der Dissertation »Metapher und Gleichnis bei Berthold von Regensburg« promoviert. Im gleichen Jahr heiratet sie Hermann Schwarzwald und übersiedelt nach Wien. Bereits am 15. Jänner 1901 hält sie ihren ersten Vortrag im »Wiener Frauen Club«. Eine weitere Vortragstätigkeit beginnt sie im Rahmen der Volkshochschulen, vor allem im Verein »Volksheim« in Wien-Ottakring. Der Begründer dieses Vereins, der Historiker Ludo Moritz Hartmann, bot Eugenie Schwarzwald die Gelegenheit, ihre pädagogischen Kenntnisse in der Praxis im für damalige Verhältnisse modernst ausgestatteten Volksheim unter Beweis zu stellen. »Na also, probieren Sie. Aber machen Sie sich darauf gefasst: Zu Ihnen werden nicht viele hineingehen«, meinte Hartmann. Beim ersten Vortrag »... saßen sieben ältere Männer im Saal. Das nächste Mal hatte ich 60 Schüler.« kann Eugenie erwidern. Sie zählt lange Jahre zu den Vortragenden, wie das Plakat des Volksbildungsvereins aus dem Jahr 1913 beweist, auf dem sie mit der Ankündigung eines Vortrags über Karl Spitteler vertreten ist.

Die Übernahme des Mädchen-Lyceums von Eleonore Jeiteles auf dem Franziskanerplatz im Jahr 1901 durch Eugenie Schwarzwald rief das Unterrichtsministerium auf den Plan. Für nur drei Jahre genehmigte ihr das Ministerium unter Minister Wilhelm August von Hartel (1839–1907) die provisorische Leitung der Schule. Insgesamt 37 Jahre lang durfte Eugenie Schwarzwald ihre Schule nicht selbständig leiten, ihr in Zürich erworbener akademischer Grad wurde nicht anerkannt. Dennoch eröffnete sie 1903 auch die erste koedukativ geführte Volksschule. Nach zwei Jahren erhielt diese Schule das Öffentlichkeitsrecht. Doch Eugenie Schwarzwald musste Prof. Ludwig Dörfler als Leiter der Schulanstalten anstellen, da eine Prolongierung der »provisorischen Leitung« durch Eugenie Schwarzwald nicht mehr toleriert wurde.

Im Jahr 1907 erhielt die Schwarzwaldschule das Recht, Reifeprüfungen ab zuhalten. Ein vierklassiges Realgymnasium startete 1909. Im selben Jahr zogen Eugenie und Hermann Schwarzwald in die von Adolf Loos gestaltete Wohnung in der Josefstädterstraße 68 ein. Ab 1911 wurde die Schwarzwaldschule als achtklassigen Mädchengymnasiums geführt. Zur Zeit der Eröffnung unterrichtete Oskar Kokoschka das Fach Zeichnen. »Genies sind im Lehrplan nicht vorgesehen«. Mit diesen Worten wurde eine Verlängerung der Lehrtätigkeit Oskar Kokoschkas an der Schule durch das Unterrichtsministerium abgelehnt. Ein Jahr später wälzte Eugenie Schwarzwald gemeinsam mit Adolf Loos Pläne für den Bau einer Semmeringschule (wurde sie je gebaut

»Kinder[n] aller Völker, aller Klassen, verschiedener Lebensverhältnisse und beider Geschlechter« wäre die Schule offen gestanden wäre. 1913 hingegen verkündete der Werbeprospekt, dass die geplante Anstalt ein Realgymnasium für

Knaben mit vorbereitender Elementarschule sein sollte. Die Elementarklassen wären koedukativ geführt worden, die weiterführenden Klassen Mädchen aber nur in Form einer »Haushaltungsschule« zugänglich gewesen.

Langeweile ist Gift für Kinder

Im Jahr 1913 übersiedelte die Schwarzwaldschule in das Gebäude in der Wallnerstraße 9. Während sich im Literatencafé Herrenhof im selben Haus prominente Schriftsteller und Künstler trafen, eroberten die Schülerinnen den Dachgarten – nicht nur im Turnunterricht. »Die Schule muß versuchen, eine Künstlereigenschaft, die alle Kinder besitzen, die Vitalität, zu erwecken und zu erhalten.« (Eugenie Schwarzwald: Die Lebensluft der neuen Schule, 1931) Langeweile war für »Fraudoktor« ein Gift, das Kindern nicht einmal in kleinen Dosen verabreicht werden darf, Fröhlichkeit sah sie als ein unentbehrliches Lebenselexier an.

Das Schwarzwaldsche Wohlstandswerk

Während des Ersten Weltkrieges werden unter der Anleitung von Eugenie Schwarzwald Gemeinschaftsküchen gegründet und Hilfsprogramme für Flüchtlingskinder gestartet. Ein Erholungsheim für Kinder und Erwachsene in St. Wolfgang entstand. Die Aktion »Wiener Kinder aufs Land« ermöglichte tausenden Kindern einige unbeschwerte Wochen.

Im Jahr 1916 begann ein zweijähriger chemischer Fachkurs für Frauen. Dr. Otto Rommel, der spätere Herausgeber der Nestroy Gesamtausgabe, wurde Direktor der Schwarzwaldschule. Adolf Loos hielt Vorträge im Festsaal der Schwarzwaldschule und Arnold Schönberg bot ein Seminar für Komposition an. Das Ende des Ersten Weltkrieges erleben Kinder, Erwachsene und Eugenie Schwarzwald im Sommerheim für Kinder und Erwachsene in Bad Topolschitz. »Fraudoktor« wie sie längst genannt wurde, gründete weitere Kinderheime wie das »Haus in der Sonne« in Küb am Semmering und das Kinderheim »Wolfsbergkogel«, ebenfalls am Semmering. Außerdem übernahm sie das Erziehungsheim Harthof bei Gloggnitz für Knaben und Mädchen zwischen 10 und 16 Jahren. In die Kaiserresidenz in Bad Ischl zogen ebenfalls Kinder ein und Bedürftige wurden in der Helmstreitmühle in Mödling und in Reichenau betreut, unter ihnen auch Robert Musil. Von ihren weiteren Aktivitäten seien genannt: eine Jugendwerkstatt für Knaben in der Invalidenschule in der Schleiergasse/Favoriten, Ferienkolonien für Kinder in Küb, Reichenau, Bad Ischl, Waidhofen a. d. Ybbs und Bad Fischau. Für Erwachsene gab es Erholungsmöglichkeiten auf dem Semmering und in Raach, nahe dem Erziehungsheim Harthof.

Mit der Übernahme der Villa »Seeblick« am Grundlsee 1920 waren die Sommeraktivitäten der folgenden 18 Jahre gebündelt.

Das Schwarzwald'sche Wohlfahrtswerks verwaltete seit 1922 die verschiedenen Aktivitäten. Ein Jahr später weitete Eugenie Schwarzwald ihren Wirkungskreis auf Berlin aus, wo die von ihr gegründete »Österreichische Freundeshilfe für Deutschland« vier Gemeinschaftsküchen in Betrieb hatte.. Überdies wurde in Bad Lobenstein in Thüringen ein Erholungsheim betrieben. Als die ersten Flüchtlinge 1933 nach der nationalsozialistischen Machtübernahme Hilfe in Österreich benötigten, halfen Eugenie Schwarzwald und ihr Mann. Nach der Niederschlagung des Widerstandes sozialdemokratischer Arbeiter im Februar 1934 unterstützten sie auch verfolgte Kämpfer und ihre Familien.

1938: Im Exil in der Schweiz

Als die Nazis in Österreich einmarschierten, trat Eugenie Schwarzwald eine Vortragsreise nach Dänemark an, von der sie nicht mehr nach Wien zurückkehrte. Sie ließ sich in Zürich nieder. Im September wurde die Schwarzwaldschule geschlossen, das Vermögen der Schwarzwalds durch den Stillhaltekommissar liquidiert. Ende September gelang auch Hermann Schwarzwald und Marie Stiasny, der treuen Sekretärin, Freundin und Assistentin, die Flucht in die Schweiz. Ein Jahr später starb Hermann Schwarzwald in Zürich. Im August 1940 verlor Eugenie Schwarzwald ihren Kampf gegen den Krebs.

Prominente Männer als Mitstreiter

Eugenie Schwarzwald scharte prominente Männer um sich, die zu Bündnispartnern für ihr Vorhaben, die Beseitigung der ungleichen Bildungschancen für Frauen, wurden. Dazu gehörte etwa Hans Kelsen, der Schöpfer der österreichischen Bundesverfassung. Der Architekt Adolf Loos gestaltete den Turnsaal und die Direktionsräume der Schule, Oskar Kokoschka unterrichtete das Fach Zeichnen und Egon Wellesz Musik. Prof. Edmund Bernatzik, Staatsrechtler und Mitglied des k.k. Reichsgerichtes, organisierte ab 1916 die Rechtsakademie für Frauen – in einer Zeit, als die Frauen noch nicht zum Rechtsstudium zugelassen waren, Die Räume der Schwarzwaldschule boten auch Platz für Arnold Schönbergs Kompositionsklassen.

Zu den prägenden Erlebnissen gehörten für tausende Kinder die von Eugenie Schwarzwald organisierten alljährlichen Ferienkolonien, die als Folge der Aktion »Kinder aufs Land« während des Ersten Weltkriegs entstanden sind. Der Harthof am Semmering war nicht nur Sommerkolonie, sondern auch eine koedukativ geführte Schule für Jugendliche von 12 bis 18 Jahren. Einer der zentralen Lehrerfiguren der Sommerpädagogik war Karl Buresch. Zu den Gästen einer dieser Kolonien gehörten auch Karl Popper und Joseph Glücksmann, der spätere Dramaturg am Burgtheater.

Dankbare Schülerinnen

Die Schwarzwaldschule bestand bis zum Jahr 1938. Für die ehemaligen Schülerinnen zählen die Jahre dort zur schönsten Zeit ihres Lebens. Zu Genias begabten Kindern zählten zum Beispiel die Schriftstellerinnen Hilde Spiel, die Schauspielerinnen Elisabeth Neumann-Viertel und Helene Weigel, die damals unter ihren Mitschülerinnen noch als »hässliches Entlein« gegolten hat. Im Umfeld der Schule war auch Vicky Baum zu finden. Die Kunsttherapeutin Edith Kramer und die Psychoanalytikerin Else Pappenheim waren ebenfalls Schwarzwald-Schülerinnen.

Schwarzwalds Spuren in der Literatur

Eugenie Schwarzwald war eine Berühmtheit, dafür zeugen nicht nur die zahlreichen Artikel und Hinweise in den Zeitungen, ihre Vortragsreisen und die Auftritte im Rundfunk bereits ab Mitte der 20er Jahre. »Fraudoktor« war auch »Vorlage« in der Literatur. Karl Kraus karikierte das Ehepaar in den »Letzten Tagen der Menschheit«, in Musils »Mann ohne Eigenschaften« taucht sie als Diotima auf. Aber auch Hugo Bettauer, Paul Stefan, Jakob Wassermann und Felix Dörmann haben ihr ein Denkmal gesetzt.

Und das pädagogische Konzept?

Was an der Vielfalt der Beziehungen zu bestimmten Persönlichkeiten auffällt, hat Renate Göllner in ihrer kritischen Studie über Eugenie Schwarzwald zumindest für das pädagogische Konzept auf den Punkt gebracht, wenn sie von Eklektizismus spricht. Denn abgesehen von einem emanzipatorischen Gesichtspunkt und dem Bemühen um eine egalitäre gymnasiale Bildung für Mädchen und dem Kampf um die Zulassung von Frauen zur Universität »flossen in ihre Vorstellung von Schule und Erziehung ein Fülle unterschiedlicher, oft auch widersprüchlicher Theorien und Ansätze ein, die sie aufnahm, modifizierte und weiterentwickelte.«

»Eben weil sie keine Theoretikerin, sondern in erster Linie pädagogische Akteurin war, konnte sie sich gleicherweise spontan für die inhaltlich so differierenden pädagogischen Vorstellungen des ›Erziehers der Armen‹ Johann Heinrich Pestalozzi, der katholischen Ärztin und Begründerin der Kindergartenpädagogik, Maria Montessori, oder der schwedischen Schriftstellerin und Essayistin Ellen Key begeistern. Hinzuzuzählen ist diesem Komplex von Ideen und Einflüssen überdies der national-autoritär gesinnte Hermann Lietz, nach dessen Vorstellungen sie ein Landerziehungsheim auf dem Semmering zu errichten plante.«

Schwarzwald hat zwar keine eigene Pädagogik entwickelt, aber eine Pädagogik der Praxis perfektioniert. Gewürdigt wurde dies sehr früh von einem Pionier der Pädagogik: Otto Glöckel, der mit seinen Schulreformen das »Rote Wien« geprägt hat Anlässlich des 25-jährigen Jubiläums der Schwarzwaldschule sagte er: »Eugenie Schwarzwald hatte die Schulreform schon praktisch geübt, als selbst noch ihre Theorie unbekannt war.«

Ein höchst ungewöhnliches Netzwerk an Persönlichkeiten

Nicht nur in der Pädagogik dürfte Eklektizismus die Lebensmaxime von Eugenie Schwarzwald gewesen sein, die Tendenz, Positionen zu verbinden, die eigentlich nicht zu verbinden waren, Menschen um sich zu scharen, um auch sich selbst damit aufzuwerten – »Von allem und nichts«. Bösartig betrachtet könnte man dies auch als bloße Eitelkeit auslegen. Mag sein, dass der Treibstoff für den Lebensmotor Eugenie Schwarzwalds auch mit diesem Zusatz versehen war, doch eine hinreichende Begründung für ihre Umtriebigkeit ist es nicht. Und so drängst sich eine zentrale Frage auf: Welchem System folgen die Bekanntschaften, die Freundschaften, die Partnerschaften und Bündnisse? Was ist der unsichtbare Faden, der all jene Persönlichkeiten, die bei ihr zu Hause, in der Schule, bei ihren Veranstaltungen zu unterschiedlichen Zeiten aus und eingingen, verbindet? Der Haarschopf von (noch-nicht Sir) Karl Popper auf einem Jugendlager ist markant, Othmar Spann der Erfinder des »Korneuburger Eides« und einer der Vordenker des Austrofaschismus blickt versonnen in Gesellschaft der Schwarzwalds. Nur ein paar Jahre zuvor hatte seine Gastgeberin den Naturheilmethoden des Wiener Arztes Victor Hecht und seiner einfachen Lebensweise gefrönt. Ein Offizier i.R. und Schriftsteller wie Walter Bloem, der zum Beispiel mit seinem Roman »Der krasse Fuchs« ein Sittenbild der Corps-Studenten zeichnete und damit Auskunft gab über die Mentalität bürgerlicher Eliten in der wilhelminischen Zeit, der er selbst angehörte, genoss ebenso die Gesellschaft der Schwarzwalds wie der ungarischen Kunstmäzen Baron Lajos Hatvany. Junge Sozialisten und der Gründer der österreichischen Pfadfinder, Emmerich Teuber, konnten bei Schwarzwald zusammentreffen. Der Komponist Hans Eisler wurde neben dem Philosophen Georg Lukács in den Grinzinger Baracken von Eugenie versorgt.

Dies ergibt eine Liste der ungewöhnlichsten Kombinationen, die noch beliebig fortzusetzen wäre. Der spätere Pianist Rudolf Serkin versuchte sich am Klavier im Seeblick am Grundlsee, während Karin Michaelis, die Erfinderin der Bibi-Bücher, durch die Schule geführt wurde und der spätere Widerstandskämpfer des Jahres 1944 Helmuth Graf von Moltke im Schlepptau der Schulgründerin Süßigkeiten an die Schülerinnen in der Wallnerstraße verteilte.

Vermutungen über die Gemeinsamkeiten der Freunde Eugenies dürfen angestellt werden. Politische Präferenzen dürften es nicht gewesen sein. Wer in der Lage war, in den bildungsbürgerlichen Kanon einzustimmen, der hatte eine Chance. Der Freundeskreis war kein elitärer Kreis, sondern eine Gemeinschaft, die offen war für Arrivierte und für Junge, für jene, die es sich im bürgerlichen System bequem gemacht hatten und jene, die dieses – in welche Richtung auch immer – verändern wollten.

Es war eben kein elitärer Bürger-Bildungs-Salon, denn da kam noch eines dazu: der soziale Gestus, »das Helfen-wollen«, der Wunsch, die Welt mit kleinen Taten zu verbessern. Eine Liste der kleinen Wohltaten würde einen beachtlichen babylonischen Turm ergeben, an dessen Grundmauern manche vielleicht die Geltungssucht sehen.

Wer so vielen Menschen begegnet und so viele Begegnungen ermöglicht hat, der muss vielleicht oberflächlich sein. Keine Grenzen zu kennen und Verbindungen und Kontakte weit über Wien hinaus zu knüpfen, nicht nur bis zum Grundlsee, sondern nach Deutschland und Dänemark, nach Amerika und in die Schweiz, das ist schon etwas Besonderes. Freundschaften pflegen und Bekannte überall dort zu wissen, wo Menschen sind – eine sonderbare Utopie, eine sonderbare Mischung! Dieses schwer zu beschreibende und fassbare Geflecht besteht aus roten oder besser vielen bunten Fäden und hat vielleicht auch etwas mit einer anderen Gemeinschaft, die international ist und keine politischen und weltanschaulichen Grenzen kennt zu tun: der Freimaurerei. Zumindest zum 25 jährigen pädagogischen Jubiläum von Eugenie Schwarzwald stellt ein Zeichner diese Verbindung her, wenn er ihr Porträt samt Wappen und einem abgewandelten Spruch präsentiert. Bei Schwarzwald sind allerdings die Werkzeuge der Freimaurer, mit denen am imaginären Tempel der allgemeinen Menschenliebe gebaut wird durch einen Kochlöffel ersetzt. Wer keinerlei Grenzen achtet und kennt, braucht sich über den Spott nicht wundern.

Die »Loge« der Eugenie Schwarzwald war eben ein buntes, menschliches Neben- und Durcheinander, beliebig, schillernd, nachhaltig, ungreifbar und überraschend. Dass es unter all den Aussagen über »Fraudoktor« eine gibt, die die Bescheidenheit in den Mittelpunkt stellt, muss angesichts der offenen und versteckten Häme hier ebenfalls zitiert werden:

Paul Stefan: schreibt in seinem Text »Frau Doktor« im Jahr 1922: »Ich wollte nur dem Dank, den eine Stadt, ein Staat, mehr als das: ihre Gemeinschaft, der Frau Doktor schuldet (und leider ganz gehörig schuldig geblieben ist), meinen Ausdruck geben. Eugenie Schwarzwald schafft nicht um Dank. Sie tut es, weil sie muss, weil es kein anderer tut, weil kein anderer auch nur weiß, was doch geschehen müsste. Sie selber wird, wenngleich von aller Freude des Künstlers erfüllt, dem einzigen Lohn, den sie anerkennt, dabei immer noch bescheidener. Immer wieder gesteht sie ihre Unzulänglichkeit, immer wieder will sie lernen, immer mehr der meist einfachen Menschen, die sich an sie wenden, würdig werden.«

Trauerfeier für Eugenie Schwarzwald*

Wer diese vitale Frau in der Vollkraft ihres temperamentvollen Unternehmungsgeistes gekannt hat, wie eine Generalin inmitten von Jugendlichen und Hilfsbedürftigen waltend, wird sie nie vergessen. Ihre rastlose Energie hätte vielleicht auf manchen Besucher unbehaglich gewirkt, wenn sie sich nicht ganz und gar für das Wohl anderer eingesetzt hätte. Ihre erfrischend unsentimentale, auf realer Basis aufgebaute Tätigkeit leuchtete nochmals am Freitagmorgen in den vier ergreifenden Trauerreden auf, die im Krematorium diese ungewöhnliche, im Alter von 68 Jahren in unserer Stadt gestorbene Pädagogin zu schildern versuchten. Die musikalische Weihe gaben der Trauerfeier Gesänge von Bach und Händel, die von der Sopranistin Hilde Schoeck ausdrucksvoll gesungen und von Elsa Friddri auf der Orgel begleitet wurden.

Dr. Robert Faesi** bezeugte, wie bei Frau Dr. Eugenie Schwarzwald Herz und Hirn einander nicht hemmten, sondern wunderbar ergänzten. Mit dem ganzen Einsatz ihrer lebensmutigen Entschlossenheit hat sie in Wien auf den verschiedensten Gebieten gewirkt, wobei sie auch die Kräfte der Mitmenschen impulsiv zu aktivieren verstand. Mit reicher, inbrünstiger Mütterlichkeit wollte sie überall helfen, ins Geleise bringen, ans Ziel treiben. Dabei war sie echt kameradschaftlich, von einer angeborenen Liberalität und freiheitlichen Besinnung, die ihr die demokratische Schweiz schon in der Jugend machen ließ. Schnell entflammbar, hat sie als herzhafte Realistin immer intuitiv an die menschlichen Werte geglaubt – auch dann, als sie scheinbar alles verlor und ihre alte Heimat verlassen musste. Demokratischen, sozialen und internationalen Ideen blieb sie stets aufgeschlossen, denn sie besaß nicht den sterblichen Geist des »Fin de Siècle«, in dem sie aufgewachsen war. Selbst hier in Zürich versammelte sie bis zuletzt einen kleinen »Hofstaat« um sich, dem sie mit ihrem lebhaften Geist, ihrer unversiegbaren Güte, und guter Laune nie unbeschenkt entließ. Auch diese tapfere Frau, deren vor einem Jahr verstorbener Mann als Sektionschef beim Finanzministerium in Wien tätig war, hat die Tränen und Qualen gekannt. Aber sie machte sie still mit sich selbst ab. Stolz und würdig hat sie das bittrere Los der Emigration ertragen.

---

* Neue Zürcher Zeitung 9. 8. 1940.

** Robert Faesi (1883–1972) war ein Schweizer Germanist und Schriftsteller, ab 1922 war er Professor für neuere deutsche und schweizerische Literaturgeschichte.

Unter dem Eindruck zehnjähriger Freundschaft bekannte Dr. Fritz Enderlin,* dass Eugenie Schwarzwald das besaß, was Nietzsche »die schenkende Jugend »nannte. Sie war eine begnadete Pädagogin, die in vorbildlicher Schaffenskraft den ganzen Schulkomplex vom Kindergarten bis zu Maturitätsstufen in ihrer reformatorischen 1900 gegründeten »Schwarzwald-Schulen« beherrscht und geleitet hat. Ihr ging es nie um eine Richtung, sondern um das Kind selbst; die Jugend. Statt ausgeklügelten, neuzeitlichen Methoden schuf sie eine erfrischende Atmosphäre des Optimismus und des Vertrauens, denn nach ihrer Ansicht liegt die Quelle der jugendlichen Verdorbenheit meist darin, dass die Jugend zu wenig gelobt wird. In ihrer Schule durfte jedes Kind, das einen kleinen sozialen Dienst getan hatte, einen Nagel in einen Pflock einschlagen, und von ihr stammt die Lehre: »Kindergärtnerinnen müssen hübsch sein und singen können!« Gern erzählte sie, wie ihr Mann rühmte, er habe in seiner Jugend ein schönes Kinderfräulein gehabt. Als er sie seiner Frau vorstellte, war es ein altes, verhußeltes Frauchen, dass aber ein Paar wundervoll strahlende Augen besaß. Wie sie Sonne die Planeten, so hat auch Eugenie Schwarzwald die Menschen angezogen. In der ganzen Welt besaß sie Freunde und führte mit ihnen Briefwechsel.

Von der tätigen Menschenliebe dieser echten Nachfolgerin Pestalozzis erzählte Frau Dr. Doris Gäumann**. Sie hat den für sie charakteristischen Ausspruch getan: »Ich gebe mir gar nicht die Mühe, jemanden nicht zu mögen!« Ihr liebenswürdiges Herz kleidete selbst noch die Kritik in die Form ihrer Anerkennung. Auch Dr. Richard Zürcher bezeugte, dass man sich bei ihr geborgen und getröstet fühlte, so oft man zu ihr ging. Das Leben schien einem wieder hoffnungsvoller, wenn man Eugenie Schwarzwald, der Gründerin so vieler Gemeinschaftsküchen, Kinderheime, Alters- und Erholungsheime in Österreich begegnete.

---

* Fritz Enderlin (1883–1971) war Gymnasiallehrer in Bellinzona, ab 1911 unterrichtete er an der Töchterschule Zürich, ab 1922 war Prorektor dieser Schule, und zwischen 1930–49 Rektor. In dieser Funktion führte er weitreichende Reformen durch (Einführung neuer Abteilungen und Fächer); als Schulpolitiker war er auf gesamtschweizerischen Ebene aktiv. (Historisches Lexikon der Schweiz; http://www.hls-dhs-dss.ch/textes/d/D11773.php)

** Dr. Doris Gäumann-Wild (geb. 1900) war Kunsthistorikerin und war auch mit Robert und Martha Musil während deren Exil in der Schweiz in Kontakt. Sie hatte für Robert Musil den einzigen Auftritt in der Schweiz im Lyceum-Klub organisiert. (Robert Musils schwierige Jahre im Schweizer Exil Zürich, Pension Fortuna. Neue Zürcher Zeitung 8.11.2003)

DIE FEUILLETONS

Dass die Kinder gegenwärtig besser wissen, was sie sind und was ihnen frommt, als wir es wussten, ist sicher. Man kann sich ganz auf sie verlassen. Wenn ich Micherl (zwei Jahre alt) necke: »Du bist ja dumm, Micherl!« so schaut sie mich aus strahlend blauen Augen ernst an und sagt überzeugend: »Micherl nicht dumm, Micherl nur klein.« Nie hat zu meiner Zeit ein Kind zugegeben, es sei kleiner als der Roland von Bremen. Brita (zweieinhalb Jahre alt) wird von der Mutter betroffen, wie sie mit der Schere hantiert. Die Mutter fragt: »Wer hat dir das erlaubt?« Brita sagt: »Eine englische Dame.« – »Was für eine englische Dame?« – »Die englische Dame von mir, die ich mir erfunden habe.« Herbert (drei Jahre alt) hüpft stundenlang auf einem Bein herum, was seine Mutter zuletzt ungeduldig macht. Es ist kurz vor Weihnachten. Wenn du so viel hüpfst, kommt das Christkind nicht zu dir:« – »Ich brauch kein Christkind, wann i nur hupfen derf.«

Also sie sind klein und erschließen daraus das Recht auf Dummheit. Sie haben eine englische Dame, die ihnen alles erlaubt (ach, wären wir doch auch auf den Gedanken gekommen!) und vor allem wissen sie, was ihnen lieber ist. Jeder Mensch, der mit Kindern zu tun hat, weiß, wie genial, liebens- und lebenswürdig diese Wesen sind. Umso erstaunlicher ist die Verknöcherung und Bewegungsarmut der Erwachsenen. Über diese schreckenerregende Tatsache pflegen wir uns aber keine Gedanken zu machen. Im Gegenteil: der Prozess, der da vor sich gegangen ist, wird Erziehung genannt. Und ist der Spiritus zum Teufel gegangen, so heißt das zurückbleibende Phlegma »Reife«. Alle Erwachsenen werden ungenialisch.

Was ist da zu machen? Man muss ein Kind bleiben. Wer aber bleibt immer ein Kind? Der schöpferische Geist der Künstler. Also, denkt man, das ist ja ganz einfach. Man muss eben das Schöpferische, das in jedem Kinde schlummert, erschließen. Aber da liegt die Schwierigkeit. Diese Art der Erziehung ist nicht ein Einzelproblem, sondern kann nur mit allen anderen Problemen gemeinsam seine Lösung finden. Das Schöpferische im Kinde fördern, heißt, alle Seelenkräfte, alle Denkfähigkeit in ihm zu wecken. Um das aber zu können und zweckvoll durchzuführen, gehört vor allen Dingen eine gereinigte Atmosphäre, wie sie uns nicht zu Gebote steht. In der von giftigen Gasen erfüllten Luft der Nach- und Vorkriegszeit, im Lärm des Klassenkampfes, ist solche Erziehung beinahe undurchführbar. Solange wir den Kindern nicht verbergen können, und auch nicht dürfen, dass im scheinbaren Frieden die Welt im Kriege liegt, haben solche zarte Bestrebungen keinen Raum und vielleicht sogar kein Recht. Die schöpferische Leistung des Kindes, welches in dem sozialen Aberglauben aufwächst, es dürfe Reiche und Arme, Ausbeuter und Ausgebeutete, Sieger und

Besiegte geben, kann nicht wertvoll sein. Ein Kind muss die Umwelt mit glatt verbreitetem Gefühl umfassen können, es braucht Seelenruhe, Heiterkeit, Frieden mit sich und der Menschheit. Noch ein anderes Hindernis gibt es. Wenn die Menschen hören, dass man vom Schöpferischen im Kinde spricht, erschrecken alle. Nicht nur die Philister, die überall Revolution wittern, sondern auch die wirklichen Kinderfreunde, die Snobismus und Dilettantismus wie den Satan scheuen und sich fürchten, Unbefangenheit könnte zerstört, Anmaßung gezüchtet, die Phrase zu hohen Ehren gebracht werden. Die entfesselte Produktions- und Reproduktionskraft ist eine grauenhafte Vorstellung. Es ist entsetzlich, zu denken, dass alle Leute bei uns anfangen könnten, zu dichten, wie es in Dänemark der Fall ist, oder zu singen, wie man es in England schaudernd erlebt. Aber auch dadurch darf man sich nicht schrecken lassen, denn natürlich ist dieses Erziehungsmittel wie jedes, andere nur dann gefährlich, wenn es in ungeschickte Hände kommt. Trotz allen diesen Schwierigkeiten also muss es die Schule doch versuchen, mindestens die eine Künstlereigenschaft, die alle Kinder besitzen, die Vitalität, zu erwecken und zu erhalten. Kann die Schule das, diese Schule, die es ohnehin so schwer hat? Man denke: eine Klasse, in der dreißig Kinder sitzen, durch denselben Gegenstand, mit den gleichen Worten, vier Stunden lang ruhig halten, fesseln, anregen! Shakespearescher Geist gehörte dazu und die Darstellungskunst der Duse ... Nun aber stelle man sich den Lehrer vor. Nehmen wir an, er sei von der besten Art, charaktervoll, gebildet, klug und von den reinsten Absichten erfüllt. Doch ist dieser Lehrer meistens nicht mehr jung, selten wirklich schön, oft ohne Humor, manchmal verbittert durch die Not, zu der die Gedankenlosigkeit der Menschheit von alters her diesen wichtigen Stand verurteilt hat, zuweilen fanatisch eingeengt in eine Weltanschauung, beschränkt auf einen kleinen Ausschnitt aus einer Wissenschaft, bedrängt von eigenen unerlebten Erlebnissen. Und er hat diese künstlerische Aufgabe zu erfüllen. Und nicht etwa am Abend mit Schminke und bei Rampenlicht, sondern an einem trüben Novembermorgen. Um acht Uhr, in einem öden, ungeschmückten und unfestlichen Schulzimmer, mit fest vorgeschriebenem Lehrstoff und einem meist halbgebildeten, langweiligen Lehrbuch. Schule halten ist schwer. Aber, so ungünstig die Zeit auch ist und so schlecht die Verhältnisse, es gibt doch Mittel, die Schule fröhlicher, gelenkiger und lebendiger zu machen, als sie ehedem war. Die Reform in dieser neuen Schule – nennen wir sie kurzweg die fröhliche Schule – beginne beim Lehrer. Ihn gilt es zu befreien, die Menschenfurcht aus ihm zu bannen, die Angst vor seinen Vorgesetzten und vor dem Publikum auszurotten: Der Lehrer muss fühlen, dass man Autorität nicht erwerben kann, dass sie etwas ist, was mit einem geboren wird. Dass Disziplinhalten nichts anderes ist, als ausgezeichnet unterrichten, dass ein feierlicher Kerl niemals groß ist, dass Langeweile ein Gift ist, welches Kindern nicht einmal in kleinsten Dosen gereicht werden darf, dass Fröhlichkeit ein unentbehrliches Lebensmittel ist, dass ein freundlicher Blick für den Stoffwechsel eines Kindes mehr bedeutet als eine lange Radtour, und dass man bei jenem Lehrer am besten die Verba auf Latein mitlernt, dessen Lächeln so schön ist, dass er die Kinder mit der Welt versöhnt.

Anders steht es mit den Kameraden. Die brauchen gar nichts dazuzulernen. Schon in der alten Schule entrollte sich in der Schulklasse das ganze Bild des Lebens. Jeder Schulknabe war ein besserer Menschenkenner als die meisten Staatsmänner. Das Wertvollste an der alten Schule war die Kameradschaft. In der neuen Schule ist die Zahl der Kameraden um die Zahl der Lehrer gewachsen. Bei den Kleinen drückt sich das so aus: ein neues Schulkind steht im Flur, von Klassenkameraden umgeben. Alle lachen. Die Lehrerin kommt vorbei: »Warum lacht ihr?« – »Stell dir vor«, sagen die Kinder, »das neue Kind glaubt, du bist eine Lehrerin.« Auch auf der Oberstufe verlangt der Lehrer bei allem miteingeschlossen zu sein. »Was ist das«, sagt er, »ihr lacht über eure Kollegen? In dieser Schule darf man nur über seine Lehrer lachen.« Das erscheint den Kindern eine Ungeheuerlichkeit, denn sie finden ihren Lehrer nicht lächerlich. Warum nicht? Weil er sich nicht wichtig macht. Wenn nämlich ein Kind nach etwas fragt, was er nicht weiß, so antwortet der Lehrer: »Wir werden zusammen im Lexikon nachschauen.«

Hatte man in der alten Schule bemerkt, dass zwei Kinder einander besonders nahestanden, so wurden sie auseinandergehalten. Ein Lehrer sagt einmal in einer Ansprache: »Ich kenne euch noch nicht. Sollte ich zufälligerweise zwei dicke Freunde nebeneinander gesetzt haben, so werde ich das bald erkennen und meine Gegenmaßnahmen treffen.« In der fröhlichen Schule dagegen versteht es sich: von selbst, dass jede Freundschaft und jede Neigung erkannt, gefördert und sublimiert wird.

Die Atmosphäre in der Schule muss mit Heiterkeit erfüllt sein, mit zartester Rücksichtnahme, mit feinster Höflichkeit. Ein Wiener Schuldirektor erhielt einmal einen Verweis, weil er seiner 18jährigen Schülerin in der Tür den Vortritt gelassen hatte. Wir dachten als Schulkinder jeden Tag: »Was wird heute Schreckliches passieren? In der fröhlichen Schule muss die Atmosphäre mit Wohlwollen gesättigt sein. Man ist zu Hause, man muss nicht lügen, man braucht sich nicht besser zu machen als man ist, jeder hat Fehler, alle Fehler kennt man. So kommt die Zeit, in der die Kinder den Sonntag als eine Fehleinrichtung betrachten und der traurigste Tag im Jahr der letzte Schultag ist. Verlangt diese, sagen wir, neue Schule, obgleich sie diesen Namen noch nicht ganz verdient, weniger Arbeit von den Kindern? Im Gegenteil. Verschafft sie ihnen ein übertriebenes

Selbstgefühl? Nein. Wir dachten als Kinder, wir könnten Geschichte, wenn wir das Kleingedruckte aus Gindelys Lehrbuch auswendig wussten. Sie wissen, dass sie nur in den Vorhof einer ernsten Wissenschaft eingeführt werden.

Gestattet man den Kindern, sich des erworbenen Wissens, der errungenen Fertigkeiten ruhig zu erfreuen? Nein, man verhilft ihnen zum Fortschritt. Was also ist, was die Kinder bindet? Eben, dass sie es schwerer haben, dass sie nicht mehr mechanisch denken, sprechen, fühlen dürfen, was ihnen andere eingeben; dass sie sich nicht mehr auf die Krücke des blinden Gehorsams stützen dürfen, dass sie unter eigener Verantwortung handeln müssen, in bewusster Treue gegen sich selbst, in Ehrfurcht vor dem wahrhaft Großen.

Konnte man in der alten Schule bestenfalls schreiben wie ein routinierter alter Journalist, so darf man in der neuen Schule schreiben wie ein ungeschickter junger Künstler. Wer in der alten Schule nicht sofort aus blauem Himmel auf nüchternen Magen über einen uninteressanten, fernabliegenden Gegenstand eine moralinsaure Soße gießen konnte, galt für einen Dummkopf oder Duckmäuser. In der neuen. Schule weiß man genau, was einer schreibt und warum einer nicht schreibt. Man versteht jedes gebrauchte Wort, beinahe jedes fehlende Komma; wer aber aus guten Gründen nicht schreiben kann, den lässt man fühlen, man wisse, dass manchmal auch die Überfülle an Gedanken und Gefühlen zum Schweigen verurteile.

Hatten wir als Kinder versucht, den grauslichen »Gang nach dem Eisenhammer« wenigstens dramatisch bewegt vorzutragen, so hieß es, »sei nicht affektiert!« In der neuen Schule wählen die Kinder selbst aus, was sie ihrem Gedächtnis einverleiben wollen, dann dürfen sie es mit aller Glut ihres erwachenden Herzens oder mit aller Zurückhaltung ihrer schlafenden Sinne vortragen. Sie werden erfinderisch im Spiel und Ernst; Feste, die sie allein arrangieren dürfen, sind taktvoll, farbig und harmonisch. Das Fest wächst aus ihrem Leben organisch heraus, und das Wort ist wahr, mit dem ein vierzehnjähriges Mädchen ihren selbstgedichteten Prolog gelegentlich eines Schulfestes schloss: Aufjauchzen möcht ich aus tiefster Brust, Nicht weil der Augenblick mich hat bezwungen, nein, weil der schönere Alltag mir bewusst. Aus einem heiteren und liebenden Herzen erwächst Schöpferlust, und so kommt es, dass die Kinder in der fröhlichen Schule wirklich schreiben, wirklich sprechen können, begeistert singen, dass sie mit Wahrheit vorlesen, mit Schwung rezitieren, mit heiterer Überlegenheit Theater spielen.

Diese Kinder wagen es, zu schreiben, was sie denken, weil die Gefahr, ausgelacht zu werden, nicht existiert, weil keine Konvention herrscht. Während wir uns als Kinder mit dem Thema »Vater Mutter und seine ungleichen Kinder Hochmut und Demut« abzufinden hatten und glücklich sein müssten, dass wir nicht die Aufgabe bekamen, zu schreiben: »Wäre Tasso mit Sappho glücklich geworden?«

In die fröhliche Schule wird sogar ein Genie gehen können, ohne verfolgt und gekränkt zu werden. Nun ist das Genie natürlich nicht das, wichtigste Element in einer Schule, da es noch seltener ist als der Durchgang der Venus. Aber auch die mittlere Begabung wird in der Freiheit zu ungeahnter Entfaltung gelangen. Das Talent wird eine Chance haben. Ein Ergebnis aber ist allen sicher: eine neue Stellung zur Kunst. Wer selbst nur in aller Bescheidenheit eine Beziehung zur Kunst oder Wissenschaft angebahnt hat, der bekommt einen heillosen Respekt davor. So wird das Genie nicht mehr dafür zu büßen haben, dass es um hundert Jahre zu früh auf die Welt gekommen ist, und was nicht ganz so wichtig ist, aber immerhin in der Ökonomie der Menschheit in Betracht kommt, wer erzogen ist, seine geistige Selbständigkeit zu bewahren, der wird sich die Pseudokunst, die gerade in unserer Zeit die verwegensten Blüten treibt, nicht gefallen lassen. Er wird sich nicht fürchten, einen Tadelstrich in der Literaturgeschichte zu bekommen, wenn er etwas ablehnt, was ihm missfällt.

Wenn die neue Schule das erreicht, dann hat sie viel getan. Sie hat der Jugend geholfen, das in ihr derzeit ruhende Ideal zu erreichen. Wir können die Menschen nicht nach unserem Sinn formen. Ihr Ideal liegt in ihnen verborgen, nicht in uns. Die alte Schule wollte biegen, beschneiden, mit der Wurzel ausreißen. Neue Erziehung heißt: »organischem Wachstum lauschen.«

Aus: Karin Michaelis: Das Antlitz des Kindes, 1931

DIE KOEDUKATIVE ELEMENTARSCHULE

Bei einer Enquete des »Neuen Wiener Journal« über »die gemeinsame Erziehung von Knaben und Mädchen«, äußerte sich u. a. Frau Dr. Eugenie Schwarzwald, Inhaberin und Leiterin der koedukativen Elementarschule und des Mädchenlyzeums am Kohlmarkt in Wien.

Ic will über diesen Gegenstand nicht theoretisieren. Ich bin Praktikerin und will die Erfahrungen aussprechen, die ich im Laufe der fünf Jahre, während der ich die koedukative Elementarschule leite, gemacht habe. Das Zusammenleben der Knaben und Mädchen erscheint mir in jeder Beziehung als ein höchst ersprießliches. Es ist charakterbildend für beide Teile und im höchsten Maße ästhetisch. Es mildert die ungebärdigen Sitten und weckt den Schönheitssinn.

Knaben, die der Pflege ihres Äußeren wenig Aufmerksamkeit geschenkt haben und mit unreinen Fingern und nachlässiger Kleidung zur Schule kamen, werden schon nach wenigen Wochen sauber und nett. Die Mädchen, die die albernsten und gedankenlosesten Spiele trieben und für die Umgebung bei ihrer wesenlosen und ungestalteten Verträumtheit nur eine sehr geringe Aufmerksamkeit übrig hatten, werden gesammelt und aufmerksam und verlieren ihre Zimperlichkeit. Die Eitelkeit der Mädchen, bisher nur an ganz äußere Dinge der Kleidung gefesselt, verwandelt sich in Ehrgeiz und Streben, für klug und tüchtig zu gelten. »Hast du schon einen Buben gesehen, der an sein Mascherl denkt?« Die Wirkung dieses Vorwurfes ist vollkommen. Von diesem Tage an wird dem Mascherl nur noch die Rolle zugestanden, dass es nicht hässlich und störend sein dürfe.

Die Mädchen werden im Verkehr mit den Knaben selbständig, bestrebt, sich selbst zu helfen und sich ein eigenes Urteil zu bilden. Der Unterschied der Geschlechter wirkt fraglos darin, dass die Mädchen den Knaben und die Knaben den Mädchen gefallen wollen. Die Mittel aber, mit denen sie den Gefallen des anderen Geschlechtes erwecken wollen, sind für die geistige und körperliche Entwicklung beider Teile förderlich und nützlich. Tapferkeit und Treue und gutes Benehmen sind Trumpf. Die Mädchen verlernen das Tratschen. Dabei aber werden die Knaben keineswegs verweiblicht, wie man aus den freien Aufsätzen der Kinder ersehen kann. Knaben und Mädchen sind sich ihrer unterschiedenen Lebenswege vollkommen bewusst und lassen sich von der durch die Natur gebannten Richtung nicht abbringen.

Die Schädigung der Sittlichkeit der Kinder durch die Koedukation ist eine ganz falsche Annahme. Ein Knabengymnasium gegenüber einer Mädchenschule ist viel gefährlicher als das Zusammensitzen der Knaben und Mädchen auf derselben Schulbank. Charakteristisch dafür ist die Begebenheit, die sich in Helsingfors zugetragen hat. Ein Knabe wollte zur Feier seines Geburtstages, zu der er die Kolleginnen aus seiner Klasse bereits eingeladen hatte, auch noch richtige Mädchen einladen, das heißt Mädchen aus einer anderen Schule. Die Mädchen, mit denen zusammen er zur Schule ging, hatten für ihn den Reiz des Mädchentums in der Kollegialität eingebüßt.

Es gibt übrigens auch nicht abzuweisende Bedenken gegen die Koedukation, aber sie betreffen ganz das intellektuelle Gebiet. Die Lernfähigkeit bei Knaben und Mädchen ist auf verschiedenen Altersstufen ungleich bedingt. Zwischen dem elften und vierzehnten Lebensjahre sind die Mädchen schonungsbedürftig und es ist vernünftig und geboten, sie in der kritischen Zeit zu entlasten. Vom vierzehnten bis zum achtzehnten Lebensjahre sind die Mädchen ungeheuer leistungsfähig. In dieser Zeit kommen sie nicht nur für die Aufgaben der

Schule auf, sondern sie treiben dabei noch Künste, pflegen Gesellschaft und arbeiten im Hause.

Nach dem achtzehnten Lebensjahr bleibt die Entwicklung der Mädchen stehen oder sie verlangsamt ihr Tempo außerordentlich. Die Knaben sind in der Pubertätszeit durch ihre Physiologie unbelastet, sie kommen für jede Arbeit auf, aber sie sind schwerfälliger und gründlicher. Und nach dem achtzehnten Jahre beginnt ja eigentlich erst die Entwicklung des Knaben, während die der Mädchen zu Ende ist.

Diesen Schwierigkeiten zu begegnen und sie um der anderen Vorteile willen, die die Koedukation bietet, zu überwinden, ist Sache der Vernünftigkeit und Aufmerksamkeit der Lehrer und Erzieher. Bis zum elften Lebensjahr jedoch stellt die Koedukation keinesfalls bedenkenerregende Probleme.

Wie weit sie sich bei uns nach den höheren Altersstufen hin ausgestalten ließe, wäre wohl der Mühe eines Versuchs wert. Nur ein reeller Versuch könnte lehren, wie es um die vielgefürchtete Gleichmacherei in Wirklichkeit steht und ob die Differenziertheit und Ursprünglichkeit der geistigen und körperlichen Erscheinungen der Sexualität durch die Koedukation gefährdet ist.

Dabei müsste man sich aber hüten, von den bei uns herrschenden gesellschaftlichen und nationalen Eigentümlichkeiten abzusehen und etwa die spezifischen Erfahrungen, die man in anderen Ländern (Amerika, Schweden, Norwegen, Finnland) gemacht hat, ohne weiteres als Grundlage unseres Koedukationssystems einzuführen. Was für jene Länder gilt, kann für unser Land nicht ohne kritische Revision und Abänderung gelten, da die Lebensart jener Völker von der unseren sehr verschieden ist.

Schließlich möchte ich noch bemerken, dass ich mit der Forderung der Frauenrechtlerinnen, die einfach die Aufnahme der Mädchen in die bestehenden Knabenmittelschulen verlangen, nicht einverstanden bin. Die gegenwärtigen Knabenmittelschulen gelten als sehr reformbedürftige und werden auch von den Frauenrechtlerinnen für solche gehalten.

Ich kann unter solchen Umständen den Vorteil, der den Mädchen durch die Aufnahme in die reformbedürftige Knabenmittelschule erwüchse, nicht einsehen. Bloß um eines politischen Prinzips halber die Erziehung unserer Mädchen zu gefährden, scheint mir aber durchaus nicht wünschenswert. Die Frage ist meines Erachtens nur durch eine eigene Koedukationsschule zu lösen. Daraus ergäbe sich zugleich der Vorteil, dass man die neuen Ideen und Prinzipien unbelastet von den alten, die durch die Kraft ihrer Aktivität den neuen Plan stören könnten, zur Verfügung hätte. Man könnte reinlicher vorgehen. Aus der alten Knabenmittelschule eine neue Koedukationsschule machen, hieße aber einen neuen Flecken auf ein altes Kleid nähen. Und dies ist unökonomisch und gewöhnlich auch unnütz.

Dabei aber müsste jedenfalls auch die Elementarschule koedukativ werden, da es nicht angeht, die Kinder gerade in der kritischen Pubertätszeit, die in den Anfang der Mittelschule fällt, zusammenzubringen, ohne sie vorher aneinander gewöhnt zu haben.

Neues Wiener Journal, 7. 6. 1908

DIE ERZIEHUNG DER MODERNEN JUNGEN MÄDCHEN

Wenn man eine Mädchenerziehung wünscht, die modern bleibt, das heißt allen Zeiten gerecht wird, so ist das Beste die Erziehung zur Ehe. Das scheint auf den ersten Blick eine antiquierte und überflüssige Forderung. Scheint aber nur so. Denn die Menschen sind nie zur Ehe erzogen worden, und es ist ein Wunder, dass diese Institution überhaupt noch besteht. Und so heiß auch die meisten Eltern wünschen, ihrer Tochter ein volles schönes Frauenschicksal zu schaffen, so weit sind sie davon entfernt, die rechten Mittel zu wählen.

Im Gegensatz zur jüngsten Vergangenheit wird gegenwärtig der körperlichen Ausbildung große Aufmerksamkeit geschenkt. Aber man kann sich dieses Fortschritts nicht ungetrübt freuen. Hier soll eine widersinnige Verwöhnung und Schonung als Panazee wirken, dort gilt übertriebener Sport als Lebensinhalt, und ein dritter hofft gar, bei Ausschließung alles geistigen Strebens durch bloßes auf die Weide treiben die junge Weiblichkeit zur höchsten Blüte zu bringen. Ich hoffe, aus allen diesen Irrtümern wird bald das einfache Rezept siegreich hervorgehen, das heißt: Heiterkeit, Bewegung, rege Tätigkeit im Haushalt, frische Luft bei Tag und Nacht, einfache Nahrung, ausreichender Schlaf, Vermeidung von Korsett und Alkohol.

Eine solche körperliche Erziehung ist die richtige Grundlage für die geistige Ausbildung zur Ehe. Neben der Überlastung der Frau in den unteren Ständen und ihrem Müßiggang in den oberen, ist die geistige Verwahrlosung der Frauen aller Stände wohl der schlimmste Ehezerstörer. Jeder Mann darf von seiner Frau Verständnis für seinen Beruf, für allgemeine Angelegenheiten, Kenntnis der geschäftlichen Lebensverhältnisse, Gelegenheit zu Gedankenaustausch verlangen. Wie soll denn auch die Ehe eine wahre Lebensgemeinschaft sein, wenn die körperlich und ökonomisch verbundenen Personen geistig einander fremd bleiben? Trotzdem oder eben weil wir die Ehe als das Erstrebenswerte ansehen, müssen wir dafür sorgen, dass jedes Mädchen einen außerhalb der Ehe gelegenen Beruf lerne. Es muss sich ja dabei nicht immer um eine gelehrte Tätigkeit handeln. Täglich werden ja neue Frauenberufe aufgefunden. Die berufsgebildete Frau braucht nicht zur Versorgung zu heiraten, vielmehr kann ihr ihre Selbständigkeit in unseren wirtschaftlich so schweren Zeiten vielleicht erst eine Liebesehe ermöglichen, ihr dann auch innerhalb der Ehe zu einer edleren Freiheit verhelfen und sie davor retten, nach Erfüllung des Geschlechtsberufes zum alten Eisen geworfen zu werden.

Mit der ordentlichen Berufsbildung Hand in Hand geht die Bildung des Charakters. Die arbeitende Frau kennt sich und die Welt besser als die Dame. Sie hat es also leichter, einerseits zur Selbsterkenntnis und Bescheidenheit, anderseits zu jenem Gefühl der Sozialität zu gelangen, welches uns so bitter nottut. Denn alle Unbilden der Natur, Krankheit und aller Mangel erscheinen als erträgliches Übel, in Vergleichung mit der Furchtbarkeit des Schmerzes, welche der Mensch durch Rücksichtslosigkeit und Feindschaft, durch Treulosigkeit und Verfolgung, durch Verletzung und Unrecht über den Menschen verhängt. An den Frauen wird es sein, diese Schmerzen zu lindern und alle Freuden zu pflegen, die der Mensch dem Menschen bringen kann. Es gilt künftig nicht nur die Aufopferung für Eltern, Mann, Kind und Freunde zu begreifen, sondern auch die für die Allgemeinheit.

Solche Arbeit in die Weite bringt aber auch Erfolg, starkes Lebensgefühl und verscheucht Leerheit und Langeweile, zwei weitere Hauptfeinde der Ehe. Wenn man also dafür sorgt, dass das Mädchen ein warmes, stark pochendes Herz, einen möglichst ausgebildeten Verstand, einen geschärften Blick für die Forderungen der Umwelt und Sinn für Einfachheit und Anspruchslosigkeit in der Lebensführung ins Leben mitnimmt, so hat sie das Beste empfangen, was Erziehung geben kann. Sie wird dann zu jenen aufrechten, blutvollen, unverschnürten, tatkräftigen und heiter entschlossenen Frauen gehören, deren Blick jedes Wesen mit der Wärme einer mütterlichen Liebkosung erfüllt. Dann aber wird es heißen, schleunigst an die Knabenerziehung gehen, denn diese Frauen werden sehr anspruchsvoll in der Gattenwahl sein, von einem tiefen unverrückbaren Instinkt für echte Werte geleitet. Mit der Zeit werden dann auch die zahllosen Anklagen gegen die Ehe als gegen ein heuchlerisch und hohl gewordenes Institut nicht etwa zur Auflösung aller Bande führen, sondern zu einer wahren neuen Lebensgemeinschaft der Geschlechter: zur echten Ehe, die nicht Zwang, ökonomische Abhängigkeit oder Schwäche des weiblichen Teiles zusammenhalten, sondern in der freie gegenseitige Achtung und wirkliche Neigung das Fundament der dauernden Solidarität und wechselseitigen Hilfe bieten.

An der Rundfrage des »Neuen Wiener Journal« haben sich auch Maria Adam Lubomirska, Gabriele Reuter, Klara Viebig, Marianne Hainisch, Berta von Geldern, Marie Bonda, Anna Bahr-Mildenburg, Ilse von Arldt und Nelly Stern beteiligt.

Neues Wiener Journal, 4. 6. 1911

GUTGLÄUBIGE PASSIVITÄT ERMÖGLICHT WELTVERBRECHEN*

»Im Reiche« war »im Frühjahr 1915 auf Anregung von L. Niessen-Deiter der Auslandsbund deutscher Frauen« gegründet worden; sein erklärter Zweck war es, »Frauen im In- und Auslande körperschaftlich« zu organisieren, für einen »regen Gedankenaustausch« unter ihnen zu sorgen, den »gegenseitigen Rat« und die »gegenseitige Hilfe« zu befördern.

»Die Aufgabe [...], die uns gestellt wird, ist die, uns selbst und die ganze heranwachsende Generation statt zu Utopien oder unfruchtbaren Haarspaltereien zielbewusst zum Verständnis der Weltpolitik zu erziehen – zielbewusst den Nährboden zu schaffen, aus dem große Ideen und große Persönlichkeiten erwachsen.«

Das Fremden-Blatt nahm die Idee auf und stellte einen Auslandsbund österreichischer und ungarischer Frauen zur Diskussion. Unter dem Titel Frauen und Weltpolitik beteiligten sich an ihr Hanna Liechtenstein, Marianne Hainisch, Josefa Porges, Helene Granitsch, Berta Frankl-Scheiber, Gisel v. Berger und Eugenie Schwarzwald

Eine der bleibenden Lehren dieses schrecklichsten Krieges wird es sein, dass man sich um Politik ernsthafter zu bekümmern hat als bisher. Sogar aus eigenstem, privatem Interesse hat jeder Einfluss auf jene Dinge zu nehmen, von denen, wie sich zeigt, Leben und Glück aller abhängen. Es ist eine Schmach, dass Freiheit, Leben, Gesundheit und Wohlfahrt der fortgeschrittensten Völker, der besten Rassen und ihrer künftigen Generationen, von den dunklen Intrigen kleiner Cliquen abhängen, von der Raubsucht einer korrupten Kaste eines halbasiatischen Staates, von der niedrigen Profitgier der Plutokraten des Kolonien auspressenden England oder von den Machenschaften der Panamaschwindler, die mit allen Mitteln sich am Ruder zu halten suchen. Solche Weltverbrechen sind nur möglich infolge der gutgläubigen Passivität, womit die Völker dem als besonders schwierig, kompliziert und geheimnisvoll ausgegebenen politischen Geschäft gegenüberstehen. Diese geduldige Ergebenheit, die allen Völkern in einem gewissen Maße eigen ist, ist ganz besonders den Deutschen eigentümlich und in noch gesteigertem Maße den Frauen. Deshalb ist alles willkommen, was dazu beitragen kann, die Teilnahme und die Tatkraft der einzelnen und aller aufzurütteln, die Verwerfung der bisherigen sogenannten historischen Überlieferung allgemein zu machen, die Eroberungs-, Unterjochungs-, Ausrottungs- und Aushungerungsmethoden der allgemeinen Verurteilung preiszugeben und der sittlichen Überzeugung eines jeden die scheinbar triviale und doch so wich-

* Titel nachträglich formuliert vom Verfasser.

tige Wahrheit einzupflanzen, dass für das Zusammentreffen und den Verkehr der Völker und der Staaten genau dieselben sittlichen Grundsätze gelten, wie für denjenigen der Privaten und der Einzelnen. Aber nicht die Überzeugung allein genügt, die Gesinnung muss auch von der Energie begleitet sein, von dem ernsthaften Entschluss, alles aufzubieten, die Grundsätze der Anständigkeit auch durchzusetzen und zur allgemeinen Herrschaft zu bringen. Wie geringfügig, wie fragwürdig erscheint jetzt alles, worum sich internationale Zusammenkünfte, Vereinigungen und Organisationen vor dem Krieg bemüht haben! Was wollen solche Bemühungen um Arbeiterschutz oder Wissenschaft oder Verkehrseinrichtungen bedeuten, wenn die allerhöchste und entschiedenste Hauptsache, die internationale Sicherheit von Existenz, Freiheit und Arbeit, so fürchterlich aufgehoben werden kann, fürchterlicher als es zu den Zeiten der Mongolenstürme oder der Völkerwanderung der Fall gewesen? Alle Kulturgüter, um die wir uns bemühen, sind mit einem Schlag dahin, weil wir für das Primitivste und Fundamentalste nicht vorgesorgt haben, und die Frauen, die sich um Staat, Völkerrecht, Verfassung und Politik nie bekümmern, laden keine leichtere Schuld auf sich als die Männer, die bisher diese Geschäfte sich allein vorbehalten haben. Wenn die Frauen darangehen, diese sorglose Geschäftsführung international zu kontrollieren, werden wir einen großen Schritt vorwärts zur Ausrottung der neuesten europäischen Barbarei getan haben.

Fremden-Blatt, 23.4.1916

DIE FRIEDENARBEIT DER FRAU UND DIE ERZIEHUNG

Was die Frauen im Frieden machen werden? Alles, was notwendig ist. Die Geschehnisse entscheiden da, nicht unser Wille. Sie haben ja auch im Krieg nicht das getan, wozu sie vorbereitet waren, sondern einfach jeden Platz ausgefüllt, der leer wurde.

Wenn Sie frei zu wählen hätten, so würden sich die Frauen ganz gewiss in der Mehrzahl aus dem Erwerbsleben in ihr Haus zurückziehen. Dort wird es genug zu tun geben: Kranke zu pflegen, Krüppel zu beschützen, Vereinsamte aufzurichten, Kinder, eigene und fremde, verwaiste, zu erziehen, die Haushaltung den verringerten Mitteln anzupassen, das Familienleben zu vertiefen, häusliche Kunst auszubilden, eine feinere Geselligkeit zu schaffen, sich die neuen Errungenschaften der Hygiene und Hausführung zu eigen machen. Das alles zu können, wird sie sich in der Jugend eine tiefe Bildung, der des Mannes ganz gleichwertig, erwerben müssen und dazu noch eine Menge Fertigkeiten. Dafür wird sie niemand mehr ins Haus zurückschicken dürfen. Aus freier Wahl und nach gründlicher Vorbereitung wird sie den höchsten Frauenberuf ergreifen: eine wirkliche Heimstätte zu schaffen, von der Selma Lagerlöf so schön erzählt. Leider wird es auch viele Frauen geben müssen, denen dieser Beruf nicht zugänglich ist. Sie, wie jene, die ihrer Anlage nach einen Beruf außer Hause vorziehen, werden alles werden können, wozu man keine besondere Muskelkraft braucht, also jedenfalls eher Universitätsprofessor als Ziegelschupferin. Wozu man Instinkt, weibliche Seelenkräfte und Anmut braucht, darin werden sie die Männer aus dem Sattel heben. Wo nämlich Qualitäten entscheidend sind, werden sie sich willig zurückziehen und eine helfende Stellung einnehmen. Es kommt eine Zeit harter Arbeit, bis man alle Werte hergestellt hat, die jetzt vernichtet sind. Ein Konkurrenzkampf zwischen Männern und Frauen wäre jetzt ein Unglück. Alle Arbeit muss wesensgemäß zwischen beide Geschlechter geteilt werden, nicht nach überkommenen Vorurteil. Sondern nach Fähigkeiten. Ich kann mir z.B. ganz gut vorstellen, dass es in zwanzig Jahren für eine Schande gilt, wenn ein kräftiger Mann, der Hufschmied sein könnte, Kellner ist, statt diese gastfreundlichen Arbeit einem sauberen, zierlichen, flinken Mädel zu überlassen.

Nun alles wird kommen, wie es sein muss. Eines aber steht fest: die Frauen haben viel gelernt in diesen Jahren. Sie haben an Selbstbewusstsein gewonnen, weil sie sich durch die in ihnen schlummernden Kräfte stärker gezeigt haben als ihr Schicksal. Sie haben an Bescheidenheit gewonnen durch ihren Einblick in die Mühsal der Männerarbeit und die hohe Verantwortung, die mit ihr verbunden ist. Und weiter. Ob Mutter oder Arbeiterin (lasst uns Schopenhauers Karikaturgestalt der »Dame« ausrotten!), die Frauen werden sich ihren Anteil am öffentlichen Leben nicht mehr nehmen lassen, nicht mehr auf das Recht verzichten, mitzuarbeiten am Ausbau des Staates. Sie haben aus der Tragik ihrer letzten Erlebnisse gelernt, dass es ihre Sache ist, um die es sich handelt. Sie, die Menschen zur Welt bringen, haben das größte Interesse daran, was dann mit diesen Menschen geschieht. Ich glaube, künftig wird niemand mehr den traurigen Mut haben, zu sagen, eine Mutter habe in der Ekklesia zu schweigen, in der über das Leben ihrer Söhne entschieden wird. Das ist unser Kriegsgewinn.

Fremden Blatt, 24. 12. 1916

MITTAGSRUHE

Es werden demnächst neue Speisehäuser entstehen.

Menschen, die jetzt nicht in der Lage sind, einen eigenen Haushalt zu führen, oder solche, die nicht die Mittel haben, ins Restaurant zu gehen, haben sich zusammengetan und wollen fortan in Gemeinschaft essen, um Zeit, Geld, Arbeit und Feuerung zu sparen. Ein Akt der Selbsthilfe: Jeder ist Wirt, jeder ist Gast. Aus seinen Mitteln wird das Rohmaterial angeschafft, die Dienerschaft entlohnt, die Beheizung und Beleuchtung bezahlt, er selbst verspeist das fertiggestellte Produkt. Niemand hat etwas verdient, niemand etwas verloren – nur dass eine Reihe von Menschen gute und lohnende Arbeit gefunden hat!

Diese Einrichtung – der Gedanke stammt von Hausfrauen – ist keineswegs etwa dazu gemacht, mit unsern bewährten und mit Recht weltberühmten Wiener Restaurants in Wettbewerb zu treten! Erstens haben Hausfrauen nicht die Erfahrung der Wirte, zweitens sind die Preise der Gemeinschaftsküche zu bescheiden dazu. Die Gemeinschaftsküche ist für jene gemacht, die ihrer materiellen Lage nach gar nicht daran denken können, in dieser Zeit ein Restaurant zu betreten, und anderseits fortschrittlich genug sind, sich mit einfacher Kost zu begnügen, ohne besonderen Reinzungen des Gaumens nachzujagen. Wer Austern und Hummer wünscht. Kann natürlich nicht zu uns kommen, deren höchster Besitz in 63 Rezepten für Kartoffelspeisen besteht.

Das ist unser Publikum: der Künstler, der Beamte (sofern nicht sein Amt für ihn gesorgt hat, was ja an vielen Stellen in vorbildlicher Weise geschehen ist.) der Lehrer, der Gewerbetreibende, die arbeitende Frau. Das ist unser Publikum: alle, die auf ein reines Tischtuch und gute Luft so viel geben wie auf gutes Essen, alle, die rechte Gesellschaft suchen und – hm, warum es nicht sagen? – körperliche Angst ausstehen, wenn jemand das Messer in den Mund oder die Finger in die Salzschale steckt, sie alle werden in die Gemeinschaftsküche kommen.

Was werden sie dort finden? Einen lichten, hübschen Raum (Adolf Loos hat die Einrichtung übernommen, eine Bürgschaft für besten Geschmack und volle Zweckmäßigkeit), einen wohnlichen Tisch und sorgfältig zubereitetes Essen, wie es eben ein ordentlicher, mittlerer Haushalt in Kriegszeiten zu bieten vermag. Bedienen wird ein flinkes, freundliches, sauberes, hellgekleidetes Wiener Mädel. Der Gast wird – es gibt, um auch das zu erwähnen, kein Trinkgeld – ihre Dienste nur durch achtungsvolle Artigkeit lohnen können. Er wird nicht verzweifelt »Zahlen« rufen, nicht mit dem letzten Bissen im Mund beichten müssen, was er gehabt hat, alle haben eben das gleiche gehabt. Er wird einfach eine von den Marken abgeben, die er für die Woche gelöst hat.

Ich weiß nicht, ob alle Menschen einer Speisekarte gegenüber in so völlige Hoffnungslosigkeit verfallen wie ich.

Aber wie dem sei, es ist ganz sicher eine Wohltat, wenn man nicht weiß, was man zu essen kriegen wird. Wie bequem ist es, ein Essen vorgestellt zu bekommen, das unabwendbar ist wie das Schicksal!

Aber wendet man ein. Der Wiener hat halt einen so individuellen Geschmack, wie soll da eine Speisenfolg möglich sein?! Das ist ganz einfach: wir werden eben aufhören, in Äußerlichkeiten individuell zu sein, Anderseits ist einfaches gutes Essen nach jedermanns Geschmack, Fleisch, Reis und Gemüse zusammengekocht, sind gar nicht zu verderben, so wenig als Eier oder Kartoffel in der Schale. Natürlich wird in der neuen Küche das Fleisch keinen großen Raum einnehmen können, aber man kann, wenn man es an manchen Tagen auch nur als Gewürz verwendet, ganz außerordentliche Wirkungen erzielen. Noch ist hier viel zu lernen. Auch die vegetarische Küche hat noch unbegrenzte Möglichkeiten. Die Gemüsebereitung hat durchaus nicht ihre Vollendung erreicht; ja es gibt herrliche Gemüse, wie Stachys und Topinambur, die geradezu vernachlässigt werden. Der Spargel, der Paradeisapfel, die Pilze können noch unendlich vermehrte Verwendung finden.

Und erst das Obst, diese dem Menschen doch von der Natur bestimmte Nahrung! Wer hat schon jemals in seinem Leben so viel Kompott bekommen, als er gern wollte? Wie einsam liegt doch die halbe Birne in Gesellschaft dreier Kirschen und einer Reineclaude* auf dem kleinen Tellerchen! Das muss anders werden. Ich nebenbei bemerkt, auch für die Abschaffung der hohen Geldstrafe, die auf das Begehren nach einem Apfel gesetzt ist.

In Friedenszeiten wird der Speiszettel noch eine besondere Bereicherung erfahren durch die Pflege der Nationalspeisen aller Völker: dänische rote Grütze, schweizerische Apfelwähe, amerikanische Baked Beans, die russischen Piroggen, das französische Pot-au-feu**, die deutschen Kartoffelpuffer, in Irish-stew und Polenta.

Gegen den Speiszettel der Gemeinschaftsküche wird auch der Arzt nicht einzuwenden haben, besonders, wenn dann noch in besseren künftigen Tagen Milch und Jogurt als Tischgetränke dienen werden. Für die Kriegszeit wollen wir aber im Essen lieben nicht allzu viel versprechen. Sollten wir mehr halten können, so wird man uns das verzeihen.

Nach dem Essen wird man sich in einen behaglichen Raum zum Rauchen und Lesen zurückziehen können. Da jeder Gast- und Wirtpflichten hat, wird

---

* Ringlotte.

** klassischer Eintopf der ländlichen Küche Nordfrankreichs.

eine gemütliche Geselligkeit entstehen können, voll von Rücksicht und Entgegenkommen. Die Not hat den Gedanken der Gemeinschaftsküche geboren. Machen wir eine Tugend daraus, indem wir sie so liebevoll und verständig ausgestalten, dass sie ihren Wert auch in Friedenszeiten behält und das wird, was sie sein soll: ein selbstgeschaffenes gemütliches Heim für arbeitende Menschen, ein angenehmer Ruhepunkt in der Hast des Arbeitstages, ein Mittel im Kampf gegen Luxus und Alkoholismus.

Neues Wiener Tagblatt, 21.1.1917

SOMMERFERIEN IM KRIEG

Krieg und allgemeine Notlage führten dazu, dass die österreichischen Landgemeinden, »die nur gezwungenermaßen ausgesprochen Kranke als Besucher gelten lassen« wollten, es ablehnten, »Sommergäste – seien es nun Große oder Kleine – aufzunehmen und zu ernähren«. Es gehe nicht an, hieß es dazu im Fremden-Blatt, »dass man den Erholungsbedürftigen und unseren Kindern der Großstadt, die viel mehr als die Landkinder unter der Last der Ernährungsverhältnisse zu leiden haben, einfach jede Möglichkeit« abschneide, »sich für die Zukunft zu kräftigen.«

An der Debatte über die kommenden Sommerferien die damit begann, nahmen Anton Höfer, Karl Hochsinger, Marianne Hainisch, Fanny Freund-Marcus, Berta Frankl-Scheiber, Melanie Zack und Hansi Niese teil; wie Eugenie Schwarzwald zur Sache sprach, für wen sie in eigener Herzenssache Partei ergriff, lässt sich vermuten:

Ob die erwachsenen Menschen in diesem Sommer aufs Land gehen können, scheint mir nicht sehr wichtig. Es sind ja schon in Friedenszeiten nicht alle gegangen und wenn nun auch der bisher bevorrechtete Rest zu Hause bleibt, so hat das nicht viel zu sagen. Für die Alten, Leidenden und Überarbeiteten wird schon Rat geschaffen werden, trotz einiger ungastfreundlicher ländlicher Bürgermeister. In Nordtirol, in Mähren, in Kroatien und anderen Teilen unseres schönen Vaterlandes wird man sicherem Vernehmen nach die Sommergäste empfangen. Es muss ja nicht immer das Salzkammergut sein. Mag es dort einmal ohne Sommergäste regnen.

Dagegen scheint es mir unerlässlich, dass möglichst alle Kinder aufs Land kommen. Sie aufs Land zu schicken, lohnt sich herrlich. Sie wachsen dort, werden besser, klüger, schöner. Sie sammeln Kräfte für den Winter, sammeln innere Sonne. Es wird Mühe und Geld und Seelenkräfte kosten, aber da sie unser Hauptkapital sind, für die Aufrichtung eines neuen und glücklicheren Österreich, so können wir gar nicht genug in sie investieren.

Natürlich begegnete einem überall das Bedenken: Wo sollen die Lebensmittel für die Kinder herkommen? Ich teile dieses Bedenken nicht. Denn als ich voriges Jahr im Mai mit einigen mächtigen und vortrefflichen Damen zusammen die Aktion »Wiener Kinder aufs Land« begründete, hörten wir die gleichen Wahrnehmungen mit den gleichen Worten ausgesprochen. Trotzdem ist das Werk vollkommen gelungen. Mag nun sein, dass unsere Lage in diesem Jahre sich verschlimmert hat, nun gut, dann wird eben die Opferfreudigkeit des Einzelnen noch größer sein müssen. Die zahlreichen Kinder, die die Gemeinde unentgeltlich ausspeist, können sich ihre Lebensmittel aufs Land mitnehmen, um sie einfach dort in frischer Luft zu verzehren. Die Mehrarbeit, die den magistratischen Behörden aus dem Transporte erwächst, haben diese im Vorjahre liebevoll und exakt ausgeführt. Die Bauernschaft wird noch williger wie im Vorjahre die Versorgung einzelner Kinder übernehmen, da sich erwiesen hat, dass die Stadtkinder zutraulich, lieb und dankbar sind und sich wunderbar gut in eine ländliche Haushaltung einfügen. Ich zweifle auch nicht daran, dass das schöne Beispiel der Gräfin Berchtold, die sich im vorigen Sommer ein ganzes Haus voll Wiener Schulkinder eingeladen hatte, in ihren Kreisen Nachahmung finden wird. Ich habe mir ausgerechnet, dass, wenn jede adlige oder bürgerliche Schlossfrau sich in ihr Pächterhaus, Forsthaus oder dem Meierhof nur fünf Kinder einlädt, kein einziges Wiener Kind zu Hause bleiben muss. Auch die Großindustrie wird sicher das Ihre tun. Ein Spaßvogel zeigt ihr dazu den Weg. Er erlaubte sich im Vorjahre mit unserer Aktion folgende Mystifikation: Er schrieb uns im Namen des Herrn Kestranek einen reizenden und herzensbewegenden Brief, worin dieser unserem Vorstande mitteilte, es sei ihm gelungen, 50 Industrielle zu finden (die Namen waren genannt), von denen sich jeder erbötig gemacht habe, 50 Kinder aus Land zu nehmen. Die Aktion habe nur die Kinder zu nennen und die Organisation zu übernehmen. Mit Freudentränen eilten wir ans Telefon, um von Herrn Kestranek zu erfahren, dass wir einem Witzbold aufgesessen waren. Nun vielleicht wird uns das, was im Vorjahre bitterer Scherz war, heuer schöner Ernst. Ich bin überzeugt davon, dass eine mächtige industrielle Persönlichkeit durchaus in der Lage wäre, eine solche Aktion der Industrie durch ein Wort ins Leben zu rufen. Noch eine schöne neue Möglichkeit hat sich uns vor einigen Tagen erschlossen. Es ist die langersehnte Gemüse- und Obstversorgungsstelle unter hochangesehener Leitung geschaffen worden. Die wird sicher zu leichteren ländlichen Arbeiten die Schüler und Schülerinnen unserer oberen Bürgerschulklassen gut brauchen und ernähren können.

Es gibt bei uns zu Lande viel Güte und viel Mitleid, aber unsere Hemmungen sind stärker als anderwärts. Die Menschenfurcht, die Angst, sich aufzudrängen, das Übermaß an Kritik, der Mangel an Naivität, die Scheu, sich in Dinge zu mengen, die einen scheinbar nichts angehen. Unsere Liebe zur Tat ist zu platonisch, wir werden uns überwinden müssen, denn uns kann nur ein Wunder retten: die Tat. Ein Kind aufs Land bringen, ist heuer auch schon eine Tat. Möge sie jedem guten Österreicher gegönnt sein, dies ist mein Osterwunsch.

Fremden-Blatt, 8.4.1917

KINDERSOMMER IM FRIEDEN

Aus der bitteren Not der Zeit geboren, hat die Aktion »Wiener Kinder aufs Land!« im Mai 1916 ihre Arbeit begonnen. Schon im ersten Sommer hat sie etwa viertausend Kindern eine Sommererholung verschafft. Im Sommer 1917 hat sich die Zahl ihrer Schützlinge verdoppelt. In diesem Ergebnis einer kühnen Improvisation steckt sehr viel Sorge und Mühe; denn achttausend Kinder sind sehr viel Kinder. Aber diese Zahl erscheint unendlich bescheiden, wenn man dagegenhält, dass Deutschland weit mehr als eine Million Großstadtkinder aufs Land entsendet hat! Und uns ist diese Zahl auch an sich schmerzlich klein, da wir wissen, wie viele Kinder wir in der heißen, staubigen Stadt lassen mussten.

Hunderttausend Kinder müssten alljährlich aufs Land. Dazu gehörten unseren bisherigen Erfahrungen nach etwa zehn Millionen Kronen. Wenn jeder Wiener täglich einen Heller zu diesem Zweck sparte, so wäre das Geld da.

Freilich ist das Geld in dieser Sache durchaus nicht alles. Dazu gehören Seelenkräfte, Vertiefung in die Arbeit und Opfer. Hat sich die Aktion im Kriege damit begnügen müssen, Kinder aus den schädlichsten Einflüssen der Großstadt zu entfernen, sie in bessere Luft zu bringen und sie dort irgendwie zu ernähren, so wird sie im Frieden weit feinere Arbeit zu leisten haben. Allgemeine Grundsätze werden festzulegen sein. Man wird auf die Suche nach Begleitpersonen ausgehen müssen, die Lebenskraft und Naturliebe mit Gefühl, Geschmack und Humor vereinen. Sie mit ihrer schweren und schönen Aufgabe gründlich vertraut zu machen, ist eine weitere Notwendigkeit. Die Ernährung und Bekleidung der Kinder sind zu einem Studium zu machen, die erprobten Resultate so zu verwerten, dass die Sommerkinder körperlich wie geistig und seelisch den möglichen Vorteil aus dem Ladaufenthalt ziehen.

Wir stehen ganz am Anfang einer neuen Sommerpädagogik. Was bisher in Hast und Not geleistet wurde, war in manchen Dingen mit glücklicher Intuition erfasst und hat gute Früchte gebracht. Natürlich hat es auch nicht an Missgriffen und Irrtümern gefehlt. Jedenfalls aber sind die ersten Schwierigkeiten überwunden, die Einsicht und die Widerstandskraft sind gewachsen.

Wenn man sich einen Traum von vollkommenem Sommerglück durch den Kopf gehen lässt, so sieht man immer Eltern mit ihren Kindern auf dem Lande. Solange das ein Traum bleibt, ist das Nächstgute die Unterbringung des einzelnen Kindes bei gut ausgewählten und treu überwachten Familien. Kinder, die wir so untergebracht hatten, waren am besten erholt und hatten den meisten Einblick in ländliche Verhältnisse. Gut bewährt haben sich auch kleinere Siedlungen von Zwanzig bis höchstens fünfzig Kindern. Abzulehnen sind ganz große Ansiedlungen. Die organisatorische Begabung, die dazu gehört, einen solchen kleinen Staat zu leiten, besitzen nur wenige. Gewöhnliche Menschen scheitern regelmäßig daran. Es kommt auf das Einzelindividuum nicht genügend viel Liebe und Sorgfalt.

Im Frieden wird es eine der wichtigsten Aufgaben des Vereines sein, die Versendung rekonvaleszenter Kinder zu übernehmen, zur Abkürzung der Rekonvaleszenz und zur vollkommenen Erstarkung. Insbesondere wird da der heilsame Winteraufenthalt nach Scharlach, Keuchhusten und Masern Wunder tun.

Weiter wird der Verein darauf bedacht sein müssen, auf die noch nicht schulpflichtigen Kinder sowie diejenigen, die schon im Gewerbe stehen, seine Tätigkeit auszudehnen. Dabei wird er sich nicht auf ganz arme Kinder beschränken dürfen, sondern auch solche Kolonien organisieren müssen, bei denen die Eltern die Gesamtkosten tragen. Unserem Mittelstand bedeuten Zeit und Kraft noch mehr als Geld. Unzählige Eltern wären glücklich, ihr Kind für die Sommermonate einer sicheren Obhut anvertrauen zu dürfen, während sie selbst, ihrer Arbeit nachgehend, doch etwas Erholung fänden, indem man ihnen die Sorge um die Kinder abnähme. In diesen Fällen wird es Sache des Vereines sein, Wohnungen zu mieten, Begleiter auszuersehen, Lebensmittel im Großen anzukaufen und als Autorität die nötige Aufsicht zu üben.

Alle diese Aufgaben und viele andre werden zu erfüllen sein, wenn erst der Friede da ist und mit ihm Seelenruhe und Behagen bei uns einkehren und wenn allmählich, sehr langsam natürlich, auch Ordnung und Fülle sich wieder einstellen. Wenn dann die Wiener Bevölkerung dem Verein das bisher gezeigte Vertrauen bewahrt, ihn durch Beitritt oder auf andere Art fördert und ihm so die materielle Grundlage für seine Tätigkeit schafft, dann wird sich der Sommer künftiger Generationen nicht nur lustreich und nahrhaft, sondern auch schön, tief und kurzweilig gestalten.

Neues Wiener Tagblatt, 30. 12. 1917

NEUE LESEBÜCHER FÜR DIE VOLKSSCHULEN

Mit Freude hört man, dass augenblicklich an einer schönen Sache gearbeitet wird: Wir bekommen neue Lesebücher für die Volksschule.

Das ist eine sehr wichtige Angelegenheit, dieser erste Lesestoff unseres Volkes. In die Hand der Lesebuchverfasser ist die künftige Generation gegeben, nach Verstand, Charakter und Geschmack. Sie brauchen viel Hingabe, Finderglück und Stilgefühl, um ihre Aufgabe gut zu lösen.

Wie empfänglich ist doch dieses unbeschriebene Blatt, das starke und unverbrauchte Kinderhirn! In der ersten Kindheit, in der man die Welt neu entdeckt, hinterlässt jeder Eindruck tiefe Spuren: Noch fahre ich manchmal todesbang aus dem Schlag empor: Was ist denn geschehen? »Der Löw ist los, der Löw ist frei, die ehernen Bande riss er entzwei!« Die Anfangszeilen eines Gedichtes, welches ich vor mehr als dreißig Jahren in der Volksschule gelernt habe.

Ein normales Volksschulkind kann am Schlusse des Schuljahres das Lesebuch auswendig. Manche wissen sogar die Lesestück von rückwärts nach vor aufzusagen. Und was das Bedrohlichste ist: Sie merken sich alles. Stünde aber in diesen Büchern nur Gutes und Schönes, dann trüge jeder einen unverlierbaren Schatz mit sich.

Es wäre unrecht, zu denken, dass unsere deutschösterreichischen Lesebücher besonders schlecht sind oder gar schlechter als die anderer Länder. Das Gegenteil ist eher der Fall. Mit Ausnahme der schweizerischen und einiger deutschen, die entschieden besser sind, sind die Lesebücher aller Völker mehr oder weniger verbesserungsbedürftig. Die schlechtesten scheinen mir die französischen und englischen. Die französische dick aufgetragene Moral, der französische Chauvinismus und die französische Überschätzung der materiellen Güter gelangen in den Lesebüchern ebenso antipathisch zum Ausdruck wie in den englischen der Cant. Man denke nur an das unglückliche englische Kind, welches sich am Morgen einer kleinen Unterlassung gegen die Mutter schuldig gemacht hat, und diese selbe Mutter, als es mittags aus der Schule heimkommt, tot findet. Diese raffinierte Strafe hat sie sich inzwischen ausgedacht, und allen Kindern wird das erzählt, damit sie sich Tag und Nacht bewusst sind, von welchen Folgen ihre kleinen Unarten begleitet sein können. Der kleine Franzose dagegen erfährt aus dem Lesebuch, dass es ein unerhörtes Glück und eine fabelhafte Ehre ist, ein Franzose zu sein, und dass man so schon im Augenblick der Geburt ein Übergewicht über Kinder anderer Völker hat. Nur tut man gut, rechtzeitig ein Beamter oder ein kleiner Rentier zu werden. Dass eine reche Bauerntochter eine gute Partie ist, wird ihm auch klargemacht.

Tugend wird bei allen Völkern den Kindern auf die Weise beigebracht, dass man sie auch alle möglichen Verbrechen aufmerksam macht, um ihnen dann mitzuteilen, wie schwer es ist, sie zu vermeiden. Alle Lesebücher handeln von der Mühseligkeit eines gottseligen Wandels.

Da gefällt mir schon unser deutscher Spruch vom alten Fischer besser, der sagte, das Moralische verstehe sich von selbst.

Wenn man kurz ausdrücken will, wie ein Lesebuch wirken soll. So fällt einem nur ein: absichtslos und anlockend. »Du willst dich unterhalten, Kind, hier ist ein Buch zum Lesen.« Das Kind darf natürlich nicht merken, dass man es belehren und bessern will. Selten gelingt es, jemand zum Alkoholgegner zu machen, indem man ihn in eine Abstinentenversammlung brachte. Niemals haben sich junge Leute ineinander verliebt, die wussten, dass man das von ihnen erwartete. Subkutan will jeder Mensch eingegeben haben, was man von ihm verlangt.

Kindern zu sagen, was sich schickt und nicht schickt, ist auch sehr gefährlich: denn plötzlich könnten sie sagen: Eines schickt sich nicht für alle. Auch ist es nicht ratsam, ihnen mitzuteilen, was sie vermeiden müssen. Jerome K. Jerome hat in seiner Kenntnis der Kinderseele einmal gesagt: Wenn es irgendwo in England eine Bank gäbe, auf der verkündigt stünde: Hier ist Kindern zu sitzen verboten, so würden sämtliche Knaben Großbritanniens herbeieilen, um abwechseln auf dieser Bank Platz zu nehmen. Das Positive allein hat Werbekraft. Wozu Kinder aufmerksam machen, was es alles gibt, was man besser ließe? So ist es auch höchst bedenklich, Kindern mitzuteilen, dass man auch gegen Dienstboten sich anständig zu betragen habe. Das erwachsene Dienstmädchen hat für das Kind eine Respektsperson zu sein, und das Lesebuch hat kein Recht, dieses schöne Verhältnis zu stören.

Die besten Erzieher, die es gibt, sind bekanntlich lebende Kameraden. Die Kinder aus den Lesebüchern aber sind gänzlich einflusslos. Kein Schulkind will vom ehrlichen Fritz hören und vom langatmigen Peter und von der wohltätigen Anna. Ihre robuste Sittlichkeit verabscheut diese braven Papierkinder und sie denken krampfhaft nach, was sie anstellen könnten, um sich zu diesen antipathischen Wesen in einen bewussten Gegensatz zu setzen. Mark Twain hat ja so Recht, wenn er sagt, dass Franklin es sich durch sein Frühaufstehen und sein Seifensieden mit der Jugend aller Völker verdorben hat.

Elternliebe zu predigen, scheint mir unzart. Für ein normales Kind sind Vater und Mutter die vollendetsten Gebilde der Welt und diese ohne sie undenkbar. Der Vater verfügt über Gottes Allmacht und Stärke, die Mutter über alle Arten von Schönheit, die es gibt. Dagegen ist Verwandtenliebe zu verlangen sehr gewagt. Es gibt Verwandte, die man liebt, und solche, die man nicht liebt. Kinder aber fühlen keine Verpflichtung, zu lieben. Zureden hilft nichts. Es gibt wohl wenige Kinder, die nicht geneigt wären, eine Tante gegen drei weiße Mäuse umzutauschen. Das Lesebuch muss es der Tante überlassen, sich durchzusetzen.

Liebe zur Heimat ist den Kindern eingeboren. Ein Lied, das vom Wienerwald handelt, ist ihr Liebelingslied. Aber ihnen den wandelbaren Staat einleuchtend zu machen, ist schwer. Es genügt völlig, wenn die Kinder die »republikanischen« Tugenden, als da sind Gemeinsinn, aufrechte Geradheit und Gerechtigkeit, rechtzeitig angewöhnt bekommen. Freilich sind dies sozusagen ewige Tugenden, und ob es Gebote der Menschlichkeit oder Gebote der Staatsform sind, ist ihnen ziemlich gleich.

Für das Verhältnis des Volkes zur Kunst ist das Lesebuch von entscheidender Bedeutung. Ich stehe nicht an, zu behaupten, dass das kunstfremde, ja kunstfeindliche Verhalten breiter Volksschichten auf diese ersten Eindrücke zurückzuführen ist. Mancher Erwachsene, der genötigt ist, sein Leben in harter Arbeit zuzubringen, gewöhnt, sich knapper Worte zu bedienen, nimmt aus der Schule die dunkle Vorstellung mit, der Dichter sei ein Dummkopf, der sehr viel Worte brauche, um etwas Überflüssiges zu sagen, und noch überdies in Reimen. Diese Reime hat er als Kinder immer stark betont und dabei auch das letzte Restchen Sinn verloren, welches in dem schlechten Machwerk drin war. So mag es kommen, dass ernste Männer Zeit ihres Lebens kein lyrisches Gedicht mehr lesen, und wäre es selbst von Eichendorff.

Aber das ist noch der bessere Fall. Schlimmer ist es, wenn der autoritätsgläubige Bürger seinen Lesebuchdichter in seine spätere Kunstanschauung getreulich mitnimmt. So kommt der Kitsch zu Jahren. So muss die wahre Kunst verhungern. Und zuletzt muss man noch froh sein, wenn nicht jeder daran geht, nach dem Lesebuchrezept seinen Hausbedarf an Liedern selbst zu schaffen.

Dabei gibt es keinen Dichter, der für die Kinder zu hoch ist. Was ihr Kopf nicht versteht, das versteht ihr Herz. Jeder wahre Dichter hat für sie irgendwas geschrieben: ein Geschichtchen, einen Spruch, ein kleines Gedicht; der eine hat einen Sonnuntergang geschildert, der andere einen Lärchenwald.

Das wollen die Kinder lesen. Gefühlte Gedichte haben sie gern und reizende zierliche Geschichte. Die müssen lustig sein oder auch zum Weinen. Aber etwas muss daran sein, was ans Herz oder ans Zwerchfell geht. Am liebsten lesen sie von Tieren, die ja ihr Hauptinteresse sind. Schöne Geschichten von Tierklugheit, Tiergüte, Tierleiden ins Lesebuch und wir brauchen keinen Tierschutzverein.

Wunderbar selbstverständlich ist das Seelenleben des Kindes. Lassen wir es mit wahren Dichtern zutraulich und freundlich umgehen, so wird der reine Spiegel ungetrübt bleiben. Unsere leidige Alltagsweisheit bleibe ihnen fern, bis sie genötigt sind, persönlich in der trüben Flut unterzutauchen.

Neue Freie Presse, 25. 2. 1919

JUNGER RUHM

Ein Festgruß an das Volksheim

Das war ein ganz besonderer Frühling, der von 1901. Die Kastanien auf dem Heldenplatz waren röter als sonst, die Tulpen im Stadtpark noch stolzer. In der Sezession war Segantini ausgestellt, und in den Herzen der Jugend regte sich eine große Sehnsucht nach einer neuen Form des Lebens. Es sah so aus, als sollte ein Jahrhundert anfangen.

Da stand eines Morgens in der Zeitung wieder etwas Hoffnungsvolles. Auf dem Urban Loritz-Platz sollte eine Volkshochschule entstehen. Arbeiter wollten ihre langen Freistunden dazu verwenden, dass Wissen, welches ein ungerechtes Schicksal vorenthalten hatte, nachträglich zu erwerben. Hochschullehrer wollten sich die Ehre geben, ihre Wissenschaft so vorzutragen, dass schlichter Menschenverstand sich ohne weiteres daran bereichern konnte. Aber man brauchte nicht einmal ein Professor zu sein. Auch andere Leute, die was gelernt hatten, wurden aufgefordert mitzutun.

Ich war begeistert. Bei so was Herrlichem dabei sein zu dürfen, schien wie ein Glück. Eine Stunde später stand ich vor Ludo Hartmann. Er sah mich sachlich an. Mir sank das Herz. Er fragte nach meinen Lehrerfahrungen. Ich hatte keine. Alle Reserve eines Historikers, der gewohnt ist, sich mit mittelalterlichen Quellen zu beschäftigen, malte sich in den Zügen des von mir verehrten Mannes. Zuletzt – irgendetwas schien ihn zu rühren – sagte er: »Na also, probieren Sie's. Aber machen Sie sich darauf gefasst: viele Leute werden zu Ihnen nicht hineingehen.«

Draußen wartete schon ein junger Naturhistoriker. Ich machte ihn darauf aufmerksam, dass da drinnen Jugend nicht im höchsten Kurse stehe. Er meinte resigniert: »Da lässt sich nichts machen. Für erwachsen kann ich mich nicht ausgeben!« Und das konnte er nicht und kann's glücklicherweise auch heute noch nicht, trotz Ablauf der Zeit, Professorenwürde und Forscherglück.

Dann kam der große Tag. Mit Todesangst betrat ich das mir zugewiesene Lehrkammerl. Sieben ältere Männer saßen darin, und alle hatten sie wirkliche Menschengesichter. Der wunderbare Gruß und das große Wohlwollen meiner Hörer ließen mein unerträgliches Herzklopfen still werden. Ich schöpfte tief Atem, und dann begann ich mit einem Vertrauen, das von Minute zu Minute wuchs, zu erzählen: von den Künstlern, die mir die liebsten waren, von ihrem Arbeiterschicksal, von ihrem Kampf mit der Welt, von ihrem hohen Sieg, das nächste Mal hatte ich 60 Schüler – eine erlesene Hörerschaft. Es war eine wirkliche Auswahl. Wer nach zehn-elfstündiger schwerer Tagesarbeit noch ins Volksheim kam, der taugte eben was. Und wovon immer man sprach, wenn es einem nur lebendig aus der Seele floss, wurde geahnt, verstanden, ausgebaut. Man konnte Tränen, Lachen und Begeisterung zum Lohn haben. Ein glücklich regsames Leben herrschte in diesen Stunden, bei denen der junge Lehrer seine Weisheit aus den teilnahmsvollen Blicken seiner zumeist gealterten Schüler ablas.

Der unerwartete Erfolg verführte mein Herz. Hatte ich nicht kürzlich Doktorexamen in Germanistik gemacht. Und das war damals noch was. Denn zum Studieren musste man von zu Hause durchgebrannt sein, und außerdem hatte man sich den ganzen Tag von jedem Menschen anpöbeln zu lassen, der gegen das Frauenstudium war, und das war beinahe jeder.

Also meine Schüler sollten merken, was ich alles mühselig in Zürich gelernt hatte. Ich bereitete sorgfältig einen Vortrag vor und ließ über meine betäubten Zuhörer ein wahres Feuerwerk niederprasseln vom Wesen des Anakoluths, von der Analogiebildung und vom Sinnesvikariat. Alle waren wirklich paff, das konnte man schon merken.

Als ich nach der Stunde das Volksheim verließ, schloss sich mir ein alter Arbeiter an. Wir schritten schweigend durch die fliederduftende Vorstadt, ich das Herz hochgeschwellt von jungem Ruhm. Der alte Mann schwieg beharrlich. Allmählich wurde mir bange. Ich fühlte: der ist nicht entzückt von dir. Versuche in durch Teilnahme zu entwaffnen. »Sind Sie nicht müde, wenn Sie nach Ihrer Tagesarbeit so am Abend noch in die Schule geh'n? – »Na, nie! Aber heut schon.«- »Warum gerade heute? – »Weil sie so daherg'red't hab'n. Ich tät nix sagen, wenn sie's nicht besser könnten. Aber beim Keller und beim Dostojewski, da war'ns so aus'm Häusl, als wär's Ihner Geliebter. Rührende Sach'n hab'ns erzählt. Und gelesen haben's, dass was zum Lachen war. Aber heute haben's g'redt wie ein Alter, und dös war fad. Heute hab'ns nur an sich denkt, aber an uns net.«

Nachdenklich ging ich nach Hause. Dort schlug ich zufällig ein Buch auf, da stand: »Wenn wir uns nur auf einen Augenblick von unserem winzigen Ich losmachen, wenn wir nur reines Glas sein wollen, welches die Strahlen widerspiegelt, wie vieles würden wir da widerspiegeln! Das ganze Weltgebäude würde sich im Strahlenglanze um uns herum ausbreiten.« Ärgerlich schlug ich das Buch zu.

Am nächsten Tage schloss sich mir auf dem nach Heimweg ein Arbeiter mittleren Alters an. Er begann sofort zu sprechen: »Sie müssen mir nämlich einen Rat geben. Ich möchte einen besseren Stil kriegen.« – »Ja«, sagte ich, da müsste ich zuerst sehen, was und wie Sie schreiben, zeigen Sie mir bitte etwas.« – »Ich trau mich nicht recht. Ich hab noch keinen was zeigen wollen.« – »Schau'n Sie, zum Zeichen des Vertrauens zeige ich Ihnen, was ich schreibe.« Ich drücke ihm ein sauberes Manuskript in die Hand, meinen eben verfassten Artikel über Wiener Kunst für die »Neue Zürcher Zeitung«.

Schon am nächsten Tage brachte mir er seine Sachen und meinen Artikel. Ich war höchst gespannt, auf sein Lob. Sein Gesichtsausdruck war so lustlos wie die Wiener Börse, wenn die österreichische Krone steigt. Aber seine Worte klangen anerkennend. »Was Sie schreiben, könnt' von einem Mann sein.« Ich dankte hocherfreut. Diese Anerkennung war im Zürcher Studentinnenverein der höchste Orden. Da ist nix zum Danken. Wenn Sie schreiben wie ein Mann, was braucht man nachher Ihnen? Bei mir möchte's mi giften, wenn Sie sagen, es is von an Madl. Wenn auch nicht viel dran is an meinem Geschreibsel: was ich schreib, ist von einem Mann.« Mein getreuer Eckhart ist dann trotz meiner guten Ratschläge kein großer Schriftsteller geworden, ich aber weiß seither bei jeder Zeile, die ich schreibe, dass ich ein Madl bin.

Als mich wachsende Berufstätigkeit zwang, das geliebte Volksheim zu verlassen, blieb in mir eine stete Sehnsucht nach jener schönen und reinen geistigen Gemeinschaft, aufgebaut auf dem Grunde eines unverbildeten und aufrichtigen Wissenshungers. Dankbar war mir bewusst, was ich im Volksheim gelernt hatte. Dass dort bei mir jemand etwas gelernt hätte, glaubte ich nicht. Doch war es so.

Achtzehn Jahre später wartete ich in einer Angelegenheit der Wiener Kinder im Vorzimmer eines hohen Würdenträgers und machte mich den ganzen Antichambrier, welches mich um jeden Preis loswerden wollte, durch beharrliches Schweigen des Warten lästig. Da öffnete plötzlich der Herr selbst die Tür, erblickte mich, zog mich freudig ins Zimmer und sagte: »Ich war nämlich IHR Schüler im Volksheim.« Und nun erzählte er mir von den Eindrücken jener unvergesslichen Zeit, ihren Anregungen und Anknüpfungen und wie diese auf sein ganzes Leben bestimmend gewirkt hätten. So hielt er an einem nüchternen Novembervormittag in einer Amtsstube die allerschönste Festrede auf die Unterrichts- und Erziehungserfolge des Volksheims. Glücklich ergriffen hörte ich zu. Da schloss er: »Ich habe schon manchen Erfolg in meinem Leben gehabt, aber den schönsten im Volksheim. In Ihren Stunden hatten wir Vorträge zu halten. Und da wurde in der nachfolgenden Diskussion jeder nach Inhalt und Form schonungslos zerpflückt. Auch ich hielt einen Vortrag, und zwar über ein Thema, das meinem Herzen sehr nahestand. Als ich zu Ende war, wartete ich zitternd – ich war erst 16 Jahre alt und der weitaus Jüngste – auf Ihr Urteil. Da sagten Sie resolut: »Heute gibt's keine Diskussion, das war zu schön.« So stolz hat mich seither nichts wieder gemacht.« »Das verstehe ich« erwiderte ich: »Denn Süßeres gibt es auf der Erde nicht. Als erstes zartes Morgenlicht!«

Aber Sie haben es sicher auch sehr schön gemacht. Und das ich damals nicht diskutieren ließ, freut mich noch heute.«

»Es war recht von Ihnen« sagte er. »Ja, es war recht von mir, aber es war nicht mein Verdienst, denn im alten Volksheim wehte eine Lebenslust, die einem zwang, das Rechte zu tun.«

Neues Wiener Tagblatt, 24.4.1921

DIE ZUKUNFT WIENS

Die nächste Zukunft Wiens liegt für mich völlig im Dunkeln. Ich weiß noch nicht, wie wir Wien durch diesen Winter durchbringen sollen, insbesondere Kranke und Greise vor dem Tod bewahren, den ihnen Hunger und Kälte androhen.

Um die fernere Zukunft Wiens ist mir dagegen nicht bange. Ich bin fest davon überzeugt, dass die geographische Lage, der alte Kulturbesitz, die gute Meinung der Welt der Stadt zu neuer Geltung, ja vielleicht sogar zu neuem Glanze verhelfen werden. Augenblicklich ist der Wiener in der Lage eines Mannes der Industrien, Kohlengruben und Landgüter besaß, die ihm genommen wurden und dem nichts anders gelassen wurde, als ein für seine Verhältnisse zu prächtiges Landhaus mit einer wunderschönen Aussicht. Was man ihm aber nicht nehmen konnte, war sein Talent seine Arbeitslust, seine ungewöhnliche Geschicklichkeit. Wenn er erst den ersten Schrecken seines ungeheuren Sturzes verwunden haben wird, dann wird er sich auf alle seine reichen inneren Hilfsquellen besinnen.

Welche Zukunft ich mir für Wien wünsche? Ich wünscht, Wien würde die große Kunststadt für die ganze Welt, wo man neben der Albertina das beste Theater zu sehen bekommt, die herrlichsten Musik hören kann, die schönsten Gegenstände zu kaufen bekommt, die Stadt, wohin man kommt, um Geschmack zu lernen: die Schulstadt für den ganzen Südosten die Stadt, in der man Deutsch lernt, vorzüglichen Zeichenunterricht genießt, die beste medizinische Fakultät hat, den neuartigsten und fortgeschrittensten Musikunterricht. Ich möchte, dass die ganzen Welt zu uns kommt, wenn sie hohe, reine Freuden genießen will, wenn sie sich bilden, erheben, seelisch bereichern will.

Was ich nicht möchte: dass Wien die Vergnügungsstadt aller minderen Elemente der Welt wird, dass wir die Lakaien fremder Völker werden. Dass wir einen neuen Tanz um das goldene Kalb tanzen, dass wir Spiel- und Lastergelegenheiten bieten, dass man bei uns ungestraft einen schädlichen Luxus treiben darf, dass man bei uns schäbige Geschäfte macht, dass man uns verdirbt.

Wiens Schicksal hat noch nie so in seiner Hand gelegen, wie gegenwärtig. Es steht am Scheidewege. Wollen wir hoffen, dass es den Weg wählt, der nach aufwärts führt aus der Trübsal und Schmach der gegenwärtigen Zeit.

Wiener Fremden-Presse, 16. 1. 1922

DIE DELEGATION DES VÖLKERBUNDES

Wien hat in den letzten zwei Jahren zwei Arten von Gästen in seinen Mauern beherbergt. Solche, die es mit Wien schlecht meinen, und solche die es mit Wien gut meinen. Jetzt sind die da, die es mit Wien am besten meinen.

Leider ist um diese Gruppe ein mysteriöses Dunkel gebreitet. Die Delegation des Völkerbundes, die seit Wochen Tag und Nacht für uns arbeiten, hat einander gegenseitig das Versprechen gegeben, einzig mit der Regierung zu verkehren. Nicht etwa nur, um ungestört zu sein, was notwendig ist, da ihre Arbeit an sehr kurze bestimmte Termine gebunden ist und somit alle Zeit und Seelenkraft erfordert, sondern wohl auch in der wohlerwogenen taktvollen Absicht, die Autorität der Regierung, die sich vor ein so schweres Werk gestellt sieht, tunlichst zu befestigen. Auf Grund der Delegierten intern geschaffenen Einigkeit soll die Regierung nach außen hin die alleinige Vertreterin des vereinbarten Programms sein. Diese Notwendigkeit einsehend, muss man es doch bedauern, dass der Wiener Öffentlichkeit ein Einblick in diese Tätigkeit nicht gewährt wurde, denn sie hätte sicher einen schönen und beruhigenden Eindruck empfangen.

Es tut wohl, Menschen zu sehen, die sich unserer Sache mit Vertiefung und Hingabe widmen. Ich habe kürzlich in der Elektrischen gehört: »Ah, die Völkerbunddelegierten – der neue Kaiser von Österreich.« So fühlen sich die Männer, die zu uns gekommen sind, nicht. Sie sind ängstlich bemüht um unsere Freiheit. Sie kommen zu uns nicht, wie man zu Leuten kommt, denen es schlecht geht, um ihnen überheblichen Rat zu erteilen. Sie spielen sich weiter als Staatsmänner auf, noch sind sie Vertreter irgendwelcher politischen, finanziellen oder sonstigen Tendenzen.

Verlässlich: Fachleute mit genauer Kenntnis der Volkswirtschaft der ganzen Welt und der ökonomischen Notwendigkeiten unserer Zeit, haben sie von der internationalen Gemeinschaft in Genf gerne das Mandat angenommen. Sie sind da, um nach besten Wissen und Gewissen mit Aufgebot aller ihrer Kräfte und Kenntnisse den schnellsten und besten Weg zur Wiederaufrichtung Österreichs finden zu helfen. Sie gehen sachlich, achtungsvoll, ohne Sentimentalität vor, von dem Gedanken getragen, dass es sich nicht nur Österreich allein handelt, sondern um die Ruhe der ganzen Welt. Denn sie wissen, man kann nicht ruhig leben, wenn das Haus des Nachbarn brennt. Ihre Hoffnung, das weltwichtige Problem lösen zu können, schöpfen sie aus der Tatsache, dass man nun einmal in fremder Sache schärfer und energischer zugreifen kann als in eigener. Was ihnen ihre Arbeit erleichtert, ist ein ihnen allen innenwohnender Felix Glaube: der an Österreichs Bedeutung und Lebenskraft.

Der Präsident der Delegation, der Belgier Albert Janssen, der Direktor der belgischen Notenbank, ist ein Mann, der dessen äußerer Erscheinung man Fremdworte assoziiert: Er ist »good-looking« und hat »tenue«. Er war Professor der Staatswissenschaften an der Universität, aber das sieht man seiner noch jugendlichen Erscheinung nicht an. Aus einem sympathischen, bartlosen, modernen Gesicht blicken kluge Augen offen und gerade. Er versteht Deutsch, Französisch. Der Ernst und das Wohlwollen, mit dem er österreichische Fragen behandelt, kann von keinem Österreicher, der im öffentlichen Leben steht, übertroffen werden.

Seine ganze Energie ist zwei Zielen zugewendet: die Wiederherstellung des österreichischen Kredits im Ausland und des Gleichgewichtes im Staatshaushalt. Sein Herzenswunsch heißt: »Schluss mit der Erinnerung der Krone. Charakteristisch für ihn ist der Ausspruch in seiner Antrittsrede: »Sein Betreten des österreichischen Bodens hat jeder einzelne von uns vergessen, welcher Partei, welcher Gruppe und welchem Land er angehört.« Noch charakteristischer aber, dass man im täglichen Kontakt mit ihm erkennen kann, dass seine Daten mit seinen Worten im Einklang stehen.

Joseph Avenol, Inspecteur des Finances in Paris, war während des Krieges offizieller Vertreter der französischen Finanzen in England. In der österreichischen Delegation stellt er die Kontinuität dar, da er im Vorjahr schon einer der leitenden Köpfe des Komitees des Völkerbundes war. Damals hat er mit großem

Scharfblick die Potenz und Unzerstörbarkeit Österreichs erkannt, die Wichtigkeit als Schlüssel zum Osten, und auf diesen Thesen seinen Finanzplan aufgebaut. Seither war er unablässig für uns tätig, besonders in Genua. In der Delegation ist er mit wahrer Universalität in allen Fragen maßgebend. Groß ist sein Reichtum in den Fragen der Staatsverrechnung.

Stattlich, ernst und gediegen spricht er wenig, kurz, sachlich, zutreffend, schaut er sorgenvoll durch schwarzgefasste Brillen. Sein Blick erhellt sich nur, wenn man auf unsere Oper zu sprechen kommt, die er von 7 bis 10 Uhr abends besucht, um dann bis 2 Uhr morgens weiter zu arbeiten, was ihn nicht hindert, um 10 Uhr vormittags wieder bei der Arbeit zu sein. Es kommt Avenol sehr zustatten, dass er ein »gelernter Wiener« ist. Er kennt die persönlichen Verhältnisse in unserer hohen Politik und wird dadurch seiner Delegation besonders nützlich. Was er über Wiens Zukunft denkt, lässt sich in einem Satz zusammenziehen, den er vielleicht gesprochen hat, jedenfalls aber gesprochen haben könnte: »Vienne restera la capitale de L'Est.«

Maggiorina Ferraris, Senatore del regno d' Italia, der bekannte Herausgeber »Nuova Antologia«, der einzige Parlamentarier der Delegation, hat bisher seine Mitbürger mit den staatswissenschaftlichen Erscheinungen und Vorgängen der internationalen Gelehrtenwelt bekannt gemacht. Seine angenehme und liebenswürdige Altmännererscheinung, klein, zart, etwas gebeugt, atmet Wohlwollen und Abgeklärtheit. Als genauer Kenner der Währungs-und Bankverhältnisse seines Landes, wo er als Berichterstatter seiner Parlamente hervorragend tätig ist, interessiert er sich am intensivsten für solide Währung. In seinen warmen Augen aber, die teilnahmsvoll auf die Wiener Vorgänge gerichtet sind, steht geschrieben: »Magari uon ei losse mai piu guerra!«

Mr. Niemeyer, das Mitglied der Treasury, ist während seiner Anwesenheit in Wien zum Nachfolger Blacketts gewählt worden, der ins indische Schatzamt übergegangen ist. Wer den humorvollen Mann mittleren Alters mit seinen liebenswürdigen, von schlichtem Haar umrahmten Gesicht sieht, der glaubt sich nach Merry Old England versetzt. Aber Mr. Niemeyer hat, obwohl ein »lieber Kerl«, sehr strenge Grundsätze. Ersparung ist sein Lieblingswort. Das mag daher kommen, dass er ein ausgezeichneter Budgetkenner ist und als solcher dem Haushaltes des Staates sein Hauptaugenmerk zuwendet. Jetzt arbeitet er in London für uns an der Vorbereitung des Garantiegesetzes für das Parlament und der internationalen Kreditverhandlungen. Entsteht eine Schwierigkeit, so sagt er: »Vienna is a good place: there are homest people, we must send help!«

Dr. Wilem Pospisil. Schlanker, feiner, moderner Bankmann. Kann gut Deutsch, spricht gern Französisch. In der Delegation ist er für uns besonders nützlich durch seine genaue Kenntnis des Verwaltungssaufbaues und der finanziellen Verhältnisse im alten Österreich. Seine ausgezeichnete, unermüdliche Arbeit ist dadurch gekennzeichnet, dass er ganz besonders ängstlich darauf bedacht ist, die Autonomie Österreichs zu wahren.

Sarasin,* ein königlicher Kaufmann aus dem republikanischen Basel, denkt und spricht in allen Sprachen. Elegante, hagere, zusammengefasste, weltmännische Erscheinung. Kluge Augen, wohlwollender Mund. Seine Haltung in Österreich ist am besten durch das Wort »freundnachbarlich« charakterisiert. Er kennt die volkswirtschaftlichen Verhältnisse der ganzen Welt und hat infolgedessen einen Blick für die wirtschaftlichen Zusammenhänge. An Währungsfragen und Notenbank hat er hervorragend mitgearbeitet. Seine Gedanken sind selbständig, sorgfältig und gesammelt, er bringt sie überlegen und doch konziliant vor. Man fühlt, dieser Schweizer ist so gelassen und zuverlässig, als wenn er von Frau Regula Amrain** erzogen worden wäre.

Sir Henry Strakosch, ein Mann in großem Format, von ernster Lebhaftigkeit. Seine Verdienste um die südafrikanischen Finanzen haben ihm während des Krieges hohe Ehren eingetragen. Die Gründung der südafrikanischen Zentralnotenbank ist sein Werk. Er ist der Vertrauensmann des Mr. Smuts,*** jenes herrlichen Burengenerals, der durch seine faire Verhandlung des österreichischen und deutschen Vermögens nach Friedensschluss der ganzen Welt ein Beispiel gegeben hat. Aus dieser Sphäre stammend, ist Sir Henry bei der Gestaltung der österreichischen Notenbank besonders darauf bedacht, ihr einen rein österreichischen Charakter und größte Selbständigkeit zu erwirken.

Sir Arthur Salter ist Direktor der ökonomischen und finanziellen Sektion des Generalsekretariats des Völkerbundes. Seine gedrungene Gestalt ist ebenso wie sein braunes, charaktervolles Gesicht mit Energien geladen. Englisch beharrlich und eigensinnig ist er geblieben; beweglich, weltweit, international ist er geworden. Sein Idealismus, weit entfernt, sich in unbestimmte Fernen zu verlieren, weiß was er will. Sein positiver, aufbauender Geist verspricht seinen Ideen zur Wirklichkeit zu verhelfen. Lasten fürchtet er nicht, denn seine Schultern sind breit. Schwierigkeiten am Weg aber verlocken ihn zum Weitergehen. Napoleon würde von ihm gesagt haben: »Voilà un homme!« Liond-George nennt ihn: »That remarkable man«.

Um diese Männer gruppiert sich, vertrauensvoll zu ihnen aufblickend, arbeitsfreudig und enthusiastisch eine neue zukunftsreiche Völkerbundjugend:

---

* Alfred Sarasin, Zeitweiliges Mitglied in der Finanzkommission des Völkerbundes für Österreich.

** »Frau Regel Amrain und ihr Jüngster«, eine Erzählung von Gottfried Keller.

*** Jan Christiaan Smuts.

das Sekretariat. Der lebensvolle erste Sekretär der Delegation zeigt nichts von der Liebe zur Bequemlichkeit, die in seinem holländischen Vaterland so beliebt ist. Er schläft überhaupt nicht. Unermüdlich läuft er zwischen den Ministerien und den Imperial hin und her, um die Materialien zu beschaffen und sie dann expeditiv und doch pedantisch ordentlich zu erledigen. Er braucht auch nicht zu schlafen, denn er ist jung und begeistert für die völkerverbindende Aufgabe, die man ihm übertragen hat. Wie ein Kind zu Weihnachten freut er sich jedes kleinsten Fortschritts im Interesse Österreichs. Rühmt man das Sekretariat, so schiebt er sofort alles Verdienst auf seine Kollegen, insbesondere auf den begabten, besonnenen, weitblickenden Pressefachmann oder auf den von ihm bewunderten Polyhistor, der hochgebildet und grundgescheit: Ein würdiger Abkömmling ist jenes berühmten Leibarztes Ludwig XV., der die physiokratische Schule der Nationalökonomie gegründet hat.

Der Sekretär schwärmt für alle seine Mitarbeiter. Spricht er aber von den jungen Schreibfräulein, die aus Genf mitgekommen sind, so gerät er in beinahe väterliche Rührung über ihre unermüdliche, nur scheinbar mechanische zwölfstündige Arbeit, über ihren tiefen Glauben an die Völkerbundideale.

Fragt man einen von den jungen Völkerbundleuten: »Was interessiert Sie in Wien am meisten?« So antwortet er überzeugend: »Der Völkerbund.«

Man sieht die Arbeit des Völkerbundes ist in guten Händen.

Neue Freie Presse, 26. 11. 1922

DER ENGEL VON SIBIRIEN

»Die Menschen vergessen nur zu leicht die Namen ihrer Wohltäter; ihr dickes Gedächtnis bewahrt nur die Namen ihrer Dränger und grausamen Kriegshelden. Der Baum der Menschheit vergisst des stillen Gärtners, der ihn gepflegt in der Kälte, getränkt in der Dürre und vor schädlichen Tieren geschützt hat; aber er bewahrt treulich die Namen, die man in seine Rinde unbarmherzig eingeschnitten mit scharfem Stahl, und er überliefert sie in immer wachsender Größe den spätesten Geschlechtern.«

So schrieb vor beinahe hundert Jahren ein deutscher Dichter. Und so ist es geblieben. Wir haben inzwischen den Weltkrieg gehabt, einen Anschauungsunterricht genossen, der geeignet wäre, alle Völker für alle Zeiten zur Gesinnung zu bringen, aber auch er wird, ohne Wirkung zu üben, an den nachfolgenden

Geschlechtern vorübergehen. Denn die Geschichte wird nur die Namen Joffre, Haig, Hindenburg und Cadorna aufzeichnen, wird aber nichts wissen von der Schweizer Witwe, die sechs Wiener Kinder drei Jahre lang von ihrer Hände Arbeit erhalten hat; nichts von dem schwedischen Bergmanne, der ein Jahr lang unterirdisch gearbeitet hat (weil man das besser bezahlt bekommt), um den Überschuss den hungernder Wiener Kindern zu schenken; und sie wird nichts wissen von Elsa Brandström.

Jetzt natürlich lebt noch die Erinnerung an den Krieg frisch in allen Herzen, und so kann es vorkommen, dass in Wien oder Berlin auf der Straße sich folgende Szene abspielt: ein schönes, junges Weib, stark wie ein nordischer Baum und licht wie ein Sommertag in Schweden, geht in Schwesterntracht über die Straße. Ihr begegnet ein älterer Mann aus dem Volk, über seine vergrämten Züge geht ein Schimmer der Freude, und zur Begrüßung greift er nach dem Saum ihres Mantels, um einen Kuss darauf zu drücken. Den Umstehenden erklärt er den Vorgang, indem er sagt: »Das ist nämlich Elsa Brändström. Wir Kriegsgefangenen aus Deutschland und Österreich nennen sie den Engel von Sibirien.«

Bis 1914 war Elsa Brändström nichts als die Tochter des schwedischen Gesandten in Russland. Dann kam der Krieg und schuf ihr ein neues Schicksal. Von 1914 bis 1920 hat sie unter Kriegsgefangenen gelebt, ihre Leiden geteilt und gelindert.

Jetzt kommt sie Zeugenschaft ablegen von dem Ungeheuerlichen, das sie gesehen hat. Sie hat nämlich ein kleines Büchlein (Unter Kriegsgefangenen in Russland und Sibirien 1914–1920) geschrieben, und dann alle Tatsachen dargestellt, die ihr bekannt geworden sind. Mit ganz schlichten Worten, beinahe ungelenk, ohne Sentimentalität, mit vollkommener Ausschaltung der Phantasie, erzählt sie, durchaus keine Schriftstellerin, was geschehen ist, sie macht niemand verantwortlich, niemand ist schuldig. So waren die Verhältnisse in Russland, so schnell ist alles gegangen. Sie findet für Gräueltaten keine Anklage. Sie erzählt sie einfach und die Wirkung ist ungeheuer.

Ihr Interesse für die Kriegsgefangenen erwacht im Herbst 1914, als sie mit ihnen zum ersten Mal in Berührung kommt. Bei einem Besuch des Nikolaihospitals führt der Chefarzt sie und ihre Freundin durch das riesige Krankenhaus, in dem 4.000 Verwundete liegen. Nachdem sie die Säle mit den russischen Verwundeten gesehen hat, fragt sie der Chefarzt lachend, ob sie auch »die Menagerie« sehen wolle. So nennt man die Säle, in denen die Kriegsgefangenen liegen. Sie gehen hinein: »Die Gefangenen lagen hier unter schlechteren Verhältnissen als die Russen. Es schlug uns aber eine Welle von selbstbewusstem Willen, von Kraft und Zusammenhalt entgegen, die scharf gegen das erdrückende Gefühl der Hilflosigkeit bei den russischen Verwundeten abstach. Man musste sich fragen, woher die Kraft bei den Menschen kam, die gefangen mit dem Tode rangen. Sie strömte aus der inneren Kraftquelle hochstehender Kulturvölker, die den Menschen über seine Umgebung emporhebt: Dieser erste Eindruck hat sich in den ersten fünfeinhalb Jahren meiner Arbeit unter ihnen immer mehr befestigt.«

Die Personenfrage entscheidet das Schicksal der Gefangenen. Ist der Kommandant ein anständiger Mensch – auch solche kommen vor –, so haben die Gefangenen nur das zu erleiden, was die Verhältnisse: Hunger, Kälte, Raumknappheit, Mangel an Wasser, Kleidern, Seife, mit sich bringen. Ist aber der Kommandant ein schlechter, nachlässiger, betrügerischer Mensch, sagt er auch nur ein einziges Mal zu seinen Gefangenen »deutsche Schweine«, lässt er an einem die Prügelstrafe vollstrecken, lässt er einen anderen durch ein Missverständnis ins Gefängnis werfen, so ist das, das Zeichen für das ganze Lager zu wahren Orgien der Bosheit und Korruption. Will die Wachmannschaft sich an den sozial überlegenen Kriegsgefangenen rächen, so hat sie laufend Mittel dazu: man verbietet den Gefangenen, in die Heimat zu schreiben, man macht sich lustig über ihre Wunden, man nimmt den Leuten ihre Kleider weg und gibt sie tschechischen Überläufern – in Kiew wurden die deutsch sprechenden Gefangenen misshandelt, um den Soldaten slawischer Nationalität zu zeigen, dass sie eine Vorzugsbehandlung genössen – man verbietet ihnen miteinander zu sprechen, sie dürfen sich nicht vom Ungeziefer befreien, sie dürfen nicht singen und nicht musizieren, ein Vortrag über den Hochofenprozess, den ein Ingenieur halten will, wird als politisch verboten. Alles Böse, was Menschen andern antun können, geschieht. Die Gefangenen, die unter solchen Verhältnissen leben, in dicker, feuchter Luft, in düsterem, schwerem Schweigen, bei einem kleinen Lichtstumpf, gequält von Heimweh, in nutzlosem Grübeln, finden nur selten erlösenden Schlaf, und es entsteht nach kurzer Zeit jene Kriegsgefangenenpsychose, welche die sittliche Kraft auf die Probe stellt. Unerhörte innere Konflikte, hoffnungsloses Misstrauen aller gegen alle und alles, ungestillter geistiger Hunger quälen. Eine nagende Unruhe, ein verzweifeltes Gefühl der Leere nimmt überhand. Alles irritiert und stört. Nebensächlichkeiten wachsen zu Lawinen an und zuletzt kommen Apathie und Schlafsucht. Gegen alle diese Seelenkrankheiten gibt es nur ein einziges Heilmittel: einen Brief aus der Heimat. Aber der kommt nicht an. Die schon im Frieden schlechten Postverhältnisse bringen es mit sich, dass nur ein geringer Bruchteil der Briefschaften anlangt. Noch seltener kommt ein Geldbrief an. Und am seltensten das ersehnte Paket mit den Lebensmitteln und Kleidern, die die Lieben aus der Heimat gesendet haben. Für die findet sich unterwegs immer ein Liebhaber, so dass die Gefangenen zuletzt nach Hause schreiben, man möge ihnen lieber nichts schicken.

Die von denen bisher berichtet wurde, sind die Glücklichen, sind diejenigen, die noch unter Umständen lebend fortkommen können. Entsetzlich ist es, in der

Gefangenschaft sterben zu müssen. Und an Gelegenheit dazu fehlt es nicht. Fortwährend werden die Menschen herumgeschickt. Es gibt Bahnfahrten die bis zu vier Monate dauern. In einen verschlossenen Waggon, in dem höchstens 28 Russen befördert werden würden, werden 45 Kriegsgefangene gepfercht. Die Wagen strotzen von Ungeziefer. In der Nähe des Ofens kann man verbrennen, an den weiterliegenden Ecken erfrieren. In verpesteter Luft hocken sie, halb besinnungslos. Manchmal bekommen sie etwa zu essen, oft aber ist die einzige Erfrischung der »Ripiatol«, das heiße Wasser, welches aus den Stationen unentgeltlich verabreicht wird, das heißt auch das können sie nur bekommen, wenn ihnen die Wache gestattet auszusteigen. Stirbt einer unterwegs, so muss der Leichnam im Waggon bleiben, da die Gefangenen bei der Ankunft nach der Zahl übergeben werden müssen, gleichgültig ob tot oder lebendig. Das alles liest man und wundert sich dann nicht, wenn Elsa Brändström in ruhigem Chronistenton bemerkt, es seien öfter Wagen angekommen, in denen man Lebensmittel oder Maschinen vermutet hätte. Habe man sie aber geöffnet, so hätte man nichts darin gefunden als tote Gefangene.

Jedes Lager hat seine besonders schlechten Zeiten: in Rowo-Nikolajew liegen im Winter 1914/1915 2.800 Kriegsgefangene, und zwar krank und Gesunde, so dicht durcheinander, dass man in den Gängen über die Körper steigen muss. »Von den Eiszapfen an der Decke tropfte das Wasser, so dass die Pritschen immer nass waren. Die vielen hochfiebernden Kranken erhielten nur Hilfe von einigen Kameraden, deren Arbeit bei der täglich wachsenden Zahl der Erkrankungen täglich zunahm. Das Essen wurde neben die Kranken gestellt; wer noch Kraft hatte, aß, die anderen hungerten. Tage vergingen, an denen es nicht einen Tropfen Wasser gab. Schwerkranke schleppten sich mit letzter Kraft hinaus, um ihren brennenden Durst mit Schnee zu löschen; die Polaken schlugen sie oder trieben sie zurück in die Baracken zurück. Während der Schneeschmelze sah man Kranke und Gesunde gierig das Wasser trinken, das gelb von Menschenkot von den Latrinen herabfloss. Nur 70 Mann verließen lebend eine Baracke, in der einmal 1.100 gewesen waren.«

Tozkoje hatte ursprünglich 25.000 Kriegsgefangene, zuletzt aber nur 8.000, da 17.000 gestorben waren. Eine Fleckthyphusepidemie, die den ganzen Winter über gedauert hatte, hatte sie hinweggerafft. Einige russische und kriegsgefangene Ärzte hatten mit voller Hingabe versucht, die Seuche zu bekämpfen, aber da ihnen Arzneimittel, Stroh, Wäsche, Holz, Wasser, kurz alles fehlte, war ihre Arbeit vergeblich gewesen. Pritschen waren in vier Lager übereinander angebracht. »Wer im Tageskampf von einer oberen Pritsche herunterfällt, bleibt auf den Steinboden liegen. Der Körper eines Toten ist manchmal die einzige Stütze des noch lebenden Nachbarn und wird erst nach Tagen entfernt.« In Tozkoje gibt es eine merkwürdige Terminologie: »Leicht krank« heißen diejenigen, die noch einige Tage zu leben haben. »Schwerkrank« die, mit denen es in wenigen Stunden zu Ende geht. »Gesunde« sind alle jene, die keinen Fleckentyphus und keine schwarzen Blattern haben, also alle zum Beispiel, die an Nierenentzündung, Tuberkulose oder Typhus erkrankt sind.

In diesem Lager hatte jeder nur einen Wunsch: So schnell als möglich zu sterben. So kam es, dass mancher den Tod im Flusse suchte. Aber das ärgerte den Kommandanten so, dass er am Flussufer Wachposten aufstellte.

Auch verwundet zu sein, war entsetzlich. Vielfach wurde ohne Narkose amputiert, Brüche ohne Gipsverband oder Schiene, der natürlichen Heilung überlassen; das Schlimmste aber war die Sucht der russischen Ärzte zu operieren, besonders solcher, die von Beruf nicht Operateure waren. Es ist keine Erfindung, dass es Fälle gab, wo der Arzt die Operation unterbrechen musste, um in einem Buch nachzuschlagen, was er weiter zu tun hätte.

Das Schlimmste aber war es, dass die Schwerverwundeten ohne wirkliche Nötigung aus einem Lazarett ins andere geschleppt wurden.

Elsa Brändström erzählt von einem Dezembertag des Jahres 1914. Da sollte der Zar in Moskau die Kriegsgefangenen besuchen. Um es ihm bequem zu machen, wurden aus sämtlichen Lazaretten Kranke, Verwundete, Beinoperierte und Sterbende aus den Betten gerissen, um alle in eine große Kaserne gebracht zu werden. So sparsam in Worten wie ein altgermanisches Epos schließt diese Erzählung Elsa Brändströms; ohne Vorwurf, ohne Klage, mit den Worten: »Diese Nacht kostete viele Menschenleben.«

Sie weiß so viel von der materiellen und Seelennot ihrer unglücklichen Schützlinge zu erzählen, so wahre, so tiefes Leid zu klagen, dass sie keine Zeit hat, von sich selbst auch nur ein einziges Wort zu sagen. Ein wahrer Meister bei Erzählung, tritt sie hinter dieser zurück. Nicht mit einem Worte erwähnt sie die ungeheuren Schwierigkeiten, die sie und ihre schwedischen Freundinnen, die Malerin Elsa Björkman, Frau Greta Seth und Frau Ethel von Heidenstam, überwinden mussten. Man erfährt nicht, dass sie den Fleckentyphus gehabt hat, sie weiß nichts von Entbehrungen, eigenen Schmerzen, eigenen Enttäuschungen. Tendenzlos teilt sie der Welt mit, was Kriegsgefangene zu leiden haben. Das Büchlein hat sie nur geschrieben, um das Interesse Europas und Amerikas an ihren Schützlingen zu wecken, denn ihr Werk an den Kriegsgefangenen ist noch nicht zu Ende. Unter denen, die nach Hause zurückgekehrt sind, sind viele, die die körperliche und seelische Gesundheit nicht wiederfinden können. Für die ersten hat sie einen Kurort angekauft, den Badeort Marienborn in Sachsen, für die letzteren hat sie ein Arbeitssanatorium gegründet, Schreibermühle in Brandenburg. Dazu braucht sie Geld, und um dieses zu bekommen, hat sie aufgezeichnet, was sie selbst am liebsten vergessen möchte.

Wer das Buch liest, fühlt wie dringend notwendig es ist, dass solche Bücher geschrieben werden. In unsern Tagen führen auf der Welt nur Teufel das große Wort. Sie sind so zahlreich, dass man nicht genug Tintenfässer hat, um nach ihnen zu werfen. Es ist höchste Zeit, dass die Engel zu sprechen beginnen.

Neues Wiener Tagblatt, 11. 2. 1923

AUF DER LAIMGRUBEN

1912 traf ich vor meinem Schulhaus zwei bekannte Wiener Frauenrechtlerinnen. Sie erzählten mir, sie müssten jetzt nach Helsingfors reisen. Das tat mir leid, denn es war im schönsten Frühling. »Warum denn nicht lieben nach Florenz«, fragte ich. Ja, das wollte sie auch viel lieber, aber in Helsingfors hätten sie eben etwas Wichtiges zu tun: sie müssten endlich einmal eine Koedukationsschule sehen. »Sie stehen vor einer«, sagte ich. »Aber nein, Sie haben eine Koedukationsschule?« – »Ja, seit zehn Jahren. Die Berliner Kreuzzeitung hat letzthin einen Artikel darüber gebracht.«

Vor einigen Monaten kam eines Tages ein junger Mann in meine Sprechstunde, der sich augenscheinlich für menschliche Angelegenheiten wirklich interessierte. Er fand Wien in allen sozialen Einrichtungen rückständig, vor allem vermisse er hier jene Art von Erziehungsanstalt, von der er sich für den Fortschritt der Menschheit am meisten verspräche. Die künftigen Mütter des Volkes müssten eine andere Erziehung erhalten. Ich sollte versuchen, proletarischen jungen Mädchen, die kein Elternhaus hätten, für jene Jahre, in denen sie in die Lehrer gehen, ein Heim zu schaffen, einen Ersatz für das Elternhaus. »Aber«, führte er weiter aus, »es muss natürlich ein Elternhaus sein, wie es die meisten nicht sind: praktisch, systematisch, gerecht, lustig. Die Mädchen müssten in ihren freien Stunden kochen, waschen, ihre Sachen in Ordnung halten, Kranke pflegen lernen, aber sie müssten auch Feste feiern, singen, Theater spielen, tanzen, Galerien besuchen, Ausflüge machen und im Sommer aufs Land gehen. Sie müssten lernen, dass der Friede im Hause beginnt und dass es kein Versailler Friede sein darf. Sie müssen zur Gemeinschaft erzogen werden!« Kurz, der junge Mann zauberte mir in feurigen Worten ein gepflegtes, liebreiches Heim vor, voll Harmonie und voll Barmherzigkeit.

Ich ließ ihn so lange reden, bis gar nicht mehr in ihm drin war. Dann sagte ich: »Wollen Sie das Heim, das Sie eben so anziehend geschildert haben, gern sehen? Dann kommt Sie mit mir.«

Wir fuhren in das Lehrmädchenheim des Vereines »Haus in der Sonne«. »Es war einmal«, erzählte ich ihm unterwegs, »ein trübes, schmutziges, nicht ganz einwandfreies Hotel; da kam ein schönes Mädchen, ein Vorstandsmitglied des Vereines, mit einer Magistratskommission und meinte, da müssten junge Mädchen her. Die Stadtverwaltung fand das richtig und stellte das Haus zur Verfügung. Dem Hausherrn gefiel der Einfall und er verlangte sehr wenig Zins. Ein Freund aus der Schweiz borgte das Geld und was das Wichtigste war, ehe noch an die Sache gegangen wurde, war die Frau da, die geneigt war, ihre Arbeitskraft, ihre Mütterlichkeit, ihre Anmut in den Dienst der jungen Mädchen zu stellen. Es war eine von jenen Frauen, von denen die Ebner-Eschenbach sagt: die Kinderlose hat die meisten Kinder. Diese Frau Hilde, ein Mensch von überzeugender Reinheit, war glückselig, so gänzlich ohne Peinlichkeit in den Besitz von siebzig Kindern zu gelangen. Jetzt wurde alles weiß lackiert, das Haus, die Stuben, die Möbel – alles, als sollte die missfarbene Vergangenheit gänzlich weglackiert werden. Und es gelang. Als das Haus fertig war, verdiente es den Namen »Haus in der Sonne«. Alle fünf Stockwerke strahlten leuchtend und empfangsbereit. Dann kamen siebzig Kinder aus armen, kümmerlichen Wohnungen und glaubten im Märchen zu sein. So begann das neue Leben.«

Jetzt sind wir angelangt. Meinem jungen Begleiter bleibt nichts erspart. Er muss den Festsaal sehen, in dem die Kinder Klavierspielen lernen, singen, ihre Feierstunden verbringen, ihre Besuche empfangen: die Waschküche, in der sie bei rhythmischen Gesang die Wäsche so weiß machen als sie können, was nicht sehr weiß ist: die Speisekammer, mit den rührend-spärlichen Vorräten. Es wird ihm das Zimmer gezeigt, welches nach individuellem Geschmack mit hellblauem Krepppapier glanzvoll geschmückt ist, er muss das Sofa bewundern, welches aus einem Bett hergestellt ist und er muss außer sich geraten vor Entzücken über den Stolz des Hauses das Zimmer der Studentin, die im Heim wohnt und die so viele, viele Bücher hat. Bücher haben sie übrigens alle, Bücher, Bilder und manchmal im Sommer sogar Blumen.

Frau Hilde, die glückliche Mutter, und ihre treue Hilferinnen umstehen uns und erzählen mit Eifer von den Kindern, vom letzten Geburtstag, von vergangenen Weihnachten, vom Pfingstausflug vor frei Jahren, aber vor allen vom Alltag, der ihnen noch schöner vorkommt. Dabei lachen sie alle ein merkwürdig zärtliches Lachen.

Kritische Leute, die in einem Kinde nichts anderes sehen als einen mit allen menschlichen Gebrechen ausgestatteten unfertigen Erwachsenen, tun besser, sich im Lehrmädchenheim nicht zu äußern. Dort hat jedes Menschenkind unbegrenzten moralischen Kredit. Wo unser profanes Auge keine Tugend und keinen Reiz sieht, machen Frau Hilde und ihr Anhang unerhörte Entdeckungen, und so groß ist ihr suggestiver Einfluss, dass sogar ihr Gatte, ein strenger Jurist, an diesen jungen Lebewesen, die nicht schlechter und nicht besser sind als andere, keinen Tadel finden kann. Wie sie das gemacht hat, bleibt ihr Geheimnis.

Viel blinden Autoritätsglauben gibt es im Lehrmädchenheim nicht, dafür aber strengste Disziplin, Selbstdisziplin. Unsichtbar steht auf dem hoffnungsgrünen Eingangsschild: »Das Moralische versteht sich von selbst.« Jede Verfehlung, jede Rücksichtslosigkeit wird von der Gemeinschaft mit Befremden, mit Ablehnung, ja Entsetzen aufgenommen. »Bist du gerne da?« fragt man und – wenn dies freudig bejaht wird – »dann benimm dich so, dass du hineinpasst!«

Trotz aller wirklichen Süße herrscht hier nicht die süßliche Taktlosigkeit veralteter Mädchenpensionate. Junge Republikannerinnen werden da erzogen und die müssen fest auf eigenen Füßen stehen, steile Wege gehen und rauhe Luft vertagen können. Es ist ja überhaupt nicht einfach für ein Mädel »in der Lehr« zu sein. Sie ist kein Schulkind sondern ein Arbeiter, mit viel Pflichten und wenig Urlaub. Und das Heim selbst, so schmuck und heiter es ist, ist anders nicht gerade eine Stätte des Wohllebens. Es ist sehr arm und kann seinen geliebten Kindern neben dem, was unbezahlbar ist, nur das bieten, was wenig kostet. Die Nahrung ist ausreichend, aber freudlos: Obst ist ein Ereignis, ein Stückchen Kuchen veranlasst einen Gedenktag. Die Kleidung ist nur durch die Trägerinnen bemerkenswert.

Und doch sind diese Kinder glücklich, viel glücklicher als viele Bürgerkinder. Liebreiche und verständnisvolle Führung Erwachsener, von deren Uneigennützigkeit und Wohlwollen sie durchdringen sind, die große Gesellschaft Gleichaltriger, ein geordnetes, einfaches Leben, ganz auf ihre Bedürfnisse zugeschnitten: eine Gemeinschaft, in der man Ansehen, Bedeutung, ja sogar Liebe gewinnen kann. Was brauch ein Kind mehr? Und erst, wenn es eine junge Wienerin ist. Denn die ist wie ein Stückchen Rasen, der sofort neu zu grünen beginnt, wenn nur ein Tautropfen auf ihn fällt oder ein Stück Sonnenstrahl. Viel Sonnenstrahlen aber erwärmen die Kinder im Hause in der Sonne.

Wo liegt denn dieses Haus in der Sonne? Auf der Laimgruben! Läge es in Reykjavik oder Gibraltar, dann würden wahrscheinlich viele Wiener hinreisen, um es zu sehen und würden vielleicht sogar das Geld mitbringen, um den Bestand des Heimes zu sichern. Denn gegenwärtig hat das Heim nur noch vier Wochen zu leben. Das Ausland hat bekanntlich seine Hilfe eingestellt. Das Leben ist teuer. Die Kinder geben alles her, was sie verdienen, aber sie sind noch zu jung, um ihren ganzen Lebensunterhalt aus Eigenem bestreiten zu können.

Vielleicht gibt es aber auch Menschen in Wien, die Dinge zu schätzen wissen, die nicht in der Ferne liegen; Menschen die Interesse haben an neuartigen Institutionen, die, dem Wiener Boden entsprossen, alle Fehler einer abgetanen Zeit vermeidend, alle Werte der Vergangenheit bewahrend und pflegend, bestrebt sind, eine neue Wiener Welt aufzubauen.

Diesen patriotischen Leuten verrate ich die Adresse. 6. Bezirk, Laimgrubengasse 27.

Neue Freie Presse, 5. 3. 1924

DAS GEBROCHENE LEBEN

Station Gloggnitz! Wie fröhlich das klingt. Behaglichkeit, Ferienfreude, Bergfreiheit. So etwas Beruhigendes hat dieser Bahnhof.

Ganz anders sieht er am Peter und Paulstag des Jahres 1924 aus. Die Tausenden von Menschen, die da ankommen, suchen keine Freude, sie sind gekommen, um mitzutrauern.

Man hat in der Zeitung gelesen: 29 Bergleute sind verunglückt. Mit Teilnahme gelesen, aber ohne Vorstellung von der Größe des Unglückes. Denn wir haben ja gelernt, uns durch Zahlen nicht imponieren zu lassen. Wir kannten Extraausgaben, in denen stand: »Achtzigtausend Russen gefangen, die »Eigenen« haben nur geringe Verluste zu verzeichnen, höchstens 12.000 Mann.« Wie kann eine Welt, die so verdorben ist, dass sie nach dieser Nachricht weiterleben kann, verstehen, was es bedeutet, wenn 29 Männer sterben! Wer aber Sonntag auf dem Gloggnitzer Marktplatz war, der hat das verstehen gelernt. Da war mit Seilen ein riesiger Raum abgegrenzt und eine Tafel stand dabei: nur für die engsten Leidtragenden. Man musste denken. Wie groß hätte der Platz erst sein müssen, um die Leidtragenden jener 12.000 »Eigenen« zu fassen?

Unter dem strahlenden blauen Junihimmel entwickelt sich ein wunderbar festliches Bild – ein farbiges Bild, denn arme Leute haben keine Trauerkleider. Alle Menschen sehen tieftraurig aus. Und doch liegt Heiterkeit über dem Bilde. So herrlich ist die Sonne, so stark der Jasminduft, so viele Kinder in weißen Kleidern, und so sehnsüchtig ist das menschliche Herz nach irgendeiner Form der Gemeinschaft, dass sogar diese gemeinsame, herzzerreißende Trauerfeier, eine Art von lustvoller Ergriffenheit auslöst, nur weil es so viele sind, die etwas eint.

Frühere Zeiten hätten gesagt: Ein unvergesslicher Eindruck: Wir aber wissen, dass man alles vergisst. Wir werden wieder ruhig schlafen, unbedrückt durch die Möglichkeit, dass ein bisschen Braunkohle Menschenleben kosten kann. Wir werden uns keine Gedanken darüber machen, dass es Arbeitsstätten gibt, wo man an Gasmasken Mangel leidet. »Welch' ein entsetzliches Requisit« So etwas sollte es gar nicht geben dürfen, wie Gasmasken. Und doch gibt es sie, und zwar nur drei für dreihundert Menschen und außerdem verrostet. Die einzige Frage, die sich die Trauergäste zuraunen lautet: Wer ist schuld? Namen werden genannt, aber ohne Zorn und Wut. Nachdenklich sehen alle Leute aus, als fühlten sie: Niemand einzelner ist allein schuld, wir alle sind schuld. Wenn man in einer Welt lebt, die für alles Geld hat, was nichts wert ist, aus purer Gedankenlosigkeit aber kein Geld zur Ausbildung von Arbeiterrettungskorps und für Tragbahren; einer Welt, die die Lebenswürdigsten sterben lässt, gehört man – wir alle – vor ein Weltgericht wegen Vernachlässigung der pflichtgemäßen Obsorge für die Institution des heiligen Lebens.

Die Arbeiterschaft von Niederösterreich hat alles aufgeboten, die toten Kameraden zu ehren: Das beste Gewand haben sie an, sie schleppen schwere Fahnen, ihre derben Männerfäuste halten zum ersten Mal Blumen, sie singen und spielen kunstlos und um so ergreifender.

Schön ist die Feier. Alle fühlen es. Man muss sich gewaltsam zusammennehmen, den entsetzlichen Anlass nicht einen Augenblick zu vergessen. Aber da steigen mit einem Ruck 29 Särge in die Höhe und glänzen in der Junisonne wie Gold, emporgehoben von den starken Armen der Kameraden, die sich diesen letzten Liebesdienst nicht nehmen ließen. Und plötzlich weiß man, warum man hier ist. In diesen 29 Särgen liegen 29 Menschen. Zwei Arten von Toten: Opfer und Helden. Opfer, die täglich aus dem Licht in die Grube fuhren, der sie eigentlich nie ganz getraut haben und ihr endlich verfallen sind: der schwache Greis, der zur Schande unserer Zeit mitfahren musste, um sein Leben zu fristen, der stattliche Mann auf der Mittagshöhe des Lebens, um seine acht Kinder erziehen zu können, und der schöne junge Bursch, weil er am Peter und Paultag sein Mädel heiraten wollte. Opfer. Verlegen-trauernd blicken wir auf diese Toten. Aber ein paar Särge gibt es, vor denen man in Verehrung auf die Knie sinken möchte, da sind nämlich jene darin, die alles gutmachen wollten, was die Menschheit täglich verbricht. Sie wollten ihre Kameraden retten – dort gibt es nämlich noch Kameradschaft – und es ist ihnen gelungen.

Das muss ein unerhörtes Hochgefühl gewesen sein, als sie die Geretteten an die Juniluft brachten. Sie haben es mit ihrem Leben bezahlt.

Jetzt setzt sich der Zug in Bewegung in wunderbarer Ordnung. Man hört keinen heftigen, keinen hastigen Schritt. Leise und behutsam, wie um die geliebten Toten nicht zu wecken, treten alle diese harten Männer auf, Zug um Zug zieht vorüber, eine schier unübersehbare Menschenmenge, geht den Särgen voran: Bergleute, Turner, Sänger, Feuerwehr. Da erscheint zwischen den dunklen Männergestalten eine lichte Gruppe. Ein junges Mädchen in Brautkleid, Myrtenkranz und Schleier geht voran, unwahrscheinlich ergreifend. Wie ist doch das konventionelle Brautkleid hier rührend! Dieses Mädchen ist wirklich ein Opferlamm: die Totenbraut des jungen Bergmannes. Ein Mittagsgespenst, zieht sie durch die Hochsommerstraße, begleitet von ihren kleinen Kranzelmädchen, deren schwarze Flöre mit einem Schlag die ganze Landschaft verdüstern. Jetzt kommen die Leidtragenden in Haufen. Was dem Sarge vorausging, war Arbeiterwürde, Solidarität, Demonstration. Was dem Sarge folgt, ist der blutige Ernst, die grausame Wahrheit. Die engsten Leidtragenden haben nicht die Kraft, zur Weihe des Tages beizutragen. Sie achten nicht auf den Rhythmus ihrer Schritte, sie stolpern, sie ringen die Hände. Aber sie schweigen, nur dass sich hie und da einer Frauenbrust ein vereinzelter Schrei entringt. Erwachsene blicken verständnislos wie Kinder, Kinder weinen in vollem Verständnis der Lage wie Erwachsene.

Hat man bisher die Trauer erduldet, ohne zu weinen, jetzt erscheint eine Gestalt, die einem das Herz im Leibe umdreht. Trotz der Juniglut geht Todesahnung von ihr aus. Ein in Trauerschleier gehülltes Mädchen, geführt von zwei kleinen blonden Engeln, schließt feierlich schreitend den Zug, ein Ausrufungszeichen zu dem schauerlichen Text des Tages.

»Wer ist das?« fragen wir. Die Arbeiterfrau, neben uns sagt: »Das ist »das gebrochene Leben«. Die Braut für alle ledigen Burschen, die in der Grube geblieben sind.« Jetzt verstehen wir. All das junge Männerleben, das jetzt auf dem Gloggnitzer Friedhof ungelebt vermodert, hat noch eine Wunscherscheinung herbeigezwungen, das schöne Mädchen, welches nach Volkssitte »das gebrochene Leben« heißt und den unvermählten Toten das Geleite zu geben hat.

Wo ist die Theaterregie, die so etwas zu erfinden vermag? Werk kann noch ins Theater gehen, wenn er auf dem Marktplatz in Gloggnitz das Schauspiel vom gebrochenen Leben gesehen hat? Am Sonntag von Peter und Paul wurde in Gloggnitz Arbeiterrisiko und Arbeitertod wahrhaft imposant inszeniert, ohne dass die Mitwirkenden ihre Rollen auswendig gelernt hätten. Aber wir werden auch dieses Schauspiel vergessen.

Unvergesslich wird dieser Tag nur den sechzig Waisenkindern bleiben, die durch ein wenig Gas aus ihrer Lebensbahn geschleudert worden sind. Vielleicht ist ein Genie unter ihnen, Verloren. Vielleicht steckt in einem die Anlage zum Verbrechen, die noch hätte durch ein glückliches Familienleben ausgemerzt werden können. Verloren.

In diesem Augenblick wendet sich natürlich alle Teilnahme diesen Kindern zu. Gutherzig, wie die Österreicher sind, wird sie sicher bis Weihnachten vorhalten. Dieses Kindunglück aber wird so lange dauern, bis alle die 120 Augen geschlossen sind, die heute so unkindlich-heiß geweint haben. Was wird aus den Kindern des Helden werden, der siebenmal in die totbringende Grube herabgestiegen ist, ihr sieben Kameraden entrissen hat, um ihr zuletzt in seiner eigenen Person Ersatz zu leisten.

Wer will diese Kinder an sein Herz nehmen? Wer will diesen Kindern Vater sein?

Neue Freie Presse, 1. 7. 1924

AMUSIKALISCHE BEMERKUNGEN ZUM SALZBURGER MUSIKFEST

Wer etwas von Musik versteht, wird sich wohl hüten, sich zu den Salzburger Festspielen zu äußern, außer er sei beruflich dazu verpflichtet. Wir anderen haben es leichter.

Es ist nämlich schön in Salzburg, besonders für den, der die letzten zehn Jahre nicht erlebt, sondern – erlitten hat. Menschen aus allen Ländern in einem Gedanken vereinigt zu sehen, ist ein wahres Sommervergnügen. In Salzburg gab es Deutsch, Schweizer, Spanier, Salzburger, Komponisten, Musiker, Kritiker und Publikum. Alles sind sie der neuen Musik zuliebe da.

Die Salzburger, von denen man immer behauptet, dass sie nicht gastfreundlich wären, zeigen sich bei dieser Gelegenheit besonders lieb und bescheiden, denn sie reden nie von sich und der Gegenwart; nicht davon, wie schön und reinlich ihre Stadt ist und wie gut verwaltet, wie geheimnisvoll-reizend ihre Serenaden; wie preiswert ihre Restaurants, sondern nur von der Vergangenheit und von Mozart. In einem Hause ist er geboren, in sehr vielen hat er gelebt; es gibt Mozart-Pasta, Mozart-Kugeln, Mozart-Schnitzel, mit einem Wort, alles in Salzburg hat Bezug auf Mozart, wie in Rom alles von Michaelangelo ist

Die Komponisten sind alle 23 Jahre alt, entweder dem Taufschein nach oder doch sonst wie; alle haben sie Talent, manche sehr viel, alle sind sehr entschlossen; die Welt friedlich zu erobern, alle sind sie verbittert, auch die, die nicht den geringsten Anlass haben, alle lieben sie Frau Musica mit Jugendfeuer und beteuern ihr, wie der Liebhaber dem Aennchen von Tharau: »Krankheit, Verfolgung, Betrübnis und Pein sollen unserer Liebe Verknotigung sein!« Alle sind sie – ob tonal oder atonal – auf seelischen Mollton gestimmt, denn sie sind Kriegskinder und haben nichts zu lachen. Kommt irgendeinmal eine helle fröhliche Note in ihr Wesen oder in ihr Werk – rasch wird sie zugedeckt und verdunkelt. Aber dafür haben sie etwas Anderes, sehr Kostbares: Eine unendliche Sehnsucht, Sehnsucht nach Liebe, nach Freiheit und Fortschritt, nach Erkenntnis und vor allen Dingen nach einem Vaterlande, das nicht kleiner ist als Erde, Mars und Venus zusammen. Ob sie gewagte, mittelhochdeutsche Texte vertonen oder schwermütige Kellersche Ghasele, Märsche oder Streichquartette schreiben, die Sehnsucht nach einer besseren Welt ist immer darin. Es ist so als ob die jungen Krieger, die am Isonzo, bei Verdun und in den masurischen Sümpfen begraben liegen, ihren Altersgenossen aufgetragen hätten, nicht zu dulden, dass die Welt bleibe wie sie ist. Sie müssen sie ändern und bei sich selbst anfangen. Einer von ihnen, der junge Heinrich Kaminski, drückt das so aus:

O Menschenherz
himmelwärts
deine tiefste Sehnsucht geht –
und steht
doch all dein Trachten und Sinnen
danach zu gewinnen
was dich dir selbst entfremdet,
dich abwendet von deinem innersten Beruf.
Das schuf
seit je und schafft dir ewig Leid;
aber lichte Freud'
wird dir und köstliche Freiheit werden
schon hier auf Erden,
kehrst du zu deinem wahren Wesen hervor, dass Sinn und Sein
im Urgrund aller Dinge ist gegründet
und in ihm mündet.
Drum o Seele, wähle –

Schöne, junge Sehnsucht, rührend und naiv, als ob irgendjemand von uns die Wahl hätte!

Auch die mitwirkenden Künstler haben etwas Gemeinsames: Einen hohepriesterlichen Zug. Sie stürzen sich in ihre unerhört schwere Arbeit mit einer wahren Todesverachtung. Keine Spur von Mimeneitelkeit; wie ein Bauarbeiter einen schweren Balken trägt, so tragen sie ihre Aufgabe. Sie sprechen von sich, sie befehden sich nicht untereinander, sie sind vollauf beschäftigt, dem Komponisten, dem sie dienen, gerecht zu werden; wenn er lächelt, sind sie glücklich und vernichtet, wenn er nicht ganz zufrieden ist, ob das Publikum auch vor Begeisterung tobe. Da das alles Leute sind, denen es nicht auf einen leichten Erfolg ankommt – sonst würden sie ja Schubert singen und Bach spielen – so sehen sie auch alle gut und charaktervoll aus. Mancher zeigt sogar ein wirkliches Menschenantlitz.

Die Kritiker: Das sind zumeist ältere, würdige Männer, voll von Kenntnisse, mit wirklicher Liebe zur Musik, manche sogar geistreich. Diese alle sehen überaus sorgenvoll und vergrämt aus. Was sollen sie sagen? Wie sollen sie es sagen, ohne Minderwertigkeitskomplexe zu erzeugen, ohne Größenwahnsinn zu verursachen? Was ist ihre Pflicht gegen Mit- und Nachwelt? Sie sind so froh ihres erreichten hohen musikalischen Standpunktes, sie möchten sich gern gegen alles Neue, das sie nicht ganz zu überzeugen vermag, stemmen, aber der Strom jugendlicher Schöpfungslust hat alle Dämme weggerissen und jetzt heißt es schwimmen, wenn man ans Land kommen will. So schöpfen sie tief Atem, rüsten sich mit Vorurteilslosigkeit, hören schmerzlich lächelnd zu. Kommt etwas, was sie billigen können, so erhellen sich ihre Mienen, aber das sind nur seltene Lichtblicke. Nach vierstündigem Konzert – so lange dauern unmenschlicherweise die Darbietungen – sehen sie nur mehr resigniert aus. Jeder von ihnen denkt wie der alte Fontane:

Ob unsere Jungen in ihrem Erdreisten
Wirklich was Besseres schaffen und leisten,
Ob sie dem Parnasse näherkommen
Oder bloß einen Maulwurfshügel erklommen,
Eines lässt sie stehen auf sicherem Grunde:
Sie haben den Tag, sie haben die Stunde.
Der Mohr kann gehen – neu' Spiel hebt an,
Sie beherrschen die Szene, denn sie sind dran.

Das Publikum besteht aus vier deutlich zu unterscheidenden Gruppen: Erstens aus solchen, die wirklich begeistert sind, zweitens aus Snobs, die für alles begeistert sind, was neu ist, ohne Rücksicht auf die Qualität, drittens aus ordentlichen Leuten, die nach Gerechtigkeit streben und nicht über neue Musik schimpfen wollen, ohne sie zu kennen, und viertens aus solchen, die man sofort an der fabelhaften Verlegenheit erkennt, in der sie sich befinden. Das sind Leute, die davor zittern, sie könnten den neuen Mozart übersehen und einen Tadelstrich in der Musikgeschichte davontrage. Allem Publikum ist gemeinsam, dass es zu alt ist. Wo es sich um neue Kunst handelt, sollten billige Sonderzüge Jugendliche aus allen Ländern herbeibringen; das wäre die richtige Zuhörerschaft.

Überhaupt fürchten sich alle Leute in Salzburg: Die Komponisten treten besonders sicher auf, weil sie sich ganz besonders fürchten. Nicht nur vor der Tradition, sondern vor allen Dingen vor ihrem eigenen Urteil, dessen sie erst sicher sind, wenn sie ihr Werk wirklich hören; die Ausführenden vor den Komponisten; das Publikum vor jedem. Die Salzburger aber fürchten sich, der Schauplatz des Musikfests könnte nach Venedig verlegt werden.

Man merkt: ein solches Musikfest ist eine eminent seelische Angelegenheit. Viele aber gibt es, die es für nichts anderes halten als einen Markt oder bestenfalls für eine Verkaufsausstellung. Mag es so sein, da ist nichts Unrechtes dabei; niemand von uns glaubt ja mehr, dass die Dachkammer der einzige passende Aufenthalt für einen schaffenden Künstler ist. Aber wenn solch ein Musikfest ein Geschäft ist, so ist es eine sehr bescheidene Art, Geschäfte zu machen. Beinahe erinnert es mich an jenen Münzenfälscher, der von den Geschworenen freigesprochen wurde, weil ihn die von ihm fabrizierten Viergroschenstücke fünf Groschen kosteten. Der Verleger, die Konzertunternehmerin, die Komponisten und die ausführenden Künstler des Salzburger Musikfestes würden mit Rücksicht auf ihre moralischen und materiellen Kosten von jedem Gericht freigesprochen werden.

Der Musikfreund hat in Salzburg sicher neben schweren Stunden auch wunderschöne Momente erlebt; der Menschenfreund aber nur solche. Denn in Salzburg geht etwas Hoffnungsvolles vor: dort herrscht mitten im ewigen Weltkrieg tiefer Friede.

Italiener kommen und spielen mit Andacht ihren Pizetti oder Malipiero, die Deutschen ihren Hindemith, die Holländer ihren Pijper, die Engländer ihren Warlock, die Ungarn ihren Zoltan Kodaly, die Czechen ihren Vomacka und ihren Jirak. Nationalstolz strahlt aus ihren Minen. Das ist schön Aber noch schöner ist es, wenn die prachtvoll überlegene Polin Marya Freund, die in Paris ihre wahre Heimat gefunden hat, dem Czechen Vycpalek, der Lieder des Deutschen Mombert vertont, ihre hohe Kunst leiht; wenn die wunderbare Lotte Leonard aus Berlin mit wahrer Inbrunst den jungen Kurt Weill vor die Öffentlichkeit bringt, begleitet von einer Flöte und einem Horn aus Kopenhagen, einer Viola und einer Klarinette aus Zürich, einem Fagott aus Frankfurt am Main, alles unter dem Dirigentenstabe Philipp Jarnachs, der, von spanischen Eltern in Frankreich geboren, in Berlin seine Heimat gefunden hat.

Ein schöner Internationalismus herrscht in Salzburg, jener, aus dessen Boden duftend die Blume des nationalen Gefühls sprießt, alle Sinne beglückend. Wahrhaft erhebend war der Augenblick, als jener Mann, der dieser ganzen Veranstaltung Vater ist, der englische Gelehrte Dent, in schönstem Italienisch den Nekrolog auf Busoni sprach, der ein Italiener war von Geburt und ein deutscher Künstler nach eigener Wahl.

Man kann nicht wissen, ob alle Leute, die Harmonie lieben, beim Salzburger Musikfest auf ihre Kosten gekommen sind, sicher aber jene Menschen, die gemerkt haben, dass der Grundakkord, auf dem diese Veranstaltung aufgebaut ist, heißt: »Nie wieder Krieg!«

Neue Freie Presse, 30. 8. 1924

LEHRER SCHÖNBERG

»Die Beerdigung Mozarts fand mit dem Kondukt dritter Klasse statt, wofür acht Gulden sechsunddreißig Kreuzer bezahlt wurden.« Wer hat jemals diese trockene Nachricht ohne Bewegung gelesen. Die Selbstverständlichkeit, mit der jede Mitwelt den Genius zur Unterernährung verurteilt, um ihn dann, wenn er an der Schwindsucht zugrunde gegangen ist, ins Armengrab senken zu lassen, gehört zum Schlimmsten, was man in seiner Jugend entdeckt, wenn man zuerst zum Bewusstsein der Welt erwacht. Wenn selbst Mozart, das gütigste, umgänglichste, liebenswürdigste Genie, das je gelebt hat, die Welt nicht zu entwaffnen und nicht zu entgiften vermochte, wie muss es erst den andern gegangen sein?

So wenig sich die Menschheit rühmen kann, im allgemeinen seit Mozarts Zeit weiter gekommen zu sein, in diesem einen Punkt scheint doch die Erkenntnis fortzuschreiten. Ein kleiner Vorfall letzthin steht so einzig da, dass er aufgezeichnet zu werden verdient.

Ein Wiener Künstler, Arnold Schönberg, wird fünfzig Jahre alt. Freunde von ihm veranstalten eine Feier, dazu wird ihnen ein Saal im Rathaus zur Verfügung gestellt; ein zeitgenössischer Musikkenner feiert den Künstler durch Eingehen auf sein Werk, und dann kommt das Merkwürdige: der Bürgermeister der Stadt Wien erhebt sich und hält eine kurze, bescheidene Ansprache, der ausgesprochen und unausgesprochen nur ein Gedanke zugrunde liegt: Künstler sei uns, deinen Mitbürgern, nicht böse, wenn wir dich lange verkannt haben, fühle dich nicht verbittert, trage keinen Groll gegen uns, wir wollen es gut machen und künftig dein Schaffen schützen.

Wenn nicht gerade in diesem Augenblick die Herbstsonne besonders intensiv in den Saal geschienen hatte, man hatte glauben können zu träumen. Da saß ein Mann in den wirklich besten Jahren, noch kein Greis, noch nicht krebskrank, durchaus noch nicht tot, und die Stadt, in der er lebte, bat ihn schon um Entschuldigung für ausgestandene Leiden. Das scheint ein wunderbares Zeichen unserer sonst so abscheulichen Zeit zu sein!

Noch nie aber, ist etwas Gutes gesagt worden, ohne dass noch Besseres daraus hervorgegangen wäre. So auch hier. War die Rede des Bürgermeisters erbaulich, so war dic Antwort des gefeierten Künstlers bemerkenswert: Schon Zwanzig Jahre lang hatte Schönberg Not gelitten, immer »war er missverstanden, oft ausgezischt worden; in jeder schweren Lage hatte er sich stolz, manchmal hochmütig, in einzelnen Momenten geradezu vermessen benommen. Jetzt sollte er für die überraschende Ehrung und Liebeserklärung danken. Er stand da, schüchtern wie ein Schulkind bei der Prämienverteilung, dann überwand er sich und sagte mit einer schönen Entschlossenheit, der sich niemand entziehen konnte: »Ich war lange achtsam, nicht allzu sehr unterschätzt zu werden. Ich werde jetzt achtsam sein, nicht überschätzt zu werden.«

Es war klug von der Stadt Wien, sich schon jetzt zu Schönberg zu bekennen; bald wird er so berühmt sein, dass es gar keine Ehre mehr sein wird, zu ihm zu halten. Es wirkt ja nur komisch, wenn Universitäten Menschen, die schon ohnehin weltberühmt sind, zu ihrer eigenen Ehre den Doktortitel verleihen, und der Nobelpreis, mit dem vielfach in mystischer Vorahnung liebreich die Kunst eines Achtzigjährigen gefördert wird, ist schon lange ein alljährliches Lustspiel. Bei Schönberg war es gerade noch der letzte Moment. Wenn ihn erst die Amerikaner ganz entdeckt haben werden, würde es für Wien schon zu spät sein.

Und doch dankt Wien diesem Mann vieles. Ich spreche nicht von seiner Kunst. Nicht in Lob und nicht in Tadel würde ich wagen, mir über Schönbergs Musik ein Urteil anzumaßen. Eine andere Seite seiner Existenz ist es, die ich kenne und der mein Preis gilt.

Schönberg ist seit zwanzig Jahren einer der großen Erzieher von Wien; ein strenger, ungemütlicher, oft irrender Erzieher, der trotzdem herrliche Erziehungsresultate erzielt hat. Schönberg hat eine ganze Schülergeneration aufgezogen; sich ein Publikum herangebildet und, wie man letzthin im Rathaus sehen konnte, sich selbst erzogen.

Schönbergs Schüler: man darf dabei nicht an Schule, denken, sondern an eine Art von Werkstättenunterricht. Schönberg schwebt in seinem »Komponieratelier« eine Art von Unterricht vor, wie etwa Verrocchio seinen Malschülern erteilte – sie haben es gut und schwer. Er arbeitet mit ihnen, er strengt sich an, auch sie müssen sich anstrengen; sogar physisch, denn es ist eine Art von Turnen, ihm zu folgen, wenn er so im Zimmer auf- und abläuft, von den Gedanken umhergetrieben, die ihm in allzu großer Fülle zuströmen. Und gegen Erkältung muss man auch gefeit sein, denn er öffnet mit der größten Selbstverständlichkeit gegenüberliegende Fenster und wagt es, in einer Stadt, in der man sogar am 20. Juli nur ein Fenster in der Trambahn öffnen darf, zu behaupten; es gebe keinen Zug, sondern nur frische Luft, Dieses scheint mir das bezeichnendste Wort für den Lehrer Schönberg. Seine ganze Antipathie richtet sich gegen den »Komfort der Weltanschauung«. Die Menschen wünschen möglichst wenig Bewegung und wo möglich keine Erschütterung. Folglich ist es die erste Aufgabe des Lehrers den Schüler recht durcheinander zu schütteln. Der Lehrer hat ihm nicht zu bieten, was er selbst weiß, sondern das, was der Schüler braucht. Jede Wahrheit muss gesucht werden, jeder Mensch hat ein Robinson zu sein. So wie Schönberg sich selbst das Buchbinden und das Möbelzimmern beigebracht, es sozusagen für sich selbst erfunden hat, so muss der Schüler jede theoretische

Wahrheit selbst erfinden. Er, der Lehrer, kann ihm den Weg suchen helfen, aber er zwingt ihn, mit seinem eigenen Hirn zu denken. Er will sich das Lob verdienen, das Altenberg dem guten Gärtner erteilt, es sei diesem gelungen, aus einer Rose eine wirkliche Rose zu ziehen. Seine ganze Antipathie gilt der schlechten Ästhetik, seine ganze Verehrung der guten Handwerksleistung, worin er sich mit seinem Freund Adolf Loos trifft. Sein höchstes Ideal ist, wie er in seinem Lehrbuch sagt, seinen Schülern musikalische Komposition so restlos beizubringen, wie ein Tischler seinen Lehrlingen das Tischlern.

Wer so hohe Ziele hat, muss streng sein. »Sie müssen entschuldigen«, sagt ein säumiger Schüler. »Nein«, antwortet Schönberg, und so kann der Nachsatz, was er entschuldigen müsse, nicht folgen. Auch der Übertreibung bedient er sich als Erziehungsmittel: »Auf falsche Noten steht Todesstrafe« ist ein Lieblingswort von ihm. Das Ergebnis solcher Arbeit ist dann die gewissenhafte, durchdachte, persönliche Leistung, wobei sogar im Primitiven Höchstleistungen erzielt werden können. Alle diese Ergebnisse werden nicht mit vielen Worten erreicht; nicht die Kritik des Lehrers ist es, die fördert, sondern die Selbstkritik, zu der man vom ersten Tag an angehalten wird.

Schönbergs Schülern ist die Kunst eine sehr strenge Herrin. Jeder von ihnen darf sich »Ich dien« ins Wappen setzen. Mühevolles Studium, endlose, unzählige Proben, und bei der Aufführung restloses Zurücktreten vor dem Kunstwerk. Modern müssen sie sein bis in die Fingerspitzen, aber sie dürfen es erst dann sein, wenn sie Bach, Mozart und Beethoven bis ins Innerste verstehen gelernt haben.

Dafür leisten sie ihm treueste Gefolgschaft, eine Kameradschaft, die sich aufs ganze Privatleben ausdehnt. Wie sollte man auch einen Lehrer nicht lieben, von dem Aussprüche stammen, die man jedem Pädagogen ins Stammbuch schreiben möchte. »Der Lehrer muss den Mut haben, sich zu blamieren« oder »Warum ein Halbgott sein wollen und nicht lieber ein Vollmensch?« Schönberg dankt seinen Schülern, indem er durch dick und dünn mit ihnen geht. Jeden Augenblick ist er sich bewusst, was sie ihm sind und sein Buch, die herrliche Harmonielehre, ist ihnen mit der schönsten Widmung zugeeignet: »Dieses Buch habe ich von meinen Schülern gelernt«.

Nicht so deutlich sichtbar und durchaus nicht so schön, aber beinahe ebenso nützlich war die Erziehung, die er seinem Publikum angedeihen ließ. Sie schlug oft über die Stränge. Sein Kampf gegen den Komfort der Weltanschauung musste sich gegen jenen Teil des Publikums richten, welches allerdings in Wien seltener als anderswo aus der Musik eine gesellschaftliche Angelegenheit gemacht hatte, welches Musik in Salons ertönen ließ, »weil sichs dabei besonders gut sprechen lasse«, wo der Witz möglich war: »Was macht man im Konzert?

Man wartet, bis es aus ist.« Gereizt durch solche Möglichkeiten hat Schönberg beschlossen, nur solches Publikum zu haben, welches wie Tamino und Pamina durch alle Schrecknisse durchhält. Es gab Zeiten, wo man, um in eine Schönbergaufführung zu gelangen, beinahe einen Pass und einen Steuerzettel brauchte. Man kam, ohne zu wissen, was man zu hören bekäme, wie oft man gezwungen sein wurde, ein und dasselbe Musikstück zu hören. Es kam vor, dass man an einem Abend dreimal das gleiche hören musste. Man konnte, nein man, musste, wenn man etwas gelten wollte in diesem Kreis, alle zehn Proben zur, Kammersymphonie mitgemacht haben. Man durfte nicht applaudieren. Es war hart.

Aber wenn man jetzt zurückdenkt, merkt man, wie gut es war. Es entstand ein einheitliches neues Publikum, hauptsächlich aus Jugendlichen bestehend, welches ins Konzert geht, um vor allem die Produktion und erst in zweiter Reihe die Reproduktion zu genießen Es erscheint rechtzeitig und rauscht nicht vor dem Schluss heraus. Es gibt keine vorlauten Vorurteile ab und zeigt beim Zuhören Disziplin, Sammlung und Vertiefung.

Die notgedrungene Zurückhaltung des Beifalls aber hat die Begeisterung durchaus nicht getötet. Ich erinnere mich, wie sich das Publikum nach der Erstaufführung des »Pierrot lunaire«, getrieben von einem inneren Drang, wie ein Mann erhob zum Zeichen der Dankbarkeit und Freude. Muss man sich denn nur zum Zeichen der Trauer erheben?

Für die Befreiung der musikalischen Darbietungen von gesellschaftlichem Zwang hat Schönberg in Wien viel getan. Es wird in seinem Kreis ohne alles Virtuosentum musiziert und das Publikum darf zuhören – für eine Musikstadt vom Range Wiens ein höchst würdiger Zustand.

Es ist schön, dass Schönberg in jungen Jahren zu Ehren gekommen ist, da kann er noch viel an uns, an sich erziehen.

Der Morgen, 22. 9. 1924

DIE PROPHEZEITE RAVAG

Seit kurzem ist etwas Neues in der Welt, noch wenig bedacht. Bald aber wird es die ganze Welt wissen: die Radiosache ist sehr wichtig.

Das Unglück der Welt beruht bekanntlich auf dem Missverständnis. Dieses erzeugt Kriege, wissenschaftlichen Streit, Parteihader, Prozesse, unglückliche Ehen. Verständigung ist alles. Im Radio wird ein gigantisch Verständigungsmittel Wirklichkeit.

Bei der Beschaffenheit unserer Welt ist das natürlich vorerst zum Erschrecken. Also, was wird geschehen? Ein neues Spielzeug und ein gefährliches Spielzeug. Alle Torheit, alle Bosheit, alle Vorurteile, alle Langeweile wird jetzt noch weitere Verbreitung finden als bisher. Die schlechteste Operettenmusik, die miserabelsten Reden werden bis in den Urwald dringen. Soll noch mehr Hast, Banalität und Betrieb in eine Welt hineingetragen werden, die daran keinen Mangel hat? Wenn man sich solchen Erwägungen hingibt, kommt man zu dem Schluss: das Radio ist eine schreckliche Erfindung! Aber warum bei so großem Ereignis so niederziehender Pessimismus? Warum nicht lieber Hoffnung auf unerhörtes neues Glück? Es wird nämlich kommen. In ein paar Jahren wird kein Großstadtmensch mehr mit der Radiosache spielen wollen. Er wird davon einfach übersättigt sein. Nur bei vollkommensten Kunstwerken wird er zuhören wollen. Naiven Hirnen und Herzen aber wird das Radio mehr sein. Im entferntesten Gebirgsdorf in Tirol wird eine junge Mutter erfahren können, wie sie ihren Säugling zu behandeln hat. In Kroatien werden die Leute lernen, die Fenster aufzumachen. In Oberhollabrunn wird ein armes junges Nähmädchen auf dem Wege des Fernunterrichtes herrliches Florentiner Italienisch lernen. Hundert nützliche Dinge werden möglich sein und tausend gute und schöne. Der Farmer im Staate Ohio wird nach Feierabend eine Mozart-Oper hören. Im Kupferbergwerk zu Falun, im Zinnwerk in Cornwall werden die Grubenarbeiter ihrer Frühstückspause den Schluss der Neunten Symphonie vernehmen und glauben, es seien Sphärenklänge. In einem Spital in Marseille werden Menschen einer Frauenstimme lauschen, die in Amerika beruhigende Worte spricht, die ein französischer Dichter zum Trost für Kranke erdacht hat. Am Weihnachtsabend wird der Leuchtturmwächter in den norwegischen Schären Weihnachtslieder hören, die die Kinder in Eisenach singen. Das Schiff auf hoher See wird dankbar eine Sturmwarnung empfangen; der Blumengärtner in Hillegom rechtzeitig erfahren, dass eine Böe über Skandinavien geht, und dass er gut daran täte, seine Tulpen sorglich zuzudecken. Parlamentsreden wird man anhören und froh sein, den Apparat mittendrin abstellen zu dürfen, jedenfalls aber kontrollieren zu können, wieviel die Zeitungen aller Parteien am nächsten Tag daran verfälscht haben werden.

Jeder, der etwas Rechtes weiß, hätte eigentlich die Verpflichtung es herauszuschreien in alle Welt. Aber bisher war das nicht so einfach. Jetzt wird es einfach, jemand etwas wirklich Wissenswertes mitzuteilen, dazu bietet sich nun die Gelegenheit zu einem Manifest:

An Alle.

Das wird natürlich nicht bald sein. Zuerst wird sich das Geschäft der Erfindung bemächtigen, werden Leute damit zu tun haben wollen, die nicht von ihrer heiligen Mission erfüllt sind. Aber die Sache ist an sich zu gewaltig; sie muss siegen! Allmählich werden die Menschen Respekt bekommen, vor dem, was sie hineinsprechen oder hineinmusizieren. Niemand wird sich getrauen, zu lügen, aufzuschneiden, etwas ganz schlecht zu machen denn er weiß, wie unerhört groß und wie heterogen der Kreis ist. Wer etwas zu verkünden, zu sagen, zu vermitteln, zu lehren, zu musizieren hat, wird genötigt sein immer zuverlässiger, immer vollkommener immer subtiler zu werden. Aber nicht nur der, der wirkt, sondern auch jener der zuhört, wird sich freimachen müssen, wenn er jener Zuhörer werden will, welcher würdig ist, so zu heißen, wie Mozart sagt. Wird aber einer ein solcher Radiohörer, so wird er sich mit der Zeit auf seine Ohren ganz verlassen können. In hundert Jahren schon werden es die Leute zu solcher Feinheit im Hören gebracht haben, dass sie werden sagen können: »Das ist ein entzückender junger Mensch, der heute den Vortrag gehalten hat. Er hatte schöne dunkle Augen und ein Gesicht, wie der aus dem Concerto von Giorgione.«

Es ist schade, dass wir die neue Kunst nicht erleben werden, Begriffe steht, sich hier zu entwickeln. Wir haben gesehen, wie im Kino Drama für Taube entstanden ist, noch sehr unvollkommen, aber doch wirksam. Jetzt aber ist etwas noch viel Feineres möglich: Das avisuelle Drama für Blinde wendet sich an einen noch zarteren Sinn. Wer kann wissen, was da geschieht?

Bald werden unzählige Wellen zu den Menschen dringen. Vollkommen frei werden sie unter ihnen wählen dürfen. Auf Glück und Instinkt wird es ankommen. Mögen viele Wellen mit Geist, Wahrheit, Schönheit und Gefühl betrachtet sein, und möge es jedem gelingen, die rechte Welle zu erwischen.

Der Wiener,Tag 14. 10. 1924

DER HUND UND DER SPIEGEL

Eine Geschichte für das Sonntagslesebuch

Eines Tages teilt man mir mit, dass in einer Unterklasse unseres Mädchengymnasiums Spuren einer Gesellschaftskrankheit sich zeigen, die besonders im Kriege ihre reichsten Blüten trieb: üble Nachrede.

Ich bitte einen Lehrer dieser Klasse, mich ihn eine Stunde lang vertreten zu lassen. Zwanzig liebe Gesichter, die sich bemühen, meinem seltenen Besuch zu Ehren engelsgleich zu blicken. »Soll ich euch etwas vorlesen?« – »Jaaaa!«

Zuerst kommt eine sehr harmlose Geschichte von der Ebner-Eschenbach. Sie heißt »Die Brautwahl« und handelt von einem Märchenprinzen, dessen

Stammbaum so lang ist, dass er auf der längsten Straße der Stadt nicht aufgerollt werden kann. Der sich lange Zeit auf der ganzen Erde verzweifelt herum, weil er keine Frau finden kann, die Verleumdungen nicht glaubt. Zuletzt gelingt es ihm und die Braut wird von der Feenkönigin seiner Mutter, mit den Worten »du holde Seltenheit« begrüßt. Die Geschichte schließt fröhlich und erbaulich damit, dass die Feenkönigin und ihre glücklichen Kinder auf einem leuchtenden Luftschiff in ihre Märchenland abreisen, aus dem die Verleumdung verbannt ist und »wo sogar die jungen Mädchen schweigen, wenn sie von ihrem Nächsten nichts Gutes zu sagen wissen«.

Die kleinen Mädchen fühlten sich gar nicht getroffen. Sie lachen belustigt und sind ganz augenscheinlich höchste geschmeichelt, dass man sie schon groß genug findet, im ihnen Liebesgeschichten vorzulesen. Sie sind ja so begierig nach Gleichberechtigung. Wenn man zu einer Zwölfjährigen sagt: »wir Frauen«, sind alle Schranken vernichtet, welche sie zwischen sich und der erwachsenen Welt aufzurichten geneigt sind. Also wie ist das? Sie haben sich schon zu interessieren, wie es bei einer Brautwahl zugeht? Das freut sie.

Jetzt kommt mein zweiter Gewährsmann dran. Ein wunderbar unveralteter: Andersen. Ich lese seine Geschichte »Es ist ganz gewiss«. Man kennt die Geschichte. Die Henne hat eine kleine lose Feder verloren. Diese Tatsache wird im Hühnerhof weitergegeben, und als sie nach kurzem zu der Henne zurückkehrt, von der sie ausgegangen ist, sind es schon fünf Hühner, die sich aus Liebeskummer alle Federn gerupft haben und zur Schande für ihre Familie gestorben sind. Und die Henne, die ihre eigene Geschichte gar nicht wiedererkennt, sagt, da sie eine respektable, bourgeoise Henne ist: »Ich verachte diese Hühner!« und beschließt, die Geschichte in die Zeitung zu bringen. Die Kinder lachen sich tot. Sie sehen sich verständnissinnig an. Das alles haben sie schon erlebt. Aber erst durch diese Geschichte haben sie eine deutliche Vorstellung von der grandiosen Umformung, die üble Nachrede unterwegs erfährt.

Jetzt halte ich sie für reif, ihnen von Gottfried Kellers Ölweib zu erzählen, jener alten Frau in der Novelle »Das verlorene Lachen«, der die üble Nachrede so wenig ausgeht wie der biblischen Witwe das Öl auf dem Krüglein. Von ihr heißt es, sie wisse, obgleich sie in einer entlegenen Hütte wohne, immer noch ein Tröpflein fetten Öls hervorzupressen, die Menschen zu beschmutzen und in wenigen Tagen das Land mit einem Gerüchte aufzufüllen. Es entsteht um dieses Weib eine dämonisch-seltsame Bewegung, die Versuchung eines ganzen Gemeinwesens, gefördert durch die Ratlosigkeit der Verfolgten.

Die Kinder schäumen vor Empörung. Bei der ersten Geschichte heiter angeregt, bei der zweiten überlegen lustig, gelangen sie am Schluss der Stunde über den Zorn hinweg zur Nachdenklichkeit.

Acht Tage später gebe ich wieder so eine Extrastunde. Auf den Gesichtern malen sich alle Stimmungen, die wir letzthin zusammen durchlebt haben. »Sagt mal, Kinder, ist es gut, wenn man die Fehler der anderen Menschen scharf sieht?« – »Oh ja.« – »Wozu?« – »Man kann was daraus lernen.« – »Tut man das?« – »Meistens nicht.«- »Warum nicht?« – »Das wissen wir nicht.« – »Aber ein anderer weiß es. Es gibt nämlich einen weisen Mann, der heißt Schopenhauer, der hat gesagt: Jeder hat am andern einen Spiegel, in welchem er seine eigenen Laster, Fehler, Unarten und Widerlichkeiten jeder Art deutlich erblickt.« – »Das ist sehr richtig«, rufen die Kinder. – »Aber«, setzt der weise Mann hinzu, »meistens verhält er sich dabei wie der Hund, welcher gegen den Spiegel bellt, weil er nicht weiß, dass er sich selbst sieht, sondern meint, es sei ein anderer Hund.« – »Glaubt ihr auch, dass es ein anderer Hund ist?« – »Ja«, sagt ein Mädchen, »das glauben alle Leute. Ich war in einem Theater, da hat man in einem Stück auf die Frauen geschimpft und alle Frauen im Theater haben gelacht.« – »Und ich«, sagt ein anderes Mädel, »war in einem Theater, da ist ein komischer armer Jude vorgekommen: es waren sehr viele Juden da und die waren ganz besonders lustig.«

»Also was könnte man aus den Fehlern der anderen Leute machen, wenn man selbst nichts daraus lernt?«- »Man könnte sie, wenn man den Mut hätte, den Leuten, die sie haben ins Gesicht sagen.« »Wozu?« – »Damit sie sich bessern.« »Habt ihr das schon einmal getan?« – »Neein.« »Also, wenn ihr was beobachtet habt, was euch nicht gefällt, so habt ihr es weder euch selbst gesagt, noch denen, die es angeht, sondern wem?« – »Dritten Personen.« »Also, Kinder, da habt ihr doch schon schlecht von anderen Leuten gesprochen?« – Sie schweigen. »Habt ihr schon einmal schlecht von anderen Leuten gesprochen?« – Sie schweigen. »aber ich, ich habe es bestimmt schon getan. Erwachsene Leute haben es nicht so leicht wie ihr.« Die Kinder sind gespannt aufmerksam. »Habt ihr schon einmal schlecht von anderen Leuten gesprochen? – Beinahe die ganze Klasse ruft »Jaaaa!« »Warum habt ihr das getan? – Es ist so angenehm.« »Weshalb?« – Und nun hagelt es von Antworten in einem Tempo, welches weder die Sprechenden noch mich zur Besinnung kommen lässt. »Wenn man auf andere schimpft, kommt man sich viel mehr vor.« »Man macht, als ob man über etwas entrüstet wäre, damit man einen für besser hält.« »Man tut, als ob einem so was gar nicht passieren könnte.« »Man kommt sich so wichtig vor.« »Man kommt sich so witzig vor.« »Man sagt etwas, weil man neugierig ist, was die anderen antworten werden.« »Ich spreche nur schlecht von anderen aus Gedankenlosigkeit.« »Mir fallen so viele Sachen ein, die wahr sein könnten.« »Wenn ich auf jemand eifersüchtig bin, dann häng ich ihm was an.« »Ich sag' boshafte Sachen, wenn man mich zwingen will, jemanden zu bewundern.« »Ich habe mal was aus Rache gesagt.« »Ich mach's, weil's alle machen.« Zaghaft stoßweise, verschämt, frech, humoristisch, unter Tränen kommen diese Bekenntnisse.

Nun herrscht Totenstille in der Klasse. Es ist, als ob wir in diesem Augenblick erfahren hätten, dass wir den »Krebs der Seele« haben. Unheilbar. Ich mache ein toternstes Gesicht, das heißt, ich mache es nicht, ich habe es wirklich. Ich fühle so deutlich, wie schwer es ist, zu leben.

»Sagt mal, findet ihr das nicht auch alle abscheulich?« – »Ja.« – »Könnte man's nicht lassen?« – »Ich glaube nicht«, sagte eines. Und ein anderes: »Vornehmen könnte man sich's ja, aber wenn ich mit etwas vornehme, so mach' ich im entscheidenden Augenblick immer das Gegenteil.« Jetzt sind wir ganz ratlos. Ich bin trostbedürftig und so sage ich: »Gibt es denn in der Klasse gar kein Kind, welches nie von jemandem etwas Böses sagt?« Freudig fahren alle in die Höhe: »Ja die Ilse? Gratuliere dir, das muss ein schönes Gefühl sein.« Ja, aber etwas, was die Ilse immer kann, könnten wir das nicht einen Monat lang wenigstens versuchen? Ich schlage vor, wir spielen vom 1. Oktober bis 1. November folgendes Spiel: Keine von uns spricht in dieser Zeit auch nur ein böses Wort über andere Menschen. Sollte uns das nicht möglich sein, so müssen wir genau aufschreiben, warum wir von unserer Absicht abgewichen sind. Dieses Spiel spiele ich mit. Am 1. November komme ich wieder zu euch, da wollen wir uns alles erzählen und überprüfen, ob wir wirklich nicht anders konnten. Wollt ihr spielen?« – »Jaaa!«

»Ich freue mich; das ist ein großer Gewinn für eure Klasse. Aber glaubt ihr nicht, dass, wenn sich das herumspricht, die anderen Klassen es euch nachmachen werden?« – »Ach nein, wir haben in der Schule keinen so guten Ruf, uns macht kein Mensch was nach« – Vielleicht seid ihr zu bescheiden, man kann einen großen Einfluss haben, ohne es zu wissen. Man hat immer Einfluss; ich will euch, bevor es läutet, eine kleine Geschichte erzählen: Voriges Jahr war unsere Schulsekretärin in der Klinik, in die Frauen gehen, wenn sie ihre Kinder bekommen. Sie war in einem Zimmer mit drei anderen Frauen zusammen und ich stellte mir das sehr unangenehm vor. Als ich sie aber besuchte, fand ich es sehr gemütlich in diesem Saal. Die Fenster standen weit offen, während sonst in Wien jeder Mensch über Zugluft schreit, die Frauen waren sehr sauber angezogen, alle waren rücksichtsvoll und sprachen leise. »Das ist ein nettes Krankenhaus«, sagte ich. »Nein«, antwortete Frau Dr. S. »Nur in diesem Saal ist es so nett. Das ist eine komische Geschichte. Das hat die Frau gemacht, die vor mir hier gelegen ist. Sie war nur vierzehn Tage da und ziemlich krank, aber sie hat allen Frauen einen Eindruck gemacht und jetzt machen sie es so, wie es sie gemacht hat.« – »Wie hat denn die Frau geheißen?« – »Frau Kramer.« »Wisst ihr, wer das war?« Das war die Mutter von Ilse. Also jetzt geh ich. Auf Wiedersehen am 1. November.«

Neue Freie Presse, 9. 11. 1924

DER VERFOLGTE CHAUFFEUR

Eine Zeugenaussage

Mein Lebtag bin ich zu Fuß gegangen. Erst seit einiger Zeit darf ich – bis auf Widerruf – mit dem Auto fahren. »Das ist mir auch nicht an der Wiege gesungen worden«, sagte ich neulich vergnügt zu meinem Freunde Karl. »Wie«, fragte er erstaunt, »hast Du eine Wiege gehabt?« Er hat nämlich eine genaue Kenntnis meiner ökonomischen Herkunft.

Von allen Vorteilen einer gesicherten Lebensstellung schien mir immer der Besitz eines Automobils das einzig Begehrenswerte. Wer das hat, dachte ich, kann mehr arbeiten, besser organisieren, pünktlicher zur Stelle sein, zarte Aufmerksamkeiten erweisen und vor allen Dingen sein angeborenes Minderwertigkeitsgefühl siegreicher bekämpfen. Ich war nicht neidisch, wenn ich Leute im Auto fahren sah, aber ich wollte auch gern Auto fahren.

Innerhalb des ganzen Autowesens gab es für mich immer nur eine einzige fragwürdige Figur: den Privatchauffeur. Von dessen Berufscharakter hatte ich die schlechteste Meinung. Sein Bedürfnis, um jeden Preis allen anderen vorzufahren, musste ja zu einer Vernichtungsmanie gegen Mensch und Tier ausarten.

Nie hätte ich gedacht, dass ich einmal vor Gericht stehen würde, um für einen Chauffeur Zeugnis abzulegen. Aber man soll eben nichts verschwören; je älter man wird, desto enger wird der Kreis der üblen Dinge, die man noch nicht getan hat.

Vor kurzem erhielt ich eine Zeugenladung und verfiel sofort in Angstzustände. Ich fürchte mich nämlich vor dem Straßenbahnschaffner, vor dem Theaterbilleteur, vor dem Kellner, vor jedem Menschen, der ein Amt und eine Kappe hat, wie gar erst vor dem Gericht! Schon in der Schule zitterte ich bei einer hochnotpeinlichen Disziplinaruntersuchung, die anderen Kindern galt, so, dass man hätte annehmen können, ich wäre der Anstifter. Auch jetzt noch überfallen mich jeden Morgen beim Kaffee, wenn ich den Gerichtssaal lese, alle Schauer der Mitschuld.

Donnerstag um elf Uhr war ich vorgeladen. In der Nacht vor der Verhandlung träumte mir: ich träte in den Gerichtssaal, der Richter sagte ungeduldig: »Gehen Sie sofort hinaus!« Ich wartete draußen. Nach einer Stunde lässt er mich holen und sagt: »Wenn Sie das nächste Mal also spät kommen, werden Sie polizeilich vorgeführt werden. Jetzt müssen Sie warten.« Als ich ein Jahr lang gewartet habe, darf ich wieder in den Saal. Dort ist der Richter verschwunden und eine Grabesstimme dringt aus dem Kamin: »Die Verhandlung ist auf das Jahr 1974 vertagt. Sie werden schriftlich benachrichtigt, wann Sie wieder zu erscheinen haben … Stammelnd versuche ich einzuwenden, dass ich dann bestimmt tot sein werde. »Das tut nichts zur Sache«, tönt es dumpf aus dem Kamin.

Dann erwachte ich, um sofort von jenen Vergiftungserscheinungen befallen zu werden, die wir alle von der lateinischen Schularbeit her kennen. Endlich stand ich vor dem Richter. Ich atmete wie befreit auf, denn er sagte nicht wie der im Traum »gehen Sie hinaus«, sondern ließ mich sogar Platz nehmen. »Bitte, wer führt mich als Zeugin?« fragte ich. »Ihr Chauffeur. Er ist wegen Schnellfahrens angezeigt.« Der Richter sah sehr menschenfreundlich aus. Ich fasste Mut: das Gefühl, ich sei eine Kindsmörderin, wich beinahe ganz von mir. »Das war sehr unvorsichtig von dem Chauffeur, mich vorladen zu lassen«, sagte ich, »denn er wünscht doch sicher entlastet zu werden, und ich kann ihn nur belasten«, »Warum? Ist er kein ordentlicher Mensch?«, »Doch, er ist ein ordentlicher und menschenfreundlicher Bursche, und überdies ein geschickter und besonnener Fahrer.« »Nun also?« »Ja, aber so oft ich mit ihm gefahren bin, hat er eben die behördlichen Vorschriften verletzt. Ich weiß nicht, ob das an ihm liegt oder an den Vorschriften. Er soll von Rechts wegen auf dem Lande sechs Kilometer in der Stunde fahren, in Wien fünfzehn Kilometer und in der Neunkirchner Allee fünfundvierzig Kilometer. Das alles tut er nicht. In Wien sagt er, er schämt sich vor dem Sicherheitswachmann an der Oper, der überhaupt in seiner Gefühlswelt eine große Rolle spielt, in der Neunkirchner Allee aber bekommt er den Tropenkoller, wie jeder Chauffeur. Nur ein einziges Mal, in Grundlsee, hat er mit allen Zeichen des Martyriums mir den Gefallen getan, die vorgeschriebenen Kilometer zu fahren. Seither ist seine Autorität unerschütterlich, denn wir haben damals gemeinsam eine furchtbare Stunde verlebt, und das bindet.

Die Fußgänger, die uns alle überholten, fluchten und schimpften vor uns, und hinter uns randalierte der Postomnibus, der den Anschluss an den Eilzug versäumte. So muss ich also der Wahrheit gemäß sagen, dass jede Anzeige wegen Zuschnellfahrens stimmt, jedenfalls in der Stadt, vielleicht etwas weniger auf dem Lande. »Aber gerade aus Grundlsee stammt doch die Anzeige«, sagte der Richter. »Auch das kann ich verstehen«, war meine Antwort. »Die ländliche Bevölkerung verfügt über einen unverbrauchten Menschenverstand und ein ungebrochenes Temperament, kann infolgedessen eine tiefe Abneigung fassen und ihr vehement Ausdruck geben. Sie hat eine gesunde und berechtigte Antipathie gegen das Automobil, wie eigentlich jeder Mensch. Wer kann auch ein Ding lieben, welches alle Sinne beleidigt? Da saust mit ohrenbetäubendem Rattern, Staub und Gestank hinter sich lassend, ein Gefährt dahin, drinnen sitzen vermummte und maskierte eulenartig aussehende Geschöpfe, von denen wir mit Recht oder mit Unrecht vermuten, dass sie weder durch Jugend, noch durch Schönheit, noch durch Talent, noch durch Leistung zu einer Vorzugsstellung in der Welt berufen sind. Jeder fragt sich: Warum müssen gerade diese Leute im Eilzugstempo durch die Welt rasen, während das wahre Verdienst beinahe immer zu Fuß geht? Warum haben gerade die solche Eile? Wo müssen sie hin? Eilen sie zu neuen erhabenen Taten? Das alles fühlt der ländliche Anzeiger, aber er kann es nicht ausdrücken. Infolgedessen behauptet er, die Anzeige erfolge, weil er um die Sicherheit seiner betagten Schwiegermutter besorgt sei.

Das sind die sachlichen Gründe, um derentwillen der Chauffeur Fichta angezeigt wurde. Aber es gibt auch noch persönliche. Fichta hat das, was man in Wien »einen Stolz« nennt. Erstens ist er seinerzeit aus der Kriegsgefangenschaft nach drei Tagen ausgerissen und zwar nicht allein, sondern mit einem italienischen Panzerauto, welches er triumphierend in die österreichischen Reihen brachte. Zweitens ist er korrekt. Auf der ganzen Welt sind die korrekten Menschen schwer zu ertragen. Aber ein korrekter Wiener Chauffeur ist im Gefühl seiner Einzigartigkeit eine wahre Landplage. Der Mann ist fehlerlos: er fährt wirklich links; er weicht richtig aus; er blendet seinen Scheinwerfer rechtzeitig ab. Seine Hupe funktioniert immer, er gibt mit ihr sogar Signale, nicht zu selten und nicht zu oft, er schneidet keine Kurven, er wird langsamer vor einer Querstraße, er passt bei den Aussteigstellen der Elektrischen auf. Er respektiert die Weisungen des Sicherheitswachmannes, insbesondere dessen vor der Oper, und gibt seinerseits elegante Handzeichen nach rückwärts, er fährt dem Mehlwagen nach, um aufmerksam zu machen, dass ein Sack hinuntergefallen ist, kurz, er ist innerhalb seiner Sphäre vollkommen.

Nun strebt er die gleiche Vollkommenheit bei der gesamten Umwelt an und versucht, sie nach seinem Ebenbild zu formen. Dem Herrenfahrer im Zweispänner ruft er zu: »Fahrns füra mit Ihre zwa Kikeriki, Herr Mayer.« Den Autokollegen macht er mit freundlichem Lächeln aufmerksam: »Drah di ausser, Du Fallot, sonst derschlag i di mit an nassen Fetzen.« »Passens auf Ihnern Pamperletsch auf, Freiln«, mahnt er jede junge Mutter.

Den alten Herrn, der knapp vor seinem Auto ruhig in der Morgenzeitung lesend, vorbeivoltigieren will, fragt er ironisch: »Wie gehts denn dem Macdonald, Herr Nachbar?« Zu dem Buben, der sich hinten an den Wagen hängt, sagt er zärtlich: »Schleich di, ausgmister Lausbua.« Ein etwas exotisch aussehender Jüngling, der ins Auto hineinrennt, erregt seinen Lokalpatriotismus: »So a Aschanti, er glaubt, er ist bei sich z'haus im Urwald, der gehört nicht in unsere Wiener Zivilisation.« Gänse auf der Landstraße, die nicht rasch genug weglaufen, werden mit Höflichkeit angesprochen: »Weichen Sie aus, meine Damen, sonst bin ich genötigt, Ihnen den Kragen auszubügeln.« Seinen schlimmsten Zorn aber erregt der Motorradfahrer, der es wagt, ihm vorzufahren: »Da schauts, Herrschaften, der muss mit seinem Spuckerl fürifahrn, der Seifensieder hat ka Zeit, mit seiner Höllenmaschine. Die stammt noch aus dera Zeit, wo der Radetzky Feldwebel war.« Und dabei wendet er sich mitleidflehend fortwährend an die Insassen des Wagens und fragt: »Bitte, sagen Sie selbst, kann man das aushalten, muss so a armer Benzinkutscher nicht ums Brot, ums Leben oder gar ins Kriminal kommen?« Jahrtausende lang haben wir geglaubt, dass die Männer die Verführer sind, bis uns Bernard Shaw klargemacht hat, dass Don Juan ein verfolgtes und überrumpeltes Opfer der Frauen ist. Man wird auch dahin umlernen müssen, dass der Chauffeur das verfolgte Wild ist, verfolgt – vom Fußgänger.

Neue Freie Presse, 14. 12. 1924

»WER WAR IN ITALIEN?«

Ungläubig und staunend über die Phantasie des Dichters haben Kinder gelesen, wie Münchhausen behauptet, er habe sich selbst Haaren aus dem Sumpf gezogen.

An dieses Bild muss man denken, wenn man das Deutschland vom 18. Oktober 1923 mit dem heutigen vergleicht. Jedem Kenner deutschen Wesens war es ja im Vorjahre selbstverständlich, dass die verzweifelte Unruhe, Verwirrung, Psychose der Inflationszeit ein vorübergehendes Übel sei. Aber wie man eben am Krankenbett eines besonders schönen und kräftigen Menschen besonders tiefes Mitgefühl hat, war man beim Anblick der Zerrüttung des deutschen Volkskörpers völlig fassungslos. Vor allem fürchtete man eine schwierige Heilung und schwierige Rekonvaleszenz.

Alles ist anders gekommen. Die Deutschen lieben es, die Welt zu überraschen, und so taten sie es auch diesmal: sie zogen sich einfach selbst an den Haaren aus dem Sumpf der Inflation. Der Glaube, der Berge versetzen kann, hat vermocht, eine Papierflut in Gold zu verwandeln, denn Gold ist das, was wir glauben.

Dem Freunde Deutschlands bietet sich nunmehr ein wesentlich hoffnungsvolleres Bild. An die Stelle der Spekulationswut ist Sparsamkeit getreten, statt sinnlose Kauflust zeigt sich bewusste Wirtschaft. Aber heiter ist das auch noch nicht. Stabilisierung einer entwerteten Valuta heißt, sich mit einem traurigen Zustand befreunden, die letzten Konsequenzen aus Verlusten ziehen, sich aus dem größenwahnsinnigen Nullenrausch aus dem Primzahlen zurückzufinden.

Vor einem Jahr (in den allerschlimmsten Tagen gerade) ist die Österreichische Freundeshilfe nach Berlin gekommen, um eine bescheidene Hilfeleistung anzubahnen; Hungrige zu speisen, Erholungsbedürftige aufs Land, Berliner

Kinder nach Wien zu bringen, kurz, überall mit der eigenen erworbenen Wissenschaft von Inflationszuständen zu dienen. Die Wiener kamen, weil es sie gelüstete, diese geliebte Not in ihr Herz zu schließen, weil sie in ihrer Armut dem reichen Auslande ein Beispiel geben, weil sie hoffen, gerade ihre Hilfe werde tröstlich wirken. Vor allen Dingen aber wollen sie sich über die schmerzliche Tatsache hinwegheben, dass der große Bruder, der tüchtiger und klüger ist als sie selbst, überhaupt einer Hilfe bedurfte. Sie beschlossen, so viele als möglich von jenen zu Tisch zu laden, die, in ihre geistige Arbeit versunken, bei der Teilung der Kriegsgewinne nicht anwesend gewesen waren. Es handelte sich also um die Besten. Diese sind immer dankbar. So wurde die Aktion auf das Herzlichste aufgenommen. Die freundlichen Absichten wurden nicht nur anerkannt, sondern bis in ihre letzten Andeutungen durchschaut und durchgefühlt. Diesen Gästen Wirt zu sein, war eine Freude. Jedes gute Gericht, jedes Lächeln wurde gewürdigt. Und so kann die Aktion mitten in aller Mühe Trübsal auf ein schönes und erfolgreiches Arbeitsjahr zurückblicken. Die Versendung der Kinder, die Erholung der deutschen Gäste in den österreichischen Heimen sind ebenso gut gelungen als die Führung der vier Gemeinschaftsküchen im Schloss, in der Kurfürstenstrasse, in Schöneberg und in Pankow. Diese Küchen haben das Glück gehabt, in diesem Jahr 500.000 Mahlzeiten verabfolgen zu dürfen. 150.000 davon ganz unentgeltlich, die 350.000 zwei Monate hindurch um drei Pfennige, zwei zehn, und erst seit dem 1. April zahlt man annähernd den Selbstkostenpreis, in den westlichen Küchen 80 Pfennige, in Pankow 50 Pfennige pro Mahlzeit.

Natürlich wurde auch an der österreichischen Arbeit, wie das hier üblich ist, Kritik geübt, aber sie war nicht kränkend, denn sie richtete sich nur gegen die Vorzüge. Das weiße Tischtuch und der Blumenstrauß wurden von jenen bekämpft, die noch nicht gelernt haben, dass Gemeinschaftsarbeit schön sein muss, und nicht im Entferntesten nach Wohltätigkeit riechen darf. Diese wollten am liebsten das bisschen freundlicher Aufmachung auch noch in Kartoffeln umgesetzt sehen, nicht ahnend, dass man für 24 Mark, die, die Blumen im Monat kosten, nur sehr wenig Kartoffeln für tausend Personen bekommen kann. Es ist nun einmal so, dass die kostbarsten Dinge, als Liebe und Schönheit, am wenigsten kosten. Aber die Leute, die die »Österreichische Freundeshilfe« »zu fein« fanden, waren überdies solche, die nur von fern davon gehört hatten. Der alte Fontane, der der klügste Berliner war, hat es ja schon gesagt, dass jene alles am besten wissen, die nicht dabei waren:

Die aber dabei waren, sind zufrieden, und so hat das Wiener Komitee beschlossen, seine Tätigkeit in Berlin um ein Jahr zu verlängern. Mit der stabilisierten Goldmark ist es nämlich »grademang so, das mit Rindfleisch Plummen; sie schmecken sehr gut, aber wir kriegen sie man nich«. Mit der Goldmark kann man viel ausrichten, besonders im Ausland, aber man muss sie haben. Und jetzt stellt es sich heraus, dass die meisten Leute von dieser guten Goldmark nur sehr wenige besitzen. Sie leben in großer Bedrängnis. Die Not springt nicht mehr so in die Augen, wie im Vorjahr, aber sie ist in die Tiefe und in die Breite gegangen. In voller Kenntnis dieser Verhältnisse findet es die »Österreichische Freundeshilfe« im Gegensatz zu den anderen ausländischen Aktionen noch nicht an der Zeit, schon jetzt mit der aufzuhören. Im Gegenteil gedenkt sie, auf gute Erfahrungen gestützt tiefer Dankbarkeit für die ausgezeichnete Aufnahme, die sie in Berlin gefunden hat, ihre Tätigkeit fortzusetzen, bis sie überflüssig geworden ist, wobei sie heiß hofft, dass dies bald der Fall sein wird.

Die Mittel zur Weiterführung der Aktion haben Wiener und Berliner Freunde trotz der schlechten Zeit gern aufgebracht. Aber damit ist nicht alles getan. Im Vorjahr konnte man Menschen, denen es an Geld fehlte unentgeltlich verpflegen, auf Kosten deutscher, österreichischer und ausländischer Spender, die gern ein Geringes opferten, um sich einen »bescheidenen Mittagsgast« in die Gemeinschaftsküche einzuladen. Im Herbst 1923 war eben ganz Europa, ja die ganze Welt von verständnisvoller Teilnahme für die deutsche Not ergriffen. Damit ist es vorbei. Wenn man jetzt einen Ausländer um die drei Dollar bittet, die ein Freiplatz kostet, so sagt er: »Die Deutschen brauchen keine Hilfe. Ich habe heuer Deutsche in Saltsjöbaden, in Eastbourne, in St. Moritz und in Neapel getroffen.« »Nun und?« fragt man schuldig. Da stellt es sich heraus: er ist entrüstet, dass die Deutschen nicht in Sack und Asche gehen, so entrüstet, wie ich einmal einen Herrn habe, weil eine Witwe in tiefer Trauer augenscheinlich nicht ohne Behagen ein Stück Kuchen verzehrte. Es ist merkwürdig: nie ist man einem Mitmenschen traurig genug. »Wie viele Deutsche haben Sie getroffen?« frage ich. »Mindestens sechzig!« sagte er. »Es gibt aber sechzig Millionen Deutsche.« »Aber warum müssen die Deutschen gerade jetzt in die Welt fahren? Weil sie es zehn Jahre lang nicht konnten.« »Und wozu brauchen sie es? Weil sie eine unendliche Sehnsucht haben nach Weltweite, Kunst, Natur. Sie sind ja auch schon im Frieden gereist, wenn sie nur die Fahrkarte vierter Klasse, einen Lodenanzug und eine Wurst hatten.« »Aber heuer haben sie nicht von Wurst allein gelebt.« »Weil sie, berauscht von ihrer guten Valuta, das dringende Bedürfnis hatten, auch einmal irgendwo Goldausländer vorzustellen. Die Deutschen sind nämlich auch keine vollkommenen Engel.« »Ja, aber woher nehmen sie das Geld?« fragte er zuletzt. »Das hängt mit schlechten Gesellschaftsordnung zusammen, die es mit sich bringt, dass es neben Millionen Armer auch einige Reiche gibt. Die haben das Geld.«

Aber der Dialog ist nicht einträglich, ich kann sagen, was ich will, es hilft nichts: niemand lässt sich die Gelegenheit entgehen, nichts zu geben. Jeder bietet ein Königreich für eine Ausrede, wenn man was von ihm will. billige Ausrede wie die »prassenden Deutschen im Ausland« hat die Welt noch nie gehabt.

Weil viele Deutsche und Österreicher im Ausland waren, bekommen die Berliner Geistes- und Handarbeiter in diesem Jahr keinen Freiplatz in der Gemeinschaftsküche, den sie doch so dringend brauchen. Und sie doch nicht einmal in Jüterbog zum Sommeraufenthalt. Da gibt es nur eine gerechte Lösung: Jeder Deutsche und Österreicher, der im Ausland war, sende sofort 20 Mark als Ablöse für seinen die bedürftigen Volksgenossen schädigenden Auslandstrip. Dann kann ein Berliner Schriftsteller der gerade an einem Buch schreibt, eine junge Schauspielerin, die kein Engagement hat, ein kränklicher Student, ein greiser Rechtsanwalt, der sein Vermögen in Kriegsanleihe angelegt hat, ein arbeitsloser Arbeiter einen Monat lang warm zu Mittag essen. Ist alles deutsches Geld eingezahlt, dann werden wir an das Ausland herantreten und verlangen, dass jeder Ausländer, der über die reisenden Deutschen geschimpft hat, seinerseits etwas tut; wenn er sie dort gesehen hat, so ist das ein Beweis dafür, dass er auch in Italien war.

Wiener Allgemeine Zeitung, 3. 1. 1925

JUGENDREPUBLIK

In diesen Tagen feiert die Wiener Schulgemeinde ihren sechsten Geburtstag, und deshalb ist sie jetzt reif, wirklich in die Schule zu kommen.

Seinerzeit nach dem Umsturz mit Enthusiasmus von den einen, mit Verbitterung von den anderen, gläubig-glücklich oder bittersüß-lächelnd angefangen, hat sie sich im Lauf der Zeit gänzlich im Sande verlaufen. Nur wenige blieben dem Gedanken treu, und diesen können es heute nicht mehr begreifen, wie sie vorher ohne Schulgemeinde leben konnten.

Jetzt ist durch tragische Vorkommnisse die Schulgemeinde plötzlich modern geworden und man wird täglich gefragt: Sind Sie dafür oder dagegen? Den Fragern kann man es ansehen, welche Antwort sie wünschen. Die Anhänger strahlen, als ob sie sagen wollten: »Na, wenn erst die Schulgemeinde durchgeführt ist, ist uns allen geholfen!«: die andern machen ein Gesicht, als handle es sich um eine Verschwörung, die es auf Zerstörung des Staates abgesehen hat.

Die Schulgemeinde aber, wie sie jetzt geplant wird, ist weder ein Ikarien zur geistigen Befreiung, noch eine Jugendrevolte. Sie ist ein bürgerliches Vehikel aus dem Land der Jugend in die Republik der Erwachsenen.

Wie kommt es, dass die Jugend in die festgefügte Ordnung der Schule einzudringen versucht? Würde sie es wagen, wenn diese Schule eine Weltanschauung besäße, mindestens auf eigenen Füßen stünde? Sie merkt, dass nicht alles stimmt, dass Unsicherheit, ja Ratlosigkeit herrscht. Nun ist es so: jene Jugend, die die Schulgemeinde herbeiwünscht, glaubt an die Schule, hält sie verbesserungswürdig und verbesserungsfähig und sagt sich: da die Erwachsenen allein nicht gut damit zustande kommen, wollen wir versuchen, ihnen dabei zu helfen, da es sich doch um unsere eigene Sache handelt.

Eine zahme Jugend ist es, welche die Schulgemeinde anstrebt. Zahmer vielleicht als erwünscht. Sie klagt herzbeweglich über ihre Schule unzufrieden? Nun, dann ist das vielleicht ein Beweis dafür, dass sie sich als Institution überlebt hat, dann stehen sie in Flammen. Selbst der radikalste Jugendliche kann sich die Welt ohne Schule nicht vorstellen und gestattet niemandem, an ihrem Bestand zu rütteln. Während frühere Generationen die Schule geringschätzten, sie im Nebenamt abtaten, ihr Vergnügen, ihre Anregungen außerhalb suchten, wächst jetzt merkwürdigerweise eine Jugend heran, die sich Mühe gibt, die Schule ernst zu nehmen. Viel häufiger als früher trifft man jetzt einen jungen Menschen, der gesteht, dass er ihr Stunden von bleibendem Wert verdanke. Er möchte nur gern noch mehr solcher Stunden erleben. Jeder spricht irgendeinen Lehrernamen mit Ehrfurcht aus, aber er ist traurig, dass er nicht alle seine Lehrer bewundern und lieben kann. Der Schule Fernstehende nehmen an, die Schulgemeinde ziele auf Auflösung des Schulwesens hin; man beabsichtige noch weniger zu lernen, noch mehr Schule zu schwänzen: genau das Gegenteil ist aber der Fall. Wer sich zur Schulgemeinde bekennt, will nicht weniger Stunden haben. Länger, vertrauter will er sich in der Schule aufhalten, zum Mittelpunkt seiner Existenz will er sie machen. Dort gedenkt er auf neutralem Boden seine Kameraden zu treffen, nach eigenem Geschmack seine Feste zu feiern, Arbeitsgemeinschaften, Werkstätten und Sommersiedlungen zu gründen, die Bücherei, die Sammlung wirklich zu besitzen und zu gebrauchen. Vor allen Dingen will er mit dem Lehrer mehr zusammen sein. Da kamen kürzlich junge Burschen und fragten: »Gibt es denn keine Möglichkeit, dass der Staat unsere Lehrer so bezahlt, dass sie nicht für die Nachmittage auswärts Arbeit suchen müssen, sondern sich ganz uns widmen können?« Und das Mäderl, das zu mir sagte: »Wir möchten unsere Lehrer gern besser kennen lernen. Wenn man nämlich jeden Tag mit einem Menschen verkehrt, den man nicht ganz genau kennt, so hat man ihn bald nicht mehr gern.«

Die Jugend will die Schulgemeinde, weil sie ihr gewachsen ist. Der vorigen Generation wäre die Lösung dieser Frage wahrscheinlich unmöglich gewesen. Die dumpfe »Fron der Schule«, über die alle Dichter, von Lord Byron bis Heinrich

Mann, immer geklagt haben, wurde ehedem durch Heimlichkeit bekämpft. Auf verbotenen Wegen jeder Art wandeln, geschickt lügen, sich fantasievoll ausreden, Bier trinken und Zigaretten rauchen und sich dabei nicht erwischen lassen, das waren sie die Heldentaten der Jugend um 1900. Diese traurige Art von Mut ist jetzt in Misskredit geraten. Die heutige Jugend liebt klare Verhältnisse.

Was verspricht sie sich von der Schulgemeinde? Reinere Luft, die sie zum Atmen braucht, und Gerechtigkeit, nach der sie dürstet. Nehmen wir an, es geschah einem Schüler Unrecht, so ging es bisher so zu: kein Erwachsener erfuhr davon, die Klasse schimpfte und die Atmosphäre war vergiftet. Oder: der Schüler beklagte sich bei seinem Vater: der machte entweder ihm eine Szene, weil er ihm unrecht gab, oder er gab ihm bedingungslos recht und ging zum Direktor, um diesem eine Szene zu machen. Statt einer Aussprache zwischen den wahrhaft beteiligten, Lehrer und Schüler erfolgte ein Zusammentreffen zwischen Leuten, die die Sache aus zweiter Hand hatten. Lehrer und Schüler aber blieben dauernd verstimmt gegeneinander.

Die Schulgemeinde ist da, Konflikte zu verhüten und vorhandene auszugleichen. Sie will alle schützen, vor allen Dingen den Lehrer. Der hat es bitter nötig. Das war schon immer ein harter Beruf. Schlecht bezahlt, schlecht behandelt und eventuell zum Schierlingsbecher verurteilt zu werden, war immer sein Los. Die Tragik ist von vornherein gegeben. Ein Lehrer hat ein Künstler zu sei. Das kleine Österreich allein braucht mehr als zehntausend Lehrer. Wo sollen so viele Künstler herkommen? Also sind sie keine. Aber das spüren sie schmerzlich. Denn in keiner Berufsklasse gibt es so viele hingebungsvolle, idealistische, menschenfreundliche und pflichtgetreue Menschen, wie in dieser. Diese Last haben wahre Lehrerpersönlichkeiten immer gefühlt und nur ihre Freude an der Jugend vermochte sie aufzuwiegen. Jetzt aber geht es ihnen noch schlimmer, da sie genötigt sind, eine neue Generation in eine Welt einzuführen, in der sie, die meist Weltfremden, sich selbst nicht ganz auskennen. Zwischen alten Traditionen und neuen Forderungen, zwischen Behörden, Schülern und Eltern werden die klügsten und feinsten zerrieben, gewärtig, für das, was sie nach bestem Wissen und Gewissen tun, eines Tages in der Zeitung angegriffen zu werden. Dabei quält sie auch noch der Zweifel an sich selbst. Sie fühlen: jeder Mensch muss verderben, verknöchern, vereisen, der das ganze Jahr spricht, ohne dass ihm jemand widerspricht.

Jetzt kommt dem Lehrer der Schüler zu Hilfe. Das Regieren ist ein grobes Handwerk. Der Lehrer soll es nicht allein betreiben. Jeder Knabe fühlt, dass er größere Macht hat über seine Kameraden als der Lehrer. Das Vertrauen, das dieser erst erwerben muss, er hat es. Der Lehrer ist einer gegen viele, sie sind eine ganze Gesellschaft gegen einen Störenfried. Man kann ihnen aufs Wort glauben, dass sie besser Disziplin halten werden als die Erwachsenen, wenn man sieht, wie streng sie in ihren Versammlungen sind, ordentlich zum Fürchten. Sie machen keine Zugeständnisse, weil sie nichts vom Leben wissen. Sie wagen es, unnachsichtig zu sein, weil sie ein gutes Gewissen haben. Außerdem hoffen sie, dass Lehrer und Schüler sich hüten werden, einen Konflikt anzufangen, wenn sie ihn vor die ganze Gemeinschaft tragen müssen. Tatsächlich hat sich an jenen Anstalten, die die Schulgemeinde besitzen, die Zahl der sogenannten Disziplinarfälle ganz außerordentlich vermindert. Auf der Unterstufe, auf der oft drakonische Urteile gefällt werden muss der Lehrer fortwährend auf Milderungsgründe plädieren, was ihm eine würdige Stellung gibt. Er steht groß da in einer solchen Versammlung durch seine abgeklärte Weisheit. Auch sonst wird ihm alles Kleinliche abgenommen. Er muss nicht mehr mit der Zigarette im Mund zwischen den Schülern, die nicht rauchen dürfen, im Korridor auf und ab gehen, um Ganginspektion zu halten, sie passen selber aufeinander auf, mit jenem Jagdeifer, den die Jugend jedem Sport entgegenbringt. Der Lehrer wird aus einem Aufseher, Klassenordner, Kreidebewahrer zum reinen Träger von Gedanken, zum hohen Mittler von Kenntnissen. Und so will ihn die Jugend sehen. In ihr lebt ein unendlicher Drang, jemandem zu lauschen, der angeblich etwas von den Geheimnissen des Lebens weiß. Sie hat eine außerordentliche Sehnsucht nach dem Führer, und der Lehrer wäre ihr als solcher recht, wenn er sich dazu eignete und zwischen ihm und ihr nicht die vielen kleinen Widerwärtigkeiten des Alltags stünden. Das soll jetzt anders werden. Die Jugend will selbst für einen reibungslosen Betrieb der Gemeinschaft sorgen, damit ihr Lehrer frei werde zu größeren Taten.

Natürlich können nur die wahrhaft guten Lehrer, seien es nun instinktbegabte Künstler oder auch nur treue Handwerker, von der Schulgemeinde Nutzen ziehen. Für die ist jetzt die hohe Zeit gekommen. Sie werden zu zeigen haben, ob sie mit der Freiheit, die sie gewinnen, mit der Führerschaft, die ihnen angetragen wird, etwas anzufangen wissen.

Es sind nicht viele Lehrer, die sich bis jetzt in der Frage der Schulgemeinde bewährt haben, aber die wenigen sind wertvoll. Es wäre gut, wenn sich die Unterrichtsbehörde entschlösse, sie als Wanderlehrer im ganzen Land herumzuschicken, um zu zeigen, wie man es machen muss. Gut gehandhabt kann die Schulgemeinde Außerordentliches leisten, insbesondere in der Provinz. Dort haben Lehrer und Schüler mehr Zeit und Muße, von dort muss uns das Heil kommen. Im alten Österreich waren alle begabten Leute aus Brünn, das neue Österreich muss versuchen, Klagenfurt zu dieser Funktion heranzuziehen.

Was hat die Jugend von der Schulgemeinde? Dort, wo sie bereits besteht, wie zum Beispiel am Alsergrund, in Hietzing und in Meidling, hat sie eine neue Form der Geselligkeit erzeugt, Arbeits- und Sportgemeinschaften geschaffen, die die Lehrer allein wahrscheinlich niemals hätten machen können. Die Kinder wählen mit gutem Geschmack Stücke aus, sie verteilen Rollen, sie führen Regie, sie stellen Konzertprogramme zusammen, sie empfangen Gäste, sie verfügen über Gelder, ohne dass jemals ein Groschen in Verlust gerät, sie kaufen auf eigene Faust ausgezeichnete Bücher, sie sind selbständig und freuen sich dessen.

Mit der Zeit werden sie sich neue und größere Aufgaben stellen, Eine der wichtigsten wäre die Selbsterziehung zu feinen und wirklich waschechten Umgangsformen. Wenn die Jugend sich entschlösse, eine Arbeitsgemeinschaft für Takt und Zartgefühl zu begründen, und die Lehrer beiträten, unter der Bedingung, die Kinder nie mehr anzuschreien, so könnte das für das verarmte Österreich, wenn sich das in der Welt herumspräche, von großer wirtschaftlicher Bedeutung sein. Diese Arbeitsgemeinschaft könnte den Direktor als Ehrenmitglied aufzunehmen, gegen das Gelöbnis, nie einen Schüler hinauszuwerfen, wenn er in seine Kanzlei kommt.

Natürlich wird die Schulgemeinde in jeder Schule anders aussehen. Gottfried Keller sagt: »Jede Hausfrau verleiht, auch wenn die Rezepte ganz die gleichen sind, doch ihren Speisen durch ihre Zubereitung einen besonderen Geschmack, welcher ihrem Charakter entspricht.« Die Schulgemeinde ist nichts als eine Form. Jede Schule wird ihr ihren Inhalt geben und man wird eines Tages sagen können: »An ihrer Schulgemeinde sollt ihr sie erkennen!« Dieser Inhalt wird einen geistigen, geselligen, praktischen, sportlichen oder künstlerischen Charakter haben, nur einen nicht: einen politischen.

Jeder weiß, wie tief die Politik in die Schule eingedrungen ist, dass in jeder Klasse alle Parteien vertreten sitzen, und dass die Pausen statt eines Schneeballkampfes ein Wortkampf füllt. Wer fühlt, was das heißt, wer wünscht, dass der junge Mensch die Freiheit bewahre, sich erst etwas später in den gehässigen Zank ihrer Zeit einzumischen, der muss schon aus diesem Grunde für die Schulgemeinde eintreten. Endlich ist etwas erfunden, was die Kinder gemeinsam haben, was sie unterschiedlich bindet. Was von außen her zu ihnen dringen will, ist die Entzweiung. Worauf sie hinarbeiten ist die Einigung. Sie müssen früh damit anfangen. Schon die Zwölfjährigen sind ja vor dem Seelenfang nicht sicher. Es wird der Jugend nicht erlaubt alles zu prüfen, früh schon werden sie festgelegt auf Dinge, die sie nicht verstehen, auf Phrasen, die sie nachplappern, früh schon werden sie gelehrt, darauf stolz zu sein, dass sie etwas sind oder nicht sing. Es können dann nur mehr die allerlebensfähigsten Individuen den Mut und die Kraft aufbringen, sich frei zu machen, um nicht einer Partei, sondern sich selbst anzugehören, oder gar eine neue bessere Partei zu gründen.

Natürlich ist das nur eine vage Hoffnung, dass die Schulgemeinde der Politik in der Schule ernstlich Einhalt gebieten werde.

Die menschliche Dummheit ist einen unausrottbare Erkrankung und mit so harmlosen Hausmitteln kaum zu bekämpfen. Aber es lohnt immerhin, das Koalitionsbedürfnis der Jugend auf produktive Dinge hinzulenken, die sie mit der Menschheit verbinden, statt sie von ihr zu trennen.

Nicht nur jede Schule, sondern jede Klasse wird ihren eigenen Charakter haben. Eine Schulklasse besteht ja nicht aus lauter Engerln. Sie ist natürlich ein getreues Abbild der Gesellschaft und es gibt in so einer Klasse auch den glatten Streber, den bourgeoisen Individualisten, den lügenhaften Mucker, den sensationslüsternen Demagogen, den eitlen Klugschwätzer. Das Bild der Klasse wird, wie bisher schon, davon abhängen, ob es der besseren Mehrheit gelingt, diese schäbigen Ausnahmen mehr oder weniger zu unterdrücken.

Es ist nicht ganz unmöglich, dass Schulgemeinden in den Händen ungeschickter Lehrer oder Schüler schlechte Institutionen sein werden. Der Schulgemeindeerlass ist mit Absicht nur ein Rahmen. In einen solchen kann man natürlich auch ein kitschiges Bild hineintun: Gschaftlhuberei, Vereinsmeierei, Großmannssucht. Es könnte sein, dass die Kinder lernen, viele Worte zu machen, und sich dabei selbst gern zuhören, dann ihnen die Parlamentsspielerei ins Blut übergeht: dass sie sich wirklich einbilden, das Leben so einen wohleingerichtete Polizeianstalt, in der man über alles und jedes zu Gericht sitzen könne, wenn man nur Geschworener sei. Viele wahre Freunde der Jugend fürchten, dass sie bei dieser Gelegenheit eine Geste lernen könnten, die nicht aus dem Gefühl kommt; sie wünschen, dass wenigstens die Kinder von der Gefährlichkeit des Lebens überzeugt sind, und nicht glauben, dass eine Gesellschaft in Ordnung ist, die Staatsanwälte braucht.

Die Kinder sind alle für die Schulgemeinde. Nur zwei wollten nicht mittun. Ein sensationsdurstiges Mädel von 14 Jahren klagte letzthin: »Wir wissen nicht recht, was ihr in der Sitzung machen sollen; bei uns in der Schule passiert nicht genug Peinliches.« Der neunjährige Kurt aus der Koedukationsschule, der Sohn eines amourösen Vaters, ist für die Schulgemeinde, aber er hält sich persönlich nicht dafür geeignet. Er sagt zu seinen Kollegen: »Bitte wählt mich nicht zum Richter, ich kann nicht gerecht sein, weil ich die kleinen Mädchen mit blonden Haaren lieber habe als die dunklen.

An der Schulgemeindesache ist nur eines ärgerlich: Dass der Staat so viel Nutzen von ihr haben wird. Da war man doch so glücklich über die Beseitigung des Einjährigenjahres: flugs haben die Leute ein neues Mittel gefunden, die Jugend im Zaum zu halten, ihre wilden Schösslinge abzuschneiden, ihre mit Vorsitzen, Redenhalten und Paragraphen das verpönte Denken zu trivialisieren. Der

Staat kann sich auf alle Fälle Glück wünschen. Hier wächst sich der wirklich gute Staatsbürger heraus. Ob Originale und Talente in einer so frühen und so selbsttätigen Ordnung besser gedeihen werden als früher ist fraglich.

Die Schulgemeinde hat eigentlich nur einen wirklichen Gegner. Das ist der Mensch, der glaubt, das, was man früher Autorität nannte, sei wieder herzustellen. Er vergisst, dass eine Generation, die der nächsten eine so zerstörte Welt hinterlässt, wie wir, allen moralischen Kredit verloren hat. »Ich kann an Leute nicht glauben,« sagt ein Junge »die den Weltkrieg nicht verhindert haben«. «Du bist zu jung, um die Welt zu verbessern«, mahnt der Erwachsene. »meine Kameraden liegen in den Karpaten begraben«, antwortet der Knabe. »Älter als tot zu kann man nicht.« Die Leute, die der Jugend gerne autokratisch befehlen möchten, fürchten sich heillos vor der Schulgemeinde. Geschieht ihnen recht.

Am besten tut man, dieser Bewegung abwartend gegenüberzustehen, ohne Begeisterung, ohne Abneigung, nur mit dem Gefühl: besser eine Bewegung als keine Bewegung. Sturm und Drang hat es immer schon gegeben und immer schon ein neues junges Deutschland. Früher war so etwas nur eine Kunstbewegung, jetzt will es sich des ganzen Lebens bemächtigen.

Die Jugend hat ein dunkles, aber sicheres Bewusstsein neu erworbener Rechte. Der begabte Österreicher und der feurige Italiener, die beide am Isonzo begraben liegen, der lebenstüchtige Deutsche und der geistreiche Franzose, die bei Verdun ihr süßes junges Leben lassen mussten, der tieffühlende junge Russe, dessen letzten Schrei nach der Mutter, die masurischen Sümpfe gehört haben, alle diese Jugendlichen stehen hinter unserer lebenden Jugend wie eine große fordernde Armee. Sie wollen nicht umsonst gestorben sein. Ihr ungelebtes Leben sucht durch alle jungen Menschen unserer Zeit und mahnt sie, eine neue Welt zu schaffen. Sie beginnen mit der Schule. Möge es ihnen gelingen.

Neue Freie Presse, 18. 1. 1925

TOD IM FRÜHLING

Beinahe täglich liest man: ein zehnjähriges Schulkind hat aus Furcht vor Strafe seinem Leben ein Ende gemacht; ein vierzehnjähriger Lehrling in infolge eines Zwistes mit dem Freund ins Wasser gegangen ein sechsjähriges Mädchen hat sich, weil es nicht auf den Ball durfte, vergiftet; siebzehnjähriger Gymnasiast ist zum Fenster hinausgesprungen, weil er aus der Schule ausgeschlossen werden sollte; eine achtzehnjährige Hausgehilfin hat aus unglücklicher Liebe Lysol getrunken.

Es ist nur gut, dass wir jedes Mal die Veranlassung wissen, denn auf den Grund, den wahren Grund, werden wir nie kommen. Die Selbstmordepidemie, die unter der Jugend ausgebrochen zu sein scheint, ist so vielfältig, so undurchsichtig, so tief begründet, dass nur der große Künstler ihre Wurzel aufzudecken vermag. Warum sich Kinder umbringen, das wissen Dostojewski und Strindberg, Hamsun und Dreiser, Wassermann und Peter Altenberg. Sie wissen, warum der junge Mensch nicht leben kann, und stehen zu sagen, was schuld ist daran.

Man muss sich eigentlich wundern, wie selten der Jugendselbstmord vorkommt. Dort, wo das Leben am heftigsten schäumt, liegt nämlich natürlich der Tod am nächsten. Wer schon durch die Schule des Lebens gegangen ist, der lebt automatisch weiter. Aber das Leben ist schwer zu erlernen gehört viel Kraft dazu, nicht auf der Strecke liegen zu bleiben. Nur diejenigen, die über eine große Lebensspannkraft und über unerschöpfliche vitale Energien verfügen, oder auch die allerdümmsten, oberflächlichsten grobkörnigsten, bleiben ungefährdet.

Wir alle haben unsere Jugend vergessen. Das schlechte Gedächtnis der Erwachsenen ist schuld, dass die Jugend so unverstanden dahin leben muss. Aus unbekannten Gründen sehen die Menschen ihre überstandene in zauberhafter Beleuchtung. Vielleicht will das die Natur so, die ja auch die Mutter alle Schmerzen des Gebärens vergessen lässt, im Interesse der Erhaltung der Gattung.

Tatsächlich steht es so, dass es schon in normalen Zeiten unerhört ist, jung zu sein, insbesondere wenn man begabt und feinfühlig ist. Ein Fettfleck, den man als Kind in ein fremdes Buch gemacht hatte, bedrückt das Gewissen mehr als der Fleck, den man als Erwachsener der Ehre eines andern zufügt. Ein Kind, das einen Löffel Gelee genascht hat, fühlt sich mehr als Dieb, als der reiche Berliner Handelsherr, der einem armen Künstler die fünfundachtzigtausend Goldmark, die ihm jener anvertraut hatte, in der Inflationszeit als Papiermark zurückzahlt. Eine kleine Aufschneiderei, die man als Kind am Tage achtlos begangen hatte, ließ einen nachts keine Ruhe finden, so heiß musste man im Dunkel erröten. Dagegen weiß man, dass erwachsene Gründer von Schwindelbanken ausgezeichnet zu schlafen pflegen.

Das Kind hat noch eine andere Quelle unerschöpflichen Leidens: seine geniale Erkenntnis der eigenen Unzulänglichkeit. Ungeheuer viel Liebe und Lob sind das einzige Gegenmittel. Aber mit der Umwelt fertig zu werden, ist schon ganz unmöglich. Tausend Fragen bedrängen einen: warum leben die einen im Überfluss, während die andern in Not und Elend vergehen? Warum gibt es Parteien, da doch niemand als zu einer Partei gehörig geboren wird? Warum besteht ein so großer Widerspruch zwischen dem, was die Erwachsenen sagen, und dem, was sie tun? Wie können es Menschen wagen, ins Gefängnis zu sperren? Warum bekommen Leute, die sich nicht mögen doch Kinder? Welche Zeitung hat nun Recht, die »Freiheit« oder »Freiheit für alle«? Warum gibt es Leute, die meinem Vater etwas zu befehlen haben? Wie soll ich es ertragen, wenn meine Eltern sterben? Warum sprechen die Leute Böses voneinander? Wie können Leute, die die Bergpredigt auswendig wissen, Krieg führen?

Das haben Kinder zu allen Zeiten gefühlt. Jetzt kommen noch die besonderen Verhältnisse unserer Zeit. Im Krieg geboren oder mindestens aufgewachsen, ohne Heiterkeit, ohne Freude, ohne Milch, ohne Semmel, ohne roten Luftballon, die Gegenwart grau. Ist es wirklich der Mühe wert, um sieben Uhr morgens an einem trüben Tag aufzustehen und in die Schule zu gehen, wenn man nichts hat, worauf man sich freuen kann: einen Theaterbesuch oder auch nur die bescheidenste Geselligkeit?

Nur die Hoffnung auf die Zukunft könnte das Kind noch aufrechterhalten, es wird besser werden, ich werde meiner materiellen Not abhelfen, in dem ich durch eine ordentliche Arbeit etwas erwerbe, ich werde mir genehmes Leben schaffen und zugleich meinem Vaterlande dienen. Aber ringsherum jammert und raunzt die Welt, die Zeitung, der Vater, die Milchfrau, du hast kein Vaterland. Es ist zugrunde gegangen. Du hast keine Zukunft.

Man darf sich nicht vorstellen, dass sie das alles so zu Ende denken. Die vergiftete Atmosphäre lähmt sie und lässt ihnen nur noch so viel Widerstandskraft, sich mit einer eleganten Wendung aus dem Leben zu entfernen, das ihnen nichts verspricht. Nicht Erlösung von namenlosen Leiden suchen sie im Tod. Grund zum Sterben für die Jugend ist schon eine Versammlung von Herrlichkeiten, die nicht da sind.

Früher waren sie wenigstens neugierig auf das Leben der Erwachsenen, das hinter einem Vorhang verborgen lag. Das wollten sie alles noch gern erleben, was man immer so geheimnisvoll verbarg. Was es wohl mit der Liebe auf sich hatte, von der die Erwachsenen so viel, langweilig viel, in der Kunst und im Leben sprachen? Jetzt sind sie nicht mehr neugierig. An jeder Straßenecke können sie sich über die letzten Geheimnisse des menschlichen Lebens gedruckte Wahrheit kaufen, öfter schmutzige Wahrheit. Statt alle Dinge des Lebens selbst zu erleben, und zwar jeder so schön, wie er es verdient, wird unsere Jugend mit Aufkläricht übergossen und erfährt, was sie sich sehnt, nicht zu wissen. In einer Atmosphäre, die so schlecht ist, wie die unsere, kann man dem Einzelnen keinen Vorwurf machen. Immer suchen wir nach einem Sündenbock. Die Eltern. Die Schule. Man kann ruhig sagen: Niemand ist schuldig. Alle sind schuldig.

Die Unbefangenheit, die Kinder in erträglichen Zeiten hatten, fehlt ihnen gegenwärtig gänzlich. Vor allen Dingen die Unbefangenheit gegen sich selbst. Früher hat ein Kind nach außen gelebt, jetzt lebt es hinein, verkriecht sich in sich. Einstmals hat es geglaubt, dass zwanzig Jahre und zwanzig Taler ewig dauern, jetzt singt es: »Wir sind jung und das ist schön«. Wer aber weiß, dass es schön ist, jung zu sein, der ist es nicht mehr. Das Kind von heute kennt sich nicht nur in der Welt vorzüglich aus, sondern auch in seinem eigenen Innern. Nur wenige, nur ganz große Erwachsene, können das an Nietzsche konnte es nicht. Was soll da erst ein Kind?

Im eigenen Innern gefällt es der Jugend nicht, aber draußen noch weniger. Täglich lesen und hören sie neue Skandalaffären, die ihr Herz tief verwunden. Sie fühlen: wie schlecht ist unsere Welt! Sie wissen nicht, zu allen Zeiten Skandale gegeben hat und dass es vielleicht das Beste an unserer Zeit ist, dass man jetzt von ihnen weiß, dass die alten Vertuschungsmethoden fadenscheinig geworden sind.

Ruhe und Sorglosigkeit braucht der Mensch zu seiner Entwicklung. Eine Kinderseele muss wie das Veilchen unter einer dicken Schneedecke liegen bis die Sonne sie weckt. Das Leben unserer Kinder, so langweilig es ist, ist voll von Unruhe, von gehässigem Streit, von unharmonischem Getümmel

Es ist schier zu viel, was die Jugend zu ertragen hat. Und man ist nicht geneigt, überhaupt etwas zu ertragen, so lange einem das Blut rasch und heiß durch die Adern rinnt. Da sind sie, ohne es gewollt zu haben, in eine Welt gekommen, die einem dumm, langweilig, empörend vorkommt. Da wollen sie nicht bleiben. Noch haben sie kein Talent zum Unglück. Kaum haben sie die Ordnung der Dinge missbilligt, so ziehen sie logisch und konsequent die Folgerung daraus: hier muss man weggehen. Sie fühlen das Recht, eine Gesellschaft zu verlassen, die ihnen missfällt, sie laufen weg, das ist immer ihre Mittel, sich unangenehmen Situationen zu entziehen.

Also das Leben ist nichts wert, denkt das Kind. Aber wenn ich tot bin: Wer weiß, vielleicht wird man mich vermissen, ich werde wichtig sein. Der Tod ist vielleicht nichts, aber vielleicht ist er doch etwas. Der Tod ist nämlich das einzige, worüber sie nicht informiert sind, weil wir selber nichts davon wissen. Eine letzte Neugierde gilt es zu befriedigen. Dann gehen sie hin und suchen eine Todesart; und entgeistert lesen wir am Morgen von einem Fall.

Was ist da zu tun? Es wird Wenig nützen, wenn man ihnen sagt, dass es eine Dummheit ist, zu sterben, dass das Leben das einzige Mittel ist, um etwas zu erleben. Aber vielleicht könnte man ihnen klar machen: dass sie alles ändern können, dass es an ihnen ist, die Schäden abzustellen, ihr sich so einzurichten, dass sie ihnen passt, oder wenigstens Vorbereitungen zu treffen, dass in einer ferneren Zukunft alles besser werde. Man müsste ihnen die Selbstsucht abgewöhnen; wenn sie lernten, sich auch um andere zu kümmern, würden sie nie bis zum Sterben verarmen. Wer auch nur für einen Kanarienvogel zu sorgen hat, wünscht keinen Weltuntergang. Vor allen Dingen aber müssen wir das, woran sie sterben, vor ihnen in den Giftschrank sperren: das Gift des Pessimismus.

Wenn wir uns selbst hoffnungsfreudiger benähmen, unsere übertägigen Sorgen nicht zu kosmischen Angelegenheiten machten, Bagatellen richtig einschätzten, wenn wir mehr Wärme entwickelten, dass die Jugend nicht an der Seele frieren würde, so würde sie nicht so leicht davonlaufen. Vorläufig sind die Kinderselbstmorde nichts anderes als die schärfste Kritik an unser Zeit und ihren Gebrechen. Vielleicht möchten wir gern alle fort. Aber nur die Jugend, noch nicht blasiert, noch nicht resigniert, noch einer leidenschaftlichen Demonstration fähig, verlässt vorzeitig eine Gesellschaft, in der es ihr nicht gefällt. Wir können sie nicht halten, wenn es uns nicht gelingt diese Gesellschaft gesund, einfach, aufrichtig und fröhlich zu machen.

Neue Freie Presse, 1. 3. 1925

DOTTORESSA MONTESSORI,

Berühmtheiten zu begegnen, ist immer misslich. Entweder sind sie unergiebig, weil sie in ihren Kunstwerken alles ausgegeben haben, was in ihnen drin war, oder sie sind zerstreut, weil sie gerade auf wissenschaftlichen Planen wandeln; überheblich, wie jeder, der das ganze Jahr spricht, ohne dass ihm jemand widerspricht, oder verschüchtert, weil sie sich vor der herandrängenden Menschheit fürchten, die nicht immer von der besten Gattung ist. Die berühmt sind, können gut bleiben oder schlecht werden, das hängt eben ganz von dem Charakter ab, den sie in dem Augenblick hatten, als ihre Berühmtheit alle Dämme ihres Privatlebens überflutete. Auf alle Fälle tun sie einem leid.

Also ging ich mit höchst gemischten Empfindungen, die Dottoressa Montessori zu treffen, die ich seit meiner Jugend verehre, weil sie nämlich ein Pädagoge ist und die Kinder doch gern hat.

Die Montessori steht zum Kind richtig. Sie glaubt nicht, dass es des Erziehens wegen auf die Welt gekommen ist. Erziehung heißt für sie: »einer Rose gestatten, dass sie sich zur Rose entwickle.«

Habe ich sie recht verstanden, so meint sie, man könnte aus einem Menschen einen Apostel oder einen Helden machen, sofern man ihm nur gestatte, alle in ihm schlummernden Kräfte unbehindert zu entfalten.

Jeder gesunde Säugling kommt mit einer ungeheuren Lebenslust auf die Welt, was übrigens sehr gegen die Lehre von der Reinkarnation spricht. Früh regt sich sein Selbständigkeitsdrang. Er möchte Muskeln, Augen, Ohren gebrauchen lernen. Neu in eine Gesellschaft eingetreten, strebt er danach, sich darin zu orientieren. In dieser Zeit ist die Aufgabe des Erwachsenen, das Kind vor Schaden zu bewahren und ihm zur Technik des Lebens zu verhelfen. Später werden die Anforderungen an den Erwachsenen immer größer. Das Kind will gehen und sprechen lernen: es darin nicht zu stören, ihm dabei zu helfen, nicht mit ihm zu dalbern, ist schon schwierig.

In mein Leben ist die Montessori entscheidend eingetreten. Ich hatte nämlich das dringende Bedürfnis, zu erfahren: was sind schlimme Kinder? Nie hatte ich eine rechte Antwort bekommen. Da erschien sie und sagte: schlimme Kinder sind jene, durch die sich die Erwachsenen gestört fühlen, also eigentlich alle Kinder. Ihr Tätigkeitsdrang ist nun einmal größer als der der Erwachsenen, ihre Pulse schlagen schneller, ihr Herz ist ganz funkelnagelneu. Außerdem sind sie neugierig auf diese fatale Welt, weil sie sie eben noch nicht kennen. Und wenn sie nun die Großen durch ihr endloses Fragen und ihr zielloses Treiben gänzlich entnervt haben, sagen diese zu ihnen: »Sei brav, sei ruhig!«

»Sei brav, sie unruhig!« sagt die Montessori. Sie findet wahrscheinlich, dass man im Grab noch Zeit genug haben wird sich ruhig zu verhalten. Sie verspricht sich von der Unruhe mehr.

Früh schon hat sie bemerkt, dass die Kinder weit entfernt sind von dem perversen Trieb der Erwachsenen, Unordnung zu stiften. Sie brauchen nichts anderes als ein Ziel. Da geht sie hin, gibt ihnen eines und flugs hat sich die Unordnung in Arbeit, die Unruhe in Nervenkraft gewandelt.

Ein ständiger Streitpunkt zwischen Großen und Kleinen ist, dass diese alles in die Hand nehmen wollen. Die Montessori gibt ihnen alles in die Hand. Man kann sich darauf verlassen: wer nach dem Montessori-System erzogen ist, wird künftighin alles in die Hand nehmen, vielleicht nur sein eigenes Leben vielleicht auch das der Gesamtheit. Aus dem Alles-in-die-Hand-nehmen-dürfen ergibt sich eine zärtliche Bekanntschaft mit dem Material, mit der gesamten Umwelt. Diese zu vermitteln, waren ordentliche Eltern schon immer bestrebt. Ich habe einmal einen Knaben von zwei Jahren gesehen, der eine wunderbare Rose vorsichtig vom Strauch abbog, hingebungsvoll ihren Duft genoss und sie dann mit Sorgsamkeit wieder losließ.

Die Montessori als eine Ärztin ist vom Körper aus zum Geist gekommen. Ihre ganze Methode beruht auf Verinnerlichung. Aber sie hat ihren Ausgangspunkt nicht vergessen. Kraft, Bewegung, Haltung, Anmut und äußere Manieren scheint ihr der höchsten Beachtung des Erziehers würdig.

Ihr wunderbares Geheimnis aber ist, dass sie die Arbeit nicht als eine Strafe für die Erbsünde ansieht, sondern weiß, dass sie ein Glück ist, vielleicht das einzige, das uns hilft, das Leben zu ertragen. Kräfte sparen? Nein, Kräfte üben! Sie fürchtet nicht, den jugendlichen Geist anzustrengen, sie weiß, dass ihm gespannte Aufmerksamkeit ein Bedürfnis ist. Aber die Erwachsenen wollen das nicht haben, die Kinder werden gehindert, wirkliche Arbeit zu tun. Jeder, der eine tüchtige Mutter gehabt hat, versteht bekanntlich nichts vom Haushalt. Alles wurde ihm aus den Händen gerissen, nichts war so rasch, nichts war korrekt genug gemacht. Die Montessori lehrt uns, dass das Kind nicht das Endziel liebt, sondern den Weg dazu. Dass es diesen lieben Weg manchmal, noch dazu mit seinen schwachen Kräften, nur langsam geht, nennen wir ungeduldig »brodeln«.

Das Kind liebt nur, was es kennt. Der Schweizer sagt: »es frömdet«. Kann es aber etwas, dann hat es das Bedürfnis, es endlos zu wiederholen. Wer kann verstehen, dass es ein Kind gibt, dem man die Geschichte vom hässlichen jungen Entlein an dreihundert Abenden ungestraft hat erzählen dürfen, wenn er sich nicht zugleich daran erinnert, dass eine liebende Frau sich zwölfmal täglich erkundigt, »liebst du mich noch?«, obgleich sich inzwischen gar nicht verändert hat, und dass der kleine Mozart täglich mit der gleichen Frage durch sein ganzes Elternhaus lief.

Die Montessori ist sehr für Gehorsam eingenommen, aber sie findet, dass der Gehorsam eine so feine und komplizierte Sache ist, dass man ihn von keinem Kind verlangen kann. »Gehorsam ist Opfer«, sagt sie, also eine Sache für Erwachsene. Wenn man aber keine Autorität vorstellen will – und dann, dass sich das nicht schickt, eine zu sein, ist sie mit unserem Alfred Adler einig – so braucht man auch keinen Gehorsam. Wenn man mit einem Kind befreundet ist, es tun lässt, was es mag, und es dabei vor Schaden bewahrt, hat man alles geleistet, was man konnte.

Also das Kind darf arbeiten, Darüber ist es restlos glücklich, Ein kleines Mädchen, das in die schöne Montessori-Schule in der Trostgasse zu Lilly geht, sagt auf die Frage: »Ist das wahr, dass ihr in der Schule aufdecken, Geschirr waschen und auskehren müsst?« – Nein, müssen tut niemand, alle, die wollen, dürfen.« Das Kind muss nicht arbeiten, es darf arbeiten, und zwar so lange, als es will. Meistens will es so lange, bis es die Sache kann. Dieses Können aber ist eine Quelle des Staunens und der Freude. Die vollendete Leistung des einen ist der Triumph aller. Froh bei der Arbeit, voll vertrauensvoller Offenheit gegen den Gast, selbstverständlich hilfsbereit untereinander, innig befreundet mit dem Lehrer, leben diese Kinder das schöne Leben der Gemeinschaft.

In einer solchen braucht nicht mit Tadel, Ermahnung, Befehlen und Moralpauken gearbeitet zu werden. Schon gar nicht mit Strafen, die ja immer nur die

Strafbarkeit des Erziehers erweisen. Aber auch nicht mit Belohnungen. Orden sind eine Erfindung der Mittelmäßigkeit.

Gewaschen werden, ist unangenehm, sich waschen ist lustig. Schuhe angezogen bekommen, ist fad, Schuhe anziehen interessant. Gefüttert werden wie ein Kind, ist herabsetzend, mit Löffel und Gabel essen wie ein Erwachsener macht frei. Also will das Kind alles selbst machen. Aber die Erwachsenen gestatten das nicht.

»Stellen wir uns vor,« sagt die Montessori, »wir selbst gerieten unter Jongleure, und während wir uns anschickten, auf unsere gewohnte Weise zu handeln, fielen diese über uns her, würfen uns in unsere Kleider, stürzten uns das Essen in den Hals, entrissen uns alle Gegenstände, um alles mit berufsmäßiger Geschwindigkeit zu erledigen, so dass wir zu beschämender Untätigkeit verdammt wären! Es bliebe uns nichts übrig, als uns mit Geschrei und Schlägen gegen diese Narren zu wehren.« Alles was die Montessori sagt, ist so einleuchtend, dass es der Plumpste einsieht, und infolgedessen so bedeutungsvoll, dass der feinste Kopf es wunderbar vertieft findet.

Die Dottoressa Montessori ist schön. Man ist froh, wenn man sie sieht. Frieden auf der Stirn, Wahrheit um den Mund, aus dunklen italienischen Augen voll verdeckten Feuers blickt heiterer Ernst.

Man setzt sich schweigend. Zuerst ist man bedrückt, es fällt einem ein, wie viel sie schon gearbeitet und wahrscheinlich auch gelitten hat. Sie muss furchtbar müde sein. Alles, was sie sagen muss, hat sie schon tausendmal gesagt, alles, was man ihr sagen könnte, zehntausendmal gehört. Alle Menschen sprechen mit ihr von der Montessori-Methode, von der sie nichts wissen, von der sie doch einiges weiß.

Es herrscht Stille. Aber schon nach wenigen Augenblicken begreift man, dass es jene ist, die zwischen vertrauten Freunden herrscht, und nicht die trennende zwischen Fremden. Und nun erkennt man sie auch: das ist jene wunderbare, beinahe hörbare Stille, die die Montessori in ihren Schweigestunden die Kinder zu lehren pflegt.

Dann sagt sie ein leises Wort. Sie weiß, dass nur das Leise rührt und fesselt. Wir sind Erwachsene, sie spricht zu uns, als ob wir Kinder wären. Jetzt weiß ich auch, wie sie zu Kindern spricht: als ob sie Erwachsene wären. Da haben die Kinder gern. Sachte setzt sich das Gespräch fort, und nun haben wir Gelegenheit, alle jene Eigenschaften an ihr zu bewundern. Die sie in den Kindern zu wecken versteht: Bündigkeit, Einfachheit, Sachlichkeit. Aber noch sieht sie ernst aus.

Da macht ihr jemand, einer von jenen, die das Persönliche nie lassen können, ein Kompliment. Sie lächelt zum ersten Mal: wissend, verzeihend, ablehnend, mit der Welt versöhnend. In diesem Lächeln liegt die Kenntnis aller Unvollkommenheit der Welt, auch der eigenen; die Bitte, nicht überschätzt zu werden, und plötzlich weiß man: hier ist ein Künstler, der den heißen Wunsch hat, hinter seinem Werk ganz zurücktreten zu dürfen.

Der Bann ist gebrochen. Ein harmloser Scherz wird gemacht, da lacht sie so lustig, dass man versteht, worauf ihre persönliche Wirkung beruht: alle Kinder sind einfach vernarrt in sie und tun alles ihr zu Liebe, um sie lächeln zu sehen und lachen zu hören.

Jetzt spricht sie lebhaft von dem, was sie am meisten interessiert: von der Kleinkindererziehung in allen Ländern und zeigt dabei, dass sie unbestechlich ist. Ob ein Land sich früher oder später ihrer Methode erschlossen hat, ob sie dort mehr oder weniger begeistert aufgenommen wurde, das beeinflusst ihre Meinung von dem betreffenden Land nicht. Sie weiß, was sie von jedem zu halten hat. Weltweite ist in ihren Worten, Verständnis für die Besonderheiten jeder Nation, Kenntnis ihrer Vorzüge und Fehler, Liebe für alle.

Für die Politik interessiert sich die Montessori nicht. Ihr ist es gleich, ob der Minister, der ihr die Erlaubnis und das Geld gibt, Kinder glücklich und selbständig zu machen, einen Sowjetstern auf der Brust trägt oder ein schwarzes Hemd am Leibe. Wenn die Kinder bei dieser Gelegenheit doch lernen, sich mit der Mitwelt zu vertragen und sich selbständig zu waschen, so ist sie zufrieden.

Mit schlichten Worten enthüllt sie ihren Kummer. Um Kinder gut zu halten, meint sie, braucht man ein bisschen Geld und sehr viel Talent. Und nun ist sie durch die ganze Welt gefahren und hat beinahe nie beides beisammen gefunden. In den einen Ländern fand sie nur das Talent und in den anderen nur das Geld. »Der Wille ist überall gut; weniger gut in den sogenannten Siegerländern, besser in den besiegten Staaten, am besten in dem zertrümmerten Österreich.« Sie hat eine Leidenschaft für schöne und gute Sachen, die wenig Geld kosten. Ihr Antlitz erhellt sich, als sie erzählt, sie habe in Wien in einer Bürgerschule einer Zeichenstunde von Knaben und Mädchen beigewohnt. »Denken Sie sich«, sagt sie »die Kinder haben die Freiheit, zu machen, was sie wollen. Eine richtige Freiheit, denn man macht es so: man lehrt sie zuerst gründlich eine Technik und gibt ihnen dann erst das Recht, zu machen, was sie wollen. Freiheit ohne Technik wäre nichts Gutes. Als ob man zu einem, der nicht Klavier spielen kann, sagen wollte: Hier mein Herr, ein Klavier, spielen Sie darauf, wenn Sie Lust haben.«

Sie hat gefunden, dass die Wiener Kinder mit dem wenigen und bescheidenen Material, das ihnen unsere Armut zu Verfügung stellen kann, unerhört viel anzufangen wissen. Sie bewundert das Kunstgefühl und die Geduld der Wiener Lehrer, die Schöpferkraft der Wiener Kinder.

Anders ist es ihr in Kalifornien ergangen. Dort hat sie Kinder und Lehrer vor Bergen kostbaren Materials hilflos sitzen gesehen. Das Unglück der reichen Leute ist es, dass sie glauben, mit Geld alles machen zu können.

»Der Marmor ist da«, sagt die Dottoressa, »aber der Bildhauer fehlt.«

Alle Menschen wollen etwas für ihre Kinder tun, aber in manchen Ländern glauben sie schon etwas getan zu haben, wenn sie im Staatsbudget lesen, dass wieder viele Millionen Dollar für Bildungszwecke ausgegeben worden sind.

Maria Montessori isst sehr wenig, hat ein bescheidenes Kleid an, und man hätte nie geglaubt, dass sie so geldgierig aussehen kann wie in dem Augenblick, wo sie das Wort »Dollar« ausspricht. Was alles würde sie mit diesem Geld anzufangen wissen! Und mit einmal weiß man, dass einen schon immer nicht nur das Geld gekränkt hat, das man nicht besaß, sondern auch das, das die anderen unnütz hinauswarfen. »Das mit dem Geld ist komisch«, sagt sie, »man kann nie erfahren, wer reich ist und wer arm. Ich habe in den letzten Jahren immer geglaubt, England sei begütert und Wien im Elend, und jetzt merke ich, dass es umgekehrt ist. Während in Wien ein Kleinkinderheim nach dem anderen neu eröffnet wird, bestand kürzlich in England eine Bewegung, sämtliche Kindergärten zu schließen. Sie seien zu arm, um sich einen solchen Luxus leisten zu können. »Che fare, l'Inghilterra è povera«, sagt sie.

»Nun, ist Italien reich genug, um etwas Neues zu schaffen?« fragt man. »Wir waren vor dem Kriege sehr weit voran, aber seit wir ihn gewonnen haben, sind wir zufrieden geworden und da machen wir nichts Neues.« So resigniert hat Eleonora Duse ausgesehen, wenn sie auf der Bühne dem Geliebten den Abschied gab.

An ihr eigenes Vaterland, auf dessen hohe Kultur und Begabung sie stolz ist, stellt sie, wie alle wahren Patrioten, die höchsten Forderungen. Anderen Ländern, in denen sie lange gelebt hat, begegnet sie mit Skepsis; Wien gefällt ihr unbedingt. Sie war nämlich nur drei Tage hier. Sie hat nichts von Wien gesehen, als ein paar prächtige junge Mädchen, die in hingebungsvoller Verehrung, großer Tüchtigkeit und rühmenswerter Bescheidenheit hier für die Montessori-Methode eintreten; außerdem ein paar Gemeindeschulen und ein paar Kinderheime. Sie war in keiner politischen Versammlung, in der es jeder Partei mehr darum ist, Recht zu behalten, als dass Österreich am Leben bleibt, in keinem unserer Vergnügungslokale, die meist freudloser sind als ein Altersasyl, und in keiner Privatgesellschaft, wo man zur Erbauung Poker spielt und Verleumdungen ersinnt.

Von den Kindern der ganzen Welt sprechend, ist Dottoressa Montessori ganz frisch geworden. Sie hat ja auch keinen Anlass, müde zu sein, denn sie hat an einem Vormittag nur eine Bürgerschule, eine Bundeserziehungsanstalt und das

Czartoryski-Schlösschen vom Keller bis zum Giebel, vom Plantschbad bis zur Brotschneidemaschine gesehen. Was ist das, wenn man sechszehn Jahre alt ist und verliebt! Und das ist sie. In ihre Arbeit, in die Kinder, in die Welt.

Neue Freie Presse, 29. 3. 1925

LOB DER REPUBLIK

Eine Festrede in der Schule

Wenn wir einen Geburtstag feiern, so fragen wir uns; Wie stehen wir zu den Gefeierten, was bedeutet es für unser Leben, was können wir für ihn tun? Das heutige Geburtstagskind ist unsere Republik.

Was ist eine Republik? Die Republik ist ein Land, ein Staat, in dem alle, das ganze Volk, alle Schichten, alle Klassen, Stände, Berufe, beide Geschlechter sich an der Herstellung des Allgemeinwohles beteiligen, also um alle öffentlichen Angelegenheiten tätig bemüht sind. An der Spitze steht kein Monarch, weder ein absoluter, noch ein durch Konstitution beschränkter. Aber das ist nicht das Entscheidende. Ein Monarch kann ein Despot sein, einer Willkür ausübender Tyrann wie Ivan der Schreckliche oder wie Caligula; er kann aber auch ein heilsam schaffender Philosoph sein wie Marc Aurel; ein Schützer des Landes wie der englische Protektor Oliver Cromwell, der erste Diener des Staates wie Friedrich der Große, oder ein Menschenfreund wie Josef II. Es kann sogar vorkommen, dass sich ein Volk unter einem Monarchen wohlfühlt. Wenigstens hat dies der kluge französische Heinrich IV. angestrebt und Harun ar-Raschid, wie die arabische Sage erzählt, erreicht. Aber ein von oben regiertes Volk bleibt doch bevormundet, gegängelt, wenn nicht gar versklavt und ausgebeutet. Wie ein Kind erst ein ganzer Mensch wird, wenn es seine Angelegenheiten versteht und tätig selber wahrnimmt, weil es da erst in den Besitz und den Genuss aller seiner Kräfte und Fähigkeiten kommt, so ist ein Volk erst dann keine bloße Herde, wenn es nicht allein sich auf den Verstand und den Charakter seines Herrn oder Hirten zu verlassen hat, so dass seine eigenen Kräfte, seine Geistesgaben, seine Energie, seine organisatorischen Fähigkeiten einschlafen, sondern wenn jeder Volksgenosse den öffentlichen Geist und alle Angelegenheiten der Gemeinschaft mitbestimmt.

Haben wir aber dann schon eine wahre Republik, wenn sich alle Glieder des Volkes um die öffentlichen Angelegenheiten kümmern? Wenn sie eine Anstalt zum Besten aller sein soll, so müssen alle, die damit zu tun haben, auch wissen, was das allgemein Beste ist, und wenn sie es wissen, es auch wollen. Viele Leute glauben, das sei schon Republik, wenn alles geschieht, und die Mehrheit beschließt. Wenn ihr etwas Gescheites einfällt, so ist ja alles in Ordnung. Aber weiß denn die Majorität immer, was Recht ist? Verstand und guten Willen muss man haben, ob man nun ein Monarch, ein Oligarch von feudalen Rittern oder reichen Bürgern ein Senat oder eine Parlamentsmehrheit ist. Haben wir nicht gesehen, dass nicht nur Monarchen, sondern auch Parlamente den Weltkrieg beschlossen haben? Ganze Völker können, wie ein Einziger Krieg führen, um sich durch Eroberungen, Unterdrückungen und Versklavung am Unglück anderer Völker zu bereichern. Ihr habt ja römische Geschichte gelernt. Diese Republik ist ein berühmtes, richtiger berüchtigtes Beispiel für das Besagte. Solche Republiken können gefährlicher und schädlicher sein als solche Despotien.

Soll also die Republik eine Gemeinschaft zum Wohle aller werden, so müssen alle lernen worin das Allgemeinwohl besteht und müssen den Willen haben, dieses durchzusetzen, sogar dann, wenn ihr privates, persönliches Interesse nicht damit übereinstimmt.

Viele glauben, dass sie ihre Bürgerpflicht erfüllt haben, wenn sie sich einer politischen Partei anschließen und nach dessen Weisungen handeln. Dazu hat natürlich jeder ein Recht. Insbesondere, wenn dieser Anschluss aus guten Gründen erfolgt, aus Überzeugung, aus Sympathie, oder Familientradition. Wir haben Parteien für alle Interessen, Stände und Klassen. Parteien für die Bauern, für die Arbeiter, für die Fabrikanten, für die Kaufleute, für die Beamten, und alle diese nehmen naturgemäß die Interessen ihrer Mitglieder wahr. Alle diese Interessen sind berechtigt und in Ordnung und verdienen geschützt zu werden, solange sie nicht jemand anderen verletzen. Der Bauer hat das klare Recht, in Frieden und ungestört die Früchte des Bodens und seiner Arbeit zu genießen und zu verwerten. Und seine Partei handelt richtig, wenn sie Einrichtungen, die ihm nützen und seine Arbeit erleichtern, schafft und darauf Acht gibt, dass das Gemeindewesen nichts unternimmt, und ihm schaden könnte. Wie aber würde euch das gefallen, wenn diese Partei ihre Macht im Staate dazu gebrauchen wollte, alle, die keine Bauern sind, zu zwingen, ihre Lebensmittel zu besonders teuren Preisen zu kaufen? Oder wenn die Fabrikantenpartei den Bauern zwingen wollte, dass er für die Industrieprodukte die er braucht, mehr bezahlt als sie wert sind, damit es dem Fabrikanten besonders gut gehe? Oder wenn irgendeine Partei die Fabriksarbeiter zwingen wollte, auf ihre wohlverdiente Muße, auf den Schutz ihrer Gesundheit und ihrer Sicherheit zu verzichten? Oder sie verhindern wollte, Arbeit dort zu suchen, wo sie am besten bezahlt wird? Wenn eine Partei es durch Zahl, Macht und Agitation durchsetzt, dass die Interessen irgendeiner Klasse zum Nachteil der anderen Klassen im Staate bevorzugt werden, so ist die Republik nicht besser als eine Despotie. Kurz gesagt: die Interessen jedes Einzelnen müssen auf die des anderen Rücksicht nehmen. Wir nennen einen Privatmann, der sein Wohl auf Kosten aber gar zum Schaden anderer fördert, einen elenden Egoisten. Ebenso müssen wir den Staat nennen, wenn er ebenso handelt. Die echte Republik kann nur auf allgemeiner Gerechtigkeit beruhen, mit Schonung aller für alle.

Das erste Wort der wahren Republik heißt: Was du nicht willst, das man dir tu, das füg' auch keinen andern zu. Dieser einfache Satz, den ihr ja alle kennt, ist die Grundlage eines sozialen Lebens, des Staates und der ganzen Zivilisation. Dieser bescheidene Satz verwirft den Streit in der Kinderstube, den Unfrieden in der Schule, den Parteienkrieg, der einen Staat auf Kosten des anderen vergrößert und bereichert. Er fordert gebieterisch, dass die Staaten und Völker miteinander umgehen und anständige Menschen im Privatverkehr, mit Achtung und Rücksicht, liebenswürdig und höflich krasse Eigenliebe, Rohheit und Unhöflichkeit abzulehnen. Durchboxen gehört nicht in die Republik.

Dieser Satz: »Ne fais pas à autrui ce que tu ne voudrais pas qu'en te fasse ...« braucht nicht erst bewiesen zu werden. Er ist wie die Logiker der Mathematiker sagen, ein Satz der von selbst einleuchtet. Weshalb Vischer in seinem Roman »Auch Einer« seinen Helden sagen lässt, dass Moralische verstehe sich von selbst, alle zehn Gebote fließen aus diesem Satz. Jedes denkende Hirn, jedes fühlende Herz schafft diesen Satz sozusagen neu aus sich selbst heraus, sonst könnte die Welt längst nicht mehr bestehen. In unaufhörlichen Streit und Kampf müsste die Menschheit zugrunde gegangen sein, natürlich ohne auch nur die kümmerlichste Kultur und Zivilisation entwickelt zu haben. Und auf die wollt ihr doch nicht verzichten?

Die wahre Republik ist die Verwirklichung der Gerechtigkeit für alle unter Mitarbeit aller. Auf diesem Fundament erst kann die zweite Stufe des menschlichen Zusammenlebens aufgebaut werden, die auf dem indischen Worte beruht: Hilf wo du kannst, denn wer nichts tut, tut Übles. Die Gerechtigkeit besteht nämlich nicht nur in der bloßen Enthaltung von Schadentun, Verletzen, Kränken. Natürlich kann man damit schon ein ganz anständiger Mensch sein. Aber das ist zu wenig. Euch kommt ein solcher Mensch sicher kalt und wenig sympathisch vor. Und er erinnert euch an Kellers »gerechte Kammacher«, die ihr ja alle nicht leiden könnt. Er lebt nämlich nach dem eigentlichen Grundsatz: »Sehe jeder wo er bleibe, sehe jeder wie er's treibe, und wer steht, dass er nicht falle.« Ein richtiger Mensch aber, den geht es sehr an, dass auch die anderen gleichgültig, ob mit oder ohne ihr Verschulden, nicht fallen. Ist er aber so glücklich, so hat er das Bedürfnis, alles um sich her leidlos zu sehen. Das ist der innerste Kern des

Christentums, welche als notwendige Ergänzung zu der Gerechtigkeit des alten Dekalogs hinzugetreten ist.

Oft hört ihr, Republik sei nichts Anderes als Freiheit. Aber die Freiheit ist nichts Positives. Man kann sie definieren als Abwesenheit von Gewalt. Solange Gewalt von Despoten, Siegern, und Eroberern, von Cliquen, Klassen, Parteien, Bündnissen oder Banden sich geltend machen kann, gibt es keine Gerechtigkeit. Freiheit ist also nichts Aufbauendes. Sonden bloß die unentbehrliche Vorbedingung für das ordentliche Zusammenleben bei Menschen. Das Positive muss gelehrt und geübt werden.

Auf unsere junge Republik dürft ihr stolz sein. Sie ist nicht in guten, friedlichen Zeiten, durch den schwachen Willen, durch den Freiheitsdrang oder die Selbstbeformung einzelner geschaffen worden. Eine gewaltige internationale Katastrophe hat wie ein Sturmwind die alten Herren hinweggefegt und uns vor die Notwendigkeit gestellt, das neue Gemeinwesen aus eigener Kraft unter den schweren Verhältnissen aufzubauen. So ist uns eine Aufgabe zuteil geworden, unvergleichlich schwerer als etwa jene der Schweizer, deren Vorfahren vor Jahrhunderten ihre politische Freiheit verteidigt und erobert haben. Diese haben es leicht, ihre Gemeinschaft langsam und bedächtig zu immer besserer Gesittung weiter zu gestalten. Aber je schwieriger die Aufgabe, desto größer die Ehre und Freude an Begleitern. Was schon in wenigen Jahren geschehen ist, ist nicht wenig. Wenn ihr bedenkt, dass unser Land im Zustand äußerster Zerrüttung, wirtschaftlich fast zugrunde gerichtet, seiner besten Männer beraubt, seiner wichtigsten Hilfsmittel entkleidet, sich neu zu fassen und nicht nur neu zu organisieren, sondern erst wieder lebensfähig zu machen hatte, so werdet ihr verstehen, was das heißt, dass es bei uns im Lande keine äußerste Unordnung gegeben hat, das wir den auflösenden Kampf aller gegen alle zu vermeiden gewusst haben. Wir haben unseren armen Staat in leidlicher Ordnung wieder aufgebaut, sind ein geachtetes Mitglied der europäischen Völkerfamilie geworden und ein wichtiges Stück der Kulturgemeinschaft geblieben. Ja es gibt sogar einige Dinge, in denen wir anderen Ländern als Beispiel dienen. Dies alles ist der Verdienst gewisser Eigenschaften des Österreichers. Sein Sinn für geduldiges und rücksichtsvolles Zusammenleben, für Verständigung und Ausgleichung von Gegensätzen macht ihn für die Republik besonders geeignet. Diese Eigenschaften haben uns der Anarchie verzweifelter, zurückströmender Armeen bewahrt, vor Aufständen hungernder Volkswaffen, vor blutigen Gewalttaten der Revolution, wie vor Handstreichen der Reaktion. Die Zusammenarbeit der verschiedenen Interessengruppen, Parteien und Bestrebungen könnte in der Geschichte, wenn die Geschichte Lust hätte, auch schöne Dinge aufzuschreiben, als ein Beispiel aufgezeichnet werden, wie sich ein Volk durch seinen Charakter aus der äußersten Notlage hilft.

Die Ergänzung zum Republikaner ist die erste Voraussetzung für die wahre Republik. Da ihr sie besitzt, wird es euch leicht sein, alles zu lernen, was zu einem rechten Republikaner gehört, und es dann auch mit aller Liebe zu einem schönen Vaterland zu tun. Wenn wir alle fest wollen, fleißig arbeiten, nicht nach links und nicht nach rechts sehen, sondern geradeaus, nicht großtun und nicht verzweifeln, dann kann unsere Republik ein ordentliches Heim für alle werden. Dann wird sie mit Recht Republik heißen.

Legt euren Willen zur Republik als Geburtstagsgeschenk zu ihren Füßen.

Neue Freie Presse, 12. 11. 1925

DER MANTEL, DER BROTKORB UND DER AFFE

Drei Geschichten für den goldenen Sonntag

Der warme Mantel

Ich war acht Jahre alt und hatte meinen Wunschzettel wunderschön geschrieben. Darauf stand: »Bitte! 1. Seidenfleckerl, am liebsten viereckige; 2. ein Gefäß, wo man drin Seifenblasen machen darf; 3. ein Heftchen Kindertheater zum Aufführen; 4. Eibischteigzuckerln so viel als möglich; 5. ein Butterfass aus Holz für meine Puppe, aber das muss nicht sein. Genia.«

Ich faltete ihn zusammen und steckte ein Tannenzweiglein darauf, fest überzeugt, alles zu kriegen. Denn es kostete bestimmt zusammen nicht mehr als einen Gulden.

Am Weihnachtsabend aber lag unter unserem Baum für mich ein warmer Mantel, ein warmer Muff und ein Paar warme Handschuhe. Mir wurde eiskalt. So muss Napoleon vor Moskau zumute gewesen sein. Lauter nützliche Sachen und überdies alles warm! Ich weiß nicht, wie andere Kinder zur Wärme stehen, aber ich habe sie mein ganzes Leben lang bekämpft. Als Schulkind war ich eine bekannte Straßenfigur, weil ich auf dem Schulweg die Überschuhe, die gestrickte Haube und den Schal in der Hand und einige intimere Kleidungsstücke über dem Arm trug. Aller dieser Dinge pflegte ich mich auf der Treppe meines Elternhauses zu entledigen, auch wenn es Stein und Bein fror. Ich scheine schon damals gemerkt zu haben, dass jene Menschen, die sich am wenigsten darum kümmern, ob man es seelisch warm hat, am meisten fürchten, man könnte sich körperlich erkälten. Und ich verstehe es ganz, wenn Peter Altenberg die Frau, die ihrem Lebensgefährten permanent den Rockkragen aufstellt, eine »infame Klette« nennt.

An jenen Kinderweihnachten stand es schlimm um mich. Wozu hatte ich meinen Wunschzettel so schön geschrieben? Es war ja doch alles verpatzt. Die Petroleumlampe blakte noch mehr als sonst, der Karpfen hatte furchtbar viele Gräten, gekochte Dörrpflaumen mochte man auch im Alltag nicht, und zuletzt geschah etwas ganz Furchtbares. Im Juli schon hatte ich ein Weihnachtsgedicht verfasst, was nicht so schwer gewesen war, als die Überraschung bis Weihnachten geheim zu halten. Jetzt begann ich mit deprimierter Stimme ins Leere hinaus zu sprechen: »Am Altar uns'rer Freuden glüht ein helles Licht heut' auf« – Bis hierher kam ich. Dann wusste ich nicht weiter. Die Wärme meines Mantels hatte den dürftigen Quell meiner Dichtung ausgetrocknet.

Das ist schon sehr lange her. Aber wenn Weihnachten herannaht, werde ich von einer eigentümlichen Nervosität ergriffen. Wochenlang laufe ich durch alle Gassen, um jedem von den vielen hundert Menschen, die ich gegenwärtig zu beschenken habe, das Unnützeste und Zweckloseste, was er sich wünscht, sicher zu verschaffen.

Der neusilberne Brotkorb

Ich war schon Doktor und lebte in Wien und hielt, um leben zu können, Literaturvorträge. Wer fünf Kronen monatlich daranwendete, durfte zweimal wöchentlich an meiner damals maßlosen Begeisterung für Tolstoi, Dostojewski, Gogol und Ibsen teilnehmen. In meinem leeren Zimmer – Möbel galt es erst zu verdienen – standen dreißig geborgte Stühle um einen bereits angezahlten langen Tisch und daran saßen dreißig bildungsbeflissene Wiener Damen. Kurz vor Weihnachten begannen sie sich noch neugieriger als sonst in der seltsamen Behausung umzuschauen und ich sagte zu mir selbst: »Du sollst seh'n, die schenken dir was!« Sie hatten es ja so leicht, es gab kaum einen Gegenstand, den ich nicht brauchen konnte. Und doch. Am 23. Dezember erklommen zwei Träger meinen vierten Stock. Ein ungeheurer Gegenstand musste aus unzähligen Hüllen herausgeschält werden und vor mir stand ein Brotkorb aus Metalla bianco, groß genug, um Brot für zwanzig gefräßige Menschen auf einmal zu fassen. Der reichornamentierte Gegenstand konnte mir, die ich, schon damals eine begeisterte Loos-Schülerin, Ornament auf Verbrechen assoziierte, keine besondere Freude bereiten; von seiner Unverwendbarkeit für meinen winzigen Haushalt ganz abgesehen. Aber das Schlimmste war, dass ich physische Schmerzen bei seinem Anblick litt: der Künstler, der ihn geschaffen hatte, konnte sich nämlich nicht entschließen, den köstlichen Korb von gewöhnlichen Füßen tragen zu lassen. Er schuf zu diesem Zwecke zwei Kinder, einen Knaben und ein Mädchen, aus Metalla bianco, ihnen ließ er den Korb, während sie die Händchen schlaff hinunterhängen lassen mussten, an die junge Brust anwachsen. Schon damals kinderlieb, konnte ich diese Kindermarterung nicht ertragen. Ich sperrte die Kinder mitsamt dem Korb in eine Kammer und beschloss, das Ganze zu vergessen. Aber schon am nächsten Morgen wusste ich, dass es mir vollkommen unmöglich sein werde, mit diesem Gegenstand unter einem Dache zu hausen. In dieser Not fiel mir plötzlich eine überaus alberne und languissante Person ein, die eine geschmacklose Fremdenpension für Herren und Damen unterhielt. Mich durchfuhr es wie ein Blitz: dorthin gehört dieser Brotkorb! Als ich ihn aber so in seiner schnöden Nacktheit besah, schien es mir hart, noch jemand mit ihm zu enttäuschen. Ich ging also in einen Laden und ließ ihn mit schönen Früchten füllen und dachte: kränkt sie der Korb, so freut sie das Obst. Ziemlich zufrieden mit mir, feierte ich den Weihnachtsabend. Aber am Weihnachtsfeiertag um 9 Uhr morgens – ich hätte so gern ausgeschlafen! – klopfte die Pensionsinhaberin Frau L. an meine Schlafzimmertür. »Lassen Sie mich ein«, sagte sie mit ihrer Stimme, die schmeckte wie schwach gesüßtes Teewasser, »ich kann meinen Dank nicht länger zurückhalten. Ihre gestrige Gabe war die Krone unseres Festes. Ein Glanz ging davon aus. Man fühlte die Liebe, die aus dem Geschenk strömte.« Mein Kopf sank immer tiefer. »Und«, fügte Frau L. hinzu, »wissen Sie, was das Schönste ist? Als ich meine Gäste fragte: »Können Sie raten, von wem das herrliche Geschenk kommt? Wem sieht es ähnlich?« da riet die ganze Gesellschaft wie ein Mann auf Sie, Liebste.« Als sie ging, fühlte ich mich wie als Gymnasiastin, wenn ich nach der mathematischen Formel für die Brechung der Sonnenstrahlen im Regenbogen gefragt wurde. Beschämt und hoffnungslos. Aber die Fälle waren doch verschieden. Die mathematische Formel habe ich nie kapiert, der neusilberne Brotkorb aber, der mir so viel Ehre eintrug, hat mich gelehrt: nie etwas zu verschenken, was man nicht glühend gern selbst behalten möchte.

Der Affe aus Kopenhagen

Ein paar Jahre später. Ich werde mit Gaben überhäuft, wahrscheinlich, weil ich ohnehin alles habe, was ich brauche. Und, was das Feinste ist, vieles kommt sogar anonym. Am 23. Dezember bringt der Bote aus einem Geschäft in der Innern Stadt ein kleines Paket. Ein Affe aus Kopenhagener Porzellan ist drin. Keine Visitenkarte dabei. Nun, vielleicht wird sich der Spender melden. Er tut es aber nicht. Ich habe Ferien und schaue mir täglich meinen Affen an; immer weniger vermag er mich zu fesseln. Ich weiß, in dem Geschäft, aus dem er ist, gibt es viele schöne Sachen, die mir gefallen könnten, und er ist immer ein Affe und immer aus dem gleichen Kopenhagener Porzellan, und möchte ein Kunstwerk sein und ist keines. Ich fasse einen Entschluss, der mir schwerer fällt als Frauen sonst: ich werde ihn umtauschen. Der Inhaber des Stadtgeschäftes. ein liebenswürdiger, alter Herr, empfängt mich mit Auszeichnung. »Sie brauchen nur zehn Kronen aufzuzahlen, und können«, sagt er, »statt des Affen diesen schönen schwarzen Entoutcas haben.« Ich bin umso entzückter, als ich noch nie einen Regenschirm benutzt habe. Im Triumph trage ich ihn nach Hause.

Am nächsten Tag treffe ich auf der Straße eine Dame, die mir schon von fern entgegenruft: »Nun, was haben Sie zu meinem Weihnachtsgeschenk gesagt?« Ich hatte damals nicht den Mut zur Wahrheit. »Jedenfalls war es sehr lieb von Ihnen«, sagte ich ausweichend. Die Antwort schien richtig, denn die Dame erwiderte lebhaft: »Ja, als ich den Affen sah, habe ich sofort an Sie denken müssen. Ich wusste gleich, der passt zu Ihnen.« Der Affe! Der Kohlmarkt begann unter meinen Füßen zu schwanken. Aber es kam schlimmer. Die mir ziemlich fremde Dame, durch ihre sinnige Gabe in eine ganz neue Beziehung zu mir gerückt, erklärte kategorisch: »Heute ist Donnerstag, wenn Sie gestatten, komme ich Samstag Nachmittag mit meiner Schwägerin zu Ihnen zum Tee. Sie muss sich den Affen ansehen.« Überstürzt nahm ich Abschied und eilte in das Geschäft, dem der Affe entstammte. »Bitte, wo ist mein Affe?« fragte ich hastig. »Er ist verkauft.« – »Ich muss ihn aber haben.« – »Er ist aber verkauft.« – »Bitte erforschen Sie den Käufer, ich muss ihn haben.« Das versprach man mir. Um 3 Uhr nachmittags telefonierte man, Herr Leutnant B. (man nannte einen polnischen Namen) wohnhaft in der Rasumofskygasse, sei der jetzige Besitzer. Ohne mich zu besinnen, eilte ich zu Herrn Leutnant B. Er hatte gerade Nachmittagsschlaf gehalten und war sehr derangiert. Nachdem er einen Sessel, auf dem seine Litewka, ein Teller mit Wurstbrot, ein Wasserglas schwarzen Kaffees und Zolas »Nana« lagen, für mich freigemacht hatte, teilte er mir mit, er habe den Affen einer jungen Sängerin, die er verehre, geschenkt. Sie hätte sich sehr damit gefreut, ihre Adresse sei Mittersteig 5. Ich raste nach dem Mittersteig. Die junge Künstlerin befand sich im Bade, ich musste warten. Ich lief in ihrem Empfangszimmer auf und ab zwischen Erinnerungszeichen an eine frühere künstlerische Periode, die sich ganz augenscheinlich in Jaroslau abgespielt hatte. Denn eine von den zahlreichen Kranzschleifen stammte von dem dortigen Offizierskasino und trug die Aufschrift: »Ja so a Weiberl is a Freud, jessas na!« Endlich kam die Gefeierte. Mit gespitztem Mund und gut gespielter Teilnahme hörte sie mich an. Ich stotterte meine Bitte: »Bitte, borgen Sie mir Ihren Affen bis Samstag Abend.« – »Aber warum denn nicht?« – sagte sie. Sie nahm den Affen, der auf ihrem Toilettentisch gestanden hatte, gab ihm ein Küsschen und drückte mir ihn in die Hand. Glücklich zog ich ab. Jetzt galt es nur überlegen, auf welche Art man den Affen der Spenderin präsentieren sollte. Offen herumstehen durfte er auf keinen Fall. Denn was sollte man ein andermal tun, wenn sie wiederkam? Er wurde also sorgfältig in Watte und Seidenpapier verpackt und in einen Kasten getan. Samstag Nachmittag spielte sich alles programmgemäß ab. Nach zehn Minuten fing man von ihm zu sprechen an, ich holte ihn mit der Miene eines Hohenpriesters, er wurde gebührend gewürdigt, mit allen Philosophen, die den Damen bekannt waren, verglichen und von mir dann mit aufdringlicher Behutsamkeit verstaut. Zwei Stunden später hatte Fräulein Mizzi ihren Affen. Aber nicht lange. Noch am gleichen Abend hielt ich den Affen wieder in den Händen, an seinen Hals war mit einem rosa Wäschebändchen ein Brief gebunden, der lautete: »Gnädige Frau! Mit dem Affen als Geschenk sehr froh gewesen, sehe ich nun, ihn vierundzwanzig Stunden entbehrt habend, ein, dass ich andere Sachen besser brauchen könnte. Wollen Sie die Güte haben, mir die darauf entfallenden hundert Kronen freundlichst durch Überbringer zu entsenden. P. S. Meine Beziehungen zu Leutnant B. sind nicht so, dass sie ein Andenken benötigen.«

Der darauffolgende Sonntag verging ohne Ereignis. Am Montagmorgen aber bekam ich von Herrn F., dem Inhaber jenes feinen Stadtgeschäftes, folgenden Brief: »Verehrte Frau Doktor, Sie haben uns allen so leidgetan, dass Sie wegen des Affen so aufgeregt waren. Ich habe mir deshalb erlaubt, ein dringendes Telegramm nach Kopenhagen zu senden. Stellen Sie sich meine Freude vor, schon heute ist der Affe eingetroffen! Sie können ihn sofort holen lassen. Leider ist er etwas größer als der vorige und kostet fünfzig Kronen mehr.«

Kein Mensch kann verstehen, warum in unserem Badezimmer seither immer zwei Affen stehen. Jedes neu eintretende Mädchen wird aufgefordert, die beiden Figuren gelegentlich fallen zu lassen. Wenn sie dann nach fünf Jahren durch Heirat abgehen, ist alles, was es an Kunstgegenständen gab, vernichtet: die Affen aber haben schon drei Mädchengenerationen überlebt.

Dagegen hat der Regenschirm, der zum ewigen Gedächtnis »der Affe« genannt wurde, jahrelang unbenutzt gestanden. Vorigen Monat habe ich ihn an einem Regenabend meinem Freund, dem berühmten Staatsrechtslehrer, geborgt, der schon nach einer Viertelstunde aus einem Kaffeehaus telefonierte: »Macht dir das was? Ich hab' deinen Schirm in der Elektrischen stehen lassen.« – »Nein!« rief ich, »das macht mir nichts, wenn du mir versprichst, das nächste Mal die bei den Porzellanaffen aus dem Badezimmer mitzunehmen und zu vergessen.« Er versprach es damals unter dem Zwang der Verhältnisse. Aber getan hat er es nicht.

So stehen sie noch immer da und blicken aufreizend weise. Niemand versteht sie, nur ich. Mir sagt jeder ihrer Blicke: »Nur nichts umtauschen!«

Neue Freie Presse, 20. 12. 1925

DIE OCHSEN VON TOPOLSCHITZ

Eine Geschichte aus dem sterbenden Österreich

In allen Schullesebüchern – aus diesen beziehe ich meine Weltkenntnis – steht eine schöne Geschichte: die Geschichte von den unmerklichen und unbemerkten Boten des Todes. Auch ich weiß eine solche Geschichte aus der Sterbestunde der Mittelmächte im Sommer 1918. So oft ich sie erzähle, weiß ich nicht, ob ich lachen oder weinen soll. Denn sie beweist, dass alles was wir damals erlebt haben entfesselter Dilettantismus war. Dilettanten haben den Krieg verschuldet, geführt, verpatzt, geflickt. Dilettanten haben das Hinterland regiert, verwaltet, die Wirtschaft umgekrempelt, verwüstet, reformiert, saniert und was noch alles mehr.

Da auch ich auf keinem Gebiete Fachmann war, fing ich an, mich allen zu betätigen, vor allem auf dem Gebiete der Kinderversendung, denn das war das Tröstlichste für mich und für sie. Von einer der 72 Kinderkolonien jenes Sommers will ich erzählen.

Es war in Wien im Juni 1918. Rastlose, hastige Arbeit ohne Hoffnung, vor den Türen der Läden Mütter, vierundzwanzig Stunden lang um ein bisschen Milch für ihre Kinder angestellt, gespielte Zuversicht auf allen Gesichtern, und in allen Herzen die unausgesprochene Furcht: verloren, besiegt. Es gab nur eine einzige tröstliche Beschäftigung: die Versendung von Kindern aufs Land. Und so habe ich in jenem Sommer 72 Kinderkolonien eingerichtet. Nur durch die Lungen von zehntausend Kindern war es mir möglich zu atmen. Von einem dieser Kinderparadiese will ich erzählen – es ist eine Geschichte von den unmerklichen und unbemerkten Todesboten Alt-Österreichs. Ein Badeort im Süden der Monarchie wurde gepachtet, dort sollten Kinder und Erwachsene in Lufthütten wohnen. Alles war höchst verlockend, nur ein Hindernis gab es: die slawische Bevölkerung weigerte sich, Deutsch sprechenden Kindern irgendetwas zu verkaufen. Mit der Energie der Verzweiflung, die man damals hatte, schickte man Waggon um Waggon mit Lebensmitteln nach dem Süden, um die 250 Menschen drei Monate lang ernähren zu können. Um Fleischbelieferung wandte man sich an das Volksernährungsamt. »Machen S' an Eingab!« sagte der Beamte. Das geschieht, und nach wenigen Tagen schon bekommt man den Bescheid, das Fleischamt einer nahegelegenen Stadt werde der Ferienkolonie lebende kroatische Ochsen zuweisen …

Am 20. Juni fahren die Kinder ab, und bald kommen wahre Jubelhymnen nach Wien. »Wie märchenhaft schön es sei, so möge etwa die Stimmung im Paradies gewesen sein, als Menschen und wilde Tiere noch zusammen lebten.

Die Gesellschaft wäre auf das beste zusammengesetzt. Die Erwachsenen seien wahre Freunde der Jugend, die anwesenden Künstler freigebig mit ihrer

Kunst, die reizenden Mädchen und die lieben Kinder das beste Publikum. Es werde erzählt und diskutiert und getanzt und im Freien getafelt und zur Laute gesungen. Die Luft schmecke wie ein kostbarer Trank, und es gebe unzählige Pilzarten, und die Blumen dufteten so stark, dass man sie schon drei Minuten vorher röche. Nur eines sei unangenehm: es sei bisher noch kein Fleisch gekommen.« Ich reklamierte sofort und bat um Zusendung der versprochenen Ochsen. Zwei wären genug, wir hätten nicht das Geld, um mehr zu kaufen, schrieb ich. Der nächste Bericht enthielt eine Steigerung: »Das Sommerleben habe sich noch verschönt und vertieft. Sei es die warme Therme, in der die Menschen badeten, das Morgenluftbad auf der Wiese oder der Dauerlauf über Waldpfade, jedenfalls seien alle besser und schöner geworden. Nur die Köchin sei mürrisch, sie könne sich nicht daran gewöhnen, vegetarisch zu kochen. Tatsächlich böte die Nahrung wenig Abwechslung, da noch kein Fleisch gekommen sei.« Das Fleischamt bekam nun von Wien aus einen dringenden Brief. Im nächsten Wochenbericht heißt es, »das Heim sei das Wunder der Gegend; unsere Proletarierkinder wären auf allen Schlössern rings umher wie zu Hause, die Leute aus der kleinen Stadt in der Nähe kämen oft am Nachmittag, weil sie hofften, den kleinen Rudi Serkin zu hören, der, mit nichts als einer russischen Bluse und einer Schwimmhose bekleidet, täglich die schönsten Bach- und Mozart-Konzerte gäbe. Karin Michaelis habe schon mit allen Hunden weit und breit Freundschaft geschlossen, und einen, der räudig sei, besuche sie täglich. Kurz, alles gedeihe wie durch einen Zauber, nur eines sei schade, es gäbe, obwohl die ganze Gegend im üppigsten Reichtum blühe, kein Gemüse und kein Obst zu kaufen. Auch das Fleisch sei bisher ausgeblieben.«

Es war Ende Juli. Ich reiste zur Inspektion dieser unserer südlichsten Ferienkolonie. Nie werde ich den Zug von Nymphen, Dryaden, Elfen, Trollen und anderen Waldgeistern vergessen, die aus dem geheimnisvoll-dunklen Walde zu meinem Empfange hervorbrachen. Hier war einmal eine Gemeinschaft, die Ansätze – zur Vollkommenheit in sich trug, also durfte nichts unerfüllt bleiben, auch wenn es nur ein nicht gerade geistiges Bedürfnis nach Rindsuppe war.

So drahtete ich am Dienstag an das Fleischamt: »Erbitte dringend Zusendung versprochener Ochsen.« Am Donnerstag schon kam die Antwort: »Zwei kroatische Ochsen auf Ihre Gefahr unterwegs.«

Alle Kinder wollten die Ochsen von dem weit entlegenen Bahnhofe abholen, und ich ließ sie gewähren, obwohl ich fühlte, dass dies eine unpädagogische Handlung sei: Kinder dürfen niemand zum Fressen lieb haben. Mit Blumen und Bändern geschmückt wurden sie eingebracht, und nun schien auch die letzte Wolke vom Ferienhimmel gewichen zu sein. Es verging eine Woche, von der ich nichts mehr weiß als die Melodie des Liedes: »Indianer, Japaner und Eskimos, die Welt gehört uns allen, und die Welt ist groß.« Tagsüber hörte man mit Wonne diesen Triumphgesang des Lebens. In der Nacht aber – allmählich ging ein furchtbares Gewitter nieder – dachte man daran, dass für diese Kinder die Welt jedenfalls nicht sehr groß sein werde. Wie klein, konnte man damals noch nicht wissen.

Am nächsten Donnerstag bekam ich ein Telegramm: »Zwei kroatische Ochsen auf Ihre Gefahr unterwegs.« Um Gottes willen, was war geschehen? Wir sollten ja nur zwei kriegen, und wie wollte ich vier bezahlen! Aber das nützte nun nichts, sie waren da, einige Freiwillige meldeten sich, die Ochsen von der Bahn zu holen und zugleich ein Telegramm an das Fleischamt aufzugeben, welches lautete: »Haben statt zwei Ochsen vier erhalten, warum?« Darauf kam nie eine Antwort.

Dafür aber am nächsten Donnerstag ein Telegramm: »Zwei kroatische Ochsen auf Ihre Gefahr unterwegs.« Ich geriet in gelinde Verzweiflung. Das war bereits materieller Ruin für die Kolonie. Aber was tun? Man konnte die Tiere unmöglich auf dem Bahnhof verkommen lassen. Kinder zum Einholen fanden sich diesmal nicht, und so schickten wir den nicht sehr anmutigen slawischen Hausverwalter, nennen wir ihn kurzweg Jurtz, denn er hieß wirklich so, auf die Bahn. Es war kein sehr glanzvolles Empfangskomitee, denn er hatte eine Beule hinterm Ohr, oder, wie unsere Kinder sagten, er hatte es »faustdick hinter einem Ohr«, und sah infolgedessen ziemlich verwegen aus. Jetzt wurde die Sache ernst. Ich telegraphierte ans Fleischamt: »Bitte inständigst, weitere Zusendung von Ochsen zu unterlassen.« Die Kolonie war gefährdet. Wir mussten Futter kaufen, Unterkünfte suchen. Glücklicherweise reiste am gleichen Tag einer der Lehrer nach Wien. »Bitte, lieber Freund«, sagte ich, »machen Sie Aufenthalt in der Stadt, wo das Fleischamt zu Hause ist, und bitten Sie die Herren auf den Knien, uns nichts mehr zu schicken.« Er versprach es, und ich bekam ein Telegramm von ihm: »Sie werden künftig von den Ochsen unbelästigt bleiben.« Aber er hatte sich geirrt. Am Mittwoch kam die Schreckensnachricht: »Zwei kroatische Ochsen auf Ihre Gefahr unterwegs.« Ich holte sie diesmal selbst ab und versuchte auf dem Bahnhof einen kleinen Viehhandel anzufangen. Mein Misserfolg war katastrophal: die Leute lachten mir ins Gesicht. Nur eine Wiener Kinderkolonie sagten sie, ließe sich kroatische Ochsen senden, sie hätten mehr Fleisch, als sie zu essen vermöchten. Gebrochen kam ich nach Topolschitz zurück und wälzte nun in zwei schlaflosen Nächten die Frage: Welche Erlässe verbieten die Versendung von Ochsen aus Cilli? Welche Erlässe untersagen die Einfuhr von Ochsen nach Wien? Was kann mir geschehen, wenn ich sie dennoch versende? Zu fragen wagte ich niemanden, weil bei dem labilen Gleichgewicht aller Menschen um jene Zeit jede Beunruhigung vermieden werden musste. Endlich war ich mit mir selbst einig. Mehr als vier Wochen Gefängnis würde ich nicht bekommen, da ich mit dem Finanzministerium durch verwandtschaftliche Bande eng verknüpft war. Nun ja. Ob aber die Erlaubnis von diesem ausging und nicht etwa gar vom Kriegsministerium? Wer konnte das wissen? Wer hatte damals eine Ahnung, was er durfte, konnte, sollte, musste? Kurz entschlossen bestellte ich für Sonntag einen Waggon, der sechs Ochsen nach Wien bringen sollte, um sie meinen dortigen Gemeinschaftsküchen zuzuführen, geschehe was da wolle! Aber schlafen konnte ich nicht.

Schon um sechs Uhr morgens ließ ich meinen Freund, den Hofrat, wecken. Er war ein gelernter Österreicher, er musste wissen, was da zu tun sei. Zuerst fragte ich ihn: »Kannst Du mir eine Erklärung geben, warum man mir immer Ochsen schickt?« Er sagte: »O ja, sogar zwei Erklärungen. Entweder sagt der Direktor des Fleischamtes jedes Mal, wenn ein Telegramm von Dir einläuft und er nach der Unterschrift gesehen hat, ohne es zu lesen, zu seiner Sekretärin: Ich bitt' Sie, schicken Sie der Querulantin wieder einmal zwei Ochsen, damit sie eine Ruh gibt. Die Person hat nämlich hohe Verbindungen in Wien, oder der Direktor telegraphiert fortwährend nach Kroatien an den Viehaufkäufer Absagen, die diesen nicht erreichen. Darf ich Dir sagen, was ich glaube?« – »Bitte«, sprach ich, »ich kann alles hören.« – »Die Zusendung von Ochsen wird nie aufhören. In Österreich hat noch nie etwas aufgehört. Höchstens, dass Österreich selbst aufhört

»Bitte«, sagte ich, »mach keine Witze. Ich lasse einspannen, und du fährst bei allen Fabrikanten und Gutsbesitzern in der Nachbarschaft herum und schaust, dass sie dir die Ochsen zu unserm Selbstkostenpreis abkaufen. Schildere ihnen die Schönheit der Ochsen und die Not unserer Kolonie. Ich glaube, ich glaube, du wirst es können. Du hast so ein gewisses Etwas.« Strahlend vor Siegerfreude fuhr er morgens weg, völlig erledigt kam er abends heim. »Die Leute haben mich ausgelacht«, sagte er, »die Preise haben sie – echt österreichisch gefunden – das schlimmste Schimpfwort, das die Gegend kennt.«

Ein strahlend schöner Sonntag brach an, der Tag der Abreise der Ochsen. Auf dem wunderbaren Platz vor dem Haupthause versammelten sich Tiere, Kinder und Erwachsene; es war ein schmerzlicher Moment. Gerade läuteten die Mittagsglocken. Die äußerste Spannung lag auf allen Mienen, als plötzlich ein Jüngling auf einem weißen Zelter heransprengte. Seine Haltung war so, dass man nur das weiße Taschentuch des Parlamentärs vermisste. Für mich aber war er einer. Es war der Sohn eines reichen Fabriksbesitzers aus der Gegend, der sich bereit erklärte, der Kinderkolonie die Ochsen abzukaufen, wenn er sie um den halben Preis bekommen könne. Noch einmal gingen mir alle Fährlichkeiten durch den Kopf: Werden sie lebend in Wien ankommen, wird man mir erlauben, sie für unsere Gemeinschaftsküchen zu verwenden, oder wird man mich einsperren? Und ich sagte bebend vor Aufregung: Ja.

Als ob ein geliebter Kranker vom Arzt plötzlich als genesen erklärt worden wäre, solche Stimmung entstand mit einem Schlag. Die Kinder jauchzten, sangen und sprangen; die Erwachsenen lustwandelten durch die Laubengänge; das Mittagessen, das an diesem Tag aus Kartoffeln und Karotten als Hauptgericht, Haferreis mit Himbeersaft als Mehlspeise bestand, wandelte sich zu einem lukullischen Mahl. Es war einer jener Tage, wie es sie nur in Büchern gibt. Am Nachmittag entfaltete sich ein besonders festliches Leben. Da spielten die Kinder und jungen Menschen auf dem Freilufttheater, welches uns die Natur bot, den »Sommernachtstraum« mit einer Liebenswürdigkeit und Eindringlichkeit, die keine künstlerische Regie zu erreichen vermag. Stundenweit waren die Menschen hergereist, dieser Aufführung anzuwohnen, und helle Festesfreude lagerte über allen. Und gar als es Abend wurde! Die langen Tafeln konnten die Gäste nicht fassen.

Fortwährend wurde das Wasserglas der Freundschaft gehoben, um irgendjemand leben zu lassen; das dürftige Essen wurde gepriesen, ich selbst hatte alle Sorgen vergessen. Da wurde mir gemeldet, ein neuer Gast sei angekommen. Ich ging ihn empfangen, es war ein Freund von mir, einer jener Menschen, die durch besondere Zartheit der Empfindung und Höflichkeit des Herzens alle Dinge um sich herum heillos verwirren und durchkreuzen. Er war um acht Tage zu spät gekommen, wie immer. Seine Miene verriet nichts Gutes. »Ist bei dir zu Hause etwas geschehen?« fragte ich erschrocken. »Nein, aber du hast etwas getan, was ich nie für möglich gehalten hätte«, sagte er. »Auf dem Bahnhof haben sie mir erzählt, dass du seit Donnerstag zwei Ochsen stehen hast, um die du dich nicht kümmerst. Ist das deine berühmte Organisationsgabe? Und bist du deshalb Ehrenmitglied des Tierschutzvereins?« – »Ich werde gleich um sie schicken«, sagte ich kreideweiß. Aber es war einer jener Abende, an denen Trauer einfach nicht aufkommt. So muss Menschen zumute sein, die, vor einem Erdbeben oder sonst einer Katastrophe stehend, noch ein letztes Mal froh sein wollen um jeden Preis.

Da fiel mein Blick auf meine treue Sekretärin. Sie saß da, in sich zusammengesunken, völlig vernichtet. Tragische Seelenzustände junger Frauen auf Liebe zurückzuführen, ist mir selbstverständlich. Sie war verlobt; der Mann, den sie liebte, war hier, das konnte nichts anderes zu bedeuten haben als Bruch, Schluss. »Komm mit mir«, sagte ich und begab mich mit ihr abseits. »Bitte, sag', was du hast?« – »Nichts« – »Ich flehe dich an, sag' mir, was du hast – »Niemals«, sagte sie mit einem Ausdruck, der der Duse Ehre gemacht hätte. »Ich befehle dir, mir die Wahrheit zu sagen.« – »Jedem Menschen, Frau Doktor, nur dir nicht. Du darfst es einfach nicht wissen.« Die Verzweiflung verlieh meiner Stimme Eiseskälte. »Ich spreche in meinem Leben kein Wort mehr mit dir, wenn du mir nicht die Wahrheit sagst.« Sie zog ein Telegramm aus der Tasche und überreichte es mir schweigend. Ich öffnete es und las: »Sieben kroatische Ochsen auf Ihre Gefahr unterwegs.« – »Aber«, sagte ich, »was geht das dich an? Das Telegramm ist ja an die Lederfabrik in Schönstein gerichtet.« Erlösungstränen tropften aus ihren Augen. »Aber Frau Doktor«, sagte sie, »du begreifst doch, dass ich nicht weiterlesen konnte, als ich sah, dass wir wieder sieben Ochsen bekommen. Ich kann doch nichts dafür, dass die Post alles, was mit Ochsen zusammenhängt, uns zustellt.« – »Nun, diese Ochsen sind an uns glücklich vorübergegangen«, sagte ich heiter, und wir gesellten uns zu der Gesellschaft, die gerade unter Bäumen den Reigen tanzte: »Wir sind zwei Musikanten und kommen aus Neuwaldegg.«

Am nächsten Morgen reiste ich nach Wien ab. Die Honoratioren der Gegend und meine ganze Kolonie waren zum Abschied auf dem Bahnhofe versammelt. Lieder, Tränen, Wünsche, Rede, schwere Trennung, als wenn man wüsste, dass man zum letzten Mal im weiteren Vaterland sei. Endlich ein Ruck, der Zug setzt sich in Bewegung. Da kommt ein menschliches Wesen herangesaust – unser alter Schuldiener, der Herr Wonderlik, ein Original, läuft ein paar Schritte mit dem Zuge mit und schwingt hysterisch ein Telegramm: »Frau Doktor, bitte schön, zwei kroatische Ochsen auf unsere Gefahr ...« Den Rest verwehte der südslawische Wind.

Ich fürchte, auch jetzt kommen noch immer kroatische Ochsen nach Topolschitz. Aber das ist keine österreichische Angelegenheit mehr. Topolschitz liegt jetzt in Jugoslawien.

Neue Freie Presse, 25. 12. 1925

DER REDNER KOKOSCHKA

Wenn es einen Künstler gegeben hat, der den Auftrag: »Bilde Künstler, rede nicht!« wörtlich genommen hat, so ist es Oskar Kokoschka.

Als junger Mensch war er so schweigsam, dass Fernstehende ihn leicht für taubstumm hätten halten können. Sagte er dann aber plötzlich etwas, so war es so merkwürdig-abstrus in der Form, so verblüffend-hellsichtig im Inhalt, dass selbst der Stumpfste nicht umhin konnte, eine Bedeutung dahinter zu ahnen.

Gewöhnlich umhüllt ihn aber tiefes Schweigen. Wie erschraken seine Freunde, als er eines Tages kam und sagte: »Wißt's ihr, nächsten Freitag halt i an

Vortrag«. Um Gottes willen, wie willst du das machen? Du kannst ja gar nicht sprechen!« »Oh, wann viel Leut' da san, kann i schon,« sagte er, »nur wenn net viel da san, bin i halt net animiert g'nug.« – »Ja, weißt du denn, was du überhaupt sagen willst?« – »Na, dös net, aber den Anfang hab' i schon.« – »So, was wirst du denn sagen?« – »No, einfach die Wahrheit: O mein Gott, o mein Gott, wie fürcht' i mi!« Wir alle fühlten deutlich: das ist ein guter Anfang. Seit es Redner gibt, hat es jeder empfunden, aber keiner es sich bisher auszusprechen getraut: O mein Gott, o mein Gott, wie fürcht' ich mich.

An dem festgesetzten Abend – der Saal war übervoll von Feinden, Gegner, Spöttern – sagte er es wirklich. Und mit einem Male war die Atmosphäre des Saales gereinigt und entgiftet und in die teilnahmsvolle Stille hinein war Kokoschka dann eine Menge unerhört tiefer Dinge über Farbe, Liebe und Kunst. Zweimal wusste er nicht weiter. Einmal ging er unmotivierter Weise aus dem Saal. Auch war es nicht leicht, aus dem Wirrsal seiner Worte zu entnehmen, was er meinte. Nur den feinsten Köpfen, den heißesten Herzen und dem besten Willens war es gegönnt, ihn zu verstehen. Aber irgendwie betroffen war jeder.

Seither hat Kokoschka meines Wissens keine öffentlichen Reden mehr gehalten. Aber der enge Kreis, der ihn umgibt, hat schon lange ein ganzes Buch merkwürdig feinsinniger, sinnloser, geistreicher, alberner, liebenswürdiger, kritischer, aber immer menschlicher Aphorismen beisammen.

Von seiner profunden Bildung macht er so wenig Gebrauch, dass seine Umgebung nicht recht daran glaubt. Eines Tages spricht er von Atavismus. Darauf der Freund. »Aber Oskar, du weißt ja gar nicht was das ist.« – »O doch, « beharrt Oskar. »ich weiß schon. Atavismus ist, wenn sich der tote Großvater meldet, er möchte sich sein Zeugnis verbessern.« – »Nein, was du alles weißt! Woher hast du denn dein Bildung?« – »I hab' immer in der Schul' unter der Bank Reklam-Bücheln gelesen«, sagte er, noch froh in der Erinnerung. »Aber«, fügte er melancholisch hinzu, »meine Bildung hat leider Lücken, weil mich die Lehrer fortwährend gestört haben.«

Auf allen Unterricht ist er schlecht zu sprechen, Aber auf den Literaturunterricht hat er es besonders scharf. »Du«, fragt er, »warum haben wir nit in der Schul' nix vom Byron g'lernt? Der war doch ganz was Großartiges. Schön und a Held und a Dichter und a Frauenverführer, da hätt' man was fürs Leben g'habt. Aber mir haben die ganze Zeit nix g'hört wie vom Anastasius Grün. Apropos, wer war denn das eigentlich, der Anastasius Grün?«

Im Zwiegespräch auf das Äußerste konzentriert, lebt er, wenn das Gespräch allgemein wird, ein eigenes Leben, völlig abseits. Der Freundeskreis streitet lebhaft über die Tätigkeit der Labour Party. Da winkt Oskar Kokoschka einen Freund heran. Aha, auch er will sich zu der Sache äußern. »Ich muss dir dringend etwas sagen« und flüsternd: »weißt, was mir eing'fallen ist, der Friedrich Schiller, wenn der länger g'lebt hätt', der wäre net angenehm g'wesen!«

In voller Erkenntnis der Tatsache, dass man sich nicht wichtigmachen darf und dass ein feierlicher Kerl niemals groß ist, macht Oskar Kokoschka aus seinen Malsitzungen durchaus kein Wesen. Das Modell kann sitzen stehen, knien, lesen; um seine Staffel herum kann ein Gespräch toben, das Telefon klingeln, das Grammophon spielen. Kein Kommen und Gehen stört ihn. »Du hättest«, sagt der Freund, anerkennend, »ohne weiteres Schlachtenmaler werden können.« Aber am liebsten ist ihm doch harmonischer Lärm. Und als er Emmy Heim zeichnet, muss sie ihm immer vorsingen. Eines Tages, da sie Schuberts »Rastlose Liebe« besonders hinreißend gesungen hat, ist Oskar Kokoschka begeistert und äußert das, indem er sagt: »Bitt' schön, gebt's mir ein Malzzuckerl, die Emmy hat so schön g'sungen, dass ich ganz heiser worden bin.«

Er hat überhaupt merkwürdige körperliche Zustände. Eines Tages erzählt er von der deutschen Inflation. »Da hab' ich einmal in Dresden, weil ich schon gar nichts gehabt hab', Dollar wechseln müssen, und da haben sie nur einen so großen Packen deutsches Geld dafür gegeben, dass ich einen Ausschlag bekommen hab', so hab' i mi genieren müssen.«

Dagegen geniert er sich nicht, alles zu sagen, was ihm einfällt, und überlässt es den anderen, den Gefühlsinhalt herauszufinden. Unser gemeinsamer Freund, der Maler Wastl, gleitet in seiner rücksichtsvoll-anmutigen Art durchs Zimmer. Kokoschka schaut ihm bewundernd nach. »So ein reizender Mensch, der Wastl, er kommt, er verschwindet, wie Samt.«

Für Kunst interessiert er sich nicht, das heißt, für Tintoretto schon, aber nicht für sich selbst. Wer ihn mit Tadel oder Lob über seine eigenen Werke unterhalten wollte, ging fehl. Seine Lieblingsthemen sind: Die Weltproduktion an Petroleum und Steinkohle, die Not der Menschen in Whitechapel, die Kinderversendung aufs Land. Dann wir er lebendig. Das sind die Gegenstände, die ihm wirklich nahegehen. »Über solche Sachen möchte' i amal a Buch schreiben. Aber da bin i halt nicht gescheit genug dazu. Mein Geist ist wie die tibetanischen Wüsten, nur dass die kleinen Klöster der Weisheit darin fehlen. Das tut mir leid. Ich weiß nämlich die wichtigsten Sachen, die man überhaupt zu wissen braucht und halt' es für meine Pflicht, diese allen Menschen mitzuteilen. Aber da ich keine Bücher schreiben kann, muss ich halt malen, und das tue ich so ungern.

Es gibt aber viele, die froh sind, dass er malt, nicht nur Landschaften von wahrhaft mystischer Vertiefung, sondern auch Menschenbildnisse, voll menschlicher Beziehung. »Meine Bilder«, sagt er, »sind Stenogramme von dem vielen, was ich von diesen Menschen weiß.« Nicht immer weiß er das Beste von ihnen. Adolf Loos, der Oskar Kokoschka entdeckt und Jahres seines Lebens daran gesetzt hat, ihm zur Geltung zu verhelfen, sagte einmal aufmunternd zu einer sehr feinen, sehr preziösen alten Dame: »Gnädige Frau, hören Sie auf meinen Rat, lassen Sie Ihre junge Enkelin von Kokoschka malen. Er malt Ihnen die verborgensten Laster.«

Mindestens erkennt er sie mit sicherem Blick. Eines Tages, es war mitten im Krieg, und er gerade Rekonvaleszent nach schwerer Verwundung, da erschien im Freundeskreis aus Kopenhagen, mit glänzenden Empfehlungen versehen, eine gezierte, modern tuende, halbgebildete, hübsche junge Person. Man trank Tee, um einen runden Tisch herumsitzend. Alle Bemühungen der Frau galten dem Zweck, den merkwürdigen jungen Künstler auf sich aufmerksam zu machen. Er aber schwieg zwei Stunden lang beharrlich. Da stieß ihn die Hausfrau an. »Oskar, ich flehe dich an, sag' zu der Frau etwas Freundliches, etwas, was sie wirklich gern hört!« Er schrak aus tiefstem Traum auf und drückte beruhigend die Hand der Freundin. »Sofort«, sagte er und sich plötzlich mit liebenswürdigstem Lächeln zu der jungen Dame wendend: »Gnädigste sind doch sicher Morphinistin!« – »Woher wissen Sie?« fragte sie strahlend. »Mon sieht es Ihnen an«, erwiderte er mit Überzeugung. Dann schwieg er wieder.

Als die Hausfrau die fremde Dame ins Vorzimmer geleitete, sagte diese: Welch' eine Persönlichkeit! Diese Menschenkenntnis und wie er sich auszudrücken versteht. Geist mit Aufrichtigkeit vermählt.« Sie sagte es mit ihrer verlogensten Stimme und doch war es diesmal die Wahrheit.

Neue Freie Presse, 20. 1. 1926

GOTTFRIED KELLER UND DIE JUNGE WIENERIN

Wenn das Wetter gar zu grau ist, zu viele Arbeitslose in die Sprechstunde kommen denen man keine Arbeit verschaffen kann, in der Zeitung nichts drin steht als Mord und Diebstahl und nirgends auch nur ein Zipfelchen von etwas Gutem zu sehen ist, woran man sich erbauen könnte, gehe ich in eine Schulklasse, um vorzulesen. Denn das ist ein ganz ausgezeichnetes Mittel gegen Lebensunlust. Als man Gottfried Kellers Rechtsgelehrten Brandolf nach dem Grund seiner Heiterkeit fragt, antwortet er: »Meine Katze hat Junge, und als ich heute eines der Tierchen in die Hand nahm, ging ihm in demselben Augenblick die Augen auf, und ich sah mit ihm die Welt zu ernsten Mal.« So ist mir zumute, wenn ich Kinder in die »Zauberflöte« führe, Schubert-Lieder mit ihnen singe oder George-Gedichte lese. Also ich lese zu meinem eigenen Vergnügen vor. Am häufigsten komme ich mit einem abgegriffenen, braunen Leinenband, und wenn die Mädchen den sehen, lächeln sie verschmitzt: »Aha der Keller, für den hat sie halt eine Schwäche.« Sie stehen, noch ehe ich zu lesen begonnen habe, schon unter Kellerschem Einfluss, der es ja gut verstanden hat, die Schwächen seiner Geschöpfe so bloßzulegen, dass man über sie lächeln kann, ohne die Achtung vor ihnen zu verlieren.

Ich fange zu lesen an und die enge Schulstube weitet sich zu freien Welt; heitere Wonne breitet sich über uns alle, jeder Druck entweicht, und auf den klaren Mädchengesichtern, die Gesellschaftsmaske und Puder noch nicht unleserlich gemacht haben, sind nun wunderschöne Dinge zu sehen. Vor allem verstehen sie alles, auch das, was sie in ihrem Alter noch gar nicht verstehen können. Wie durch einen Zauber. Sie denken in solchen Stunden mit dem Herzen, und auf diesem Wege ist einer Frau eben alles beizubringen. Begeisterung lese ich und Abscheu, Rührung und Zorn, behagliche Heiterkeit und vor allem Vorsätze, es den Frauen nachzutun, die Keller so liebevoll schildert: den Tüchtigen, Heiteren, Guten, Liebenden, Fleißigen, Sachlichen, herzhaften. Die jungen Wienerinnen fühlen eben die Kraft in sich, so zu werden. Auch sie sind keine Stubenhocker, sondern Freiluftmenschen, auch sie haben Naturverstand, Mutterwitz, Lebenstüchtigkeit, Gefühl oder Sentimentalität und jene Wiederherstellbarkeit an Leib und Seele, die Keller seiner »Ursula« nachrühmt: Denn sie war wie ein gesegnetes Fleckchen Erde, das also bald wieder ergrünt, sobald nur ein Sonnenblick und ein Tau darauf fällt.« Und sie teilen auch den Abscheu vor vorlauten, vermännlichten Geschöpfen, die Keller mit seinem besten Hass bedenkt, wegen »der Wut, mit der sie sich die Attribute des anderen Geschlechts aneignen.«

Keller ist tief überzeugt, dass die Frauen der Natur näher stehen und daher besser sein müssten als die Männer. Darum ergreift ihn dieser Abscheu vor jeder schlechten Frau, während er die schlechten Männer ehe als Schwächlinge empfindet. Aber die Frau! Die ist gefährlich! Sie hat das gute Prinzip zu sein. Wehe der Gesellschaft, in der die Frau nicht etwas Gutes zu sagen und zu tun hat. Frauen, die, statt aufzubauen, zerstören, nennt er »die Parzen«, weil sie jeder Sache, deren sie sich annehmen, zuletzt den Lebensfaden abschneiden. Es ist auch bezeichnend für Keller, dass er den Quell der Verleumdung, die ein Gemeinwesen überflutet, auf eine Unholdin zurückführt, eine unzufriedene, boshafte, alte Kreatur, das Ölweib. Die Todsünde, die er der Frau vor allem vorhält, sind die Sucht zu klatschen und zu verleumden, schnöde Herz- und Gefühllosigkeit, verlogene Kunst- und Literaturprotzerei und jene Salonkoketterie, die unter dem harmlosen Namen »Flirt« ein so wichtiges Lebensmittel wie die

Liebe fälscht. Wollen wir es kurz sagen: Kellers ganze Antipathie wendet sich gegen jenes leere, nichtige, geputzte, arbeitsscheue Geschöpf, jenen Typus der »Dame«, den schon Schopenhauer in seiner halt- und gehaltlosen Bestandteile aufgelöst hat. Diesem Typus begegnen auch die Kinder mit leidenschaftlicher Ablehnung. Ganz entsetzt sind sie, wenn die eitle schwatzhafte Züs Bünslin, sich drei Bewerber zugleich warm hält, weil es ihr schmeichelt, einen ganzen Hofstaat ehrbarer Kammacher um sich zu sehen, während sie doch fest entschlossen ist, nur den zu heiraten, der das Kammachergeschäft in die Ehe mitbringt. Eine, die längst aus der Schule ist, hat mir letzthin gesagt, in ihren Beziehungen zum anderen Geschlecht habe ihr Züs immer als warnendes Beispiel vorgeschwebt.

Ebenso gibt den jungen Mädchen die Geschichte von der übereifrigen Mutter Zendelwald zu denken, deren tragisches Schicksal Keller in die wenigen Worte zusammenfasst: »In ihrer Jugend hatte sie so bald als möglich an den Mann zu kommen gesucht und mehrere Gelegenheiten so schnell und eifrig überhetzt, dass sie in der Eile gerade die schlechteste Wahl traf, in der Person eines unbedachten und tollkühnen Gesellen, der seine Erbe durchjagte, einen frühzeitigen Tod fand und ihr nichts als ein langes Witwentum, Armut und einen Sohn hinterließ, der sich nicht rühren wollte, das Glück zu erhaschen.«

Immer stehen die Kinder auf der Seite der Gerechtigkeit; so herrscht Jubel in der Klasse, wenn die falsche Züs Bünzlin den Liebesbrief nicht zu sehen bekommt, den ihr, von Tränen benetzt, ein Verehrer geschrieben hat, »in so hübschen und unbefangenen Worten, wie sie nur das wahre Gefühl findet, das sich in eine Vexiergasse verrannt hat. Jenen feinen, jungen Menschen hat sie übrigens nie kennen gelernt, weil sie ihn nie hat zu Worte kommen lassen. Nun, da er fort ist, nennt sie ihn in der Erinnerung Emanuel, während er in Wirklichkeit den zu ihm passenden schlichten Namen Veit getragen hat.

Streng sitzt die Jugend auch zu Gericht über die berechnende Kokette Lydia und atmet hörbar erleichtert auf, wenn der naive Pankraz, ihr falsches Spiel endlich durchschauend, ausruft: »O Fräulein, Sie sind ja der größte Esel, den ich je gesehen habe!«

Das gemeinsame Grundvergehen dieser Frauen ist der Mangel an Liebe. Nicht etwa, dass nach Kellers Meinung die Liebe einen sehr großen Raum im Leben des Menschen einnehmen sollte; aber eben weil sie sich nicht breit machen dürfe, meint er, sie müsse umso mehr in die Tiefe gehen. Nur einmal sollte die Frau als ein geradeaus gerichtetes Fahrzeug ihren Anker auswerfen, aber dann in eine unergründliche Tiefe.

Liebelosigkeit als ein Vergehen gegen die Natur, muss bestraft werden, dagegen kann wahre Liebe Wunder wirken, wie beim selbstzufriedenen und eitlen Nettchen, das auf diesem Wege eine Persönlichkeit wird. Man versteht, weshalb sich Kellers Heldinnen so besonders gut als Vorbilder für das Leben gebrauchen lassen: eben weil sie keine Heldinnen sind. Das junge Mädchen denkt: niemals kann ich so werden wie Iphigenie, Imogen oder Hermione. Das ist ja ganz hoffnungslos und lohnt keine Anstrengung. Aber Nettchen! Was die kann, kann ich erst recht.

Denn zu Anfang imponiert sie den Kindern gar nicht. Eine geputzte, etwas geschwätzige, kleinstädtische Schönheit tritt sie uns entgegen. Wir hören von einer Hand, die von drei oder vier Armbändern klirrt, von einem abenteuerlich reizend frisierten Kopf. Sie findet das National-Polentum des vermeintlichen Grafen bezaubernd und hat als Kind nur einen Italiener oder Polen, einen großen Pianisten oder einen Räuberhauptmann mit schönen Locken heiraten wollen. Aber dann kommt das Schicksal und trifft sie dort, wo sie am empfindlichsten ist: in ihrem Hochmut, in ihrer Eitelkeit. In solche Versuchungen liebt Keller seine Gestalten zu bringen. Siegreich geht sie daraus hervor, denn sie hat den besten Erzieher gehabt: ein großes Gefühl. »keine Romane mehr, « ruft sie ihrem verträumten Bräutigam zu, »wie du bist, ein armer Wandersmann, will ich mich zu dir bekennen und in meiner Heimat allen diesen Stolzen und Spöttern zum Trotz dein Weib sein. Wir wollen nach Seldwyla gehen und durch Tätigkeit und Klugheit die Menschen, die uns verhöhnt haben, von uns abhängig machen.« »So, « sagt in echt germanischer Spruchfreude Keller, »feierte sie erst jetzt ihre echte Verlobung aus tief entschlossener Seele, indem sie in süßer Leidenschaft ein Schicksal auf sich nahm und Freude hielt.«

Sie führt ach alles zu einem guten Ende. Das ist nach Keller die Aufgabe der Frau in der Ehe und schon bei der Verlobung muss sie sich dessen bewusst sein. Das Bürgermädchen sagt zu ihrem Bräutigam im feierlichen Moment der Verlobung: »Nun muss es aber recht hergehen bei uns! Mögen wir so lange leben, als wir brav und tüchtig sind und nicht einen Tag länger.« Fides aber, die adelige Braut des Sängers Hadlaub, legt zum Verlöbnis ihre Hand auf das Herz des Mannes und verkündet: »Hier will ich nun mein wahres Leben aus Gottes Hand empfangen, hier meine sichere Burg und Heimat bauen und in Ehren wohnen!« Jede spricht die Sprache ihres Standes und ihrer Zeit, beide aber aus dem gleichen Urquell unbeirrbarer, instinktbegabter Weiblichkeit.

Derart bringt Keller den jungen Menschen auch eine wunderbare Vorstellung von der Ehe bei. Das ist sehr notwendig in unserer Zeit, in der die Jugend immer sehender wird, und das, was sie zu sehen bekommt, immer weniger erquicklich. Eine zarte und sonst sehr zurückhaltende Fünfzehnjährige sagte mir einmal: »Wie kommt das nur, so oft bei Keller Leute Hochzeit halten, möchte man am liebsten auch gleich heiraten.« Ja, das glaube ich. Ob Gruth unter blühenden Bäumen eine fröhliche Hochzeit hält, oder es von der armen Baronin heißt: »Es sollte auch von einer Hochzeitsreise nicht die Rede sein, sondern das eheliche Leben gleich im Anfang in der Arbeitsgeräusch und den Bacchischen Tumult des Herbstes untertauchen«, ob Bertrade und Zendelwald zärtlich im Heimatschlösschen horsten oder von der gelehrten heiligen Eugenia erzählt wird, sie sei, nachdem sie das Wesen der Ehe »genugsam erkundet« habe, erst recht eine berühmte Glaubensheldin geworden, immer fühlen sich die Mädchen festlich gestimmt, und in ihre kindliche Vorstellung gräbt sich das Bild einer edlen Gemeinschaft in Freuden und Ehren für alle Zeiten ein. So jung sie sind, sie ahnen doch den Zauber einer glückhaften Ehe, die nach Keller ein fortwährendes Meerwunder ist und eigentlich die allerdurchtriebendste Hexerei in sich birgt.

Jede nimmt sich – wenigstens im Augenblick – fest vor, eine Frau zu werden wie Lux, deren Gatte Ursache hat, die Zeit, da er sie noch nicht gekannt hat, ante lucem – vor Tagesanbruch – zu nennen, eine Frau, wie Kellers Katzmann Spiegel sie zeichnet: zutulich von Sitten, treu von Herzen, sparsam im Verwalten, aber verschwenderisch in der Pflege ihres Mannes, kurzweilig in Worten, einschmeichelnd in ihren Handlungen.

Neue Freie Presse, 14. 2. 1926

HEIMKEHR ZU PFINGSTEN

Anhalter Bahnhof, zehn Minuten vor Abgang des Zuges. Drei Berliner Herren stehen vor einem Coupéfenster, um von der Frau aus Wien Abschied zu nehmen, die nach Hause fährt. Es herrscht die peinliche, gespannte, teigige Atmosphäre eines Bahnhofsabschieds. Endlich rafft sich die Frau auf und sagt: »Könntet ihr jetzt nicht weggehen? Es hat gar keinen Zweck, dass ihr dasteht. Eure sonst wirklich geistriechen Gesichter haben in der letzten Viertelstunde an Bedeutung wesentlich verloren. Außerdem wechseln wir miteinander ohne jeden inneren Anlass endlos-lange Blicke wie Senta und der fliegende Holländer, und überdies zittere ich, dass jetzt einer von euch sagen könnte: »Grüß die Tante Eulalia und den Onkel Adolf; vergiss nicht, das die Cousine Emma nächste Woche Geburtstag hat; sperr' den Emmentaler immer ein, denn die Marie nascht. Schick die Schmutzwäsche regelmäßig nach Hause. Richtig, was ich noch sagen wollte: Das Wechselgeld liegt auf der Kommode hinter dem Aufsatz, den die Eltern zur silbernen Hochzeit bekommen haben.« Bitte, geht lieber weg oder sagt wenigstens etwas, was einen Sinn hat.«

Die bisher schlaffen Gesichter der Abschiednehmenden straffen sich und der Jüngste, ein feiner, melancholischer, junger Kunsthistoriker, sagt: »Grüß mir dieses wunderbare Wien. Wenn ich an den Cobenzl, die Albertina und die Staatsoper denke, werde ich furchtbar traurig. Es ist so entsetzlich, zu wissen, dass Wien stirbt.«

»Ja, daran ist kein Zweifel«, sagt der smarte preußische Industrielle von amerikanischem Zuschnitt. »Es ist ein wahrer Jammer mit euch! Eure schöne, gediegene Arbeit, niemand will sie haben; in euer wundervolles Land – ich liebe Tirol und das Salzkammergut! – will niemand kommen; kein Mensch will euch Geld borgen; es ist sicher ein großer Verlust für Europa, aber man muss sich schon mit dem Gedanken vertraut mache, dass Österreich, vor allem Wien, im Sterben liegt.«

Der früh ergraute Dritte, der aussieht wie ein moderner, als aufrichtiger Staatsmann, sagt: »Und zu denken, dass ihr selbst daran schuld seid! Täglich neue Ungeschicklichkeiten! Warum vergiftet ihr euer ganzes Leben mit einer unproduktiven, nutzlosen Politik? Warum gilt bei euch zu Hause das Talent so wenig? Warum verscheucht ihr alle bedeutenden Leute aus dem Lande? Eure Stellung in der Welt ist gar nicht übel. Euch hat man ja gern. Ihr könntet euch noch retten, aber ihr seid die reinen Selbstmörder.«

Die Frau will antworten, aber diesmal ist es ihr nicht gegönnt, wie sonst immer das letzte Wort zu behalten. Der Zug setzt sich in Bewegung und sie kann nur noch mit ihrem lila Schal winken; die drei Männer sehen ihr in der Haltung von Leidtragenden nach. Fehlt nur noch die trauerumflorte Zitrone in der Hand. Leichenbegängnis erster Klasse.

Die Heimkehrende sinkt entmutigt auf ihren Platz. Also so steht es um Wien, so urteilen die besten Freunde, jene, die den Anschluss ersehnen! Das ist ja ganz entsetzlich. Sie beschließt, nicht zu denken und nur auf das Rattern des Zuges zu lauschen, der bekanntlich immer das sagt, was man hören will, also diesmal: »Nach Hause, nach Hause, nach Hause.«

Aber es denkt sich von selbst. Warum erklärt man uns eigentlich sterbend? Es war doch überall Krieg. Sind doch alle besiegt. Ja, es ist wahr: Der Wiener ist besonders schlimm daran. Es befindet sich in der Lage eines Mannes, der Bergwerke und Industrien, Güter und Ländereien besaß und dem nichts übriggeblieben ist, als eine wundervolle Villa mit einer schönen Aussicht.

Und Wien selbst? Natürlich schlottern um diese abgemagerte Stadt ihr stattliches und kostbares Kleid. Auch hat das verfluchte Stahlbad in das Wiener Antlitz Stirnfalten gezogen und das Lächeln um den Mund hat an Glaubwürdigkeit und Selbstverständlichkeit verloren. Es ist auch nicht zu leugnen, dass zweihunderttausend Menschen gestorben, verdorben oder abgewandert sind und es ist zum Verzweifeln, wenn man denkt, dass gerade jene, die dem Staate fromm und bieder, wahr und offen vertraut haben, jetzt am Hungertuch nagen. Ach, und die Arbeitslosigkeit! Die Zollschranken! Unsere arme Industrie ohne Absatz! Unser gehemmter Handel! Unsere provinzialisierten künstlerischen Einrichtungen! Und die Krawalle der von allen Seiten irregeleiteten Jugend! Und die allgemein vergiftete Atmosphäre! Und der schnöde Egoismus! Vielleicht sind wir wirklich verloren? Sie sinkt völlig in sich zusammen. Ein Ruck. Der Zug hält in Leipzig.

Aber wem geht es denn anders? Haben nicht alle Kriege geführt? Liegen nicht alle Völker in Zuckungen? Kommt nicht an jeden die Zeit der Inflation? Was ist mit Polen und Rumänien? Was war mit Deutschland? Was wird mit Frankreich? Wenn wir sterben müssen, dann müssten ja alle sterben. Ist Europa nach dem Dreißigjährigen Krieg nicht wieder auferstanden? Hat sich Deutschland nach den napoleonischen Wirren nicht wieder erholt? Die menschliche Natur ist ja zauberhafter Kräfte voll, wie würde sonst die Menschheit ihre eigene Dummheit überdauern? Und stehen uns heute nicht ganz andere technische Mittel zu Gebote, um uns aufzuraffen, als jenen Zeiten? Es geht uns schlecht, Wie war doch der Satz, den die Lehrerin Josefine Sorger in ihr Stammbuch geschrieben hatte: »Vom Unglück zieh erst ab die Schuld, was übrigbleibt, trag in Geduld.« Nun wohl. Es geschieht uns recht, denn wozu haben wir Krieg geführt? Was für uns so gar nicht passte. Mag es irgendwo kriegerische Städte geben, Wien ist keine. Der Wiener will kein Held sein; große Gesten und Pathos sind im verhasst, im Bösen wie im Guten will er seine Ruh haben. Jetzt wird er dafür bestraft, dass er gegen seine Natur gefehlt hat. Aber steht die Todesstrafe darauf? Nein, was er in diesem Augenblick empfindet, sind Rekonvaleszentenschmerzen. Der abgehackte Fuß schmerzt, als ob er noch da wäre, die Narben brennen, die heilenden Wunden jucken. »Plauen!« ruft der Schaffner.

Wien wird nicht sterben. Wien wird sich einrichten, sein schlottriges Kleid mit seinen geschickten Handen bisserl enger machen, sich auf seine Fehler besinnen, einsehen, dass seine hauptaktiven sein Fleiß und seine Begabung sind. Es wird sich aus einer Stadt des achtzehnten Jahrhunderts, die es bisher war, in eine des zwanzigsten Jahrhunderts verwandeln.

Einige Anzeichen sind ja da. Schon, dass die Kinder lieber zur Schule gehen, ist eines. Neue Landwirtschaft, neuartige Viehzucht, Wasserkräfte, elektrifizierte Eisenbahnen, Seilbahnen, verbesserte Straßen, Wohnbauten mit Spielhöfen und Plantschbecken, Siedlungen, internationale Telefonkabel, eine feste Währung, die allen sich wieder aufbauenden Staaten als Muster gilt: Sind das Zeichen von Agonie?

Und ist Wohnungsnot ein Zeichen von Absterben? Nicht vielmehr, da notorisch weniger Menschen sind, ein Beweis von verbesserter Lebenslage vieler?

Man sieht halt weniger oft als vor dem Krieg einen Zettel am Tor: »Hier ist ein Bett zu vermieten.«

Wenn ein Wiener Politiker letzthin eine Zigarette ablehnte mit der Begründung, das Rauchen sei ihm eine zu weibliche Beschäftigung, ist das etwa ein Zeichen, dass unser persönlicher Konsum zurückgeht? Es ist sicher gar nicht wahr, dass wir weniger verbrauchen als vor dem Krieg. Sonst würden ja die indirekten Steuern nicht steigen. Es ist ja alles nur ein bisschen anders verteilt. Es geht beim Mahle weniger üppig zu, weil mehr Leute daran teilnehmen Was ist denn das, schon Hof?

Woher also die Klage, die bis ins Ausland dringt und alle Leute glauben macht, mit uns sei es aus? Das kommt daher, weil von diesem schmerzlichen Umstellungsprozess, der gegenwärtig vor sich geht, auch jene Kreise betroffen sind, die die öffentliche Meinung ausmachen. Die große Menge war immer lautlos. Wer den Rennstall und die Loge verloren hat, hat eben eine stärkere Stimme, sich zu beklagen, als jener hatte, der Hungers starb. Wenn die Besitzenden und gebildeten Stände schwarzseherisch werden, dann senkt sich ein dunkler Nebel übers ganze Land. Und eins ist sicher: Wer ihn nicht durchbrechen kann, muss zugrunde gehen.

Aber warum sollte man? Wenn wir zu viele Intellektuelle haben, dann werden eben künftig mehr Leute des Segens der Handarbeit teilhaftig werden. Und wie viele Intellektuelle gibt es, die gar keine sind, die nur glauben, sie wären es ihrem toten Großvater schuldig, einen vorzustellen. Weniger Intellektuelle heißt aber bei strengerer Auswahl nach Talent, mehr Intellektuelle. Wie der Hofrat in der Statthalterei sagte, als man ihn fragte, wie viel Beamte er habe: »Sechs, wenn ich aber den Prinzen mitzähl' nur fünf.« Auch das ist kein Grund zur Verzweiflung, wenn Banken verschwinden und Kaffeehäusern Platz machen Wie schnell das geht: Regensburg.

Es weht ein scharfer Wind. Nur die besten Theater werden sich halten. Nur die besten Schauspieler werden Engagements finden, nur die guten Konzerte werden besucht sein. Der Film aber wird nur dann am Leben bleiben, wenn er sich entschließt, sich für die Matrosen des Schiffes »Potemkin« zu interessieren und nicht für das Problem: »Wie verführe ich meinen Mann?«; das weiß ohnehin jede Frau und die Männer dürfen es überhaupt nicht erfahren, sonst ist alle Unbefangenheit hin. Sollte es mit der Zeit wirklich weniger öffentliche Bälle geben, so wird dafür in lustigen Familien schon am Wochentagmorgen vor dem ersten Frühstück der Vater mit der Tochter zu Grammophon oder Lautsprecher Charleston tanzen. Am Sonntag werden dann alle zu Fuß mit Rodel und Skiern hinausgehen in diese göttliche Wiener Natur, die so gar nichts kostet, wie alles, was wirklich schön ist. »Passau«

»Herr Schaffner, bitte geben Sie für mich ein Telegramm nach Berlin auf: »Wien wird nicht sterben, denn bei uns ist die Todesstrafe abgeschafft.«

Wie nach großer körperlicher Anstrengung nickt sie ein und flüstert noch im Traum: Kunstbesitz, Bodenschätze, Musik, Wille zur Freiheit, Lebenskunst, Arbeitslust, Frauenschönheit, Humor, Selbstpersiflage, Talent zur Liebe. Jetzt schläft sie wie ein Kind in der Wiege, denn man ist auf österreichischem Boden. Der Zug rattert durch die Nacht tröstend sein herrliches Wiegenlied: Nach Hause, nach Hause, nach Hause.

Neue Freie Presse, 25. 5. 1926

WORAUF SIE STOLZ SIND

Wir alle sind mit einem Minderwertigkeitskomplex, der uns niederdrückt auf die Welt gekommen. Um uns aufrechterhalten zu können, brauchen wir ein Korsett. Das Beste, was es auf diesem Gebiet gibt, ist das Muskelkorsett berechtigten Stolzes: »Die feststehende Überzeugung vom eigenen wiegenden Wert«. Nun sind aber die positiven Dinge, auf die man mit Recht stolz sein kann: Charakter, Genie, Schönheit, Güte, Taten, Werke, wohl geratene Kinder, hohes Wissen und tiefe Erfahrung, nur schwer zu haben. Da begnügen sich die Menschen mit dem Fischbeinkorsett falschen Stolzes.

Die wohlfeilste Art von Stolz, sagt Schopenhauer, ist der Nationalstolz »denn er verrät in dem damit Behafteten den Mangel an individuellen Eigenschaften, auf die er stolz sein könnte, indem er sonst nicht zu dem würde, was er mit so vielen Millionen teilt«. Das ist heute wahrer wie ehedem. Wer heute noch an »französischer Glorie« sich berauscht, wer noch immer hofft, »am deutschen Wesen werde die Welt genesen«, wer im Namen der Kultur (beileibe nicht des Kattuns) stürmisch verlangt, dass »Britannia rules the waves«, wer fleißig dem »sacro egoismo« opfert und wer Menschen schon bei der Einfahrt in New York fragt, wie ihm Amerika gefalle, ist und bleibt ein bescheidener Mensch. Er wird an Bescheidenheit nur noch übertroffen von dem, der sich schon daran genügen lässt, nicht zu sein, also kein Neger, kein Jude und kein Eskimo.

Nicht von diesem Massenstolz, sondern vom Stolz des Einzelmenschen soll hier die Rede sein.

Wer kennt nicht die Familie, deren Mitglieder alle besondere und in interessante Eigenheiten haben: »Mein Mann – sag' ich Ihnen – erwacht, wenn nur eine Zeitung raschelt«, »meine Frau isst wie ein Vögelchen«, »mein Sohn hat sofort einen Schwips, wenn er nur ein Gläschen Likör getrunken«, »meine Tochter besucht in jeder Tristan-Vorstellung nur den 2. Akt. In dieser Familie schwitzt niemand, sondern man fühlt sich höchstens warm, jeder von ihnen muss husten; wenn in seiner Gegenwart geraucht wird und dass alle einen Milchkaffee mit Haut mit Schauder zurückweisen, versteht sich von selbst. Unter diesen Umständen begreift man, dass diese Familie am Sonntag nie ausgeht. Wo sollte sie auch hin?

Nur mit Onkel Franz ist kein Staat zu machen. Denn er seinerseits ist stolz darauf, dass er auch bei Kanonendonner schlafen kann. Dass er ein »starker Esser« ist, erfährt man in der ersten Viertelstunde. Diese Tatsache nämlich, die einstmals sein Lebensglück begründet hat. Er hat in seinen Jugendtagen einmal sechsunddreißig Zwetschkenknödel auf einen Sitz gegessen und dadurch das Herz einer jungen Dame erobert, die ihm dann als seine Frau so vorzüglich kochte, dass er auf seinem letzten Krankenlager befriedigt konstatieren konnte: »Wann i amal stirb, kann i wenigstens sagn, i hab' was gessen.« Dieser Mann ist (bei Lebzeiten) natürlich ein Kettenraucher. Oft erzählt er, dass auf der Universität ihn in seiner Jugend kein Mensch unter den Tisch trinken konnte. Sein Lieblingsgespräch sind seine Seereisen: denn auf dem Schiff ist er immer der einzige gewesen, der nicht seekrank war – er und der Kapitän.

Vor einiger Zeit hat mir eine kleine Schneiderin aus der Favoritenstraße die billig und geschmackvoll arbeitet, ihr Leid geklagt. Der armen Frau geht es wie dem Kaiser Josef im Volksstück: Sie ist zur Anonymität verurteilt, kein Mensch wird je ihren Namen erfahren. Von den Damen, die bei ihr nähen lassen, erzählt nämlich die eine Hälfte jedem, der es hören will: »Ich pflege meine Kleider selbst zu entwerfen, schneide sie zu und lasse sie der Hausschneiderin unter meiner Aufsicht anfertigen«; die andere Hälfte näht stillschweigend das Firmenband der Maison Lanvin, Paris, hinein.

Letzthin hatte ich auf einem Tanzfest Jugendlicher das Pech, im Gespräch fast überall anzustoßen. »Warum tanzt du nicht, Peter?« fragte ich einen jungen Freund. Er warf mir einen vorwurfsvollen Blick zu: »Neue Jugend tanzt nicht!« Man spielte gerade einen faszinierenden Shimmy »Sonya« heißt er. »Warum tanzt du nicht, Gretl?« fragte ich meine reizend blondgezopfte Schülerin. »Deutsche Mädchen tanzen keine Negertänze.« Nun ertönten die unsterblichen »Rosen aus dem Süden«. Überlegen lehnte an der Wand ein herziger Lebemann von sechzehn Jahren. »Warum tanzt du nicht, Herbert?« »International orientierte Menschen verabscheuen veraltete Ausdrucksformen.« Jetzt traue ich mich gar nichts mehr zu fragen. Welche Komplikationen auf engem Raum! Und plötzlich fiel mir ein, dass es noch eine vierte Gruppe gibt, eine, der ich angehöre, jene, die stolz ist, einen Reigen auf grüner Wiese jedem Tanz im geschlossenen Raum vorzuziehen. Also man danke: Aus einer so leichten und luftigen Angelegenheit gehen vier Weltanschauungen hervor, in einer Stadt, in der es nur drei politische Parteien gibt.

Selbstverständlich ist es, dass die natürliche Anlage besonders hoch gewertet wird. Jeder Schüler behauptet (zu seinen Kollegen), er habe zu Hause kein Buch angesehen. Der Klavierspieler, der mit Vorliebe eine Phantasie aus der »Boheme« zum Besten gibt, versichert, er spiele nur nach dem Gehör. Mit Skilaufen und Schwimmen sind die meisten Leute schon Welt gekommen. »Ich hab' mich aufs Radl g'setzt und bin schon g'fahr'n. Wesentlich weniger hoch im Kurs steht die Tugend. So behaupten unzählige Menschen, sie hätten immer geschwänzt, die schlechteste Sittennote und seien zuletzt aus der Schule hinausgeworfen worden. Kurz, jeder will einen glauben machen, er sei ein verlorener Sohn gewesen, nur um einen dunklen Hintergrund zu schaffen, von dem sich seine gegenwärtige arrivierte Persönlichkeit hell leuchtend abhebt.

In verschiedenen Ländern sind natürlich die Anlässe zu verschieden. Ein alter Chinese wird sich sicher nicht so gern in bezug auf sein Alter unterschätzen lassen, wie eine Pariserin in mittleren Jahren. So hat jede Zeit ihren Stolz. Während das junge Mädchen im Jahre 1896 vor einer Maus flüchten musste, muss sie 1926 vorgeben, es gelüste sie, mit Tigern an der Leine auf dem Ring spazieren zu gehen. Stolz unterscheidet sich auch nach Ständen. Der Schauspieler macht sich bekanntlich gar nichts aus dem Publikum und lässt sich nur äußerst ungern von Marianne interviewen. Der Schriftsteller liest aus Grundsatz keine Rezension seiner Werke. Der Maler sagt: »Net amal eing'schickt hab' i bei dera Ausstellung.« Der Journalist verbreitet in weitesten Kreisen, er bespreche meist Bücher ohne sie gelesen zu haben. Einen Architekten aber kenne ich, der ist auf die Tatsache, dass er nie einen Bleistift bei sich hat, so stolz, wie ein Kind auf eine Zahnlücke. Das heißt, meine Freundin Ulla (fünf Jahre alt) ist noch stolzer auf ihre zwei Plomben. Alle diese Gefühle versteht man. Wer möchte nicht Intuition besitzen, sich unabhängig zeigen von Menschen und Sachen? Auf sich selbst gestellt sein, ist ja alles. Weshalb wir öfter von ödesten Menschen die Versicherung hören: »Wenn ich allein bin, langweile ich mich nie!« Nur Gott allein weiß, wie sie das machen.

Aber es gibt auch eine Menge von Stolzäußerungen, deren Wurzel unauffindbar ist. Wie soll man das verstehen, warum jeder Mensch in den besten Zahnarzt hat; warum die Leute so viel auf seltene Todesursachen bei ihren Verwandten halten; warum Temperaturerhöhungen beinahe ebenso hoch gewertet werden wie Standeserhöhungen. Auch in den Mann der mit Stolz erzählt, er könne nur zwei Melodien unterscheiden: den Radetzky-Marsch und das andere Lied, welches nicht der Radetzky-Marsch ist, kann man sich nicht recht hineindenken. Mein Freund Hans aber ist mir geradezu ein Rätsel. Was die Familie im Allgemeinen betrifft, so weiß ich ja schon, dass diese entweder besonders fein oder besonders unfein, fabelhaft reich oder entsetzlich arm gewesen sein muss. Hans jedoch pflegt, wenn man von jemand spricht, der gerade im Landesgericht eine Strafe absitzt, freudenerregt auszurufen: »Aber das ist ja mein Onkel!« Und fast immer gelingt es ihm, eine Verwandtschaft nachzuweisen, und wenn er bis auf die Kreuzzüge zurückgreifen müsste.

Von Jung an sammle ich Leute, die auf etwas Ausgefallenes stolz sind. Mindere Exemplare pflege ich mit anderen Leuten auszutauschen. Meine besten behalte ich für mich. Zwei gebe ich heute zum Besten:

Der Mann aus der Vorstadt

In der Wiener Straßenbahn. Ein Mann sagt zum andern: »Sie müssen nämlich wissen, i iß ka Gollasch net. I iß wirklich ka Gollasch!« Und noch einmal, nach einer Pause tiefer Versunkenheit: I bin a merkwürdigeri Mensch, i iß ka Gollasch!«

Interessiert blicke ich von der Zeitung auf und schaue den Sprecher an. Er strahlt von innerer Befriedigung. Geradezu siegreich sieht er aus. Er fühlt sich erhoben, herausgehoben aus der unübersehbaren Menge der Gulaschesser. Jetzt steht er allein, endlich weithin sichtbar, um ihn herum im Raum. Er ist ein merkwürdiger Mensch, er »ißt ka Gulasch«.

Die Dame aus dem Cottage

Ein eleganter Salon. Ich bin bei einer Dame, die mir geschrieben hat, dass sie sich für die von mir projektierte Semmeringschule interessiere und um meinen Besuch gebeten hat. Jetzt mühe ich mich, die Sache möglichst kurz und fesselnd vorzutragen. Das ist aber nicht ganz einfach. Sie hört nämlich nur zerstreut zu, weil sie damit beschäftigt ist, ihren Fächer wieder zu Boden fallen zu lassen, den ein anwesender junger Mann wieder aufhebt. Infolgedessen dauert die Unterredung länger, als ich beabsichtigt habe. Es wird spät, meine Augen suchen nach einer Uhr. Sie lächelt und sagt: »Wir haben keine Uhr.« Ich erhebe mich, um Abschied zu nehmen, da fragt sie: »Wann halten Sie Ihren nächsten Vortrag?« Ich absichtslos: »Der Tag wird in der Zeitung stehen. Diesmal scheint sie verletzt. »Sie denken doch nicht, dass ich eine Zeitung lese.« »Nun, dann ich Sie einfach telefonisch anrufen«, schlage ich vor. »Anrufen? Ich habe kein Telefon. Ich könnte mit so einem Ding nicht unter einem Dach leben.« Ich stottere: »Entschuldigen Sie« und gehe. Erst auf der begreife ich ganz, wie sehr diese stolze Überlegenheit berechtigt ist. In der Stadt, in der jedes Kind, wenn es die Verhältnisse irgendwie gestatten, zur Konfirmation eine Uhr bekommt; in einer Stadt, in der die Menschen eine Zeitung lesen, sondern auch die meisten für eine schreiben und in der alle, die kein Telefon haben, um ein solches – vergeblich petitionieren, verdient die Totalabstinenz von Uhr, Zeitung und Telefon einen Stern im Baedeker. Sie ist eine merkwürdige Frau.

Neues Wiener Journal, 6. 6. 1926

DER UKRAINISCHE LIEBESBRIEF

Marynia war ein ukrainisches Dienstmädchen von 28 Jahren, hatte eine schöne, schlanke Gestalt, ein blasses sommersprossiges Gesicht, eine spitze Nase, fahlblondes Haar, graue Augen, die an den Rändern leicht gerötet waren, und ein heißes Herz. Dieses gehörte dem Forstarbeiter Antek. Jeden Abend kam er zum nahe gelegenen Teich, und dann verschwand Marynia für eine Stunde oder so, und wenn sie zurückkam, hatte sie etwas mehr Farbe als sonst, und alle Leute im Hause blickten sie scheel an. Der Hass nämlich ist in der Welt sehr beliebt, aber gegen die Liebe sind alle Menschen eingenommen. Insbesondere für eine Hausgehilfin gilt Liebe als ein Luxus, noch schlimmer als Seidenstrümpfe.

Marynia hatte ein Herz; was alle Hausgenossen von verschiedenen Gesichtspunkten aus übel nahmen. Nur eine sympathisierende Seele gab es: die neunjährige Tochter des Hauses: mich. Ich wusste viel von Liebe; erstens hatte ich heimlich das »Käthchen von Heilbronn« und die »Jungfrau von Orleans« gelesen, und außerdem noch den »Schatz der Himmelpfortgasse«, einen Roman, den die Köchin in Lieferungen bezog. Vor allem aber liebte ich selbst mit aller Inbrunst Georg von der Sturmfeder, den Helden von Hauffs »Lichtenstein«. Aber, obgleich ich meine eigenen Gefühle hoch einschätzte, empfand ich doch, dass Marynias Liebe aus Seelentiefen kam, die mir noch verschlossen waren. Mit Marynia war ich eng befreundet. Mit Antek als Liebesobjekt war ich nicht einverstanden. Er war entschieden ein Missgriff. Wenn ich damals gewusst hätte, dass es das gibt, hätte ich sogar von Mesalliance gesprochen. Denn Antek war um einen halben Kopf kleiner als Marynia und nicht besonders schön gewachsen. Auch war er nur mit einem blauen Auge davongekommen, denn sein zweites war missfarben und schaute mit Vorliebe nach einwärts. Auf keinen Fall konnte er es mit Georg von der Sturmfeder aufnehmen. Aber der Geschmack der Menschen war eben verschieden. Wenn man es recht überlegte, war ja Wetter vom Strahl auch ein altes eingebildetes Ekel, und Lyonel war ein Zieraffe, und sie wurden doch von Käthchen und Johanna so sehr geliebt. Also warum sollte Marynia Antek nicht lieben? Aus allen diesen Erwägungen heraus war ich stillschweigend, die

Protektorin dieser Liebe, und wenn meine Mutter fragte, wo Marynia sei, so wusste ich eine Menge anderer Orte zu nennen, nur der Teich fiel mir nie ein.

Eines Sommers aber fand ich nicht die Zeit, mich um die Umwelt zu kümmern. Ein eigenes großes Erlebnis hinderte mich daran. Ich hatte im Juli zum Geburtstag den »Robinson« geschenkt bekommen. Nicht so eine dumme Kinderbearbeitung, sondern den richtigen Original-Robinson. Kaum hatte ich ihn fertig gelesen, als ich tagsüber Quartier in einer vom Elternhause fernab gelegenen Laube nahm, um dort Robinsons Leben in Wirklichkeit umzusetzen. Vor allem handelte es sich darum, Glas zu machen, bei welcher Beschäftigung ich mich von Zeit zu Zeit durch einen Biss in eine Zitrone stärkte, die ich in der Küche gestohlen hatte. Zitrone war gut gegen Fieber, und wenn ich auch keines hatte, schaden konnte es auf keinen Fall; was Robinson tat, nachzumachen, war ehrenvoll. Es fiel mir nicht auf, dass ich trotz ungeheuren Salzverbrauches mit der Glasfabrikation nicht recht weiterkam, und ich war nicht einmal darüber enttäuscht, dass es mir noch kein einziges Mal gelungen war, durch Aneinanderreiben von trockenen Hölzern Feuer zu erzeugen. Versunken in die Robinsonade hatte ich also nicht einmal so viel Zeit, um Marynias Liebesgeschichte zu verfolgen.

An einem heißen Augustnachmittag aber hörte ich von meiner Laube aus heftiges Schluchzen. Ich trat heraus. Im Gras vor der Laube lag Marynia wie abgemäht. »Was hast du?« fragte ich erschrocken. »Antek, Antek!« – »Ist er tot?« – »Nein, wegen Kasia, gestern Abend ist er nicht gekommen … er war mit ihr tanzen … oh, ich geh ins Wasser!« – »Tu das nicht«, sagte ich ernst, »der Teich ist schmutzig, und vielleicht liebt er diese Kasia gar nicht. Sie ist ja so dick. Und überhaupt, wegen einem einzigen Mal kannst du doch nicht so eine Geschichte machen! Weißt du was? Schreib ihm einen Brief.« – »Ach Gott, wie du dir das vorstellst«, sagte Marynia, »ich kann doch gar nicht schreiben, das ist nur für Stadtleute.« – »Nein«, sagte ich, »du musst schreiben. Wenn man etwas aufschreibt, so kann es jeder lesen, und dann wird alles wieder gut. Wenn du willst, so schreibe ich ihm.« Marynia hörte augenblicklich zu weinen auf. »Ja, das ist was anderes; schreib du nur.«

Rasch wurde ein wunderschöner Briefbogen aus der Kassette der großen Schwester gestohlen, und nun saß ich an dem weiß gehobelten Tisch, der vor der Laube auf der Wiese stand. Mir war furchtbar bang. Vor meinen Augen tanzten die gelben Malven und die roten Glaskugeln des Bauerngartens, der aus der Ferne zu sehen war. Alles war so schwer und heiß und gelb und rot. Es war ja entsetzlich genug, wenn man eigene Briefe schreiben musste, nun erst gar fremde! Das war eine Aufgabe, noch viel schwerer als dividieren mit Brüchen. Was sollte ich jetzt tun, damit mir das Richtige einfiel? Vielleicht sollte man beten? Nein, das ging nicht. Ich hatte noch von der vorigen Woche her eine

Differenz mit dem lieben Gott: er hatte mich in einer wichtigen Sache im Stich gelassen. Diese Geschichte jetzt müsste man ganz allein erledigen. Man hatte einfach Worte zu finden, die so zwingend waren, dass dieser Mensch zu Marynia zurückkehrte. Er war ja grauslich, und es musste schrecklich sein, ihm einen Kuss zu geben. Aber Marynia wünschte sich ihn eben. Warum, das konnte kein Mensch wissen. Was empfand Marynia überhaupt? Nun, wahrscheinlich genau das gleiche wie Johanna und Käthchen; man musste also schreiben, wie sie alle drei zusammen schreiben würden. So, jetzt hatte ich es. Jetzt konnte ich plötzlich, als ob man einen Zapfen aus der Tonne gezogen hätte. Das heißt, zuerst musste ich noch den großen Tintenfleck auflecken, der mir, als ich energisch ins Tintenfass tauchte, auf das prachtvolle helllila Papier gefallen war. Aber dann ging es wie Sturmwind, jeden Strich mit der herausgestreckten Zungenspitze begleitend, schrieb ich: »Lieber Antek! Ich grüße Dich viele tausend Male und teile Dir ergebenst mit, dass mein Herz sich verblutet, weil Du mich wegwerfen konntest für eine gewisse Kasia. Wegen dieser Kasia muss ich fort von dieser Welt ins kalte, unbarmherzige, schmutzige Wasser. Oh mein hoher Herr, Du duldest ja die Nachtigall im Hag, warum duldest Du nicht die Liebe Deiner Marynia? Nie früher habe ich eines Mannes Bild in meinem reinen Busen getragen, und jetzt, und jetzt! Hast Du denn gar kein Mitleid mit Deiner bis in den Tod Getreuen? Meine Liebe ist glühend und tötend. Ich bin ja nicht schön genug für Dich, aber wenigstens habe ich keine dicke Nase und keine schiefe Hüfte, wie eine gewisse Andere. Mein heißgeliebter Endloser, ich sage Dir Lebewohl im Namen des Vaters, des Sohnes und des Heiligen Geistes. In Ewigkeit Amen. Möge sich die Dreifaltigkeit Deiner erbarmen und Deiner armen Marynia. Nachschrift: Heut Abend bin ich am Teich und warte auf Dich.«

Kaum war das letzte Wort geschrieben, da griff eine raue Hand über meine Schulter nach dem Blatt: »Was machst du hier, nichtsnutziger Fratz?« fragte die scharfe Stimme der Tante Albine. Das war jene Tante, die ich am wenigsten leiden konnte, denn sie hatte mich, als ich noch ganz klein war, einmal in den Hals gebissen. Diese Frau las jetzt mit bösen Augen den Brief, und tiefster Abscheu malte sich auf ihre ohnehin unlieblichen Züge. »Nein, dieses Kind! Sowas Verdorbenes! Wo hast du das alles her? Schäm dich! Im ganzen Dorf ist kein Kind, welches so einen Brief schreiben könnte! Marsch ins Haus! Vierzehn Tage darfst du jetzt zur Strafe nicht in die Laube. Wütend warf sie den Brief zu Boden und schritt hoheitsvoll voraus. Ich folgte ihr gebrochen; nur so viel Geistesgegenwart hatte ich gerade noch, Marynia zuzuflüstern: »Nimm den Brief und schick ihn dem Antek.«

Zu Abend essen musste ich auf meiner Stube ganz allein und bekam auch keinen Apfel zum Dessert. Aber um neun Uhr kam Marynia auf den Zehenspitzen ins dunkle Kinderzimmer und legte mir eine große Birne aufs Bettchen: »Das schickt dir der Antek. Am St. Michaelstag ist unsere Hochzeit.«

Neue Freie Presse, 29. 8. 1926

LIEBE ZUR KUNST

Die junge Frau hatte von Kindheit an eine Leidenschaft für das Wort »perfekt«, wie schön wäre es, wenn man einen perfekten Aufsatz schreiben, perfekt ein Zimmer aufräumen, perfekt Englisch sprechen könnte! Das Bedürfnis nach Vollkommenheit in ihr war groß: die Überzeugung von der eigenen und allgemeinen Unvollkommenheit noch größer. Sie selbst konnte nichts perfekt. Und so wurde sie die Sehnsucht danach nicht los.

Als sie nun zum ersten Mal in die Lage kam, eine Hausgehilfin anzustellen, wählte sie statt eines Mädchens für Alles eine perfekte Köchin.

Diese war eine stattliche Person mittleren Alters, von imponierendem Wesen und hieß Josefa. Der Versuch, sie in zärtlichen Stunden – die junge Frau hatte viele solche – Peperl zu nennen, scheiterte. Sie legte auf Josefa den allergrößten Wert, und sie hatte recht: der Name passte zu ihr.

Die Stunde ihres Eintritts gestaltete sich zu einer Festlichkeit. Sie sagte, sie habe die Absicht, durch ihre Kochkunst dem Hause Ansehen nach außen zu verleihen, und machte darauf aufmerksam, dass Schildkrötensuppe, Hummerparfait, Cumberland-Sauce und Peche-Melba die Höhepunkte ihrer Kunst darstellten. Die junge Frau Arbeitgeberin, die diese Speisen noch nie gegessen hatte, leuchtete von Bewunderung und klatschte vergnügt in die Hände. »Aber das ist ja famos«, sagte sie. Ihre Seelen fanden sich. Die eine war stolz auf ihr Können, die andere auf die Vermehrung ihrer Hausmacht.

Aber es kam der Alltag. An jenem Morgen, bevor die junge Frau, die ihrem Beruf nach Lehrerin war, das Haus verließ, sagte sie zu Josefa, ihre Angst vor der imposanten Köchin mühsam verbergend, mit listiger Miene, als ob es eine glückliche Idee wäre, die ihr ebengekommen sei: »Wäre es möglich, dass wir heute ein Risibisi bekämen, das erinnert so an Italien«, oder: »Wäre es möglich, dass Sie heute Ihre berühmten Makkaroni mit Paradeissauce bereiteten?«, oder: »Wollen Sie die Güte haben, zu sehen, dass beim Rindfleisch ein Markknochen dabei ist?« Dann entfloh sie, um das über die Aufträge bestürzte Gesicht Josefas nicht zu sehen.

Umso freundlicher gestaltete sich die Stunde des Mittagessens selbst. Die bescheidene Speise war wirklich herrlich zubereitet und die Köchin wurde mit Dank und Lob überschüttet. War dann das Geschirr gewaschen, wobei die Hausfrau das Abtrocknen besorgte, so hatte Josefa nichts weiter zu tun, als ihren Geist zu bilden. Schon nach ganz kurzer Zeit konnte sie sagen: »Gottfried Kellers »Romeo und Julie auf dem Dorfe« ist doch weiß Gott was anderes als so eine Bauerngeschichte von Auerbach.« Einmal wurde sie sogar dabei betroffen, wie sie im Lexikon das Kapitel über Symbiose nachlas. Konzert- und Theaterkarten bekam das Haus in Hülle und Fülle geschenkt, und so wurde es für Josefa selbstverständlich, in die »Neunte« zu gehen und in die Matthäus-Passion; am liebsten aber hörte sie Messchaert singen. Auch an Geselligkeit fehlte es nicht. Im Wohnzimmer und in der Küche waren in den Abendstunden immer Leute. Die Bewirtung machte nicht viel Mühe. Sie bestand aus Tee und einer Art von Peregrini-Kipfeln, die in der Servitengasse zu haben waren. Dabei unterhielt man sich vorzüglich – kurz, es war ein problemloses und menschenwürdiges Dasein.

Umso peinlicher war die Überraschung, als nach etwa acht Dienstmonaten Josefa eines Tages feierlich und unheilverkündend im Zimmer erschien. Sie hatte aus diesem Anlass ein Korsett angelegt und ein Kleid, welches ganz hoch am Halse mit einem Stehkragen abschloss – zwei Dinge, die in diesem Hause verpönt waren: also eine Art Demonstration. In knappen, schlichten Worten sagte sie, trotzdem es ihr hier gut ginge und sie die Menschen gern hätte, müsste sie die Stelle kündigen. »Ich bin nämlich«, setzte sie mit zwingender Logik hinzu, »eine perfekte Köchin. Hier aber gibt es nichts zum Kochen. Die Herrschaft scheint nicht viel Geld zu haben.« (Das war eine euphemistische Verschleierung der Verhältnisse.) »Aber was das Schlimmste ist, der Herr hat gar keinen Appetit. Der Herr Kammersänger, bei dem ich im 98er Jahr war, hat immer sechs Schnitzel zum Abend gegessen und unser Herr isst zu Mittag höchstens ein halbes. Also was soll ich viel sagen: ich verlerne das Kochen. Ich bin nun einmal für die feine Küche, und hier kann man sagen, ist überhaupt keine Küche.« – »Das ist ja schrecklich, Sie können sich nicht denken, wie leid mir das tut«, sagte die junge Frau aufrichtig betrübt. »Also, Sie wollen uns verlassen! Und wo wollen Sie denn hin?« – »Ich geh zum Kaiser. Mein Onkel kennt einen Hofkoch. Wenn ich hier fort darf, könnte ich schon Montag in die Hofküche eintreten.«

Natürlich durfte sie. Unter Austausch zahlloser Freundlichkeiten zog Josefa ab, begleitet von einem schön gebundenen Exemplar von Eichendorffs Gedichten mit einer fulminanten Widmung in Terzinen. Die junge Frau aber begrub ihren Traum von Perfektion und nahm sich die Resi, die erst sechzehn Jahre alt war und vom Haushalt ebenso wenig verstand wie sie selbst. Am drittnächsten Sonntag erschien Josefa zum Kaffee. »Darf ich wieder zu Ihnen kommen?« fragte sie. »Beim Kaiser bleib ich nicht.« »Denn«, führte sie weiter aus, »beim Kaiser verlerne ich das Kochen ganz«, Dort sei alle Arbeit so spezialisiert, dass, wer einmal zum Gemüseputzen angestellt sei, niemals dazu käme, dies Gemüse auch zu kochen. Sie selbst habe die Aufgabe, den ganzen Tag zu reiben, und zwar Mandeln, Zucker und Zimt. Dass das ihrem Ehrgeiz nicht genüge, könne man begreifen. »Wir haben aber jetzt Resi«, sagte die Frau. Resi grinste mit Besitzerstolz. Beim Abschied sagte Josefa: »Es ist vielleicht ganz gut, dass ich nicht wieder zu Ihnen kann. Es ist nun einmal mein Lebensberuf, zu kochen und deshalb will ich gut kochen. Ich weiß, was ich tue: Ich gehe zu reichen Juden.«

Fortan wurde die junge Frau jeden Monat einmal so um den fünfzehnten herum von irgendeiner Dame der Wiener Haute Finance ans Telefon gerufen: »eine gewisse Josefa Weyringer will bei mir als Köchin eintreten. Sie hat viele langjährige Zeugnisse, von Ihnen aber nur ein kurzes. Deshalb möchte ich Sie um Auskunft bitten.« Jedes Mal hielt die junge Frau Josefa einen feurigen Nekrolog und gestand zuletzt, indem sie dem Telefon eine Verbeugung machte und errötete, sogar den Grund der Trennung. Die Bewerberin um Josefas kunstreiche Hand pflegte hierauf beglückt abzuläuten. Im Verlauf eines Jahres wiederholte sich dieser Vorgang zehnmal. Damen aller Konfessionen kamen dran. So oft Josefa zu Besuch kam, sagte sie, sie müsste leider wieder wechseln, wobei sie aus Diskretion keine Gründe angab.

Dann blieb sie eines Tages gänzlich aus. Und es verging ein Jahr, ohne dass man von ihr hörte; bis endlich ein Brief kam. Aus New York. »Liebe gnädige Frau! Wer bei Ihnen war, kann in Europa nicht bleiben. Deshalb bin ich nach Amerika ausgewandert und das war recht. Denn hier geht es mir gut. Ich darf viel und gute Sachen kochen. Diese Amerikaner haben nämlich herrliche Lebensmittel, aber sie verpatzen sie, indem sie sie in Blechdosen einkochen. Und das Zeug essen hier die Leute! Natürlich finden sie alles was ich koche großartig. Deshalb gefällt es mir hier so gut. Ich brauche meine Herrschaft nicht zu lieben. Sie ist auch nicht danach. Aber man sitzt sich hier Gottseidank gegenseitig nicht so auf dem Leib, wie in Wien. Am Abend bin ich ganz frei und da lese ich deutsche Bücher. Und manchmal singe ich auch Schuberts »Lob der Tränen«, was Sie immer gesungen haben und der Herr so gern zugehört hat. Ich danke Ihnen für die Liebe, die Bücher und die Lieder und bin Ihre treue Josefa.«

Sechzehn Jahre später, an einem trüben Novembertag des Hungerjahres 1919, bekam die Frau eine große Kiste Lebensmittel aus Amerika. Sie dachte: »Aha, das ist sicher der Gesandschaftsattaché Hinckley aus Washington, unser alter Freund, der uns so reich beschenkt.« Aber nein, der Absender war Mrs. J. Redman aus New York.

Zwischen all den Herrlichkeiten, unwahrscheinlich kostbar, fremd und selten, lag ein Brief.

»Liebe gnädige Frau! Wenn ich daran denke, wie wenig Sie schon im Jahre 1903 zu essen gehabt haben, so bin ich ganz traurig, denn hier steht in allen Zeitungen, dass in Wien Hungersnot ist, und da muss ich mir denken, dass Sie jetzt gar nichts haben, vielleicht nicht einmal Makkaroni. Deshalb erlaube ich mir, fünf Kilogramm zu schicken und dazu viele andere Sachen, von denen ich hoffe, dass sie Ihnen, dem Herrn und allen Freunden gut schmecken werden. Es ist nicht so abscheuliches, gekauftes Zeug in Blechbüchsen, sondern alles in Glas und selbst eingekocht. Wegen dem Geld, was es gekostet hat, machen Sie sich, bitte, keine Sorgen. Ich bin jetzt verheiratet und habe einen Mann und einen Stiefsohn, die beide gut verdienen. Mir geht es besser, als den Leuten in Wien. Es war ein Glück für mich, dass ich bei Ihnen war und infolgedessen auswandern musste.

P.S. Mein Mann versteht viel von gutem Essen und ich koche noch immer sehr gern.«

Moral: Der wahre Künstler erreicht immer sein Ziel, und wenn er über alle Meere müsste.

Neue Freie Presse, 29. 8. 1926

DIE FLEISSKARTE

Mit neun Jahren hatte ich Georg von der Sturmfeder geliebt. Der war nun überwunden. Jetzt war ich nämlich schon zehn Jahre alt und kein Dorfkind mehr, sondern ein Schulmädchen der vierten Klasse der Volksschule im achten Bezirk in Wien. Nur kleine Kinder interessierten sich für Bücherhelden, große Mädchen mussten jemanden lieben, der wirklich existierte. Aber woher nehmen?

So dachte ich noch zu Weihnachten. Am 11 Januar aber bekam ich meine erste Fleißkarte. Die Lehrerin selbst überreichte sie mir und sag dazu: »Du kommst zwar aus dem Wald, aber du bist kein Hinterwäldler. Dieser Ausspruch berauschte mich umso mehr, als ich keine Ahnung hatte, was ein Hinterwäldler ist. Ich fühlte nur, dass es ein verdientes Lob war. Das genügte.

C. F. Meyer hat nicht recht, wenn er sagt: »Süßres gibt es auf der Erde nicht, als ersten Ruhmes zartes Morgenlicht.« Noch süßer ist es nämlich seinen jungen Ruhm in weitesten Kreisen persönlich zu verbreiten. Ich rannte nachhause wie gejagt. Atemlos und puterrot brach ich in das Wohnzimmer meiner verheirateten Schwester, deren Dauergast ich war, und keuchte gebrochen: »Eine Fleißkarte ... nur ich ... erst acht Wochen in der Schule Fräulein Weber hat gesagt ...« Die Erwachsenen unterbrachen nur ungern einen Streit über Richard Wagner als Dramatiker. Einer jener Leute, die Kinder immer scherzhaft zu nehmen belieben, sagte neckisch: »Ach, eine Fleißkarte hast du dir gekauft? Bravo! Ich habe sie vorige Woche in der Auslage bei Hochhaltinger in der Laudongasse gesehen. Sie hat zwölf Kreuzer gekostet. Na, zeig mal her.« Einen Augenblick stand ich sprachlos vor Zorn und Demütigung. Dann ein Riss mitten durch, die geliebte, sauer verdiente Karte war entzwei. »Unartiges Kind!« grollte der Schwager. Alle anderen schwiegen. Da erhob sich plötzlich eine Stimme. »Weißt Du, was du bist? Ein ekelhafter Spaßverderber bist du! Nicht wert, mit einem Kind in einem Zimmer zu sein!« Die Ansprache galt dem Witzbold Der Sprecher war ein Freund meines Schwagers, Onkel Otto genannt. Das war ein heiter blickender, behaglich-lebensfroher Manns nahe den Vierzig; also in mein Augen nahe dem Grabe. Ich hatte ihn eigentlich nie recht leiden möge denn er hatte hochrote Lippen und einen blonden Bart, der seidig glänzt Der Held meiner Träume aber war bartlos, kränklich, beinahe schwindsüchtig. Aber jetzt, als diese himmlischen Worte aus seinem Munde drangen, vergaß ich alles, was ich je gegen Onkel Otto einzuwenden hatte. Er war ein Held, ein Ritter, so merkwürdig und rührend wie Don Quichotte, nur mit mehr Verstand und einem besseren Geschmack in Bezug auf Frauen.

Fortan liebte ich Otto – den »Onkel« hatte ich sofort fallen lassen – fanatischer Liebe. In den nächsten Wochen war mein ganzes Leben nichts als ein Warten, bis er käme; obgleich ich genau wusste, dass er nur Donnerstag um acht Uhr zum Abendbrot zukommen pflegte. Aber es hätte ja, doch immerhin geschehen können, und da hieß es bereit sein. Meinen weißen Matrosenkragen wusch ich jeden Tag, meine Hände jede Stunde. Ich setzte es durch, das Sonntagskleid (es war rot und grün kariert und hatte eine tegethoffblaue Borte) auch wochentags zu tragen. Meine Hefte wurden unwahrscheinlich schön, für den Fall, dass sich eine Gelegenheit böte, sie einmal zu zeigen. Einen Höhepunkt aber erreichte meine Liebe in einer Mittwochnacht, in der ich vielleicht zum ersten Mal im Leben nicht schlafen konnte. Beim Kerzenschein schrieb ich ein Akrostichon:

Oh, lieber Mensch, sei mir nur immer gut,
Treu und vertrauend geb' ich mich in deine Hut;
Tosend überstürzt sich meiner Liebe Flut,
Ärger von dir fernzuhalten, hab' ich Mut.

Dann schlief ich tief ein. Dieses Gedicht legte ich Donnerstagabend auf die Treppe. Dort fand es Freitagmorgen die Milchfrau und sagte: »Ich will der gnädigen Frau Schwester lieber nicht erzählen, wie du alles auf der Treppe herumstreust. Aber du darfst deine Schulsachen nicht so verschlampen, Kind.« An diesem Tag war ich in der Schule so zerstreut, dass ich nicht nur keine Fleißkarte bekam, sondern sogar von Loko 1 (man saß nach Leistungen) auf Loko 16 abrutschte. Ich konnte nicht aufpassen. Ich musste immerfort zeichnen, ihn zeichnen: mit schmalen Lippen, düsterfanatischem Blick und immer weniger Bart.

Ich war entschlossen, ihn zu heiraten. Was waren dreißig Jahre Altersunterschied bei solcher Übereinstimmung, der Charaktere und Gefühle! Denn er liebte mich auch. Donnerstag vor acht Tagen hatte er gesagt und mich dabei so gewiss angesehen »Darf ich mir an deinen Augen meine Zigarette anzünden?« Er tat mir ja leid, aber er musste eben noch acht Jahre warten. Dann war ich achtzehn. Dafür aber sollte er belohnt werden, denn ich hatte vor, so groß, klug und tüchtig zu werden, dass alle Welt staunen sollte. Ich wollte sogar lernen, seine Lieblingsspeise, Schlesisches Himmelreich, zuzubereiten, obgleich es mir lieber gewesen wäre, wenn er Spargel vorgezogen hätte.

Er war Journalist. Ich begann die Zeitung zu lesen, obgleich es mir sehr sauer wurde. Da standen ganz langweilige Sachen drin, und sogar abscheuliche. Nur die Ankündigungen waren interessant, die aber waren gar nicht von ihm.

Am 13. Februar war Abendgesellschaft zur Erinnerung an Richard Wagners Todestag. Ich durfte das weiße Kleid anziehn und bei Tisch servieren helfen. Otto war, auch da, das heißt, die andern waren auch da. Neben ihm saß Fräulein Elise. Die war furchtbar komisch. Immer lachte sie, wenn nichts zu lachen war, und machte ein trauriges Gesicht, wenn man erzählte, dass jemand gestorben sei, auch wenn sie der Tote gar nichts anging. Am wenigsten konnte ich leiden, wenn Fräulein Elise sich mit mir beschäftigte, denn sie hatte die Gewohnheit, mich mit einem Finger leicht, zu leicht, unters Kinn zu greifen und zu sagen: »Du bist ein kleiner Liebling.« Dann lief ich jedes Mal aus dem Zimmer und kratzte mich so lange am Kinn, bis beinahe Blut kam.

Fräulein Elise war schon alt. Mindestens vierundzwanzig Jahre. Trotzdem puderte sie sich die Nase und hatte an ihrem Hut rückwärts zwei Hängebänder. Sie sagte, die nenne man in Paris »Suivez-moi, jeune homme« und dazu lachte sie so, dass man ihren schwarzen Eckzahn sah.

Mir tat Otto leid, dass er neben Fräulein Elise sitzen musste. Bei ihm hätte Aschenbrödel sitzen müssen, oder Elsa von Brabant oder Charlotte Corday. Am liebsten ich selbst: Aber Elise!

Als ich die Sauce zum Kalbsbraten herumreichte, wurde ich beinahe ohnmächtig. Ich konnte nämlich ganz deutlich sehen, dass Otto unter dem Tisch Elisens Hand gefasst hatte und streichelte. Da kippte die Sauciere und der Bratensaft floss hinter Ottos untadeligen Kragen. »Wer serviert denn da?« Er drehte sich heftig um. »Ich«, sagte ich, todesmutig. »Na, dann macht es nix. Du bist eben noch ein kleines Schaf.« Er lächelte nachsichtig. Ich sah ihn mit einem Blick an, der ihn aller Hoheit und Vollkommenheit entkleidete. »Verzeih, Onkel Otto«, sagte ich und betonte den »Onkel« so, dass alle Leute erstaunt aufblickten. Ein Schicksal war durchs Zimmer geschritten.

Neue Freie Presse, 5. 9. 1926

ERSTE BEGEGNUNG MIT DEM TODE

Eine Allerseelengeschichte

Das kleine Mädchen war mit der Vorstellung aufgewachsen: Der alte Pan Lewiski, der Großvater der Nachbarkinder, ist eine komische Figur. Er hatte zwar ein schönes Gesicht und einen schneeweißen Bart und war lang und ganz dünn, das alles gefiel ihr gut, aber es war nun einmal Sitte, über ihn zu lächeln; Anlass gab er schon. Er machte wirklich zu wenig Gebrauch von seinem Taschentuch. Wenn er aber gar anfing, Schwarzbrot in den Kaffeetopf, den er auf dem Schoße hielt, einzubrocken, wurde einem übel. Einmal hatte er gefragt: »Wozu brauchst Du einen neuen Hut? Ist der alte schon zerrissen?« Da musste man lachen.

Aber sonst war eigentlich nichts Komisches an ihm. Eher alles ein bisschen traurig. Zu seinen silbernen Haaren hätte ein Wams aus schwarzen flamländischem Samt gepasst, dann hätte er ausgeschaut wie einem großen Maler. Aber er trug immer den gleichen schwarzen Kittel aus Lüster, der schon ganz altersgrün war. Manchmal erzählte er vom polnischen Aufstand. Seine Mutter habe um den gefallenen Bruder Trauerkleider getragen aus schwarzen Stoffen, blutrot umsäumt, das habe »blutige Trauer« geheißen. Wenn er so etwas sagte, so fror man am heißesten Tage. Aber das hinderte nicht, dass man fünf Minuten später, wenn er etwas fragte, sich stellte, als höre man nicht, weil man sich im Spiel nicht stören lassen wollte, oder, dass man unachtsam an seinem Stuhl, der mitten im Hofe stand vorbeirannte und ihn anstieß. Bei solchen Gelegenheiten schämte man sich höchstens ein bisschen.

Aber seine eigenen Enkelkinder Jan, Mania und der kleine Vitius sagten, das sei gar nicht nötig. Der Großvater sei nun einmal komisch, und man brauche auf ihn gar nicht zu achten. Es waren keine bösen Kinder. Nie hätten sie dem alten Mann einen Schabernack gespielt. Aber eine Wolke von Nichtachtung umgab ihn. Er war so wertlos wie Bodenkram, nur nicht so interessant.

Befreundet war der Großvater mit keinem, vielleicht ein bisschen mit ihr. Er streichelte ihre Haare, zupfte an ihrem Schürzenband, nahm es nicht übel, dass sie ihn immer so forschend anstarrte und wurde nie ungeduldig, wenn sie ihn ausfragte, wie andere Leute mit ihr immer waren, denn sie war ein Fragekind. Vorigen Sommer, am Tage der Zeugnisverteilung, hatte er ihr sogar etwas geschenkt: eine dicke, schwarze Seidenschnur, an der ein Schlüsselchen hing. Ein sehr schönes Schlüsselchen. Er sagte dabei, zu einer französischen Pendule gehört, die seiner Mutter während des polnischen Aufstandes abhandengekommen sei.

An einem Spätnachmittag im November – das kleine Mädchen war acht Jahre alt – stürzte eine Schulkameradin in ihr Zimmer. Diese war das dreizehnte Kind des griechisch-orientalischen Pfarrers und hieß Messalina, während ihr Bruder mit gleichem Unrecht in der Taufe den Namen Aristides empfangen hatte. »Komm mit«, sagte sie hurtig, »wir müssen zu Lewiskis, dort ist der Großvater gestorben. Tote muss man anschauen, das ist fromm«. Dem kleinen Mädchen blieb vor Schreck beinahe das Herz stehen. Was war das? Sollte das heißen, dass der Großvater nicht mehr auf dem Hof sitzen würde? Oder wollten sie ihn gar in die Erde stecken, wie sie letzthin die Parfumschachtel, in der ihr Kanarienvogel lag? Sie ging mit.

Bei Lewiskis roch es nicht nach Sauerkraut wie sonst, sondern nach Weihrauch. Alles war hübsch ordentlich aufgeräumt und auf dem Bette lag der Großvater, milchweiß angezogen, ein Kruzifix in beiden Händen und war so reinlich. Zu seinen Füßen lag ein Immortellenkranz . Stumm und aufrecht stand das Kind in der Tür, bis ins Herz hinein erhoben. Ihre Hände falteten sich von selbst so heftig, dass sie Angst hatte, sie könnte sie nie wieder auseinanderbringen. Im ersten Augenblick hatte sie nur im matten Kerzenschein den Toten gesehen, jetzt blickte sie sich um. Vor dem Bett lagen auf den Knien die Nachbarsfrau und ihre drei Kinder. Tiefe Stille herrschte. Alle hatten den Kopf gesenkt. Wie andächtig das aussah, wie bedeutungsvoll. Dicke, süße Tränen rannen lautlos über des Kindes Wangen.

Da schaute Mania auf. Sie erblickte die beiden Freundinnen. Sofort brach sie in ein furchtbares Lamento aus, in das die Ihren einstimmten, und plötzlich war der Raum mit wüstem Lärm erfüllt. Am liebsten hätte man sich die Ohren zugestopft. Wenn nur der Großvater nicht erwachte! Sie weinten immer weiter. Es war nicht rührend, sondern peinlich. Gut, dass sie wenigstens nichts sagen, dachte das Kind. Aber auch das kam. Jan warf sich jäh über den Toten und rief: »Großväterchen, verlass uns nicht!« Und Mania setzte hinzu: »Wie sollen wir armen Waisen ohne Dich leben!«

Und da geschah es: das Kind lachte laut auf. Es erschrak zu Tode. So herzlos klang das, so teilnahmslos, beinahe gemein. Und der Großvater war so still und hatte sie – jetzt wusste sie es bestimmt – so lieb gehabt. Alle taten, als hätten sie nichts gehört. Aber das half ihr nicht. Sie hatten es gehört. Sie raste zur Tür hinaus, hastete über den Hofraum, flog die Treppe hin sperrte sich im Bodenzimmer ein, wo die Äpfel aufbewahrt waren. Es war kalt und roch etwas muffig. Sie schob den Riegel vor und setzte sich aufatmend auf die große, grüne, rosenbemalte Truhe, die das Brautgut der Mutter enthalten hatte.

Auf dem Kirchturm schlug es halb acht. Um diese Zeit ging ihr Bruder Willy – er war drei Jahre alt und sie liebte ihn über alles – schlafen. Heute durfte sie ihm keinen Gutenachtkuss geben, denn sie war eine Verbrecherin.

Großvater Lewiski war tot, und Jan und Mania hatten Recht, wenn sie so jammerten. Jetzt mussten sie nämlich noch vierzig Jahre oder länger leben und würden den Großvater nie mehr sehen. Nie wiedersehen war das Schlimmste. Das wusste sie am besten. Als sie noch klein war, blieb sie manchmal vor einem Stein auf der Straße stehen und war nicht wegzubringen, fürchtete, sie werde diesem Stein nie mehr im Leben begegnen. Und nun erst ein Großvater? Eben war er noch da und nun nie, nie!

Wie schwierig das alles war. Willy war ja noch viel süßer als der Großvater, und die Mutter hatte sechsunddreißig Jahre ohne ihn leben müssen. Wenn man um solche weinte, die nicht mehr da waren, so könnte man so gut um die weinen, die noch nicht da sind. Woher die Menschen wohl kamen und wohin sie gingen? Mit Willy war nicht vernünftig zu reden, der behauptete, er könne sich an gar nichts erinnern, als dass er durch den Plafond aufs Bett gefallen sei. Aber den Großvater könnte man fragen, wenn er wiederkäme. Aber das wäre ja entsetzlich. Wer tot war, musste tot bleiben. Jetzt wusste sie plötzlich, weshalb Lewiskis so furchtbar geschrien hatten. Sie fürchteten sich einfach. Erstens hatten sie ein schlechtes Gewissen, und dann war es doch auch wirklich ungemütlich, wenn Tote wiederkamen. Sie konnten sogar einen mitnehmen, wenn sie wollten. Deshalb suchte man sie zu bestechen. Die alten Ägypter hatten ihnen Schmucksachen mitgegeben, die alten Römer Speisen, und manche hatten sogar feinen Wein über das Grab gegossen. Nur damit sie still blieben. Nur deshalb machten alle Leute solche Geschichten mit ihnen.

Sie selbst würde natürlich nie sterben. Die Welt konnte ja nicht ohne sie weitergehen. Sie versuchte, sich eine Welt ohne sich vorzustellen. Unmöglich. Also sie blieb am Leben. Aber das war auch abscheulich, dann wurde sie ja steinalt, und ihre Eltern starben vor ihr. Das konnte vorkommen. Voriges Jahr, als der Vater vom Pferd gefallen war, hatte der Doktor gesagt: »Na, der ist fertig.« Er hatte nicht gemerkt, dass sie zuhörte. Damals hatte sich der Doktor geirrt und der Vater war nicht »fertig« gewesen. Aber seit damals erwachte sie öfter in der Nacht, weil sie hörte, wie einer laut sagte: »Er ist fertig.«

Eltern konnten sterben. Ihr war jetzt unendlich kalt und bange. Sie zog beide Beine hoch. Immer musste man in Gefahren die Füße zuerst in Sicherheit bringen. Auch Willy konnte sterben. Immer war Diphterie im Dorf; dem Müller sein Pawel war auch gestorben, vorigen Winter. Wie gezogen sank sie auf die Steinfliesen, das Gesicht zum Boden gekehrt, lag sie wie leblos. Das Herz war ein Eisklumpen, von dem es langsam abtropfte. Lewiski's hatten Recht, so zu schreien; der Tod war furchtbar.

Vor der Tür raschelte ein Frauenkleid. Die Mutter. »Sag mal, Kind, was machst Du da drinnen?« – »Ich steh am Fenster.« – »Warum hast Du die Tür versperrt?« – »Damit keiner rein kann.« – »Warum musst Du allein sein? »Weil der Großvater Lewiski gestorben ist.« – »Bist Du traurig?« – »Nein.« –»Also warum?« – »Ich weiß nicht.« – »Frierst Du?« – »Ein bisschen.« »Willst Du essen?« – »Nein.« – »Also was willst Du machen?« – »Nachdenken.« Die Mutter ging fort.

Also jetzt konnte sie wirklich ungestört nachdenken. Es war ja schade, dass sie nicht zum Essen in die warme Stube durfte, denn es gab ihre Lieblingsspeise, Mohnnudeln. Aber heut war nicht wie ein anderer Tag. Großvater Lewiski war tot. Und sie hatte gelacht.

Warum hatte sie gelacht? Tat es ihr nicht leid? Doch. Es war beinahe unerträglich zu denken, dass er nie mehr ihren Namen rufen würde. Er hatte eine so liebe Stimme. Riesengroß stieg ihr Verlust vor ihr auf. Die Hände, die sie gestreichelt hatten, der Mund, der ihr zugelächelt hatte, das Herz, das sie geliebt hatte, das Auge, das ihr bei ihren Spielen gefolgt war. Das alles war vernichtet.

Aber vielleicht war es für ihn gut, dass er gestorben war. Entweder war er ganz tot und wusste nichts mehr; das wäre ihr am liebsten gewesen. Oder er kam irgendwo hin, und es geschah etwas mit ihm. Wo immer er hinkam, er würde er es besser haben, als bei Frau Lewiski, die immer so schlampig ausfegte und nicht einmal Mamaliga richtig kochen konnte. Sollte er wirklich weiße Flügel bekommen, wie der Herr Katechet sagte, so wäre das nicht mehr als billig, aber auch wenn er bis zur Auferstehung so in weißem Hemd blieb, wäre es ihr auch recht. Nur nicht den altersgrünen Kittel.

Schön war es, dass er jetzt Blumen hatte. Nie hätten ihm Lewiskis Blumen gegeben, wenn er noch gelebt hätte. Und plötzlich wurde ihr warm vor Freude. Richtig, heuer zu Majalis hatte sie ihm ja einen selbst gepflückten Maiglockenstrauß mitgebracht. Sie hatte ihn heimlich übergeben und er hatte ihn sofort in die Tasche gesteckt. Aber gefreut hatte er sich doch. Sie hatte solche Angst, Lewiskis würden jetzt einen Stein auf ihn daraufstellen, das war so schwer und drückte sicher. Und dann würde sie auch aufpassen, dass die Lewiski-Kinder sich anständig benähmen und sprächen, damit sich der Großvater nicht im Grab umdrehen müsste. Onkel Franz sagte, das müssten die Toten, wenn ihre Nachkommen einen schlechten Ruf hätten.

Jetzt tat es ihr gar nicht mehr leid, dass der Großvater gestorben war. Er war ja so müd gewesen. In der letzten Zeit war er auch am Vormittag schon eingeschlafen. Er hatte augenscheinlich genug gelebt. Es war gut, dass er tot war. Er war viel zu schade für Lewiskis, gar nicht ein bisschen komisch war er, und über ihn hätte sie auch gar nicht gelacht. Nur über Lewiskis, die taten, als ob sie den Großvater im Leben wertgehalten hätten. »Großväterchen ... Wir armen Waisen ... So dumm! Und da musste sie herzlich lachen. Dann weinte sie ein bisschen, und dann lachte sie wie toll, und plötzlich ertappte sie sich auf dem Wunsch: wenn mich Großvater Lewis hören könnte; er würde sich so freuen, dass ich lustig bin.«

Vom Turm schlug es halb neun. So! Sie trocknete sich die Augen, putzte sich energisch die Nase, ging nach unten, öffnete die Türe zum Speisezimmer, steckte den Kopf hinein und fragte: »Mutter, kann ich noch Mohnnudeln haben?«

Neue Freie Presse, 31. 10. 1926

WIE ELTERN ERZOGEN WERDEN

Nicht von jener Erziehung soll die Rede sein, die ein jeder sich selbst angedeihen lassen müsste, bevor er daran denkt, die Erde zu bevölkern. Wir wissen es nicht nur von Goethe, dass man erzogene Kinder gebären könnte, wenn nur die Eltern erzogen wären.

Auch an jene organische Erziehung ist nicht gedacht, die das Kind seiner Mutter schon vor seiner Geburt angedeihen lässt. Eine junge Frau, die ein unruhiger, zerstreuter und egoistischer Mensch war, erfuhr eines Tages, dass sie ein Kind haben sollte: Da ging eine Verwandlung mit ihr vor, die jeden Beobachter erstaunen ließ: Ihr Gesichtsausdruck wurde klarer, ihre wilden Haare legten sich plötzlich friedlich um den Kopf, ihre Haltung wurde bescheidener und zugleich selbstbewusster, sie bewegte sich ohne Hast, sie urteilte milder, sie dachte nicht mehr nur an sich selbst.

Ebenso unbewusst wie diese Erziehung ist jene; die die Kinder uns allen bei täglichem Umgang angedeihen lassen. Jeder, der mit ihnen zu tun hat weiß, wie sehr man sich zusammennehmen muss, um vor diesen unbestechlichen Kritikern standzuhalten. Sie legen eben den moralischen Maßstab ihres einheitlichen, unverbildeten und unkomplizierten Daseins an alle Dinge, und da ist es nicht leicht, zu bestehen So ist es bekanntlich ungeheuer schwer, für ein Landerziehungsheim Lehrer zu bekommen. Den Zwang, vierzehn Stunden täglich unter den Augen der Kinder zu leben, halten auf die Dauer die wenigsten Leute aus: man muss sich vor zu vielen Dingen in Acht nehmen.

Unabsichtlich ist auch die harte Erziehung, welche die Jugendlichen von heute ihren armen Eltern zuteilwerden lassen, indem sie vergessen, ihnen mitzuteilen, wohin ihr Ausflug geht; nicht rechtzeitig zurückkehren, sich mit ihnen in lebenswichtigen Dingen nicht beraten; ihnen die Ansichten aufdrängen; sie zwingen, ihre – meistens vorübergehenden – Götter zu ehren, sie nicht teilnehmen lassen an ihren Freuden, ihnen nicht gestatten, mit ihnen zu leiden. »Ich habe meine Eltern gut erzogen«, hört man manchmal einen jugendlichen Menschen triumphierend sagen. Aber er weiß nicht, was dieses (von ihm ursprünglich nicht beabsichtigte) Erziehungsresultat dem so erzogenen Vater für Schmerzen gekostet hat.

Heute und hier soll nur von einigen Aussprüchen die Rede sein, mit denen kleine Kinder zwar bewusst, aber noch ohne Bosheit, ausgezeichnete Erziehungsresultate bei Eltern und Lehrern erzielt haben.

In jedem Augenblick hat der Erwachsene die Möglichkeit, seine Überlegenheit zu beweisen. Die junge Mutter kann alles besser, wirklich besser. Sie hat den natürlichen Wunsch, ihr Kind zu einem mindest ebenso vollkommenen Wesen zu machen; da Lob eine Erziehungsform ist, die sich leider noch nicht ganz durchgesetzt hat, versucht sie es mit sachlichen Ermahnungen: »Das hast du nicht richtig gemacht« oder: »Das kannst du noch nicht.« Das Kind denkt nicht im Geringsten daran, sich gegen diese überlegene Autorität aufzulehnen. Aber eines Tages macht der dreijährige Herbert einige waghalsige Turnkunststücke und sagt dann: »Mutter, mach' das nach, damit i siech, du kannst es nicht.« Er hat einem tiefgefühlten Bedürfnis seines Herzens abgeholfen – er will sehen, wie sich seine Mutter ein bissel blamiert.

In Fragen des Taktes sind die Kinder als Ratgeber einfach unentbehrlich. So sind sie schon früh dafür, dass man mit der Liebe keinen Handel treibt. Die Großmutter, die befürchtet, der vierjährige Gerhard könnte verhungern – alle Großmütter fürchten das – schaltet ihre sanftesten Flötentöne ein und sagt: »Gerhardchen, wenn du mich lieb hast, so trink' dieses Glas Milch.« Er trinkt die Hälfte und sagt: »Ich trink' das Glas halb aus, weil ich dich lieb hab' und lass' es halb steh'n, weil ich nicht gern hab', wenn du so was sagst.«

In das gleiche Kapitel gehört die fünfjährige Ulla, die ein starkes Stück Selbstgefühl und einen großen Unabhängigkeitsdrang besitzt. Sie wird wegen ihres unsozialen Esstempos mit ihrem Mittagessen allein ins Nebenzimmer geschickt. Als sie fertig ist, sagt die Mutter: »Hast du das nötig gehabt? Ist es nicht schöner, mit uns zusammen zu sein?« Ulla lächelt zuvorkommend-überlegen: »Ich bin gern bei euch, aber ich kann auch mal ohne euch auskommen, denn ich hab' ja noch immer mich.«

Besonders übel wird es von Kindern vermerkt, wenn ihr Spiel als unwesentlich und eine Art unterhaltender Überflüssigkeit aufgefasst wird. Das Spiel ist eben die einzige Arbeit des Kindes und daher ihm so sehr Bedürfnis, als dem Erwachsenen seine Tätigkeit. Die Kinder fühlen, dass ihre Beschäftigung ihre Fähigkeiten und Kräfte zu harmonischer Ausbildung bringt, deshalb wollen sie diese Arbeit ernst betrachtet wissen. Das Spiel ist eben ihre ernsteste Angelegenheit. Die dreijährige Brita wäscht mit einem Wattebausch voll Eau de Cologne in tiefer Versunkenheit ihr Puppengeschirr. Die Großmutter schiebt sie samt der Arbeit weg, um für das Abendbrot Platz zu schaffen. Mit einem schmerzhaften Aufschrei wehrt sie sich: »Die Großmutter glaubt mir meine Arbeit nicht!«

Ein Gelehrter sagt zu seinem kleinen Jungen, der ihn bei der Arbeit stört, indem er keinen anderen Platz für sein Bilderbuch finden kann, als den Schreibtisch des Vaters: »Geh' weg, du, mit deinem Büchel!« Das Kind schaut ihn an und sagt: »Wart' nur mal, wenn ich groß bin, werd' ich zu deinen Büchern Büchel sagen.«

Kinder wünschen, dass man einfach und natürlich mit ihnen spricht: ihr Todfeind ist die Phrase. »Du musst mir ein Opfer bringen«, sagt die Mutter »Was ist das, Opfer?« fragt der Bub. »Opfer bringen heißt, etwas, was man ungern tut, einem anderen zuliebe tun.« – »Das ist was für Erwachsene sagt das Kind.

Bei Kriegsausbruch hielt eine junge Mutter ihrem vierjährigen. Sohn, der seinen Kaffee verschüttet hatte, aufgeregt, wie man zu jener Zeit war, eine donnernde Standrede. Sie setzte ihm auseinander, wie schlecht die Zeit für die Erwachsenen wäre und wie die Kinder verpflichtet seien, sich aus Schonung für diese einwandfrei zu benehmen. »Wie kannst du deine Mutter so kränken, wenn du doch weißt, dass Krieg ist.« Der Bub, der aufmerksam zugehört hatte, sagte einfach: »Dös kann a Kind net versteh'n.«

Manchmal bekommt auch die Schule die Wahrheit zu hören. Die österreichische Volksschule hatte bekanntlich vor dem Kriege nächst den Babenbergern nur noch ein Steckenpferd: die Türkenkriege Ach was, die Schule! Schon in der Wiege erfuhr man, dass die Türken unsere Feinde sind, dass wir das Bollwerk des Abendlandes sind, weil wir sie nämlich mit Hilfe des gute Sobieski besiegt haben, dass das ein Glück für die ganze Welt ist, und dass wir uns damals so angestrengt haben, dass wir jetzt nie mehr etwas zu tun brauchen, obgleich »alles Erdreich Österreich untertan ist«. Nun war es im Winter 1915, da fragte der Michel aus der dritten Volksschulklasse seinen Lehrer im Schulkorridor: »Bitt' schön, warum kommt der Herr Schulinspektor nicht mehr zu uns?« Diese Kinder lieben nichts so sehr als den Besuch von Inspektoren. »Er wird schon kommen«, sagte ich tröstend, »er hat sicher nur keine Zeit gehabt bisher.« Franz lächelte so schlau, wie nur ein Wiener Volksschulkind lächeln kann. Er näherte sich vertraulich meinem Ohr und sagte: »Ich weiß, warum er nicht kommt, der

Herr Inspektor. Er schämt sich weil die Türken jetzt unsere Freunde und Bundesgenossen sind.«

Der Vater in Jeromes reizendem Büchlein »Sie und ich« beschließt, mit seiner neunjährigen Tochter Veronika gemeinsam ein Buch zu schreiben. »In diesem Werk werden die Kinder«, sagt er, »weise und gut sein und die Erwachsenen ordentlich erziehen. Und alles, was die Erwachsenen tun oder unterlassen, wird immer falsch sein. Das Buch werden wir »Eine moralische Erzählung für Eltern« nennen. Alle Kinder werden das Werk kaufen, ihrer Vätern, Müttern und Tantchen zum Geburtstag schenken und auf das Titelblatt schreiben: »Von Johnny oder Jenny dem lieben Papa oder dem lieben Tantchen mit dem innigen Wunsch, dass er oder sie sich bessern mögen.«

»Glaubst du, dass sie das Buch lesen werden?« fragt Veronika zweifelnd. Der Vater beruhigt sie: »Wir werden irgendetwas Chokantes hineinschreiben, damit eine Zeitung das Werk angreift und es eine Schande für die englische Literatur nennt. Genügt das nicht, so werden wir sagen, es handle sich um eine Übersetzung aus dem Russischen.«

Veronika tut dann wirklich ihr Bestes und liefert ihren Beitrag, denn Kinder haben es leicht mit dem Erziehen. Erstens haben sie noch nicht so viel Böses getan und zweitens haben sie das unerhörte Glück, keine Erfahrung zu besitzen. Deshalb kann es geschehen, dass Brita, die obenerwähnte junge Wäscherin, zu ihrer überaus exakten Mutter, die ausnahmsweise einmal etwas getan hat, was des Kindes Missfallen erregte, sagt: »Mutter, das darfst du nie wieder tun!« Die Mutter senkt reuig den Kopf und sagt: »Ich werde es nie wieder tun«. Noch immer ist das Kind nicht zufrieden. »Du sollst es aber«, sagt sie, »auch das eine Mal nicht getan haben.« Wie gerne möchten wir das alle versprechen! Da wir das nicht können und da die Kinder gerade das verlangen, besteht zwischen ihnen und uns eine Kluft, die nur durch zärtlichste Nachsicht auf beiden Seiten überbrückt werden kann. Denn, wie sagte doch der dreijährige Kurt, nachdem ihn für das gleiche Versehen sowohl Vater als Mutter ausgezankt hatten, zu seinem Hunde: »Sven, gelt, man braucht viel Geduld gegen die ganze Welt?!«

Neue Freue Presse, 21. 11. 1926

Ein Straßenerlebnis zu erzählen, ist nicht leicht. Man hat zu viele gehabt. Soll ich berichten, dass ich mich als vierjähriges Mädchen von der Hand meiner Mutter losriss, um einem wildfremden Kinde die Nase zu putzen, weil das augenscheinlich sehr notwendig war? Oder soll ich den freudigen Schreck schildern, den man als Siebzehnjährige empfand, wenn einen ein bewundernder Blick traf? Oder soll ich gar die Verzweiflung darstellen, die einen zur Kriegszeit ergriff, wenn man Mütter um einen Viertelliter Milch für ihre Kinder in langer Polonäse angestellt sah?

Auf der Straße erlebt man viel. Jede Begegnung, jedes Wort, jeder Geruch bestürmt unser Herz und unsere Sinne. In der Erinnerung drängen sich tausend Gestalten zu, tausend Worte fliegen auf. Ein grüner Geruch, was riecht da so? Aha, der Marktplatz von Verona. Und wo kommt denn das Lied her? Das habe ich in Dinkelsbühl gehört. Nein, so geht es nicht. Ich will unter meinen Erlebnissen in verschiedenen Städten eine strenge Auswahl treffen.

Aber ich muss mit einer Stadt anfangen, die ich letzthin sah, nur im Traume sah. Ein Armenviertel war es, vielleicht in der Wiener Brigittenau, vielleicht am Wedding in Berlin. Schöne Kinder, Knaben und Mädchen, tanzten auf offener Straße einen Reigen und sangen dazu, aber ohne die Lippen zu bewegen, eine Melodie, die wir alle aus unserer Kindheit kennen. Ich trat näher, um das reizende Schauspiel zu besehen, da ließen sie plötzlich die Melodie fallen und sagten im Sprechchor, taktmäßig einen Satz, den ich nie vorher gehört hatte, und immer wieder den gleichen Satz: »Es ließ ein jeder Frontsoldat ein Stückchen Herz im Stacheldraht.« Als ich erwachte und mich fragte, was das wohl für eine Stadt gewesen sei, wurde es mir klar, dass das die Stadt des Friedens war, die es nicht gibt, jene, in der schon die kleinen Kinder wissen, was Krieg ist, um ihn künftig meiden zu können.

So bezeichnend dieser Traum für eine Friedensstadt war, so charakteristisch sind meine wirklichen Erlebnisse in verschiedenen Städten. Berlin. Schöner Maivormittag. Potsdamer Platz. Ich bleibe bei einem Zeitungsstand stehen, um eine »Vossische« zu kaufen. Ein Herr neben mir hat andere Wünsche. Er verlangt Zeitungen, die merkwürdige Namen haben, die ich aber alle leider nicht mehr weiß. Sie hießen so ungefähr »Sünde und Schande« oder »Die Schlange im Paradies« oder »Er, sie und es«. Seine Wissbegierde scheint unbegrenzt, er kann gar nicht genug kriegen von dieser Literatur. Als er etwa zwanzig von den zweideutigen Käseblättchen beisammen hat, fragt er nach dem Preis. »Fünf Mark«, sagt der Zeitungsmann kurz. »Na, das ist aber viel Geld«, meint der Käufer. »Ja«, antwortet der Verkäufer mit einem strengen Blick, »Schweinerei ist nie billig«.

Trübe Novembernacht zur Inflationszeit. Wir haben bis weit nach Mitternacht in der Schlossküche gearbeitet, und nun soll ich nach Hause. Ein feiner Regen macht die Sache noch ungemütlicher. Ich bin ganz fremd in der Stadt. Endlich entschließe ich mich, einen Mann nach dem Weg zu fragen. Da sagt er: »Laufen Sie mal links, dann kommen Sie in die Charlottenstraße, dann gehen Sie durch die Passage zu den Linden, die Linden entlang, durch das Brandenburger Tor, laufen dann die Budapester Straße, da ist gleich der Potsdamer Platz. Dann durchqueren Sie die Königgrätzer Straße, und schon sind Sie am Anhalter Bahnhof. So. Und jetzt wiederholen Sie das Ganze.« Plötzlich fühlt man sich acht Jahre alt und wiederholt errötend und stotternd seine Lektion. Nun ist man zu Hause in der fremden großen Stadt. Solange man noch geprüft wird, kann einem nichts Ernstliches geschehen.

Bologna. April 1900. Da war es, wo ich als Zürcher Studentin bei einer Straßenhändlerin einige Orangen erstand. Zur Zahlung reichte ich meinen letzten Fünfziglireschein hin und bekam neunundvierzig Lire heraus, in wahrhaft phantastischen Formen: falsches Geld, zerrissenes Geld, außer Kurs gekommenes Geld, durchlöchertes Geld. Die alte Verkäuferin schob mir den kleinen Haufen Kehricht mit unbefangener Miene zu. Ich stand verlegen und suchte nach einer Form, um die Wahrheit zu sagen, ohne zu verletzen. Endlich hatte ich sie: »Die Leute in Zürich, liebe Frau, sind sehr pedantisch; dieses Geld werden sie nicht nehmen wollen. Ich möchte lieber solche Lire, die man auch dort schätzt.« Jetzt machte ich mich gefasst auf einen Sturm, wie er bei uns in Wien auf dem Naschmarkt bei Differenzen zu entstehen pflegt. Aber siehe da, die alte Frau schlug die Hände so zärtlich zusammen wie eine Correggio-Madonna, wenn sie vor ihrem Bambino kniet, ganz außer sich vor Staunen und Stolz. »Signorina«, sagte sie zu mir, »so jung und schon so klug, zu wissen, dass das alles Mist ist. Glückliche Mutter, die ein solches Kind geboren hat.« Und sie tauschte mir das ganze Geld in Schweizer Franken um.

Auf der Straße in Siena war es, vor Jahren, als mir ein französischer Kunsthistoriker von Duccios »Majestas«, der triumphierenden Madonna vom Hochaltar des Domes, so begeistert vorschwärmte, dass er im Eifer übersah, dass ein kleines Mädchen energisch an seinem Ulster zupfte, um ihn auf ihre berechtigte Forderung nach einem Soldino aufmerksam zu machen. Als er es endlich merkte, war er (wahrscheinlich über sich selbst) so ärgerlich, dass er mit schroffer Stimme sagte: »Passa via!« Da traf ihn ein lodernder Blick des Kindes: »Non sono un cane.« Beschämt reichte er dem Kinde eine Lira. Sie nahm das Geldstück ohne Dank und sagte mit einer tragischen Verachtung, der Duse würdig: »Tanto ricco e tanto cattivo!«

Zürich, Hotel Baur en ville, Poststraße. In einem Schaufenster sind Damenkorsetts in der bekannten unappetitlichen Art auf Puppen aufgemacht. Davor steht in Gedanken versunken ein Mann mittleren Alters, entweder von Hergen oder von Rapperswyl. Lange sagt er nichts. Dann sprudelt's aus ihm heraus: »Potz Chaib!« Nur Grock wäre imstande, in zwei kurze Worte so viel Geniertheit, Bewunderung, Wohlgefallen und Missbilligung hineinzulegen.

London: Auf der Cheapside. Ins Gespräch mit einer Freundin vertieft, verliere ich eine wundervolle rosa Nelke. Da springt, ehe man sich's versieht, ein junger Arbeiter von einem hochbepackten Wagen, läuft hinter mir her und überreicht mir die Nelke. »Tausend Dank«, sage ich, »wie galant Sie sind«, – »Galant? sagt er, »ich kann doch eine so schöne Nelke nicht im Staub liegen lassen«.

Paris. Bei einer Plätterin im offenen Straßenladen. Es entsteht ein Gespräch wie in Paris überall, denn wie alle Leute, die viel zu tun haben, haben die Pariser kolossal viel Zeit übrig. Ich erfahre, dass es nichts Schöneres gibt als repasser. Nur muss man es auch wirklich können. Sie, Madame Renee, kann es. Denn, erzählt sie mit Stolz, schon ihre Mutter und ihre Großmutter seien Repasseusen gewesen. »Ach, Madame«, sagt sie, »wenn einem so der Stoff unter dem Bügeleisen allmählich glatt wird – nicht einmal Eisessen ist ein größeres Vergnügen«. Nie werde ich ihr genießerisches Lächeln vergessen.

Wien. Ein vierjähriger Junge schleppt auf der Favoritenstraße einen großen englischen Schäferhund, der durchaus anders will. Der ungleiche Kampf dauert an. Da stellt sich das Kind vor den Hund hin und sagt mit großem Ernst: »Was zahrst du denn so? Du hast hinzugehn, wo ich will. Denn du bist der Hund.«

Alles, was auf der Straße geschieht, ist einmalig, rührend, komisch und bewegt: denn hier sehen wir das Schauspiel des Lebens – glücklicherweise ohne Regie.

Neue Freie Presse, 27. 1. 1932

DIE LEBENSLUST DER ALTEN SCHULE

Wenn man einen wirklichen Lehrer zwingen will, sich hier über pädagogische Fragen zu äußern, so geht es ihm wie den Tausendfüßler Meyrinks »Fluch der Kröte«. Diese boshafte Kröte, augenscheinlich eine gute Exenkennerin, stellt dem Tausendfüßler die verfängliche Frage, mit welchem Fuß er auszuschreiten pflege. Der Tausendfüßler ist daraufhin an den Boden gebannt und kann kein Glied mehr rühren.

Der Lehrer fühlt sich bei einer solchen Frage, dass es gar keine Pädagogik gibt, mindestens, dass alles, was er bisher getan hat, weit entfernt war von bewusster Erziehung. Ich will versuchen, seinen Gedankengang wiederzugeben: Was soll ich sagen? Während andere Leute ihr Brot in dunklen Fabriken, Werkstätten, Schreibstuben finden, an den Betten kranker Leute ausharren oder widerwärtigen Prozessieren in Rechtsstreitigkeiten beistehen müssen, genieße ich das Glück jeden Tag in die Schule gehen zu dürfen, als ob ich noch ein Kind wäre. Ich darf mit unschuldigen, heiteren, vom Gift des Geldes und Geschlechtes noch unberührten Wesen leben. Es ist nur natürlich, dass ich mich dafür dankbar erweise, indem ich alle meine Seelenkräfte darauf wende, diese Kinder zu unterrichten, zu unterhalten, zu erfreuen. Wir sind Freunde! Sie unterstützen mich in meinen Bestrebungen, ich wachse, indem ich den Forderungen, die sie unausgesprochen an mich stellen, nachlebe. Das Ergebnis unseres glücklichregsamen, für beide Teile fruchtbaren Zusammenlebens nennt man dann Erziehung, sie die Zöglinge, mich den Erzieher.

Mit Recht spricht man von Erziehungskunst, nicht von Erziehungshandwerk. Ein wahrer Künstler aber lebt vom Unbewussten. Zuviel Intellekt ist da eben von Übel. Wir alle wissen, wie langweilig ein intelligenter Schauspieler ist und was die wahrhaft großen Maler betrifft, so konnten sie auch nicht aus ihrer Werkstatt erzählen. Ebenso weiß ein wahrer Lehrer nicht viel zu sagen, wie er es gemacht hat. Kaum, wie er dazu gekommen ist.

Was mich betrifft, so weiß ich heute schon, warum ich gerade Lehrerin geworden bin und nicht lieber Schauspielerin, Sängerin, Schriftstellerin oder sonst was Freies und Lustiges. Das heißt, ich glaube es zu wissen, ich habe mir nachträglich alles zusammenkombiniert. Ich wollte eine Schule, die ich mir gewünscht hatte, wenigstens anderen verschaffen.

Das kam ja. Ich war als Kind in einer jener dumpfen, kalten, muffigen und gehässigen Schulen, wie sie zu Ende der achtziger und zu Anfang der neunziger Jahre in allen Ländern üblich waren. Da ich ein geselliges Wesen bin, war ich bis zum Eintritt in die Schule fest entschlossen, meine siebzig Kolleginnen und acht Lehrer glühend zu lieben. Aber das war ganz unmöglich. Sie ließen sich nicht lieben. Die Atmosphäre war mit Spannung geladen. Immer ging was los: ein Fensterflügel, eine Szene, eine Feindschaft. Ich weiß jetzt nachträglich, dass ich ein nervöses Kind war. Damals gab's das noch nicht, und wenn ich verraten hätte, was ich in der Schule litt, so hätte man mich höchstens angeschrien wegen Unart und Wichtigtuerei. Obgleich eine erfolgreiche Schülerin, zitterte ich bei jeder Prüfung so, dass ich mich an der Bank festhalten musste. Vor jeder Schularbeit wurde ich beinahe todkrank; wurde ein anderes Kind angezankt, musste ich weinen, auch wenn ich das Kind nicht leiden konnte. Wurde jemand verdächtigt, so errötete ich so, dass man mich für den Schuldigen hätte halten können. Außerdem langweilte ich mich geradezu frenetisch. Ich werde nie diese heißen Juninachmittage vergessen, an denen ich ohne die leiseste Hoffnung, je im Leben auch nur bis zur nächsten Station zu reisen, sämtliche Eisenbahnen der Welt auswendig können und in der ödesten Ebene wohnend, jede Bergspitze in den Alpen an den Fingern hersagen musste; alles dies, ohne die geringste Anspannung mit den Dingen zu verbinden. Armut und Reichtum spielten auch eine große Rolle in der Schule. Man hatte, wenn man arm war, viel auszustehen: Protektion war ein gangbarer Begriff; so verstand es sich von selbst, dass die Tochter des Bürgermeisters anders behandelt wurde. Kurz, die Klasse war das Abbild einer Welt, die nicht existieren darf, und die so früh schon kennen zu lernen für ein junges Herz vernichtend ist, wie Mehltau für Pflanzen.

Drei Vorfälle sind mir besonders erinnerlich: Ich bin 12 Jahre alt, stehe an der Tafel und rezitiere ein Gedicht »Der alte Hans«. Ein alter Krieger wird beim Lagerfeuer von seinem treuen Pferd, das er in der Schlacht gefallen glaubte, wiedergefunden. In der hohen Wiedersehensfreude umarmt der alte Mann sein Ross, und küsst es zärtlich. Ich spreche mit großer Begeisterung und habe Mühe, die Tränen zurückzuhalten. Da bringt ein abscheuliches Gelächter an mein Ohr. Die Klasse findet meine Begeisterung komisch. Die Lehrerin sitzt teilnahmslos, sie putzt sich, während ich aufsage, mit einer Zirkelspitze die Nägel. Sie schützt mich nicht. Empört breche ich meinen Vortrag ab und gehe an meinen Platz. »Du bist doch nicht gar beleidigt?«, fragt sie. »Du kannst doch nicht verlangen, dass die Mädchen nicht lachen, wenn ein Mensch einem Pferd einen Kuss gibt?« Und gerade das war es, was ich verlangte.

Einige Wochen später. Eine zierliche kleine Kollegin, die ich lieb habe und die keine deutschen Aufsätze schreiben kann, hat mich gebeten, ihr die Hausarbeit zu machen. Ich tue ihr den Gefallen gern. Die Stunde der Rückgabe der Hefte folgt, der Lehrer bringt sie geordnet nach Qualität, die schlechtesten liegen oben, die besten zu unters. Ziemlich früh erhalte ich die meine: die letzte, die beste ist die, die ich für meine Freundin geschrieben habe. »Steh auf, Therese,« sagt der Lehrer, die Kolleginnen sollen dich sehen, während ich deine Rede vorlese. Eine gute Rede! Therese erhebt sich, steht mit bescheiden gesenkten Blicken da, während er die Rede vorliest. Gespannt lauschend sitze ich und warte und warte auf den wunderbaren Augenblick, wo sie sagen wird: »Die Rede hat meine Freundin gemacht.« Sie sagt es nicht, und so verdorben ist die ganze Umwelt, dass kein Kind daran Anstoß obgleich alle wissen.

Jetzt erwacht mein Durst nach Rache. Ich beschließe den Lehrer auf sie Probe zu stellen. Ob er denn gar nichts von uns weiß. Es ist Sitte, seine Aufsätze mit einem Zitat zu schließen. Oft schon habe ich mir einen solchen Endspruch zu einem Gebrauch erdichtet, »wie der große Dichter so schön sagt«, und dann eine kindliche Blase aus meinem eigenen unreifen Gehirn. Immer war meine Frechheit unbemerkt vorübergegangen. Dass macht mir Mut zu einer größeren Unternehmung. Für den nächsten Aufsatz eröffne ich einen Betrieb. Ich mache für zwölf Mädchen solche Schlusssprüche, immer ohne Nennung des Dichters; auch diesmal fällt dem Lehrer nichts auf. Er fragt nicht, wer der große Dichter war, weil es nichts geben darf, was er nicht weiß. Ich schwanke angesichts dieses Ergebnisses zwischen Größenwahnsinn und Niedergeschlagenheit.

Je älter man wurde, desto schwerer fand man es, zur Schule zu gehen. Jeden Tag kostete es einen Entschluss. Man müsste ordentlich etwas erfinden, um sich selbst hinzubringen. Man ließ sich von einer Freundin ein Buch für den nächsten Tag versprechen, man wettete um etwas, man erfand allerlei Reize, um die Schule überhaupt zu ertragen. Die geistige Entfremdung schritt von Stunde zu Stunde fort. Heimlich las man gute Bücher statt der in der Schule empfohlenen schlechten. Man konnte es absolut nicht mehr glauben, dass die Französische Revolution von einem Haufen Lausbuben gemacht worden war, dass Karl der Große ein tadelloser Gentleman geworden sei, dass seit Gottes Lob niemand mehr was gedichtet habe, ja, man begann sogar zu zweifeln, ob den geographischen Begriffen Skagerrak und Kattegat tatsächlich irgendeine Wirklichkeit entspräche. Allmählich fing man an seine geistige Nahrung unter der Bank zu suchen. Es kam die Zeit, in der man jeden irgendwie ergatterten Kreuzer in Reclam-Büchern anlegte. Bis auf den heutigen Tag gibt es für mich keine anheimelndere Farbe als das rosabraun dieser Bändchen. In der Schule las man »Bild euer« von Halm mit verteilten Rollen. Die Hauptrolle bekam immer die Tochter des reichen Mannes, obgleich sie hölzelte. Unter der Bank las man Shakespeare, Tolstoi und Dostojewski. Aber man wurde seiner tiefschürfenden Bildung nicht froh. Ein ordentliches Kind mag nämlich keine Geheimnisse haben. Man wusste nicht, was man durfte und was nicht, und so verschwieg man alles. Und das alles lag einem dann schwer auf der Brust. Und raubte einem die Selbstachtung und den Frieden, und man dachte: was bin ich für ein abscheuliches Kind, und wünschte nur, man wäre schon 18 Jahre alt und könnte einfach gestehen, was man alles wisse. Und so ging dieses flotte 15. Lebensjahr vorüber, wo man noch halb ein Bub ist, und die wunderbare Sechzehn, wo man sich seiner beginnenden Weiblichkeit geniert freut, und die wirklich hohe Siebzehn, den Blick der Welt freundlich auf sich ruhen fühlt; wir erlebten sie nicht, diese Jahre. Wir warteten auf die Achtzehn; denn sie sollte Erlösung bringen.

Wir warteten überhaupt immer: »Ins Theater kannst du erst gehen, wenn du sechzehn bist.« – Tanzen schickt sich nicht vor achtzehn.« – »Dass darfst du nicht lesen.«- »Das kannst du noch nicht tragen.« Das ganze Leben war damals so, wie es jetzt nur noch beim Militär und beim Theater ist. Man wartet Auf den Vorgesetzten, auf die Rolle, auf den Appell; man wartet.

Die ganze Schulzeit hindurch hatte man die Vorstellung des jungen Mannes, der da sagt: »So nun hab' ich mein Assessorexamen gemacht, jetzt dien' ich schnell meine fünfundzwanzig Jahre und lass mich schnell pensionieren.« Man hatte die Jugend zu überstehen, um ein Erwachsener zu werden. Jetzt war man den Erwachsenen natürlich lästig. Jung sein war eigentlich genant. Man sehnte sich nach langen Kleidern, würdigen Frisuren. Man schnürte seine zarten Glieder mit Fischbeinmieder, um den erwachsenen Ideal möglichst nahe zu kommen. Jugend war nichts als ein Mittel zur Erreichung der Reife.

Die Schule war der reinste Ausdruck der Anschauung, dass Jugend nichts sei als ein peinlicher Übergang. War man sie endlich los, so atmete man auf, wie eine Frau am Abend, wenn sie das Korsett ablegt, welches sie ja bekanntlich ja gar nicht drückt, so dass sie immer zwei Hände hineinstecken kann.

Man trat aus der Schule aus. Befreit, doch freudlos. Nichts Böses war geschehen. Keine bleibenden Schädigungen wie die, von denen Strindberg oder Leonhard Frank zu berichten wissen, waren vorgekommen. Das Trostlose war, das eben gar nichts geschehen war. Weder grausame noch übelwollende Menschen waren am Werk gewesen. Dennoch waren zwölf Jahre ins Meer der Vergessenheit versunken, ohne Glanz, ohne Aufschwung, ohne Heiterkeit, ohne wirkliche geistige Förderung, ohne Anknüpfung von Freundschaften, ohne Bildung einer Gemeinschaft. Nie hatte man in der Schule lustig gelacht, nie hatte das Herz erwartungsvoll geklopft, nie hatte man jene Tränen aufsteigen gefühlt, die so süß sind, weil sie gerade vom Himmel kommen. Misstrauen, Missverständnis, Missgunst, das war der Dreiklang, der in der alten Schule den Ton angab. Lange blieb er im Ohr. Die Nase aber, die das beste Gedächtnis hat, behielt ihr Leben lang den Geruch von schlechter, muffiger Luft.

Der Mensch, dessen Herz, Ohr und Nase für das Erlebnis der alten Schule das beste Gedächtnis zeigen, hat den natürlichen Wunsch, der Jugend, die nach ihm kommt, etwas Anderes zu bieten. Nur er hat das Recht, ein Lehrer zu sein

Neue Freie Presse, 20. 2. 1927

KOMPLIMENTE

Kein Mensch kann behaupten, dass unsere sogenannte Kulturwelt eine Erziehungsanstalt ist. Nur in einem Punkte hält sie daran fest, pädagogische Wirkungen auszuüben: niemand darf verwöhnt werden. Es herrscht eine Todesangst, durch allzu große Freundlichkeit Größenwahnsinn zu erzeugen. Man kann sich so schön machen als man will, niemand, der nicht gerade in einen verliebt ist, bemerkt es. Wenn man die Gedankenarbeit von zwanzig Jahren in einem Buche niederlegt und das in hundert Gratisexemplaren versendet, so kann es geschehen, dass nicht ein anerkennendes Wort als Echo widerklingt. Dass eine Leistung für die Gemeinschaft einem üble Nachrede zuzieht und die Begründung einer neuen Kunstrichtung Beschimpfungen, gehört nicht hierher. Die Bejaer und Schätzer wissen sich nun einmal besser zu beherrschen als die anderen. Woher das kommen mag?

»Wir machen keine Komplimente«, sagen die Leute kurz und schlicht. Dabei machen sie ein Gesicht, als ob es sich um eine Heldentat handelte, als ob es sie den ganzen Tag drängte, der Erde, der Sonne, den Blumen, den Kindern, den Künstlern anerkennende Freundlichkeiten zu sagen! Aber sie beißen sich auf die Lippen und sagen höchstens zu jemandem, der in der Garderobe (einen Augenblick vor ihnen) seinen Mantel haben will: »Sie Lümmel, Sie!«

Kompliment ist kein schönes Wort. Aber die Sache, um die es sich handelt, ist wunderschön! Man braucht dazu ein liebenswürdiges Herz und einen anmutigen Geist. Beides hat man nicht oder man spart es auf das äußerste für Zeiten der Not. Vielleicht ist das Kompliment deshalb in Verruf, weil es ein Fremdwort ist. Dieses erscheint in der deutschen Sprache in seinem Gefühlswert ja oft herabgewürdigt. Es ist natürlich nicht dasselbe, ob man von einer »edlen Leidenschaft« ergriffen ist oder nur eine »noble Passion« hat; ein Lob, eine Anerkennung, eine Freundlichkeit oder, wie man in alter Zeit sagte: »eine Artigkeit ist ganz etwas anderes als ein »Kompliment«. Das gilt für die Form, in der Sache ist anzunehmen, dass die meisten Menschen dem Gehege ihrer Zähne kein freundliches Wort entfliehen lassen aus Angst, für einen Schmeichler gehalten zu werden. Das Misstrauen, welches die Welt erfüllt, ist schuld daran. Vielleicht haben alle Menschen in ihrer Jugend eine Zurechtweisung erfahren, die ihnen dauernden Schaden zugefügt hat.

Ich kenne ein kleines Mädchen, welches sein Leben lang eine gewisse Scheu nicht überwinden kann, weil ihr Vater, als sie ihm, durch seine spiegelnde Glatze verlockt, auf diese einen Kuss drückte, fragte: »Was willst du eigentlich von mir?« Auf jeder Stirn steht geschrieben: »Was willst du eigentlich von mir?« Deshalb bleiben einem heiter-anerkennende Worte im Munde stecken; deshalb werden sprechende Blicke abgewendet, ehe sie ihr Ziel erreicht haben, deshalb bleiben dankbare und herzliche Briefe ungeschrieben. Deshalb ist die menschliche Gesellschaft eine Wüste!

Natürlich gehört Mut dazu, einem anderen etwas Freundliches zu sagen. Nicht jeder kann sich's erlauben; man braucht in dieser Sache Pioniere; nur Leute, die so aussehen, dass man ihnen glaubt, dürfen Komplimente machen: die so klug sind, dass man auf sie hört, und die so geschickt sind, dass sie den richtigen Ausdruck für ihre Empfindung finden. Würden oft mit fester Stimme, mit dem Klange der Wahrheit, mit wirklicher Wärme Artigkeiten ausgesprochen, die Welt würde sofort ein bisschen heiterer und bunter aussehen. Vor allem aber wäre der Schmeichelei das Handwerk gelegt. Denn jede aus dem Herzen dringende Äußerung unterscheidet sich von dem, was wir heute ein Kompliment nennen, wie ein emailliertes Damenangesicht von dem Antlitz einer holden Siebzehnjährigen. Wer von uns hat es nicht erfahren? Man tritt unbefangen in einen Raum. Dieser ist von Kritik und Übelwollen angefüllt. Eine Viertelstunde später ist man vollkommen verwandelt. Unser Stoffwechsel verlangsamt sich. Der Teint wird käsig, die Haltung schlapp, das Lächeln eine Grimasse, die Witze haben keine Pointe. Es ist sogar schwer, ein Prädikat zu seinen Subjekten zu finden. Denn man fühlt: »Ich bin am ›Krebs der Seele‹ erkrankt.« Da fällt ein menschenfreundliches Wort und die Atmosphäre ist entgiftet.

Wer einer leidlich hübschen Frau ihr gutes Aussehen attestiert, verwandelt sie für einen Augenblick in eine transparente Schönheit. Natürlich darf es keine von jenen Gänsen sein, die, wenn man ihre kleinen Füße lobt, sagt: »Dabei sind mir die Schuhe um eine Nummer zu groß.« Wer eine nette Äußerung eines anderen mit wahrem Interesse aufnimmt, macht den Betreffenden für den ganzen Abend produktiv, beinahe geistreich. Es gibt Menschen, die so herzlich und so gern lachen, dass in ihrer Gegenwart alle Leute witzig sind.

Die ausgesprochene Anerkennung ist im höchsten Grade gesellschaftsbildend; aber sie ist sogar pädagogisch. Zu einer jungen Frau, die sich seit der Geburt ihres Kindes etwas vernachlässigt hat, sagt ein guter Freund: »Ich erinnere mich noch genau, was für eine gute Figur du hattest, weißt du, damals auf dem Gänsehäufel?« Eine Viertelstunde später kauft sie sich einen Punktroller und ist in kurzem so schön wie vorher. Wenn man zu einer Freundin sagt: »Puder lässt dein Gesicht leichenhaft aussehen«, so wird sie gelb; wenn man sagt: »Wie schön du ohne Puder aussiehst«, so wird sie rosig. »Schreie nicht am Telefon, du zerreißt mir die Ohren« hat genau den gleichen Inhalt wie das ebenso wahre: »Du kannst dir gar nicht denken, wie reizend deine Stimme klingt, wenn du am Telefon leise sprichst.«

Sehr wirksam wäre es auch, wenn man etwa sagte: »Hast du eine neue Schneiderin? Ich glaube nämlich zu bemerken, dass der Versuch, dich jünger erscheinen zu lassen, fallen gelassen wurde. Jetzt sieht man erst, wie jung du noch bist.«

Am meisten Erfolg erntet bei der außerordentlichen Empfindlichkeit der Kinderseele, wer in einer Schulklasse mit Lob operiert. Allerdings muss dieses Lob hier ganz besonders wahr empfunden sein, denn Kinder haben die feinsten Ohren. Sagt man zu einem Mädel: »Was für eine herrliche Haltung du hast!«, so setzt sich mit einem Schlage die ganze Klasse in Positur. Und sagt der Lehrer in der Klasse der sechzehnjährigen Knaben: »Wir Männer«, so ist er für die nächsten vierzehn Tage vor Bubenstreichen sicher. Die Dichter haben es schon immer gewusst, was Lob für die Kinderseele bedeutet. Lässt doch Andersen ein kleines Mädchen, welches ein neues Kleid bekommen hat, ausrufen: »Was werden wohl die kleinen Hunde sagen, wenn sie mich so sehen?«

Aber nicht nur Kinder brennen auf Lob. Ausgenommen die wirklichen Weisen, von denen ich bisher noch keinen getroffen habe – man weiß nicht recht, wo man sie suchen soll –, die ganz Stumpfen, die auch nicht so häufig sind, wie man fürchten muss, sind alle Menschen krank vor Sehnsucht nach Anerkennung. Ich bin überzeugt, Sokrates hätte sich gefreut, wenn man in der Lage gewesen wäre, ihm etwas Nettes über seine Nase zu sagen. Wenn aber einer Gelegenheit genommen hätte, Messalina zu irgendeiner tugendhaften Handlung zu gratulieren, wer weiß, ob sie sich nicht von Stund an gebessert hätte!

Alle möchten geliebt, geehrt, gerühmt werden. Aber da das alles nicht zu haben ist, geben sich die meisten Leute mit der kleinen Unze des ausgesprochenen freundlichen Wortes zufrieden. Für die Unverwöhnten genügt schon die primitive Bestätigung, dass man sie bemerkt, die Verwöhnten muss man feiner fassen; glücklich zu machen sind alle.

Königin Viktoria von England war sicher nicht auf Lob aus; sie hatte es nicht nötig. Aber, als Disraeli einmal mit großer Selbstverständlichkeit zu ihr sagte: »We authors, Madam« (»Wir Schriftsteller, gnädige Frau«), da ist sie sicher wie ein Schulmädchen vor Freude errötet. Thackeray besaß schon Weltruhm, als ihm ein Kompliment Eindruck machte, welches ihm in einer aufgeregten Wahlzeit von seinem politischen Gegenkandidaten gemacht wurde. Dieser war ein Lord. Er traf Thackeray auf der Straße, und sie sprachen einige gemessen freundliche Worte. Am Schlusse der Unterredung sagte Thackeray verbindlich: »Möge der Bessere von uns beiden Sieger bleiben.« – »Ich hoffe nicht«, sagte ebenso aufrichtig wie höflich der Gegenkandidat.

Komplimente müssen natürlich immer so wahr sein, dass man merkt, dass sie sich aus dem Herzen auf die Lippen drängen. Im Übrigen aber können sie entweder geistreich sein oder naiv, oder keck, oder voller Selbstpersiflage. Nur eines dürfen sie nicht sein: boshaft. Es ist ein wahres Unglück, dass wir uns gewöhnt haben, boshafte Leute geistreich zu finden, und zwar nur deshalb, weil das die häufigste Form von Geist ist, die uns unterkommt. Wir sind an dieses schlechte Material so gewöhnt, dass uns die fürchterliche Billigkeit gar nicht mehr auffällt.

Liebenswürdig geistreich zu sein, das ist furchtbar schwer. Am besten treffen es Kinder und einfache Leute. Ein sechsjähriges Mäderl suchte im Piccadilly-

Zirkus einen Übergang, sie sieht sich alle Leute sehr genau an, dann geht sie auf einen Mann zu und sagt: »Bitte, führe du mich über die Straße« – Um dieses Kompliment ist der Mann zu beneiden. Ein alter Herr fragte eine ihm bekannte schöne Dame auf dem Franz- Josefs-Bahnhof in Wien, wohin sie fahre: »Nach Marienbad.« – »Um Gotteswillen«, sagt er völlig erschrocken, »da werden Sie ja abnehmen! Schad um jedes Deka!«

Wer seine Mitmenschen durch eine Artigkeit erfreuen will, muss ein Studium daraus machen, eine Methode ausbilden. Einer Schönen wird es mehr Eindruck machen, wenn man sie einmal auf einem klugen Ausspruch ertappt. Bei einer Privatdozentin der Philosophie bewährt es sich, wenn man ihren neuen Hut lobt. Ein Premierminister wünscht Anerkennung für sein Fußballspiel. Einen jungen Studenten der Jurisprudenz kann man glücklich machen, wenn man die Reife seiner politischen Ansichten rühmt.

Natürlich ist auch die Form des Komplimentes entscheidend. Der Musiker, der das Lob seiner schönen Konzertbesucherin mit den Worten zurückgibt: »Ich wollte, ich könnte so schön spielen, wie Sie aussehen!«, ist ein plumper Bursch. Der junge Franzose, der einmal sagte: »Welch' wunderschönes Perlenhalsband! Ich glaube, das wäre sogar schön, wenn Sie es nicht anhätten – ist raffiniert. Oder wenn Helmuth zu Mariedl sagt: »Wenn Sie auf Ihre Vorzüge stolz wären, hätten Sie keine Zeit, einen Beruf auszuüben.«

Einer der größten Meister des Kompliments ist der überlegen-geistvolle Wiener Kulturhistoriker, Dramatiker und Schauspieler Egon Friedell. Allerdings müssen die Opfer seiner Komplimente eine kräftige Konstitution haben. Als vor einigen Jahren auf der Neunkirchner Allee eine Autofalle Vorüberfahrende geköpft hatte, kam kurze Zeit später eine Freundin zu ihm, um ihn zu einer Autotour auf der gleichen Straße aufzufordern. »Nein, Liebste« – sagte er gelassen. »Es wäre mir zu schmerzlich, wenn ich plötzlich dein Köpfchen in meinem Schoß fühlte, anders als ich es mir schon immer erträumt hatte.«

Ein anderes Mal, als ihn die gleiche Freundin genötigt hatte, eine Silvesternacht alkoholfrei zuzubringen (was er gar nicht schätzt), und sie sich deshalb am nächsten Morgen bei ihm entschuldigen wollte, brach er in die huldigenden Worte aus: »Nein, nein, lieber mit dir nüchtern als mit einer anderen besoffen.«

Die Freundin lächelte geschmeichelt.

Neue Freie Presse, 19. 4. 1927

»Einen Verein tritt man nicht bei«, sagte die sechsjährige Magda, einen Verein muss man sich selbst gründen«. Dieser Ausspruch konnte nur in Wien gemacht werden. Jeder Wiener möchte am liebsten einen Verein mit einem einzigen Mitglied gründen, mit sich selbst. Der Stolz auf die eigene Individualität, die Unlust, sich anderen anzupassen, das Bestreben, sich von anderen zu unterscheiden, ist schuld an der ungeheuren Zerklüftung in Parteien, Cliquen und Gruppen.

Nur einige Minuten in der Woche, sind die Wiener zu einer Gemeinschaft zusammengeschmiedet, vollkommen gleich, vollkommen einig: Sie lernen nämlich zusammen Englisch. Der Zauberer, der sie unter einen Hut bringt, ist »der unsichtbare Lehrer«. Das ist ein Mann, der eines Tages zum Lehrer geboren wurde. Er kennt nichts Höheres als das, was er kann, anderen beibringen. Er liebt nämlich die Menschen und unter diesen sind ihm die liebsten (Gott weiß, warum) die Wiener. Wiener zu unterrichten, scheint ihm also der Höhepunkt des Lehrerglückes. Er kann gar nicht Schüler genug kriegen. Keine Gymnasialklasse, kein Universitätshörsaal vermocht ihn jemals zu befriedigen. Da wurde das Radio erfunden und jetzt hat er endlich Schüler genug.

Die vier Elemente, aus denen sich wahres Lehrertum zusammensetzt, Verstand, Kenntnisse, Humor und Geduld, die hat er. Außerdem ist er naiv. Aber von jener Naivität, die ihre Mittel und Grenzen kennt. »Ich habe zu lehren«, denkt er, also was ist dazu notwendig? Vor allen Dingen darf ich nicht lehrhaft sein. Es muss so aussehen, als ob ich mich mit meinen Schülern unterhielte. Das Menschliche, das Persönliche, das Scherzhafte muss im Vordergrund stehen. Wichtiges gehört in die Klammer. Die Leute sollen Englisch lernen. Ich will versuchen, ihnen beizubringen, dass es lohnt, Englisch zu lernen, indem ich mich ihnen erschließe. Und so lernen die Radioschüler einen englischen Gentleman kennen, voller Bonhonie, hon sens, und Menschenkenntnis. Sie lernen nicht nur das Wort »Fair play«, sondern auch die Sache selbst.

Und nun beginnt er. Er setzt nichts voraus. Er wundert sich nicht, dass man etwas nicht kann. Er glaubt einem, dass man ernstlich lernen will. Er ist überzeugt davon, dass jeder mit dem Schreibheft rechtzeitig vor dem Apparat sitzt, er hofft inbrünstig, dass alle wirklich Fortschritte machen. Er kennt alle Fehler, die gemacht werden können. Es ist zum Verzweifeln: Das Mädchen in Klagenfurt weiß noch immer nicht, dass man »thoroughy« mit »gh« schreibt. Er fühlt, ob er verstanden wird. Allmählich fängt er an sich selbst zu amüsieren. Er lacht mit. Er gerät in Rührung, wenn Mrs. Arbuthnod sich als die edle Frau erweist, die sie ist. Er liebt den jungen Gerald, als ob es sein Sohn wäre. »He is a splendid boy«, ruft er entzückt, »is he not«? und er kränkt sich furchtbar über den Lord Illingworth, der so skeptisch und blasiert von den Frauen spricht. Der unsichtbare Lehrer ist ganz gekränkt, denn er verehrt die Frauen mit aller Seelenkraft. Aber zu allzu schwerer Kritik lässt er sich nicht hinreißen. Höchstens könnte er von Illingworth sagen, wie einmal eine liebe, alte Dame von Richard III: »Ein hässlicher Charakter«!

Der unsichtbare Lehrer ist lebendig. Er wächst jede Stunde. Nichts steht bei ihm fest. Seine Schüler merken seine Fortschritte, nehmen an seinem Wachstum teil; Sie spüren die Mühe, die er sich mit ihnen gibt, und fühlen sich dadurch geschmeichelt. Sie lassen sich von ihm, der so gar nicht eingebildet und professoral ist, gern nicht nur Englisch unterrichtet. Zu unscheinbaren Nebensätzen teilt er ihnen mit, was er Gutes, Geradliniges und Einfaches über Leben, Liebe, Ehe, Kinder zu sagen hat, und sie hören zu. Immer sagt er »wir«, er will nichts anderes vorstellen als alle. Er weiß, dass er zu einigen Hochgebildeten spricht, die vielleicht über ihm stehen, und zu hunderttausenden einfacher Leute, die unter ihm stehen, aber er überhebt sich nicht und fühlt sich nicht gedemütigt. Er ist ein Mensch und spricht zu Menschen.

Das Einzige, worin er sich ihnen überlegen fühlt, ist, das er Englisch kann, aber das ist nicht sein Verdienst, denn er ist in Schottland geboren. Manchmal macht er ihnen die Freude, einen deutschen Sprachfehler zu begehen. Dann fühlen sie sich überlegen. In Schottland lebt noch seine alte Mutter. Wenn er seine Schüler fragt, ob sie erlauben, dass er ihr, die ihm verzückt zuhört, jetzt »Gute Nacht« sage, dann weint die alte Frau im Lainzer Versorgungshaus Tränen der Rührung und die blinden Kinder im Blindeninstitut rufen in den Apparat hinein: »Bitte auch von uns grüßen«.

Die Schüler des unsichtbaren Lehrers sind glücklich. Sie lernen nicht aus einem langweiligen Buch oder mit einem noch langweiligen Lehrer im Tete-a-tete. Sie sitzen in einer ungeheuren Klasse, die von den Helfingforse bis Barcelona reicht. Sie haben Mitarbeiter, Mitstrebende der Reiz des Klassenlebens ist ihnen gegeben, und besitzt die größte Freiheit. Man braucht gar nicht zuzuhören. Man kann die Stunde ausfallen lassen. Man kann den Hörer weglegen mitten im Satz. Man lässt infolgedessen gar keine Stunde ausfallen und legt den Hörer nie weg. Was hat er sich nun wohl heute für uns ausgedacht? Wird er vom letzten »Thunderstorm« sprechen oder von der Aufführung der »Zauberflöte«? »Und wie achtungsvoll er zu mir spricht«, denkt der Lehrjunge, der sonst den ganzen Tag nichts anderes zu hören kriegt als »blöder Bengel«.

Der Lehrer wiederholt jede Sache oft. Das muss er. Bald sagt er es fein: das gilt mir, denkt die liebe alte Englischlehrerin in Innsbruck, »er sagt es überdeutlich, das gilt den anderen«. Die einfachen Geistes sind, genießen seine Wiederholungen mit jener Wiedersehensfreude, die Kinder jenes Märchens am liebsten macht, welches sie schon hundertmal gehört haben. Die geistig geschulten Leute verfolgen behaglich die Methode, die Kompositionsgeheimnisse, die Tricks. Mancher perfekter Englischkönner hört zu, schlürft die Technik einer Sprache, die ihm auf das Tiefste vertraut ist.

Was niemand kann, der unsichtbare Lehrer kann es: er schafft eine Internationale. Briefe an ihn klingen gleich, ob sie aus Schweden, Frankreich, Italien oder Jugoslawien kommen. Für ihn gibt es keine trennende Nationalität. Aber auch kein Alter. Unorthographische Kinderkarten kommen an, in seinen eigenen Redewendungen und beglücken ihn ebenso wie die Mitteilung des berühmten Professors, der ihm schreibt, er halte amerikanischen und englischen Ärzten Vorträge in dem Englisch, das er innerhalb zweier Jahre bei ihm im Radio gelernt habe.

Froh ist er über die Mitteilungen Kranker aus ländlichen Spitälern, die durch ihn über ihre Leidenszeit hinweggekommen sind. Stolz macht es ihn, wenn sich englische Seeoffiziere vom Schiff aus bedanken, dass sie durch jene Literaturstunden über die gefährliche Einsamkeit des Ozeans hinweggehoben worden sind. Den Menschen- und Friedensfreund, der er ist, freut es, wenn ihm ein englischer Soldat schreibt: »Ich war in Deutschland interniert und liebe die deutsche Sprache; »jetzt lerne ich bei ihnen weiter Deutsch«. Der Demokrat in ihm wird befriedigt durch eine im besten Englisch abgefasste Zuschrift aus Bahnarbeiterkreisen. Sein kostbares Besitztum aber ist ein Liebesbrief von Frauenhand. Die Schrift ist zittrig und kaum zu lesen, denn die Schreiberin ist 74 Jahre alt. »Ich bin«, schreibt sie eine Anfängerin. Es ist wundervoll, eine Anfängerin zu sein, etwas zu lernen, es sieht so aus, als wenn man noch eine »Zukunft hätte«.

Alle Nichtengländer, die im Radio zuhören, haben das Gefühl, das sie in England sind, und zwar als willkommene Gäste. Alle Engländer glauben in Wien zu sein und sehen den Stephansdom und fühlen die Luft vom Kahlenberg, und so ist der unsichtbare Lehrer ein großer Förderer dieser armen Stadt, die er in sein Herz geschlossen hat. Der Verkehr, den er herstellt, das ist der wahre Fremdenverkehr.

Es ist ziemlich allgemein Sitte, sich über Schule, Lernen und Lehrer lustig zu machen. Alle Menschen sind geniert, dass sie überhaupt jemals haben etwas lernen zu müssen. Alle wollen sie uns einreden, sie seien fertig aus Zeus Haupt entsprungen. Aber im Grunde sind alle Leute Schulkinder und wollen als solche behandelt sein. Dass ist nämlich unerhört bequem und verleiht ein großes System der Sicherheit.

Es war im Oktober 1923, in der Zeit der schlimmsten Berliner Inflation. Müde und traurig, ängstlich und verzagt ging ich um zwei Uhr nachts durch die dunklen Straßen Berlins aus der Schlossküche in mein Hotel. Ich kannte den Weg nicht. Da sprach ich den nächsten Passaanten, einen ernstaussehenden jungen Mann, an: »Können Sie mir sagen, wie ich zum Kaiserhof komme?« – »Natürlich.« Da laufen Se über die Steckbahn, dann links durch die Oberwallstraße zum Hausvogteiplatz. Von dort jehen Se die Mohrenstraße immer geradeaus, über die Friedrichstraße wecjh, an der Dreifaltigkeitskirche vorbei, und schon sind Se da! So und jetzt wiederholen Se das Ganze! Wiederholen konnte ich nicht. Aber ich fühle mich bis ins Herz hinein erwärmt und hatte gar keine Angst mehr. Wo man geprüft wird, kann einem nichts mehr Böses passieren.

Wer hat nicht mit Staunen die Wirkung Inshuns der Conférenciers im »Blauen Vogel« beobachtet? Was tat er, um die raffiniertesten Menschen von Mitteleuropa zu unterstützen? Er spielte mit ihnen Schule. Die vergrämtesten Gelehrten und die eingebildesten Bankleute strahlten vor unschuldiger Freude, wenn Inshun fragte: »Wie heißt also schön«? Harascho! So, der Herr auf der Galerie soll wiederholen. »Harascho!« So! Und jetzt sagen wir alle zusammen Harascho! Nie noch hat ein Berliner Kabarett so anständige Menschengesichter gesehen, als wenn sie auf Inshuns Befehl zusammen Harascho sagten.

Der unsichtbare Lehrer spielt Schule sozusagen mit der ganzen bekannten Welt. Und geliebt wird er, weil er der Phantasie vollkommen freien Lauf lässt. Jede Frau stellt sich ihm so vor, wie sie ihn gern haben möchte. Dunkel, schlank, blauäugig und fanatisch. Oder blond, urbehaglich mit veilchenblauen, wie Nurmi, wie Lindbergh, wie Valentino, wie den jungen Goethe. Die Männer denken sich ihn wie den Freund, den sie vergeblich suchen. Die Kinder wie den lieben Onkel, der alle Taschen voll mit Schokolade hat. Und alle Leute haben Recht.

Der unsichtbare Lehrer wird mit den Ohren geliebt, die im Radio besonders geschätzt sind: »Durchs Auge lieben, nichts ist abgeschmackter; der Kehlkopf nur verrät uns den Charakter.« Seinen Kehlkopf verdankt der unsichtbare Lehrer – Mr. Mac Callum – seine hohe und reine Popularität. Er lässt auf einer warmen Welle seine Stimme in den Äther ausströmen. Das Echo ist Liebe.

Neue Freie Presse, 21. 8. 1927

KONVERSATION

Gespräch: Zwei Menschen versuchen sich durch das geheimnisvolle Mittel der Sprache miteinander zu verständigen. Welch' ein wichtiger, einmaliger, unwiederholbarer Vorfall! Bei einer festlichen Gelegenheit, in diesem Frühling, saß ich zwei Menschen gegenüber bei Tisch. Er war ein Diplomat, sie eine junge Schriftstellerin. Nennen wir sie kurzweg Maria, weil sie wirklich so heißt. Als die beiden bei ihrem Eintritt in die Gesellschaft einander vorgestellt worden waren, hatten sie viel Vitalität verraten.

Jetzt – eine Stunde später – lag auf den Zügen beider eine unendliche Abspannung, beinahe resignierte Trauer. Was war inzwischen geschehen? Unwillkürlich musste ich auf ihr Gespräch hinhorchen. Er sagte: »Wenn man bedenkt, dass erst April ist, so herrscht doch eine wahrhaftig tropische Hitze. Interessieren Sie sich für Tropenkoller, gnädige Frau?« – »o ja«, sagte Maria – »das begreife ich. Aber noch weit interessanter ist die Erkrankung, die man als Schiffskoller bezeichnet. Hat schon irgendein Dichter darüber geschrieben? Nur Knut Hamsun könnte ihre tiefsten Ursachen ergründen. Sie lieben doch Hamsun?« – »O ja«, sagte Maria. – »Die wunderbare Hellsichtigkeit dieses Dichters ist auf die Wirkung der Mitternachtssonne zurückzuführen. Als ich eine Zeitlang in Kiruna zu Hause war, erlebte ich ungeheure Sensationen, wie sie einem nur die Natur zu bereiten vermag. Wissen Sie übrigens, dass heuer im nördlichen Teil von England die totale Sonnenfinsternis zu sehen sein wird« – »O ja«, sagte Maria – »Waren Sie schon in England? Dort hat man jetzt große Sorgen in der Chinafrage. Niemand kann die kommenden Ereignisse voraussehen. Bitte, sagen Sie, ist das, was man jetzt serviert, indischer oder chinesischer Tee?« – »Chinesischer«, sagte Maria.

Also, die beiden stritten sich nicht. Sie waren nur traurig über die Nutzlosigkeit ihres Zusammenseins. Der Mann, der diese Konversation führte, litt nicht etwa an Gedankenflucht. Er war eher klug, jedenfalls belesen, weitgereist, vielerfahren. Die Partnerin aber war einer der wenigen wirklich originellen Menschen von Wien. Und da saß er und quälte sich, überflüssige Worte zu machen, indem er einfach an Worte, die er ausgesprochen hatte, äußerlich assoziierte. Warum? Weil er gewohnt war, Konversation zu machen. Weil er sich nicht die Mühe gegeben hatte, die Frau, die für diese Stunde sein Lebenskamerad war, auch nur anzusehen.

Weil er also nicht wusste, mit wem er sprach. Weil er gar nichts zu sagen hatte. Weil er gar nichts hören wollte. Weil er reden musste. Weil er glaubte, reden zu müssen. Man muss nämlich reden. Das ist das, was den gesellschaftlichen Verkehr so unerträglich macht. Die Leute können nicht einen Augenblick

Zusammensein, ohne die Luft zu erschüttern. Als fürchteten sie, es könnte sonst jeder des andern ungute Gedanken lesen; oder aus dem Zusammenschweigen könnten Mordgedanken entstehen. Die Menschen sprechen aus Angst, wie Kinder im Dunkeln singen. Infolge dieser Gemütsstimmung können sie natürlich nicht warten, bis ihnen etwas einfällt, und schon gar nicht, bis dieser aus dem Ei gekrochene Gedanke Form annimmt und Flügel kriegt. Aber sie lassen aus dem gleichen Grunde auch den andern nicht aussprechen, nicht innehalten. Als stünde jemand mit einer Peitsche hinter ihnen: um Gottes Willen keine Pause!

Der Assoziator, den ich an jenem Abend belauscht habe, ist nicht der schlimmste Mörder des Gesprächs. Wer kennt nicht den Monologisten, der seinen Partner am Rockknopf packt und ihm einen Urania-Vortrag über seine eigene Bedeutung hält, einen Nekrolog auf seine verstorbene Tante, oder eine erschöpfende Darstellung seines Gesundheitszustandes, wobei sich herausstellt, dass er alle Krankheiten mit Ausnahme des Wochenbettfiebers hat? Der Monologredner hat aber doch den Vorzug, dass er einmal, wenn auch spät, Schluss macht, so dass auch die anderen eventuell drankommen können.

Anders der Dauerredner. Eines Tages sagten mir Freunde: »Wir bringen heute Abend einen taubstummen Maler mit. Sei mit dem Armen recht lieb.« Wir übten den ganzen Tag die Gebärdensprache, um uns mit dem erwarteten Gast zu verständigen. Um 7 Uhr abends trat er mit einem unartikulierten Redeschwall ins Zimmer, der erst, als er um 2 Uhr morgens zum Tor hinaus war, auf der Straße endete. Der Taubstumme hatte keinen Menschen zu Wort kommen lassen. Es gibt viele Leute, im Besitz aller Sinne, die sich genau so verhalten. Nichts kann sie unterbrechen – nicht einmal ein Erdbeben.

Nur einer: der Lauerer. Dieser hört nämlich nicht zu. Seine Aufgabe in der Konversation ist, auf den Augenblick zu passen, in dem er seine Weisheit anbringen kann. Meistens ist es ein Lesefruchthändler. In ein ruhiges Gespräch über eine Bergtour wirft er mit einem »apropos« seine eben angelesene Kenntnis von der Atomzerstörung oder den Ausgrabungen von Kut-el-Amara.

Entnervend wirkt auch der Gesprächspartner, der uns bei Rehbraten letzte Wahrheiten über Welt, Natur und Geist mitteilt und zuletzt enttäuscht ist, weil es ihm nicht gelungen ist, uns seine Weltanschauung aufzudrängen. Der Unerträglichste aber ist der Polemiker, der von vornherein fest entschlossen ist, sich im Widerspruch auszuleben. Kein Mensch hat doch die Absicht, einen andern wirklich zu überzeugen, denn das gibt es nicht. Aber von vornherein zu wissen, dass man durch ein laues Lob von Mohnnudeln ein aggressives auf Zwetschkenknödel auslöst, dass ein gutes Wort über ein Erlebnis im Flugschiff eine fulminante Rede gegen das Flugwesen auslösen wird, eine freundliche Erwähnung der gegenwärtigen Jugend eine lange und sichtende Rede über die Verderbnis der Zeit, macht einen doch kribblig.

Unerklärlich bleibt es, weshalb die Menschen immer bemüht sind, Fachleute über ihr eigenes Fach aufzuklären. Es gibt zahllose Leute, die die Gewohnheit haben, im Gespräch den Architekten über Dachkonstruktion, den Elektrotechniker über drahtlose Telegraphie und die Mutter von sechs erwachsenen Kindern über die beste Art der Kinderaufzucht zu belehren.

Viel Unheil entsteht auch dadurch, dass die meisten Menschen glauben, sie seien ganz allein auf der Welt, und sich nicht vorstellen können, dass andere vor ihnen schon Ähnliches gesagt haben. Ich selbst bin ein Opfer dieser Phantasielosigkeit. Zwei Jahrzehnte lang war ich nämlich von meinen Zeitgenossen auf vier Gesprächsthemen rationiert. Ich hatte unvorsichtigerweise das Doktorexamen gemacht, also musste man mit mir über Wert und Unwert des Frauenstudiums sprechen. Ich trank keinen Alkohol, die ganze Tischgesellschaft musste sich also bemühen, mich zu ihm zu bekehren, während ich nicht den leisesten Versuch machte, die Abstinenz zu predigen. Die Tatsache meines Nichtrauchens hat mir Tausende von Reklamationen eingetragen. Was ich im Jahre 1904 gelitten habe, weil ich damals den gleichen Kittel trug, der erst heute modern ist, und wie oft meine kurzgeschnittenen Haare im Jahre 1914 den Gesprächsstoff ergeben haben, geht auf keine Kuhhaut.

Ganz unmöglich ist es, ein so leeres, herzloses und gedankenloses Gespräch, wie mit den sogenannten Gebildeten mit einem Kinde, einem Holzknecht oder einer Wäscherin zu führen. Diese Wesen sprechen nur Dinge, die einen Sinn haben und für die sie sich interessieren. Sie fragen nicht nach dem »Göttergatten«, der »besseren Hälfte« und dem »Stammhalter«, Sie sagen nicht vor den Ferien: »Das ist recht, dass Sie ein bissel ausspannen« – und fragen nicht nach den Ferien: »Haben Sie sich auch gründlich ausgelüftet?« Fragt man sie, wie es ihnen geht, so nehmen sie das ernst und versuchen, eine wirkliche Antwort zu geben. Aber nie sagen sie: »So Iala«, oder »so lila«, nie »man lebt«, und nie das »mir kann noch geholfen werden«. Wenn sie erklären: Ich bin zu jeder Schandtat bereit, so kann man sie ruhig beim Worte nehmen. Das größte Glück aber ist, dass sie keine Wagner-Opern kennen, so bleibt einem erspart, »Erhebe dich, Genossin meiner Schmach« zu hören und »Dich, teure Halle, grüß' ich wieder«. Der wohlerzogene Mensch hat feststehende Redensarten für Taufe, Hochzeit und Tod. Er erzählt jedem Hundebesitzer den Witz »obst her gehst«, und da kein Hund zu folgen pflegt, so hat er immer recht. Zu Schlanken sagt er: »Ah, sieh' da, die moderne Linie und zu Dicken: »Sie sehen aber beruhigend aus.«

So sprechen die Menschen. Und doch könnte das Gespräch eine Quelle reinsten Vergnügens, tiefster Verständigung werden. Man denke sich: Zwei junge

Leute sind wirklich neugierig aufeinander (es gibt keinen Menschen, auf den man nicht neugierig sein kann) und fangen ein Gespräch miteinander an. Jeder weiß etwas, was der andere nicht weiß. Jeder ist eine Welt für sich, in die einzudringen sich lohnt. Die Verschiedenheit des Geschlechtes, des Alters, der Nationalität, des Berufes ergibt Gesprächsstoff für ein ganzes Leben. Man brauchte sich ja nur unwissend zu stellen und würde in jedem Menschen einen ausgezeichneten Lehrer finden. Wüsste man selbst eine Wahrheit und ließe sie den andern aussprechen, so fühlte man sich in ihr befestigt. Die Fehlerquellen in der gegenseitigen Beurteilung würden allmählich auf ein Minimum reduziert: der zart und geschickt vorgebrachte Widerspruch weckte neue Gedanken. Jeder wäre bemüht, seine eigene Farbe abzudämpfen oder zu erhöhen, um so an die des anderen heranzukommen und einen Farbenakkord mit ihr zu bilden. Jeder versuchte, seinen persönlichen Grundton auf den des andern abzustimmen, um so jene Harmonie zu erzielen, die das Glück jedes Beisammenseins ausmacht.

Aber das alles geschieht nicht. Denn die Menschen wollen nicht auf den Gedankengang eines andern eingehen, und vor allen Dingen nicht schweigen. Aber auch nicht sprechen. Sie pflegen gegenwärtig ihren Teint, ihr Haar, ihre Muskeln, was ja sehr erfreulich ist, aber auf die Idee, seine Sprache zu pflegen, kommt selten einer.

Höchstens jene, welche den Wunsch haben, geballt, gestuft, gefältelt, gefugt, gemeißelt zu sprechen in totaler Unkenntnis, dass man das alles nicht mehr trägt, dass die neue Mode den einfach-bekleideten Satz mit Subjekt und Prädikat vorschreibt.

Wie schön wäre es, wenn jeder gezwungen würde, nur dann zu sprechen, wenn ihm etwas einfällt, mit Hingebung zuzuhören und liebenswürdig entgegenkommend zu schweigen.

Ältere Leute behaupten, es habe früher einmal eine Kunst der Konversation gegeben. Aber ich glaube es nicht. Ich kenne nämlich Knigges »Umgang mit Menschen«, ein Buch, das jetzt 150 Jahre alt ist. Da stehen Sachen darin, aus denen hervorgeht, dass auch im achtzehnten Jahrhundert die Leute nicht verstanden haben, miteinander zu sprechen, sonst hätte es Knigge nicht nötig gehabt, Selbstverständlichkeiten zu predigen, wie: »Interessiere dich für andere, wenn du willst, dass man sich für dich interessieren soll.« »Verbirg deinen Kummer.« »Rühme nicht zu laut dein Glück.« »Versuche niemand lächerlich zu machen«. »Sei vorsichtig im Tadel und Widerspruch.« »Widersprich dir nicht selbst im Reden.« »Wiederhole dich nicht.« »Vermeide Zweideutigkeiten, unnütze Fragen und Gemeinplätze.« »Sage nicht, dass die Gesundheit ein schätzbares Gut sei, Schlittschuhlaufen ein kaltes Vergnügen und das, was lange dauert, gut wird«

Hätten die Leute damals auf Knigge gehört, dann besäßen wir heute bereits eine ausgebildete Gesprächskunst. So sind wir, obgleich in Horden lebend, Eremiten geblieben.

Neue Freie Presse, 14. 8. 1927

WOHIN STEUERT DIE JUGEND?

Zukunftskurs der österreichischen Jugend

Als die Frage: Wohin steuert die Jugend? An mich gestellt wurde, geriet ich in einen traurigen Seelenzustand. Es ergriff mich die Stimmung eines im vorigen Winter in Berlin grassierenden Kabarettliedes, welches auf alle Lebensfragen den Refrain bereit hatte: »Wer weiß? Vielleicht! Vielleicht auch nicht, vielleicht doch auch, doch nicht vielleicht: Ach, was weiß ich warum?«

Ganz so ist mir. Besonders zwei Dinge sind mir bei der Beantwortung dieser Frage hinderlich: Ich weiß nicht, von welcher Jugend die Rede ist und ich weiß auch nicht, wohin sie steuert.

In meiner Not habe ich mich an drei Jugendliche gewendet und sie diese Frage beantworten lassen, zwei Burschen und ein Mädchen. Hier das Ergebnis.

Hans: Wohin wir steuern, weiß ich nicht. Wir haben genug zu tun, wenn wir nicht eigenes Leben ordentlich einrichten wollen. Als kleine Kinder haben wir es im Kriege sehr schwer gehabt. Jetzt müssen wir unseren Körper trainieren, unsere Fertigkeiten üben, sehr viel lernen und viel nachdenken, woraus wir künftig unseren Lebensunterhalt ziehen wollen. Da hilft kein fackeln, und viel auswählen kann man da auch nicht, im Gegenteil, die meisten Berufe warnen auch vor Zuzug. – Manche von uns machen sich's leicht und schieben ihre Sorgen weg. Diese sind entweder Nur-Boxer, Nur-Tänzer oder Nur-Politiker. Aber das hilft ihnen nichts, sie müssen doch eines Tages die Augen aufmachen und die Dinge wirklich sehen. Wo die Jugend anfängt und an welchem Tag sie endigt, weiß ich nicht. Das wird wohl bei jedem anders sein. Aber eines ist sicher: dass selbst unsere traurige Gegenwart einem die Lust am Jungsein nicht ganz nehmen kann. Meine Freunde und ich haben doch Hoffnung für die Zukunft und eine große Freude an jedem Tag.

Franz: Jugend ist eine Teilstrecke des Lebens, in der der Mensch der Realität verhältnismäßig fernsteht. Sie wäre daher die schönste Zeit innerhalb des Lebens, das in seinem weiteren Verlauf voll unlösbares Problem, also höchst gefährlich ist. Unsere Zeit aber und die wirtschaftlichen Verhältnisse haben uns junge Leute frühzeitig mit dem Leben vertraut gemacht. Daher scheint die Jugend als biologische Phase abgekürzt. Infolge dieser allzu raschen Entwicklung sind Jugendselbstmorde, Jugendverbrechen an der Tagesordnung. Aber auch jugendliche Begabungen und Fertigkeiten sind häufiger als sonst. Da so die Jugend in ihrem eigentlichen Sinne von Unbekümmertheit und Sorglosigkeit nicht existiert, macht sie so viel Wesens aus sich. Das Wort soll die fehlende Tatsache ersetzen. – Wohin die Jugend steuert? Da ihr die Erlebnisfülle fehlt, strebt sie zum Abenteuer, zur Überstürzung und Übertreibung des Erlebens. Deshalb wird diese neue Generation ein Übermaß von Künstlern und ein Übermaß von Desperados hervorbringen.

Marie: diese Frage ist mir einfach unbegreiflich. Man könnte ebenso gut fragen, wohin steuern die Grauäugigen, oder wohin steuern alle, die einen Schnupfen haben. Denn die Jugend ist einfach ein Zustand, dem keiner entgehen kann, und höchstens noch eine Krankheit, die jeder durchmachen muss, keinesfalls aber ein Begriff, um den herum Menschen organisiert werden können. Das tut man aber neuerdings. Nicht bei der arbeitenden, darbenden, und daher auch kämpfenden Jugend, wo es Ziel und Zweck hat, sondern bei jener seelenluxuriösen Jugend, die ihre eigene jugendliche Persönlichkeit wie einen kostbaren Nabel betrachten, von dessen Anblick man sich gar nicht losreißen kann, weshalb denn auch alle diese Jugendlichen eine im Geistigen embryonal gekrümmte Haltung haben und auch immer jenen gewissen, allen Embryos eigenen greisenhaften Eindruck erregen. Wer jung ist, das heißt, lebensfrisch, aufnahmefähig und produktiv, denkt an alles eher, als an die Anzahl seiner Jahre. Die Idee, dass die Jugend eine Welt für sich darzustellen habe, sozusagen einen Staat im Staate, ist tief rückständig. Die jungen Menschen, deren beinahe psychologische Funktion es sein müsste, sich an der Welt wundzureiben, überall in sie auszuströmen, werden so zu Eigenbrötlerei verurteilt. Wohin steuert die Jugend? Welche Jugend? Die reiche, die arme, die gesunde, die kranke, die behütete, die verfolgte, die Jugend, deren Ideen noch in den Kinderschuhen der Generation der neunziger Jahre stecken oder die Jugend, die sich in die Romantik des Mittelalters flüchtet, die Jugend, die in den Utopien von 1980 träumt oder die Jugend, die bereit ist jeden Tag in den Schützengraben von 1914 zurückzukehren? In unserer an Unfug so reichen Zeit wird mit wenig Begriffen ein derartiger Unfug getrieben, wie mit eben diesem. Man turnt, wandert, liebt und dichtet, nicht, indem man jung ist, sondern weil man jung ist. Es ist geradezu ein Verdienst, jung zu sein, eine Tat, eine Leistung, um das herum man sich gruppiert. Nun, es ist nicht wahr, dass ein alter Esel nicht klüger ist als ein neuer Esel. Warum aber neuestens ein junger Esel unbedingt klüger sein soll als ein alter, ist unverständlich. Wohin steuert die Jugend? Es gibt unendlich vielerlei Jugend.

Die Jugend, die diese Fragen mit Feuereifer beantworten kann, steuert einmal sicherlich im Kielwasser ihrer Alten.

Als ich diese drei Äußerungen las, beschloss ich, zur Beantwortung dieser Frage aus Eigenem nichts beizutragen. Diese Jugend, so klug, ohne Fragen, skeptisch, selbstkritisch und wahrheitsliebend, rudert und paddelt schon ganz richtig. Soll sie aber zu was Rechtem steuern, so müssten wir dafür Sorge tragen, dass ihr die Erwachsenen nichts Verkehrtes vormachen. Aber wird das gehen?

Neue Freie Presse, 25. 12. 1927

LIEBE AUF DER UNIVERSITÄT

Als sie mit 18 Jahren auf die Universität kam, fiel es ihr zum ersten Mal auf, dass es Männer gibt. Ihre Lehrer waren Frauen gewesen. Einen Bruder hatte sie nicht, Flirt war bei ihr in der Provinz noch nicht bekannt geworden, und dass man seinen eigenen Typ haben müsse, hatte ihr noch kein Mensch gesagt.

So verliebte sie sich in der ersten Wettstein-Vorlesung in den ersten Burschen, den sie erblickte. In der graugrünen Beleuchtung des Novembertages sah er aus, wie Gottfried Kellers Pineiß in seiner Jugend ausgesehen haben mochte, als er noch nicht Stadthexenmeister war. Rasend interessant. Sie erkundigte sich nach ihm. Interessant war auch sein Treiben. Schlangen, Ottern und anderes Gezücht waren sein Lieblingsverkehr. Er war Biologe. Ein heißer Drang erfüllte sie, zu verstehen, was er triebe. Deshalb wurde für den Monat November die Ausgabe für das Mittagessen gestrichen, geröstete Maroni traten an seine Stelle. Der so entstandene Geldüberfluss aber wurde in einem Buch angelegt. In Hertwig: Allgemeine Biologie. Bis tief in die Nacht hinein studierte sie täglich. Besonders eifrig war sie an den drei Abenden der Woche, an denen sie ihn vorher im Kolleg gesehen hatte. Er sah so überlegen aus, so geheimnisvoll. Ende November hörte sie, wie er zu einem Kollegen sagte: »Du, wer ist denn das, die schaut nach was aus.« Dieser frenetische Beifall machte sie überglücklich. Junge Liebe lebt vom Nichts.

Acht Tage später wurde es dringend nötig, eine wissenschaftliche Frage an ihn zu richten, betreffend den Amphioxus lanceolatus. »Na, so was«, sagte er, »Sie interessieren sich für Biologie? Das haben Sie doch gar nicht nötig, Sie sind doch so hübsch.« – »Aber Sie interessieren sich doch auch dafür?« – »Ach nein«, sagte er, »die Viecher sind mir ganz schnuppe. Ich studiere die Vererbung erworbener Eigenschaften, und da muss ich manchmal so einem Tierchen die Glieder amputieren oder den Schweif abhacken oder die Augen ausstechen. Das ist alles. Übrigens: Könnten Sie am Sonntag mit mir zu Bekannten kommen?« – »Danke, nein.«

Im Februar, an einem jener Tage, an denen in Wien schon Vorfrühlingsluft weht, erblickte sie in der Vorlesung von Ludo Hartmann einen jungen Blonden. Er sprach Wienerisch und war so licht wie ein reifes Weizenfeld. Man sagte ihr, seine Mutter sei eine Schwedin. Sie war auf ihn aufmerksam geworden, weil seine blauen Augen einige Mal streng nach ihr geblickt und sich dann jedes Mal gelangweilt von ihr abgewandt hatten. Einige Mal traf sie ihn auf dem Gange. Immer hatte er einen Freund bei sich, mit dem er heftig diskutierte. Sie hörte nur Bruchstücke. »Grundlagen des neunzehnten Jahrhunderts«, »germanische Überlegenheit«, »Wickingertum«, Und einmal, das verstand sie schon gar nicht, sagte er »heiliger Boden der Wachau«, Sie suchte die Bekanntschaft einer Kollegin, die sie mit ihm im Gespräch gesehen hatte, und erfuhr so den Gegenstand seiner Dissertation. Er beschäftigte sich mit dem Gegenpapst Gelasius II. (1118 bis 1119). Es war doch schändlich, wie sehr man bei ihr in der Schule die Gegenpäpste vernachlässigt hatte! Sie brannte darauf, ihre nähere Bekanntschaft zu machen. Geld hatte sie. Sie hatte es gespart, um Karten für den Wagner-Zyklus zu kaufen, der für den März angesagt war. Es reichte gerade zur Anschaffung von Wattenbachs »Geschichte des römischen Papsttums«. Sie begann sich heiß um Gelasius zu bemühen und konnte Harald – so nannte sie den von fern Bewunderten – nur recht geben. Gelasius war ein bedeutender Mensch. Heinrich v., Gelasius' Feind, wurde auch der ihre. In Gedanken tat sie ihm allen Tort an. Dagegen träumte sie nachts intensiv von einer herrlichen Tiara, die sie dem Gelasius persönlich aufs Haupt setzte. Das war nur das Vorspiel zu etwas, was sich am nächsten Morgen ereignete. Beim Verlassen des Hörsaales wurde sie von einer gebietenden Stimme angerufen. Vor ihr stand Harald, »Gehen Sie jetzt fort, Fräulein?« – »Ja, in die Hofbibliothek.« – »Darf ich Sie begleiten?« – »Bitte ... – In drückendem Schweigen gingen sie die Schottengasse und Herrengasse entlang. Erst auf dem Michaelerplatz begann er zu sprechen. »Ich habe Sie schon lange beobachtet und muss Sie etwas fragen. Warum studieren Sie? Glauben Sie, dass sich das für ein Mädchen schickt? Haben die Frauen im Mittelalter studiert? Und waren da die Menschen nicht besser und glücklicher als heute? Ich muss mich jedes Mal ärgern, wenn ich Sie da sitzen sehe. Sie sind zum Studieren zu schade. Sie sollten heiraten. Kennen Sie Grillparzer? Von ihm ist das schöne Wort – Das Weib ist glücklich nur an Gattenhand.« Sie standen auf dem Josefsplatz. »Jetzt muss ich aber in die Bibliothek«, sagte sie eilig. – »Aber Sie haben ja noch nicht geantwortet.« – »Weil mir nichts einfällt.« – »Vielleicht ein andermal? Kann ich Sie wiedersehen?« – »Nein, ich habe zu viel zu arbeiten, ad …« Sie wollte adieu sagen, besann sich aber noch rechtzeitig darauf, dass er für Verdeutschung der Fremdworte war, und sagte »Leben Sie wohl!«

Anfang April traf sie bei ihrer Freundin, der Tochter des Hofrates, an den sie ihr Vater empfohlen hatte, den jungen Nationalökonomen Leonhard. So schneidig, so gewandt war bei ihr zu Hause keiner. Seine Krawatte und seine Strümpfe waren dunkelviolett. Nur ein Fremdwort passte auf ihn: smart. Und reden konnte er wie ein Wasserfall. Sie saß mitten in einem Kreis von jungen Mädchen, die ihn alle bewunderten. Es musste auch alles fesselnd sein, was er sagte, denn die Mädchen lachten und sagten Ah und Oh. Nur sie verstand leider nichts. Nicht einmal die Worte hatte sie je gehört: Mehrwert, Bodenmonopol …, Grenznutzen …, Dreifeldersystem. Einmal fragte sie etwas. Alle schauten erstaunt und missbilligend auf sie. Da verstummte sie. Am nächsten Morgen kaufte sie sich Roscher, »System der Volkswirtschaft«, 3 Bände. Das war furchtbar teuer. Es kostete so viel, als für die Anschaffung des Frühlingsmantels bestimmt gewesen war. Der Roscher wurde ihr besonders sauer. Sie wusste es nicht, aber sie fühlte: Es gibt Bücher, die leichter zu schreiben als zu lesen sind. Aber so groß war der Wunsch, sich Leonhards Geisteswelt zu nähern, dass sie schon nach vierzehn Tagen anfing, etwas zu verstehen. Sie war sehr erpicht darauf, ihre neuerworbenen Kenntnisse an den Mann zu bringen, die traurige Rolle, die sie in jener Gesellschaft gespielt hatte, vergessen zu machen. So empfing sie mit heller Freude die Einladung der Freundin, einen Maiausflug auf den Anninger mitzumachen. Da würde er sicher dabei sein. Das war er auch. Jetzt war der große Moment da. Sie ging an seiner Seite zum Anninger hinauf. Der wundervolle Maitag umfing sie so nachsichtig, dass sie mehr Mut hatte als sonst. »Es muss herrlich sein, Volkswirtschaft zu studieren«, sagte sie. »Ja«, erwiderte er, »es ist eine sehr umfassende Wissenschaft, und vor allem noch sehr jung. Nicht wie bei der Jurisprudenz, wo schon alle Wege ausgetreten sind. Es gibt viele Möglichkeiten. Wirft man sich mit aller Kraft auf den Sozialismus, so könnte man Abgeordneter werden. Geht man zu einem Kartell, so kann man es bis zum Direktor bringen. Das wäre natürlich das Schönste. Aber dazu braucht man viel Protektion. Bei einer Provinzhandelskammer habe ich einen Onkel, der ist Vorsteher der dortigen Uhrmachergenossenschaft. Wenn ich eine Arbeit über die Entwicklung des Zunftwesens schreibe, bringt er mich dort unter. Aber ich weiß noch nicht, was ich tue. Vielleicht schreibe ich über spanische Kameralistik. Dann kann ich Dozent werden.« Sie verstand nicht alles, was er sagte, aber seine Stimme war ihr unangenehm, klirrend wie Glas und satt wie Schmalz. Vor ihr ging die Freundin mit einem jungen Philologen, den sie aus ihrer Vaterstadt kannte. Da rief sie: »Gerda, ich muss dem Peter etwas sagen, wollen wir unsere

Kavaliere tauschen?« Und schon hing sie sich vertraulich in den Landsmann ein, der ihr ein Schutz schien gegen die unverständliche große Welt.

»Was studieren Sie jetzt, Peter«, fragte sie. »Immer das gleiche«, antwortete er, »Phonetik natürlich«. Und nun begann er ihr zu erzählen, welche Wonnen man aus dieser Beschäftigung schöpfen könne. Sie war begeistert. Alles, was er sagte, war so wunderbar unpraktisch. Mit Phonetik konnte man wohl keine große Karriere machen. Und das wollte er auch gar nicht. In der Provinzstadt, in der sie beide zu Hause waren, wollte er Gymnasiallehrer werden. Das war alles.

Von da ab trafen sie sich jeden Donnerstag am Nachmittag bei der Jesovits, tranken Schokolade und aßen schwarzes Butterbrot dazu. Er sprach von Phonetik und sie hörte zu. An ihrem Geburtstage, der in den Hochsommer fiel, schenkte er ihr Siebs »Deutsche Bühnenaussprache«. Dann fuhren sie gemeinsam nach Hause. Bei allerlei Sommerveranstaltungen, »Anlässe – nannte man das in der kleinen Stadt, trafen sie sich immer wieder. Am letzten Tag vor der Abreise besuchte er sie. Er war feierlich angezogen und sah auch so aus. »Sie können so großartig zuhören«, sagte er, als sie allein waren. »Wollen Sie meine Frau werden? Es ist ja keine große Stellung, die ich Ihnen zu bieten habe, aber mich lockt sie doch. Denn, wissen Sie, ein Lehrer ist wirklich ein unumschränkter Herrscher. So aus Menschenmaterial, welches einem zur Verfügung gestellt ist, machen zu können, was man will, ist keine üble Sache.« – »Ich werde nie heiraten«, sagte sie schnell. »Und in dieser Stadt leben will ich auch nicht und zuhören tue ich höchst ungern, aber danke vielmals für die gute Absicht.«

Jeden Morgen ging sie zur Morgenmusik in die Augustinerkirche. Als sie am ersten Weihnachtstage, ganz versunken in die Bach-Fuge, einmal aufsah, fiel ihr Blick auf einen jungen Menschen in einem merkwürdig langen Überrock. Er sah aus wie einer der Ingmarssöhne aus Selma Lagerlöfs »Jerusalem«, aber viel schöner. Ihm schien die Musik auch sehr gut zu gefallen, immer, wenn ein besonders hoher und seliger Ton kam, schaute er sie an, und sie erwiderte die Blicke mit wachsendem Vertrauen. Beim Ausgang trafen sie sich. »Ich kenne Sie aus dem Müllner-Kolleg«, sagte er. »Ich heiße Tiburtius Schanderl,

Sie sind auch fremd hier, nicht? Haben Sie schon die Musikergräber auf dem Zentralfriedhof gesehen? Die sind das Schönste in Wien.« – »Nein, ich fürchte mich allein hinauszufahren, es ist so weit.« – »Ich fahre gerade hin mit der Elektrischen. Wollen Sie mitkommen?« – Sie war überglücklich. Er war gar nicht so streng, als er aussah. Sondern im Gegenteil sehr gesprächig. Eines war komisch. Er war sicher nicht viel älter als sie, aber er sprach zu ihr, als ob er ihr Vater wäre. Dagegen klang alles, was er sagte, kindlich und zutraulich. Er erzählte, wie Vater und Mutter sich plagen müssten, um ihn in Wien studieren zu lassen, und dass seine große Schwester an einen Förster verheiratet sei und dass er seine kleine

Schwester, wenn er erst mal was wäre, studieren lassen wolle. Ärztin solle sie werden und auf dem Lande mit ihm zusammen leben und arbeiten. Sie sei sein Liebling. »Sie schaut Ihnen sehr ähnlich«, sagte er und warf einen freundlichen Blick auf sie, der ihr bis ins Herz drang.

Bei den Musikergräbern wusste er Dinge zu erzählen, die sie so schön nie zuvor gehört hatte. Hier erfuhr sie zum ersten Mal von Beethovens Heiligenstädter Testament und von Mozarts Reise nach Prag, und wie erstaunlich gut der alte Mörike Mozart verstanden hätte. Vor allen Dingen aber sprach er mit Begeisterung vom alten Bruckner, der Gott so geliebt und die Journalisten so gefürchtet hätte. Alles, was er sagte, klang so, dass es einem gelüstete, mehr zu hören.

Sie kehrten in die Stadt zurück. Am Schwarzenbergplatz stieg er aus. »Möchten Sie nicht mit mir ins Kaffeehaus?« fragte sie. »Nein, das darf ich nicht.« Sie wagte nicht zu fragen, warum. »Aber wissen Sie, was anderes: Kommen Sie am Neujahrsmorgen um acht Uhr in die Kapuzinergruft.«

Nie hätte sie gedacht, dass zwischen Weihnachten und Neujahrstag so viele Jahrhunderte lägen. Es war merkwürdig leer in Wien. Am Silvester kaufte sie einen kleinen Veilchenstrauß, den sollte der Herzog von Reichstadt haben, der, wie man ihr sagte, bei den Kapuzinern begraben lag. Den hatte sie von jung auf gern gehabt und bedauert. Denn ihr Kindermädchen, die Apollonia, hatte beinahe jeden Abend ein Lied gesungen »Im Garten von Schönbronnen, da liegt der König von Rom«, Gerade als sie den Veilchenstrauß auf den Sarg legen wollte, erblickte sie ihn, dem sie keinen Namen geben konnte, weil ihr Tiburtius zu fremd war und Schanderl zu komisch schien. Er war es, aber merkwürdig verwandelt. Um Gottes willen, was war das: er trug das geistliche Gewand des erzbischöflichen Seminaristen. Sie wollte ihn begrüßen, da sank er gerade auf die Knie. Leise und behutsam schob sie sich zur Tür hinaus.

Seither sind zwanzig Jahre vergangen. Sie hat einen Mann und zwei Kinder. Nichts an ihr ist besonders auffallend. Nur zwei Dinge: Ohne große Bildung besitzt sie auf einigen der entlegensten Gebiete merkwürdig detaillierte Kenntnisse. Dann noch eines: Sie errötet jedes Mal heftig, wenn jemand unversehens die Kapuzinergruft erwähnt.

Neue Freie Presse, 8. 1. 1928

Nur Kinder wissen das Richtige. Der kleine Lord Byron schrieb mit acht Jahren an seine Großmutter: »Mein größter Todfeind ist die menschliche Dummheit.«

Die Erwachsenen glauben nicht an Dummheit. Da jeder sich selbst für außerordentlich klug hält, so muß er eben auch den andern eine Art von Klugheit zugestehen. Am schlimmsten aber treiben es die großen Denker. Ihnen, denen das Denken so leicht fällt wie das Atmen, kann es natürlich niemals klar werden, wie dumm die Menschen sind. Hier versagt ihre eigene Denkkraft. Aus diesem Mißverständnis heraus erwächst der ungemeine Pessimismus der meisten großen Männer. Da sie die Welt im ganzen und im einzelnen unvollkommen finden, täglich die Unsinnigkeit in allem Geschehen erkennen, so nehmen sie an, die Triebkraft sei die menschliche Bosheit, und gelangen so zu Vorstellungen von einer Dämonie, die es gar nicht gibt.

Die Natur ist von vornherein so grausam, die meisten Menschen mit beschränkter Denkfähigkeit zur Welt kommen lassen. Diese beinahe gänzlich zu vernichten, ist dann das Leben da: Schule, Militär, Beruf, Gesellschaft, Bücher, Zeitungen Theater, Kino, alles.

Wer sich die Menschen mehr dumm als schlecht vorstellt, dem wird alles, was man erlebt, viel klarer. Da habe ich letzthin eine neue Vokabel gelernt: Gasinteressent. Ein Gasinteressent, das ist ein Mensch, der sich für Gas interessiert; der sein ganzes Gehirnschmalz daran wendet, damit Giftgase erzeugt werden, mit denen man Leute massenhaft und unter grauenhaften Qualen aus der Welt schaffen kann. Überall auf der Erde sind gegenwärtig Leute tätig, die Giftigkeit der für den nächsten Krieg bestimmten Gase zu erhöhen. Wer das kann, hat sich persönlich eine Goldgrube eröffnet, denn die Regierungen werden einen Wettlauf veranstalten, daß er seine Weisheit ihnen verkaufe. Derjenige Staat, der die intensivst wirkenden Giftgase besitzen wird, wird auch in der Lage sein, den gegnerischen Kriegs- und Friedensschauplatz – vor allem das Hinterland – wenige Stunden nach der Kriegserklärung in eine Wüste zu verwandeln. Der Gasinteressent wünscht glühend den Angriff eines Flugzeuggeschwaders auf die ganze von diesem bestrichene wehrlos ausgelieferte Bevölkerung. Denn diese kann sich weder in ihrer Gesamtheit mit Gasmasken ausrüsten, noch gibt es Gasmasken, die gegen alle Gase wirksam sind, vor allem gegen solche Gase, deren Zusammensetzung und Wirkung wir ja noch gar nicht kennen. Als Kind hat man sich solche Menschen so scheußlich vorgestellt, wie etwa den Uriah Heep in Dickens' Copperfield. Jetzt wissen wir, daß der Gasinteressent ein wohlunterrichteter, wohlanständiger Mensch ist, der vielleicht alle Sonntage in die Kirche geht und alljährlich in die Neunte Symphonie. Er erlaubt seiner Tochter keine kurzen Haare, zahlt seine Steuern, schenkt hie und da sogar etwas für die Kriegsblinden. Jedenfalls ist er nichts weniger, als ein Dämon, sondern aus Karlsruhe und Geheimrat.

Was anders kann diesem Manne als Entschuldigung dienen, als seine Dummheit, seine Gedankenlosigkeit, sein getrübtet Blick. Würde er sonst, um kleiner Vorteile willen, so heilloses Unglück erringen? und wer bürgt ihm, dass die Gasbombe nicht auf sein stattliches Palais fällt, auf seine hochgezüchtete Tochter, in sein Laboratorium? Wenn er nur so viel Phantasie besäße, als zur Erfindung eines Detektivromans gehört, würde er sofort seinen Beruf aufgeben, und wenn er Kanalräumer werden müsste.

Aber seine Torheit ist gar nicht so wichtig. Denn es gibt sicher auf der ganzen Welt nur ein paar tausend Gasinteressenten. Auf der Gegenseite aber stehen viele hunderte Millionen Menschen, die ein vitales, wirklich vitales Interesse daran haben, daß der Gasinteressent seine Tätigkeit nicht ausübe. Wenn es ihm gelingt, so kann er vielleicht reich werden, wenn es ihm gelingt, so sind sie erledigt – wegrasiert – hin. Wie wäre es, wenn die am Weiterbestand der Menschheit interessierten Kreise hingingen und die am Gas interessierten rechtzeitig unschädlich machten – wäre an sich die Sache nicht für alle günstig erledigt? Aber das geschieht nicht. Der Gasinteressent darf ruhig seine Vorbereitungen treffen. Wir glauben nicht an ihn, wie wir ja auch alle nicht an den Weltkrieg geglaubt haben, sondern an eine Internationale der Geister, der Frauen, der Arbeiter, und was weiß ich noch alles.

Ich habe mal als Kind einen Scherz aufführen gesehen. Ein Mann sitzt dem anderen auf dem Schoß, beide sind in ein Leintuch gehüllt, von dem einen ist nur der Kopf, vom anderen sind nur die Hände sichtbar, einer spricht, der andere agiert. So auch hier. Junge Kerle aller Völker nehmen das Maul voll, beleidigen andere Nationalitäten, glauben, sie verteidigen damit die eigene, und inzwischen lacht sich der Gasinteressent ins Fäustchen, indem er zu ihren Worten agiert.

Niemand von uns hat den Mut, zu sagen, wie sehr wir den Krieg verabscheuen, wie sehr wir ihn fürchten. Denn Shaw hat recht, wenn er meint: Wir schämen uns jeder Regung, die das Fundament unserer Selbstachtung sein sollte.

Wenn wir nicht gedankenlos wären, so müsste die Bevölkerung der ganzen bewohnten Erde durch kurzgehaltene, auffallende Plakate in Kenntnis gesetzt werden: Es gibt Gasinteressenten! Nehmt euch in Acht! Erschlagt sie, wo ihr sie findet, denn sie wollen euch ans Leben! Dann würde jeder wissen, was ihn erwartet. Dann wird keiner mehr sich von dem verlogenen Heuchelwort »humane Kriegführung« betören lassen.

Aber das alles wird nicht geschehen. Denn die Menschheit ist dumm und überdies intellektuell verdorben. Die heiße Sehnsucht nach Frieden gilt als Platitüde. Wir aber geben unwahren Epigrammen den Vorzug, wenn sie nur witzig sind.

Neue Freie Presse, 26. 2. 1928

GEFAHR IM ANZUG!

Letzthin wollte mich jemand hineinlegen. Er zeigt mir eine Fotographie: eine Dame mittleren Alters, voll behaglicher Rundungen. Sie erweckte in einem das Vertrauen, dass sie ausgezeichnete Zwetschkenknödel zu bereiten verstehe. Sie trug ein Kleid mit verschollenen Ausladungen und Verzierungen; an den unmöglichsten Stellen hatte sie Knöpfe und Franzen. Um die Leibesmitte war sie zusammengeschnürt, die Schleppe hielt sie krampfhaft in der Hand. So stand sie da, auf dem mit Haarnadeln gespickten Turmbau mühselig einen Reifenhut balancierend, der wahrhafterweise mit verschiedenen Sorten von Gemüse geschmückt war.

»Warum zeigen sie mir das?« fragte er gereizt. – »Das werden Sie gleich hören.« – Er zeigte mir ein zweites Bild. Ein zierliches junges Geschöpf, mit tadellosen Beinen, schlankem Hals, anmutig geordnetem kurzen Haar, sinngemäßer Haltung, das Antlitz von klaren Verhältnissen, der Körper bis in die Zehen durchgeistigt. – Fällt Ihnen eine Ähnlichkeit auf?« fragte man mich. – Großmutter und Enkelin?« rief ich zögernd. – »Nicht ganz. Es sind zwei Bilder der gleichen Person. Das erste zeigt sie mit sechzehn Jahren und stammt aus dem Jahre 1897, das zweite mit sechsundvierzig, aus dem Jahre 1927. Beide stellen den Anfang und das bisherige Ende der Entwicklung der bezaubernden Frau dar, die den Frauen heute als unerreichtes Vorbild in Training und Kleidung gilt.« Merkwürdigerweise fühlte ich mich durch die überraschende Enthüllung nicht blamiert, sondern beglückt. »Warten Sie nur, sie wird noch schwer werden,« sagte ich zuversichtlich.

Da es sich um ein weltberühmtes weibliches Genie handelt, wäre man geneigt, diese unerhörte Wandlung mit »es ist der Geist, der sich den Körper baut« zu erklären. Aber so ist es nicht. Auch die ungenialen Frauen haben sich in den letzten dreißig Jahren bis zur Unkenntlichkeit gewandelt. Dieser herrliche äußere Fortschritt macht nur den inneren sichtbar. Frauenarbeit, Sport, Hygiene, die wachsende Einsicht in ästhetische Forderungen haben zusammengewirkt und eine Mode geschaffen, wie sie so vernünftig keine Zeit vorher aufzuweisen hatte. Der miederlose Körper musste sich ein Muskelkorsett anschaffen, der freie Hals trug willig den von schweren Haarknoten befreiten Kopf. Die Beine wurden, weil man sie sehen lassen musste, immer hübscher. Um die von der Mode geforderte schlanke Linie zu erlangen, musste man sich mehr und wirksamer bewegen, die Ernährung vernünftiger gestalten. Als Nebenprodukt ergaben sich ein schönerer Teint, klarere Augen und bessere Nerven. Man wird ordentlich gerührt, wenn man daran denkt, wieviel Frauengesundheit, Frauenglück und Frauenleistung der gegenwärtigen Frauenkleidung zu danken ist.

Die neue Generation weiß nichts mehr von den alten Schrecknissen. Wessen Erfahrungen aber auf fünfundzwanzig Jahre zurückreichen, der konnte in den letzten Wochen recht erschrecken. Von Zeit zu Zeit ertönt nämlich hier und dort ein Freudenschrei: Die gegenwärtige Mode ist im Schwinden!

Diese Jubelrufe kommen von vollkommen modernen, ästhetisch oder moralisch gegen die Auswüchse der Mode eingestellten Persönlichkeiten. Durch ihren Geschmack oder von Amts wegen sind sie gegen einen Exhibitionismus, der nicht mehr zeitgemäß ist, einen Luxus der zu unserer Not nicht passt, und eine übertriebene Mondänität, die unserer neuen Demokratie nicht ansteht. Sie alle hoffen, nun ginge es diesen drei ihnen verhassten Dingen an den Kragen.

Die Kundigen aber wissen: wenn sich da etwas vorbreitet, sondern gegen die heutige Mode selbst. Schon zu lange hat sie denen gedauert, die davon leben, dass sie nicht dauert. Sie ist nicht nur konservativen Idealisten zuwider, sondern vor allen Dingen Modeinteressenten. Umso mehr, als es seit Menschengedenken das erste Mal ist, dass die Kleidung der Frauen nicht nur vor allem den Wünschen des Verkäufers, sondern auch den Bedürfnissen des Konsumenten Rechnung trägt. Wenn wir jetzt eine neue Mode bekommen, was die Götter verhüten mögen, und sie uns die längsten Haare, die längsten Kleider und die tiefste Vermummung bringt, unserer Sittlichkeit wird das nicht aufhelfen. Zurzeit Berthold von Regenburg wie zu der Abraham a Santa Claras waren die Frauen ungefähr so gekleidet, als ob jede ihre Wäschekommode umhüllte, und trotzdem vermochten einige von ihnen so pikant und sinnverwirrend auszusehen, dass die Sittenprediger mit Reden und Schimpfen gar nicht fertig werden konnten. Also, da ist gar nichts zu machen, das war schon immer so und wird immer so bleiben.

Aber auch gegen die Herrschaft der Mode selbst ist nichts zu machen. Sage keiner, sie sei unwichtig, sei zu umgehen! Sei zu umgehen. Das ist unmöglich. Es gibt Menschen, die mit der Mode gehen, solche die ihr folgen, solche die ihr nachlaufen, aber solche, die ihr entrinnen, gibt es nicht. »Ich gehe nicht mit der

Mode« sagte eine starkgeistige Frau und trägt die Mode von 1923. Die Frau, die ich am stärksten von der Mode abhängig fand, ist jene alte Wiener Dame, wahrscheinlich aus Hofkreisen stammend, die manchmal auf der Kärntnerstraße in der Tracht der Neunzigerjahre als ein Mittagsgespenst ihrer selbst umgeht. Während sie gegen die neue Zeit einen Protest zu erheben vermeint, ist sie die Sklavin der Mode, die in ihrer Blütezeit galt und von der sie nicht los kann.

Die arbeitende Frau von heute geht mit der Mode. Sie fasst sie freundschaftlich an und so gelingt es ihr, sie für ihre Zwecke zu gewinnen, ihre Zugeständnisse abzuringen. So ist sie die Herrin von heute geworden.

Wir wollen nicht zurück zu einer Zeit der Peter Altenberg predigen musste: »Nur in äußerster Freiheit kann jedes Organ und alles überhaupt zu seinen Schönheiten gelangen. Jeder Zwang ermordet irgendetwas: das Mieder die Brüste, der Kragen den Hals, die heutige Ordnung die Seele.«

Auf dem Wege zu einer besseren Ordnung brauchen wir eben auch bessere Kleider. Die heutigen entsprechen bis zu einem gewissen Grad unseren Bedürfnissen. Noch ist die Frauenkleidung nicht ganz so gut, wie sie sein sollte. Noch werden auch schlechte und übertägige Stoffe fabriziert. Noch haben die Kleider keine Taschen, noch schwanken wir auf hohen Stöckeln.

Aber der Kittel, den wir tragen braucht wenig Stoff, der Schnitt ist so einfach, dass man bei einiger Geschicklichkeit sein Kleid selbst anzufertigen vermag, ohne jenes entsetzliche Reformkleid zustande zu bringen, welches seinerzeit der Reform der Frauenkleidung so hindernd im Wege stand. Aber es ist nicht nur billig, es gibt auch der Phantasie des feinsten Schneidergenies Raum. Und trotzdem ist es demokratisch. Man kann nämlich auch im einfachsten schön sein. Alle Frauen sehen aus der Ferne aus und sehen gleich gut aus, der Menschenfreund, der Schönheitskenner und der Arzt haben gleicherweise ihre Freude daran.

Das gegenwärtige Kleid, wie Verstand und Geschmack angeschafft, sorgfältig imstand gehalten, kann jahrelang ohne Veränderung dienen, ohne seine Trägerin in eine Vogelscheuche zu verwandeln. Es ist so kleidsam, dass auch die Frau, die für ihre äußere Erscheinung wenig ausgeben kann und will, angenehm oder mindestens unauffällig aussehen kann.

Auch darin ist das gegenwärtige Kleid menschenfreundlich, dass es den bislang bestehenden, übertriebenen Unterschied zwischen alt und jung mildert. Man mag über das tragikomische Bestreben der alternden Frau von heute, die Jugend um jeden Preis freizuhalten, noch so viel Witze machen, zuletzt ist man doch dankbar für die Tatsache, dass es kaum mehr wirklich abschreckende alte Frauen gibt. Vergrämten und gealterten Zügen kann man ja natürlich trotz aller Kosmetik nicht den Reiz der ersten Jugend verleihen, aber der Gesamteindruck braucht uns nicht fortwährend an die Vergänglichkeit und Hinfälligkeit alles Lebenden zu machen. Jedenfalls kommt es nicht mehr so oft vor wie früher, dass ein junger Mann ein Mädchen sitzen lässt, weil er ihre abschreckende Mutter erblickt hat.

Ganz besonders wichtig ist die Frage der Haartracht. Die langen Haare dürfen nicht wiederkehren. Das soll nicht heißen, dass alle Frauen uniformiert sein müssen und dass jene, die heute noch aus Stilgefühl oder Traditionstreue oder auch nur, weil es ihnen gut steht, einen schönen Haarknoten oder Zopf tragen, ihn der Mode zum Opfer fallen lassen müssen. Aber unser Freiheitssinn verlangt es, dass alle jene, die, seit sie kurze Haare haben, sich glücklicher fühlen, besser denken können und weniger fahrig sind, nicht notgedrungen ein Jahr der Tortur auf sich nehmen müssen, um ihre Haare wieder in den alten, ihnen unerwünschten Stand zu bringen.

Damit hängt auf das engste die Hutfrage zusammen; der Hut früher ein Tyrann der Frauen, will jetzt nichts sein als eine Kopfbedeckung, die man auch vier Jahre unverändert tragen kann, ohne sich auffallend zu machen. Es ist schon eine Erleichterung, die alten Witze von der Frau, die alle drei Monate in Ohnmacht fallen muss, um ihren Mann einen neuen Hut abzuringen, los zu sein.

Auch die wenige und einfache Wäsche, die man gegenwärtig braucht und die man im Notfall selbst anfertigen kann, hat einen wirklichen Fortschritt zur Folge gehabt. Sie hat nämlich einen peinlichen Begriff aus der Welt geschafft: die Ausstattung. Dieser Alpdruck lastete auf der Tochter der besitzenden Stände ihr Leben lang, und das arme Mädchen weinte sich die Augen wund, weil sie keine Aussteuer bekam. Jetzt ist der Besitz von Wäsche der Gradmesser der Vornehmheit, ihre Verwahrung keine religiöse Übung mehr, die Wäsche hat gelernt, den ihr gebührenden Rang einzunehmen.

Gegen diese Vorurteile scheint einem jeder Einwand nichtig.

Sind alle leicht und bequem gekleidet, was macht es da aus, wenn einmal eine etwas zu wenig anhat? Wenn allgemein eine rationellere Diät befolgt wird, was liegt daran, wenn irgendeine Modenärrin sich der schlanken Linie zuliebe zu Tode hungert?

In vergangenen Zeiten war die Frau das Opfer derjenigen, die die Mode machen, wobei es grotesk war, wie wenige Leute das waren und wie einfach die Drähte; durch denen das ganze Gruppenspiel gezogen wurde.

Es wird jetzt an den Frauen sein, zu zeigen, dass sie keine Puppen mehr sind.

Neue Freie Presse, 4. 3. 1928

»Mein Vater, der Methodistenprediger in der Nähe von Buffalo war«, pflegte Dorothy im vertrauten Freundeskreise zu erzählen, »hatte es sehr schlecht auf der Welt. Wir fanden ihn alle zu vertrauensselig, zu freigebig. Eines Morgens ging er aus dem Hause, nachdem er mich und meine Schwester halbwüchsige Mädchen – unsere Mutter lebte nicht mehr – zur Schule verabschiedete hatte. Er musste nach Buffalo fahren, wo er eine Vorlesung zu halten hatte. Auf der Straße wurde er von einem Mann angesprochen. »Herr, ich habe seit drei Tagen nichts gegessen. Können Sie mir etwas Geld geben?« – »Mit Vergnügen«, sagte mein Vater und griff bereitwillig nach seiner kleinen Börse, aber er steckte sie sofort beschämt wieder ein, denn sie enthielt keinen Cent mehr als den Fahrpreis nach Buffalo. »Denken Sie, wie dumm, ich habe nichts. Aber wissen Sie, « sagte er, beglückt durch den eigenen klugen Einfall, »ich habe eine Idee. Rechts um die Ecke steht mein Haus, das Pfarrhaus. Es ist weiß und hat grüne Laden. Unter der Strohmatte ist der Schlüssel zum Haus. Sie öffnen, gehen an den Eisschrank dort haben meine Töchter das Essen für den ganzen Tag aufgehoben, davon nehmen Sie nach Belieben, machen ordentlich zu und legen den Schlüssel wieder unter die Matte.«

Wenn Dorothy bis zu dieser Stelle gekommen ist, so sagt sie mit zärtlicher Stimme: »Dieser Einfall meines Vaters hat uns viel Geld gekostet.« Dann erzählt sie weiter: »Als wir am Abend das Haus betraten, sagte ich zu unserm Vater: »Daddy, hier riecht es so rein, was ist da passiert, hast du eine Putzfrau genommen?« Der Vater verneinte. Man setzte sich an den Abendtisch, ich holte das Essen aus dem Eisschrank und da lag ein Brief: »Lieber Herr Pfarrer, das gute Essen hat mir sehr wohlgetan, Zum Dank dafür habe ich ihr Haus rein gemacht, es war sozusagen die höchste Zeit. Hochachtungsvoll ihr William Smith.« Die Zuhörer atmen erleichtert auf »Na also, siehst du! Da hattet Ihr also doch keinen Schaden davon.« Worauf Dorothy lachend antwortete: »Das scheint nur so. Denn von da ab konnte die Leichtgläubigkeit eines Vaters keine Grenzen mehr jeder berechtigten Einsprache von uns begegnete er mit den Worten: »Wisst ihr noch die Geschichte von Smith, der bei euch Ferkeln reingemacht hat?«

Aus dieser Umwelt ist Dorothy, die Journalistin, hervorgegangen. Ihre Haupteigenschaft ist die Herzensfreundlichkeit und Menschengläubigkeit ihres Vaters. Sie spricht mit den Menschen, gibt ihnen den Schlüssel zu ihrem Herzen, und keiner kann ihr widerstehen und sie erfährt alles und sie erfährt die Wahrheit, und alles was sie erfährt, ist wissenswert und geeignet, das Missverständnis zwischen Menschen und zwischen Völkern aufzuklären. Sie spricht mit Chauffeuren, Ministerpräsidenten, Portiers, Waschfrauen, Königen und

Schauspielerinnen im gleichen Ton. Geradeaus geht sie auf die Dinge zu und zerreißt so das Gespinst der leeren Phrase und hört so wirklich Dinge, die vielleicht nicht unwert sind, telegrafiert und gedruckt zu werden. Als die Tochter des Methodistenpfarrers aus einem armen Dorf als die fleißige Studentin der Universität Syracuse, als erfahrener »Social worker« auf Grund tiefgehender Studien der wissenschaftlichen Methoden zur Verbesserung der Lebensbedingungen, als treue Mitarbeiterin des Settlements in Cincinnati, als genaue Kennerin der Elendsquartiere von Paris lässt sich Dorothy ebenso wenig von den Herrschenden wie von den Unterdrückten was vormachen.

Ihre besondere Spezialität in Menschenbehandlung sind Diplomaten. Man erzählt sich, es gebe solche, die bis zu ihrer Todesstunde von Gewissensbissen gepeinigt wurden, weil sie einmal ihrer Natur entgegen, zu Dorothy die Wahrheit gesprochen hatten. In Kreisen der Tagsschriftsteller wird besonders das Interview mit einem Politiker der Sukzessionsstaaten bewundert. Jahrelang hatte er Propaganda für sein Vaterland gemacht, indem er die ganze Welt an seine Friedensliebe und Internationalität glauben ließ. Dorothy kommt zu ihm. Er wartet ihr mit den Redensarten auf; da läutet das Telefon. Er muss eine wichtige Antwort geben, und zwar in sehr gewundener Form, da er ja einen Zuhörer hat. Das Telefongespräch ist zu Ende, er noch ganz in Gedanken verloren, da richtet sie eine einzige Frage an ihn, die entscheidende Frage, die er unversehens mit »Ja« beantwortet. Aus dieser Antwort ist deutlich zu erkennen, dass seine Politik ausschließlich nationalistische Gründe hat, dass ihm jedes Lebewesen ein Feind scheint, das nicht in den engen Grenzen seines Vaterlandes wohnt. Durch dieses Ja entlarvt, erzählt er ihr nun alles und so erfährt die amerikanische Welt zum ersten Mal die Wahrheit über eine für den Weltfrieden überaus wichtige Angelegenheit. Aber nicht immer braucht man zu Überrumpelungen zu greifen. Begegnet Dorothy einer wahrhaft großen Persönlichkeit, die sich mit klugen Freimut gibt, so entstehen künstlerische Porträts von wirklichem Wert. Der Deutschamerikaner Scheffauer sagte einmal, Dorothy habe das Bild Massaryks als eines Englischen Gentleman historisch festgelegt.

Amerika ist jung und lebensfähig. Dorothys Ahnen waren strenge Puritaner und haben unerhörte Kräfte für sie auf die Lebenssparkasse gelegt. Infolgedessen darf sie verschwenden und sie tut es. Es kommt die Nachricht: Revolution in Warschau. Eine Stunde später sitzt sie im Eilzug. Die Schienen sind aufgerissen. Sie geht zu Fuß und trägt ihr Gepäck stundenlang, meilenweit. Oder sie ist den ersten Tag in heißersehnten Ferien in Wien, das sie liebt. Liest im Abendblatt die Nachricht, Chamberlin komme morgen in Berlin an. Sie reist nachts, stehend im vollbesetzten Zug, bleibt achtzehn Stunden wartend auf dem Tempelhofer Feld, fliegt im Morgengrauen nach Cottbus und begleitet von da ab vierzehn Tage lang im Auftrag ihrer Zeitung Chamberlin auf allen Flügen. Dorothy ist ein vollendeter Journalist.

Dass sie den Journalistenberuf gewählt hat, ist kein Zufall: sie ist nämlich außerordentlich neugierig. Sie will wirklich wissen, warum der Weltkrieg ausgebrochen ist. Kein Geschichtsbuch kann ihr das so genau sagen, wie eine Reise nach Serbien, wo sie den Ministerpräsidenten und den Polizeimann interviewt. Sie will genau wissen, welche Partei in Ungarn Recht hat, und kann nur durch eigenes Studium erfahren, dass alle Unrecht haben. Sie will die Not der Nachkriegszeit in Österreich studieren. Sie tut es, indem sie die miterlebt, mit erleidet. Sie geht nach Berlin, um sich mit eigenen Augen zu überzeugen, dass die Deutschen die üble Nachrede, die ihnen die Welt bereitet hat, nicht verdienen.

Dorothy ist neugierig. Aber Neugierde allein macht den Journalisten nicht aus. Eine zweite Eigenschaft muss sich dazu gesellen: Diskretion. Dorothy wählt mit zarter Hand die Tatsachen aus, die wahr sind und die man doch sagen darf, ohne Unheil zu stiften. Die Aufklärungsarbeit eines Journalisten besteht ihrer Meinung nach darin, nach besten Kräften alle mit den Beweggründen aller bekanntzumachen, über Meere von Missverständnissen Brücken zu schlagen. Dorothy ist diskret mit Leidenschaft und Überzeugung.

Die längst überholte Vorstellung, als wäre die Tagesschriftstellerei die Zuflucht der Gescheiterten, wird Dorothy gegenüber hinfällig. Sie ist ein ganzer Kerl. Man kann sie sich ebenso gut als die Lenkerin eines großen Spitales, als die Beherrscherin einer Gartenstadt und als Theaterdirektor denken. Nun hat sie einmal ihre Energie und ihr Tempo zur Journalistik geführt und nun ist sie mit Leib und Seele dabei, wie sie bei allem wäre, wenn sie es betriebe. Journalistische Arbeit ist reich an Tiefpunkten und es kann ganz gut sein, dass sie manchmal nicht recht einsieht, warum sie einen uninteressanten Dummkopf interviewen muss, nur weil er berühmt ist. Oder dass sie um teures Geld nach Amerika kabeln muss, wer die kaiserlichen Hofkutschen in Wien erstanden hat; aber sie fühlt, dass alles, was in der Welt ist, ein Recht hat vollendet zu existieren, und deshalb ist sie eine vollendete Journalistin.

Ich sage Journalistin, weil es eine echt weibliche Gabe ist, die ihr zu ihren großen Erfolgen verhilft. Wenn sie eine Arbeit anfasst, so geht die gänzlich ohne Theorie, unbeschwert von den Formeln der Männer, an sie heran, fasst sie als Einzelfall auf und kommt durch den Vergleich dieser rein tatsächlichen Vorgänge zu einer Zusammenfassung, die der Wirklichkeit merkwürdig nahekommt. Und kommt durch ihr weibliches Gefühl für die Wirklichkeit, für die realen Tatsachen, zu Ergebnissen, zu denen man verstandesmäßig kaum gelangen könnte. So schöpft sie einen Teil ihrer Leistung aus ihrem Frauentum, das sie nie verleugnet.

Sie vergisst auch nie, eine hübsche Frau zu sein, ein geordnetes Leben zu führen und ihren Mitmenschen ein heiteres zu bereiten. In jeder Stadt, in der sie wirkt, ist sie ganz zu Hause. Immer findet sie irgendwie die netteste und billigste Wohnung, richtet sie einfach und lustig ein. Immer hat sie Zeit, Gäste einzuladen, und für sie mit eigener Hand französische Eierspeisen und amerikanische Salate zuzubereiten. Alle Frauen werden in ihrer Gegenwart schöner, alle Männer geistreicher. Jeder kommt sich witzig vor, wenn Dorothy lacht. Und sie lacht gern: aus ungebrochener Kinderheiterkeit, aus gutem Gewissen und weil sie wirklich schone Zähne hat. So gibt sie den Menschen den Schlüssel zu ihrem Herzen, und sie danken ihr durch Aufgeräumtheit.

Kurz: Dorothy hat gehalten, was einst ihr Vater von ihr verlangt hat, als sie ihn in frühester Jugend verließ, um in der Welt selbständig Glück und Arbeit zu suchen. »Da du genötigt sein wirst, dir dein Brot zu verdienen, wirst du nicht immer eine Lady bleiben können. Aber eines musst du mir versprechen: dass du immer ein Gentleman bleibst.«

Als kleines Mädel habe ich mich immer geärgert, wenn in kitschigen Mädchenbüchern das schönste, klügste und bravste Mädchen sozusagen zur Belohnung für ihr tadelloses Verhalten während des ganzen Buchs zuletzt den bedeutendsten und vornehmsten Mann bekam. Aber das Leben ist manchmal ebenso kitschig wie ein Mädchenbuch: Miss Dorothy Thomson kriegt, wie man letzthin gelesen hat, Sinclair Lewis zum Mann.

Neue Freie Presse, 29. 4. 1928

FREMDENVERKEHR ODER GASTFREUNDSCHAFT

Der Mensch gewöhnt sich an alles. So kommt es, dass wir gar nicht mehr merken, was für ein grausliches Wort »Fremdenverkehr« ist. Und doch müsste es jedem klar sein, dass in diesem Wort ein Misston steckt. Mit Fremden hat man nicht zu verkehren. Nur mit Freunden. Und zu diesen hat jeder zu gehören, der mit guten Absichten die Grenzen unseres Landes überschreitet.

So oft ich höre, ein Fremder weile in unseren Mauern sehe ich diesen arroganten Mauernweiler in einem Hotel durch eine Reihe von gebückten Rücken schreiten, mit aller Lächerlichkeit, die einem feierlichen Kerl anhaftet. Sein Gesicht ist mir zuwider. Aber auch die Gesichter der sich vor ihm Neigenden, die ich nicht sehe. Und gar die Neugierigen, die sich ehrfurchtsvoll vor dem Hotel versammelt haben!

Und doch wünscht man sich für Wien Gäste. Wer etwas Schönes besitzt und es wirklich liebt, will es gern zeigen. Was Wunder, dass der bekannte Wiener Lokalpatriotismus den Wunsch hat, zahllose Menschen aus aller Welt herbeieilen zu sehen, um ihnen den Stephansturm, die »Albertina« und den Cobenzl zu zeigen.

Dass bei dieser schönen und würdigen Gelegenheit Geld ins Land kommt, welches hier so rar ist, dass freudiges Leben entsteht, ist erfreulich und gerecht. »Wirten« ist kein unwürdiges Gewerbe. Im Gegenteil. Zu einem richtigen Wirt gehört so viel Verstand, Takt, Menschenfreundlichkeit, Redlichkeit, Geschmack und Humor, dass es kein kleines Kompliment ist, wenn man sagt, der Wiener hätte Talent zum Wirt.

Da dies eine Tatsache ist und Wien nicht nur eine anheimelnde und wirklich liebenswürdige Stadt, sondern derzeit im Ganzen genommen auch eine der billigsten ist, kann der Strom von Gästen auf die Dauer nicht ausbleiben. Nur muss für den Fremdenverkehr etwas geschehen. Er muss seinen Charakter wandeln. Aus dem Fremdenverkehr muss ein Freundesbesuch werden. Freunde empfängt man mit offenen Armen, offenen Herzen und dem besten Willen, ihnen gute Tage zu bereiten. Überlegung und Instinkt sagen einem, was der Gast braucht. Vor allen Dingen Seelenruhe. Er muss genau wissen, was ihn sein Leben kostet, und muss das Gefühl haben, dass ihm der Gegenwert für sein Geld vollkommen und gern geleistet wird. Technisch hat er das Recht, alles zu verlangen, was unsere Zeit an äußerem Komfort bietet. Moralisch fairplay. Es ist nicht möglich, fließendes heißes Wasser durch häufiges Grüßen zu ersetzen. Und das beste Essen kann einem feinnervigen Menschen nicht die Peinlichkeit vergessen machen, von drei trinkgelddurstigen Personen bedient zu werden. Hat aber der Gast einer Stadt das Gefühl, dass die äußerste Anstrengung gemacht wird, ihm das Leben behaglich und nervenschonend zu gestalten, so wird er nichts dagegen haben, dass man an seiner Beherbergung auch etwas verdient. Die vollkommenste Leistung ist naturgemäß zugleich die einträglichste. Es ist nämlich eine komische, bisher noch nicht genügend gewertete Tatsache, dass die vollkommenste Honettität ein glänzendes Geschäft ist.

Dem guten alten Wiener Gewerbe braucht man solche Dinge nicht erst zu sagen. Leben und leben lassen war hier immer der Wahlspruch. Aber die neue Zeit hat einige Missverständnisse mit sich gebracht. Noch glaubt man in Wien, dass vierzig Leute, die in Automobilen ankommen, den Kohl fett machen. Noch weiß man nicht, dass unsere materielle und künstlerische Kultur ausschließlich von den breiten Massen abhängt und nicht von einigen Reichen und Mächtigen. Damit Wien an seinen Gästen wirklich Freude und Gewinn hat, müssen vierzigtausend Mann dritter Klasse komme: Herr Schulze aus Plauen, Monsieur Morand aus Besancon, Mr. Smith aus Glasgow. Alle diese kommen voll Ehrfurcht für die alte Kulturstadt Wien, um die dreihundert Mark, zweitausend Francs oder fünfzig Pfund auszugeben, die sie sich für den zehntägigen Aufenthalt in Wien gespart haben. Das werden reizende Gäste sein! Alles werden sie sehen wollen, alles bewundern, alles genießen und beglückt über die Wiener Freundlichkeit dankbar abreisen.

Noch aber wissen wir solche Gäste nicht genügend zu schätzen. – Ein Stück falscher Vornehmheit ist uns übrig geblieben aus der Vergangenheit, welches manchem Wirt verbietet, nur billige Speisen zu führen, dem Sortimenter, nur billige Bücher zu verkaufen. Teuer sein heißt in Wien fein sein. Bestünde dieses Vorurteil nicht, so wäre Wien, das Dorado der Reisenden.

Neue Freie Presse, 13. 5. 1928

DREI BEGEGNUNGEN MIT KLABUND

Er wollte gar nicht gekannt sein. Nicht einmal seinen Namen gab er preis. Klabund – mit dieser schwer erklärbaren Zusammenstellung von Buchstaben musste man sich begnügen. Nur sein Werk wollte er sehen und hören lassen. Orient und Okzident hineinpressen. Er selbst nahm in der Welt wenig Raum ein. Ach du liebe knabenschmale Gestalt, gütig-schüchterner Kinderblick, sanft-heisere Stimme – unerträglich zu denken, dass ihr nicht mehr seid.

So jung er ging, sein Ziel hat er doch erreicht. Früh schon hat man auf ihn gehört, ihn gedruckt. Er verstand, Interesse zu wecken, zu überraschen, zu verblüffen, er wurde gelesen, aufgeführt. Aber was ist das alles gegen die Gedichte von denen jedes ein Blutstropfen von ihm ist. Gedruckt auf grauem Papier. Gedichte, geschrieben für eine Jugend, so traurig und kriegsgebrochen wie er selbst.

Jetzt lebt er nicht mehr. Hat sich ganz ausgelöscht. Nach kurzem Leben und langem Leiden hat er sich versteckt, der arme Bub, dass ihn die Welt nicht finden kann und nun ganz auf sein Werk angewiesen ist, das ihm immer wichtiger war als sein herrliches, geniales und liebreiches Dasein.

Jede Begegnung mit ihm war ein Fest. Denn er suchte nicht das Seine. Der Narzismus der Produktiven, ihm war er fremd. An dem Schicksal des Freundes, mit dem er gerade sprach, nahm er mit dem tiefen Ernst Anteil, der sein ganzes Wesen kennzeichnete. Auch war er mit einer höchst seltenen Gabe begnadet: er konnte zuhören. Sein eigener lichter Verstand aber wirkte auf den des Partners erhellend, nicht verdunkelnd.

Doch sind wir vor allem drei Begegnungen haften geblieben, nicht die wesentlichsten, nicht die bedeutungsvollsten. Drei Momentfotografien, wie solche eben sind. Das Original eigentlich nicht recht darauf erkennbar, aber doch irgendein Detail darin war scharf und bezeichnend.

Herbst 1924. Gemeinschaftsküche der Österreichischen Freundeshilfe im Kaiserschloss in Berlin. Klabund und ich sitzen um 12 Uhr mittags am Tisch. Zu uns setzt sich irgendeine hochgestellte Wohltätigkeitshyäne, die gekommen ist, die neue Einrichtung zu begutachten. Sie blickt mit jenem schmalzigen Mitleid, welches den Zuschauer schamrot macht, zum nächsten Tisch hinüber, an dem ein netter und verhungert aussehender alter Mann seine Suppe löffelt. Dann fragt sie, indem sie mit übertriebener Diskretion auf den Mann deutet, mit penetrant flüsternder Stimme: »Gott, sehen Sie doch, wie es dem armen Menschen schmeckt!« Ich blicke zu Boden. Mir, der Hausfrau steht kein Mittel zu Gebote, weitere Taktlosigkeiten zu verhindern. Da erhebt sich, wie aufgescheucht Klabund, und schon sitzt er, den man sonst nur mit Mühe dazu bringt, mit fremden Leuten auch nur ein Wort zu wechseln, am Nebentisch mit dem alten Herren und spricht lebhaft auf ihn ein. Sein Verhalten schafft mir irgendwie Mut, ich gebe der Dame den Abschied und gehe an meine Arbeit. Als ich um 3 Uhr wieder in den Saal zurückkehre, sitzt Klabund noch immer am gleichen Platz, strahlend vor Freude kommt er auf mich zu. »Also, ich bin natürlich nur hingegangen, mit dem Mann zu reden, weil ich gemerkt habe, dass Sie sich fürchten, er könnte hören, was die Dame spricht. Aber dann sind wir so ins Gespräch gekommen, und da hat er gesagt, dass er traurig ist, weil er kein Geld hat. Er ist ein Lehrer ohne Stelle. Es hat ihn auch gar nicht getröstet, dass ich auch keines habe. Aber er hat meinen Namen gekannt, und da hat er mir eine kleine Geschichte gezeigt, die er geschrieben hat. So was Langweiliges haben Sie noch nie gelesen. Ich habe drei Stunden gebraucht, bis etwas daraus geworden ist. Aber jetzt sagt er selbst, dass die Geschichte ganz gut ist. Ich werde sie an eine Zeitschrift schicken.«

Frühling 1926. Hotelzimmer in Wien. Wir sitzen mit gleichgültigen Menschen zusammen. Plötzlich macht einer mit der gedankenlos billigen Frivolität der üblen Nachredner einen hässlichen Witz über eine bekannt Persönlichkeit. Seit Heine ist es ja Sitte, lieber seinen Vater zu beleidigen als einen sogenannten Scherz zu unterdrücken. Schon will ich in meiner zufahrenden Art dem Sprecher die verdiente Abfuhr erteilen. Da fällt mein Blick auf Klabund. Er ist totenblass, aber er spricht nicht. Er schaut nur. Durch die runde Hornbrille, hinter der er sich sonst verbirgt, schleudern seine Augen zürnende Blitze. Sein Zeigefinger legt sich so heftig befehlend auf seine Lippen, dass es wie ein Schlag wirkt. Der Lästerer bleibt mitten im Satz stecken. Sein raffiniertes Lebemanngesicht zeigt tiefe Bestürzung. Im Nu ist Klabund von Reue erfasst. Heimlich schiebt er mir ein Zettelchen zu, zum Weitergeben an den Betroffenen. Darauf steht mit seiner feinen, flüchtigen, wie um Verzeihung bittenden Schrift: »Nicht böse sein! Ich durfte es nicht hören. Der Mann, den Sie schmähten, hat mir das Leben gerettet.«

Herbst 1927. Klabund-Premiere im Akademietheater. Des Dichters sonst blasses Knabengesicht ist ein heiße Glut getaucht. Die Hände, mit denen er die meinen umklammert hält, sind Eisklumpen. Er ist trotz aller Selbstbeherrschung in einer verzweifelten Aufregung. Kaum wagt man zu sagen: »Aber Sie haben doch schon so viel Erfolg gehabt.« – Aber nicht in Wien«, flüstert er, »denken Sie doch, Wien, das ist doch wichtig.« Man sieht, ihm ist nicht zu helfen. Aber dann kommt sie auf die Bühne, sie, für die er das Stück gemacht hat, sie, der jeder Gedanke, jeder Atemzug gilt. Jetzt weiß er nicht mehr, dass das Stück von ihm und dass Wien wichtig ist. Jeder seiner Sätze, den sie spricht, ist von ihr gedichtet. Jede Betonung, jede Bewegung geht ihm durch und durch. Der Vorhang fällt. Man klatscht freundlich und erheitert. »Sind die Leute zufrieden?« fragt er bang wie ein Schulkind. »Ja« sage ich froh erleichtert: »Sie haben einen großen Erfolg.« – »Ich, nein nicht ich, Carola!« sagt er. Und dabei sieht er aus wie eine treue Mutter, die ihr Kind wiegt: Du sollst schlafen, du sollst schlafen, du sollst schlafen, liebes Kind.

Ein großer Liebender ist uns gestorben. In dem Sarge, der die zarten Glieder des jungen Alfred Hentschke aus Crossen umschließen wird, begraben sie ein Herz mit, der merkwürdigsten Gefühlen fähig, und einer Wärme, die man glaubt nicht entbehren zu können. So überläuft es einen eiskalt am heißesten Augusttage.

Neue Freie Presse, 19. 8. 1928

KUNSTSEIDENSTRÜMPFE, ODER: DIE MORAL DER HAUSGEHILFIN

Kürzlich konnte man in der Zeitung lesen, dass ein junges Mädel sich umgebracht hat, weil sie von ihrer Dienstgeberin in Gegenwart eines Bauern verdächtigt wurde, ihr ein Paar Strümpfe entfremdet zu haben. Der Hauptgrund des Selbstmordes war darin zu suchen, dass der Bauer aus der Heimatgemeinde der jungen Hausgehilfin stammte, so dass diese einen Tratsch fürchten musste. Mit einem solchen Fleck auf der Ehr' aber glaubte sie nicht mehr leben zu können.

Ehrlichkeit ist auf dem Lande ein wichtiges Lebensmittel. Eine so enge Gemeinschaft muss darauf sehen, dass jeder die Rechte eines jeden respektiert. Jede Tür muss offenstehen können. Wenn man in früheren Zeiten auch auf Raubzüge ging, heimgekehrt, hielt man in der eigenen Siedlung doch auf Burgfrieden, der sich nicht nur auf Leib und Leben, sondern auch auf Hab und Gut erstreckte. Unehrlich heißt auf dem Lande unanständig. Alle anderen alle anderen Wechselfälle des menschlichen Lebens werden nicht verziehen. Der Diebstahl ist unverzeihlich.

So dachte das Mädchen, das in den Tod ging. Aber die arme Dienstgeberin, die jetzt ihr ganzes Leben lang mit einem Mord auf dem Gewissen herumgehen muss, hatte von dieser Denkart keine Ahnung. Sie ist wahrscheinlich eine Städterin. Sie hat vielleicht einen Vetter, der einmal Wechsel gefälscht hat, eventuell einen Onkel, der in der Inflationszeit mit Vorliebe etwas verdorbene Lebensmittel verkaufte, aber auch einen Schwager, dem man ein geistiges Plagiat nachgewiesen hat. Die sogenannten gebildeten Stände haben nämlich ein weites Gewissen. Sie können nicht verstehen, dass das Dienstmädchen, mit mittelalterlicher Strenge erzogen, eine ganz andere Moral hat. Die Dienstgeberin ist zwar sehr gereizt, über den geringfügigen Diebstahl, der an ihr begangen wurde, aber gegen das Verbrechen im Allgemeinen ist sie zu abgestumpft, als dass sie sich vorstellen könnte, dass der Vorwurf einer Unehrlichkeit einen Menschen aus der arbeitenden Klasse in den Tod treiben kann. Zwei Welten begegnen einander hier, die sich nicht verstehen, nicht berühren, so dass jeder Konflikt zur Vernichtung eines oder beider führen muss.

Es ist merkwürdig wie leicht Frauen die Beschuldigung des Diebstahls aussprechen. Das hat einen pathologischen Grund. Es gibt eine Frauenkrankheit, die bisher von den Ärzten noch nicht genügend beachtet worden ist. Zahlreiche Frauen laborieren an den Wahn, bestohlen zu werden. Ich kannte eine Frau die eines Tages in Verzweiflung geriet: ihr sei eine kostbare, kupferne Bratpfanne, die schon ihrer Großmutter gehört hatte, abhandengekommen. Der Bräutigam des Mädchens habe sie gestohlen. Tags darauf wurde sie im Garten, wohin sie das Kind zum Sandspielen hingeschleppt hatte, gefunden. Die Frau blieb nach wie vor deprimiert. »Warum kränken Sie sich denn noch?« fragte ich. »Sie haben doch die Pfanne.« – »Ja auf den Küchenbord schon, aber nicht im Herzen.« Von den Tragödien, die sich in einem wohlgeordneten Haushalt jedesmal nach der großen Wäsche abspielen, könnte jeder deutsche Dramatiker profitieren. Dem größten Naturforscher Christian Morgenstern ist es gelungen, das geheimnisvolle Tier zu entdecken, welches bekanntlich Taschentücher frisst. Noch aber weiß man nicht, wie jenes Wesen heißt, das auf Leintüchergenuss erpicht ist. Meiner Tante Hortensie fehlten jedesmal nach der Wäsche fünf Leintücher. Immer fünf. »Such nur«, sagte ich mit jener Kühle, mit der die Jugend jedem Materialschaden gegenübersteht. Meine Teilnahmslosigkeit erweckte Zornestränen. Wenn sich dann aber die Leintücher alle wieder einfanden, wurde nie wieder davon gesprochen.

Dieser aus Besitzwahn und Ordnungssucht zusammengesetzte »Krebs der Seele« äußert nun manchmal an unrechter Stelle seinen Schmerz. Kaum geschieht das, so ist schon ein anderes Lebewesen zutiefst, manchmal unheilbar gekränkt. Kein Mensch, der in gesicherten Verhältnissen aufgewachsen ist, kann sich vorstellen, wie viel jene Wesen, die bisher in der Gesellschaft enterbt waren, auf ihre Ehre halten. Dass sie Ehre mit Ehrlichkeit verwechseln, das hat sie ja die Geselligkeit in ihrem eigenen Interesse gelehrt! Vor hundert Jahren wurde noch in England ein Dienstmädchen, das ihrer Dienstgeberin ein Halstuch entwendet hatte, hingerichtet. So was setzt sich in den Nerven der Menschheit für Jahrhunderte fest.

Neue Freie Presse, 4. 11. 1928

DER FILMREGISSEUR

Jahrelang habe ich geglaubt, die meiste Geduld brauche der Lehrer Kindern etwas beibringen, wonach sie nicht fragen, sie zu einem Verhalten veranlassen, das ihnen nicht passt, sie für eine Zukunft vorbereiten, für die sie sich nicht interessieren, schien mir sehr schwierig.

Dann war ich einmal beim Taubstummenunterricht. Da merkte ich er erst, wie leicht es ist, normale Kinder zu unterrichten. Aber meine Bewunderung wuchs noch, als ich zu schwachsinnigen Kindern kam. Sie zu lehren, schien mir das Schwerste.

Seit kurzem bin ich eines Besseren belehrt. Ich war nämlich einen Vormittag in Staaken, der früheren Zeppelinhalle, die jetzt zum Teil ein Filmatelier ist, und sah dort einen Vormittag lang zu, wie Willy Pabst Regie führte. Jetzt weiß ich, dass der gute Filmregisseur die härteste Arbeit hat und die meiste Geduld braucht.

Den ganzen Vormittag wurde ein einziges Bild probiert, immer und immer wieder: den wievielten Teil einer Sekunde es dann auf der Leinwand ausgemacht hat, weiß ich nicht. Es handelte sich um eine Szene aus Wedekinds

»Büchse der Pandora« . Sie spielte in Marseille auf einem Schiff und zeigte einen verschwindenden Bruchteil der Zeit, in welcher der junge Alva herabgleitet und verdirbt. Um einen Tisch herum saßen seine Helfer, seine Ausbeuter und überdies gleichgültige, verkommene Zuschauer, Gesellschaftsabfall aus aller Welt. Diese Menschen waren nichts als Staffage für den jungen Alva. Als ich kam, waren alle schon kostümiert und geschminkt und jeder wusste, was er zu tun hatte, es war also schon unendlich viel Arbeit vorausgegangen.

Und jetzt hatte ich die Gelegenheit, den Lehrer-Regisseur an der Arbeit zu sehen. Seine Schulklasse war sehr groß und er musste sich um alles kümmern. Keine Schleife auf einem Hut durfte seiner Aufmerksamkeit entgehen, kein roter Farbtupfer zu viel auf einer Wange. Er musste nicht nur aufpassen, dass sie nicht schwätzen, er musste darauf sehen, sie dahin zu bringen hinter jeder technischen Leistung, wenn möglich ein schlagendes Herz zu fühlen war. Sein Schulgehilfe, der Operateur, war ganz sicher auch eine Persönlichkeit; denn das aus dem Zusammenhang gerissene Szenenbild machte den Eindruck, als wären sämtliche Mitwirkende gebannt.

Aber nicht nur der Regisseur schien eine gesteigerte Lehrerpersönlichkeit, auch die Schüler waren Überschüler. Wie zögernd erhebt sich sonst ein Schulkind, wenn es aufgerufen wird. Wenn aber Pabst rief: »Lederer!« (und er sprach besonders leise, wie ein guter Lehrer eben soll), durchzucke den jungen Künstler, der den Alva gab, ein elektrischer Schlag. Bei dem zweiten Anruf: »Lederer!«, welcher mehr bittend, animierend klang, setzte er sich in Bewegung, die wenigen Schritte zu machen, um derentwillen das ganze Bild gestellt war. Und diese Schritte machte er mit solcher Konzentration, dass in mir das Gefühl wach wurde: der Vorzugsschüler Franz Lederer wird ganz sicher Karriere machen. Es ist jetzt nämlich nicht mehr Mode, dass Vorzugsschüler zugrunde gehen. Dann trat in die Klasse die Schülerin Luise aus Hollywood. Alle wussten: was die kann, können wir nicht. »Mein Gott, ist die schön!« flüsterten hingerissen alle Mädchen um mich herum. »Wenn sie sich nur rührt, ist man schon glücklich!«

Die unbarmherzige Leinwand hatte sie gelehrt, dass, wenn sie sich rührten, niemand glücklich war. Es wird ihnen eben alles ad oculos demonstriert, daher die seltene Selbsteinsicht. In der Verzweiflung, nicht die heißersehnte erste Rolle spielen zu können, haben sie sich entschlossen, aus ihrem Neid Bewunderung zu machen. So entsteht eine Atmosphäre des gegenseitigen Dienens. Man rückt dem Kollegen die Krawatte zurecht, zieht der Nachbarin eine Haarsträhne in die Stirn, um sie reizvoller erscheinen zu lassen. Es herrscht die solidarische Gemeinschaft einer gut geleiteten Schulklasse. Aber diese kann nicht der Lehrer allein schaffen, einige maßgebende Schüler müssen ihm dabei helfen. In der Klasse des Lehrers Willi Pabst Staaken war ein wunderbarer Schüler drin. Menschlichkeit, Güte und Hoheit sahen ihm aus den Augen, obgleich er den Schigolch spielte. Aber in den Pausen war er Karl Götz, der bürgerliche Freund der Frauen, der väterliche der Jugend; die ganze Klasse stand auf einem höheren Niveau, weil er da war.

Ich weiß nicht viel vom Film, ich ahne höchstens seine künftigen Möglichkeiten. Ich kann also auch gar nicht sagen, ob diese unerhörte Arbeit sich lohnt. Aber ihr Anblick ist ästhetisch und rührend. Unterordnung unter den Willen eines, dem man vertraut. Selbstdisziplin, die tiefe Moral, nichts Anderes vorzustellen, als man in diesem Augenblick ist, Dienst aller für den, der Talent hat: nicht viele Berufe halten so rein.

Der Filmregisseur braucht aber nicht nur bei der Arbeit, sondern auch vorher, bei der Schüleraufnahme, schon große Geduld. Wenn sich Willy Pabst entschlösse, ein Büchlein zu schreiben »Wie ich meine Lulu suchte«, so wäre das eine überaus heitere Lektüre. Kaum hatte er verlauten lassen, dass er die »Büchse der Pandora« verfilmen wolle, als sich eine Flut von Brief von Briefen aus aller Welt über ihn ergoss. Diese Would-be-Lulus wussten aber auch ihren Wunsch prächtig zu motivieren. Die eine schrieb, sie habe nicht »Büchse der Pandora« viermal gesehen, sondern auch die Kreise Lulus »frequentiert«. Um das Gesicht zu wahren, setzte sie erklärend dazu: »aber nur pro forma«. Eine glaubte sich besonders dadurch zu empfehlen, sagte, sie habe schon vor siebzehn Jahren in München die Lulu gespielt. Ganz sicher des Erfolges aber ist eine, der es, wie sie meint, schon urzeitlich vorgeschrieben war, die Lulu zu spielen. Sie ist nämlich Negerin.

Alle diese Schwierigkeiten aber schrecken einen wahren Regisseur: Lächelnd spricht er von ihnen, und wenn man fragt: »Verlieren Sie die Geduld nie?« so sagt er: »Nein, ich liebe den Film.« Gegen dieses Argument lässt sich nichts einwenden.

Neues Wiener Journal, 24. 2. 1929

SOLL MAN BRIEFE SCHREIBEN – MAN MUSS BRIEFE SCHREIBEN!

Die Emanationen der menschlichen Tatkraft, die Briefe heißen, zerfallen in zwei Arten: solche, die aus den eigensüchtigen Trieben des Verfassers entstehen und die man im weitesten Sinne Geschäftsbriefe (Business, alte und neue Sachlichkeit) nennt, und solche, die um des Empfängers willen entstehen. Man kann sie Liebesbriefe nennen, obwohl dieses Wort gewöhnlich in einem engeren Sinn gebraucht wird.

Die erste Kategorie wird durch die moderne Technik mehr und mehr in Telefon, Telegraf und Flugpost verflüchtigt. Bliebe also nur die zweite. Aber da in unserer Zeit der Herzmuskel immer weniger strapaziert wird, werden Briefe immer seltener. Das ist ja sehr gut zu verstehen. Hast, Lebenskampf, Bürgerkrieg schaffen keine Atmosphäre für behagliche Briefstellerei. Der lange, gemütliche Berichtbrief des Sohnes von der Universität, des Mannes von der Geschäftsreise, der Freundin aus der Stadt an die Freundin auf dem Lande existiert nicht mehr. Er hat sich überlebt. Zeitungen, Bücher, Radio sind an seine Stelle getreten.

Aber wenn auch diese Art von Briefkunst zurückgegangen ist, das Briefschreiben ist nötiger denn je, denn noch nie waren die Menschen so trostbedürftig wie gerade jetzt. Mag der reife, mitten im Leben stehende Mensch seinen Briefstoß an jedem Morgen mit Ungeduld überfliegen, immer noch gibt es Herzen, die höher schlagen beim Anblick ihres Namens auf einem Briefkuvert. Der ganz alte und der ganz junge Mensch, der ganz einfache und der ganz einsame können auf die direkte Nachricht nicht verzichten. Man braucht nur einmal einer Briefverteilung in der Sommerfrische beizuwohnen. Nicht nur Glück, auch Stolz malt sich auf den Zügen des jungen Mädchens, wenn sie den Brief und die zwei Ansichtskarten in Empfang nimmt. Und wie verzweifelt sieht der junge Mann aus, der seit acht Tagen täglich leer ausgeht. Bei Tische kann man dann am Appetit erkennen, wer erwünschte Post erhalten hat und wem sie ausgeblieben ist. Der große Menschenkenner Christi an Morgenstern hat in voller Erkenntnis dieses Bedürfnisses sein Warenhaus für kleines Glück errichtet, in dem sich bescheidene Leute einige Briefe täglich bestellen können, unpersönliche, aber doch Briefe.

Es wird nicht genug geschrieben. Jeder Mensch lernt von Jung auf, sich täglich zu waschen. Ganz ebenso müsste jeder lernen, täglich seine Briefe zu schreiben.

Nicht waschen aber gilt als schimpflich, während nicht schreiben geradezu eine Ehre ist. »Ich habe meiner Mutter seit drei Monaten nicht geschrieben« oder »meine Freunde hören jahrelang nichts von mir« wird zwar im Ton der Klage verlautbart, aber ein Unterton von Selbstgefälligkeit klingt mit. Der Brief ist nämlich ein bürgerliches Vehikel, der Snobismus verbietet, es zu gebrauchen. Es gilt für fein, für differenziert, keine Briefe zu schreiben.

Natürlich gesteht das niemand. Andere Gründe werden vorgeschoben. Wenn die Leute alle Zeit, die sie brauchen, um Ausreden für ihr Nichtschreiben zu erfinden, zum Schreiben benutzten, so stünde es um diese Sache besser. »Ich habe keine Zeit«; »es fehlt mir an Stoff«; »ich bin für meinen Freund ohnehin zu den höchsten Opfern bereit, was soll ihm da ein trivialer Brief«; oder »wozu einem schreiben, der ohnedies weiß, dass man ihn liebt?«

Das alles ist barer Unsinn. Zeit hat man immer, Stoff desgleichen; Gelegenheit, den Freund aus Tigerklauen zu befreien, hat man nie, und seiner Liebe muss man einen Menschen jede Viertelstunde versichern, sonst hat er alle Ursache, daran zu zweifeln.

Wer hat den Mut, eine Frage, die man an ihn richtet, unbeantwortet zu lassen? Einen Brief nicht zu beantworten ist eine weitverbreitete üble Gewohnheit, die manchmal zum Verbrechen wird. Wer weiß, was für entsetzliche Schmerzen Warten bereiten kann, der kann die messbare Menge von Unglück ahnen, die Nichtbeantworten bereitet. Wenn auch die Sache nicht immer so schlimm ausgeht wie mit der armen Mutter von Kellers »Grünem Heinrich«, so gibt es doch Millionen Mütter, deren Herz einen Sprung hat, weil ihr Sohn seinerzeit versäumt hat, eine Karte zu schreiben, auf der stand: »Liebe Mutter, meine Bergpartie war wunderschön und ist sehr gut verlaufen. Dein Dich liebender Sohn Franz.«

Dieser Sohn verdient in der Hölle zu schmoren. Wir brauchen keine langen und geistreichen Briefe zu schreiben. Eine Flut von Glück würde sich über die Welt ergießen, Selbstmorde würden seltener werden, wenn wir uns entschlössen, oft, kurz, warm und einfach zu schreiben. Aber Wichtigtuerei und Trägheit des Herzens hindern uns daran. Und dann noch eine moderne Teufelserfindung: wir haben Hemmungen.

Diese tragen die meiste Schuld. Briefe müssen nämlich dem ersten Impuls folgend geschrieben werden. Briefe müssen am gleichen Tag, an dem sie kommen, beantwortet werden. Antworten halten sich so schlecht wie rote Rosen im Juni. Die Aufgabe wird immer schwerer. Je länger man zögert, desto mehr hat man das Gefühl, dass der Brief sachlich besser fundiert, stilistisch feiner abgefasst sein müsste. Wenn man die Nachricht von einem bevorstehenden Besuch mit einem Kärtchen beantwortet: »Wie schön, dass du kommst! Ich freue mich so sehr!«, so klingt das wie ein Jubelruf. Hat man acht Tage mit der Antwort gezögert, so genügt ein lyrisches Gedicht nicht mehr, selbst wenn es mit byronesker Glut abgefasst ist.

Die einzige Art von Briefen, die aufgeschoben werden dürfen, sind Glückwünsche an Neuvermählte. Hier empfehlen sich als Wartezeit zehn Jahre. Sonst kann einem leicht Folgendes passieren: Man schreibt einem jungen Paare, das sich gerade auf Hochzeitsreise nach Kalkutta befindet, einen Glückwunschbrief nach London. Nach drei Monaten zurückgekehrt, in nichts einig als in dem Gedanken, sich scheiden zu lassen, finden die jungen Leute auf ihrem Tisch folgende Zuschrift: »Meine Lieben, dass Ihr Euch gefunden habt, kann einen mit der schlechten Welt versöhnen. Es ist herrlich und beruhigend, Euch beieinander zu wissen, eins das andere schützend und beglückend, und zu denken, dass Ihr die rechten Menschen seid, ein solches Glück bis ans Lebensende treu zu bewahren.« Merkwürdig leicht drücken einem Wut und Trauer die Feder in die Hand, sehr zu unserem Schaden. Denn der Brief, den wir heute im Zorne mit »Elender Gauner« als Ansprache beginnen, würde schon am nächsten Tage die Überschrift »Sehr geehrter Herr« tragen, was nicht nur feiner, sondern auch praktischer wäre. Wut muss man ausrauchen lassen, da Zorn kein Argument ist. Ebenso verwerflich ist das Bedürfnis, schlechte Nachrichten rasch zu verbreiten. Eine Trauerkunde, die einen nicht direkt angeht, erfährt man überhaupt nie spät genug.

Aber gerade solche Mitteilungen werden mit der Flugpost statt mit der Schneckenpost befördert. Für Leute, die nicht in der Welt leben, sind infolgedessen Telegramm und Trauerbotschaft geradezu identische Begriffe. Als ein Berliner letzthin in einen Gasthof im Salzburgischen kam, wo er sich vorher ein Zimmer bestellt hatte, kam ihm die kleine Tochter des Wirtes weinend entgegen. »Um Gotteswillen, Kind, was ist geschehen?« fragte der Gast. »Für Ihna is a Telegramm ankommen«, schluchzte das Kind. Wenn schon ungeschäftliche Eilbotschaften abgesendet werden sollen, so wäre es wesentlich ersprießlicher, einem Freunde zu drahten: »Habe soeben in Bonn herrliche Kalbshaxe gegessen. Hans« oder »Nach erfrischend heißem Bade grüßt dich herzlich Bill«. Die einzige Trauerbotschaft, die auf Eilweg zu verbreiten wäre, ist: »Onkel Adolar und Tante Eulalie lassen sich wegen später Eheirrung scheiden.«

Während alle Unlustgefühle nach dem Schreibzeug drängen, ist es erstaunlich, wie stark die retardierende Wirkung ist, welche Begeisterung, Liebe und Freude auslösen. Zwanzig Jahre lang habe ich mir nach jedem Konzert von Johannes Messchaert vorgenommen, dem herrlichen Manne zu schreiben, wie glücklich ich bin, wenn er Schuberts »Macht und Träume« singt. Aber er ist früher gestorben, als mein Brief fertig war. Mit jener verständnisvollen Nachsicht aber, die man sich selbst gegenüber immer walten lässt, sage ich mir: »Ich war eben zu bescheiden. Ich wollte nicht aufdringlich sein. Große Persönlichkeiten werden ja ohnehin mit Briefen überflutet.« Jawohl werden sie überflutet: mit Preiskatalogen aus Pelzgeschäften. mit Darlehensgesuchen, mit Manuskripten, die sie beurteilen, mit Dramen, denen sie zur Aufführung verhelfen sollen, mit fatalen Annäherungen, wenn sie Schauspieler, mit Beschimpfungen und Drohungen, wenn sie Politiker sind. Wer eine wirkliche Leistung vollbracht, wer den Menschen aus der Seele gehandelt, gesprochen, geschrieben oder musiziert hat, bekommt fast nie einen freundlichen, einfachen, dankbaren Brief.

Das hängt aber nicht nur mit der vorgenannten Trägheit des Herzens zusammen, sondern auch noch mit einem andern unausrottbaren Übel: der sogenannten Schulbildung. Je größer die, desto langweiliger die Briefe. Die »Gebildeten«

benehmen sich nämlich beim Briefschreiben wie schlechte Journalisten. Nicht die Sache, die sie berichten sollen, ist ihnen wichtig, sondern nur, wie sie sich selbst bei der Darstellung ausnehmen werden. So kommt es, dass ihre Briefe häufig ledern, leer, farblos sind.

Wie anders der Brief, den letzthin eine Wiener Fabriksarbeiterin an ihre Eltern, Bauersleute in der Steiermark, schrieb: »Ich grüße Vater und Mutter, die Tante und den Poldi. Seids Ihr gesund? Ich bin gesund. In der Fabrik ist es nicht so schön zum Arbeiten wie zu Hause bei Euch auf dem Feld, weil hier zu wenig Luft ist. Aber es ist viel lustiger. Seit Ostern gehe ich mit einem sehr lieben Burschen. Er heißt Otto. Vielleicht wird einmal was mit uns zwei. Aber nicht bald, weil er für seine Mutter zum Leben verdienen muss. Kann mir die Tante ihren grauen Flanellunterrock schenken? Ich zahl die Post. Möchte mir eine Hose daraus machen lassen zum Turnfest. Der Otto ist ein guter Turner. Hat die scheckete Kuh schon das Kalb? Das wird eine Freude sein. In meinem Zimmer raucht der Ofen. Die Minnerl, was meine Zimmerkameradin ist, und ich sparen schon auf den Herbst für einen neuen. Habt Ihr heuer viel Birnen? Otto isst sie so gern. In der Stadt ist nichts mit Birnen, sie schmecken so wässerig. Der Otto ist ein sehr hübscher Mensch. Er will zu Weihnachten zu Euch kommen, damit Ihr ihn sehts. Eure Franzi.«

Alles, was Eltern zu wissen brauchen, steht in diesem Brief drin. Und wer möchte nicht gern der Franzi ihr Otto sein?

Neue Freie Presse, 8. 9. 1929

DER KONDOLENZBRIEF

Ihr liegt eine Todesanzeige vor. Ein junger Mann berichtet da in knappen Worten, dass seine Frau im Alter von dreiundzwanzig Jahr bei der Geburt ihres ersten Kindes gestorben ist. Jetzt heißt es, auf diese richtig antworten.

Sie hasst es, Kondolenzbriefe zu schreiben. Sie versteht es ausgezeichnet glaubwürdig und beschwingt ihre Mitfreude auszudrücken, für Beileid hat sie noch keine Form gefunden. Aber diesmal muss sie schreiben. Der Mensch gehört nämlich nicht zu ihrer nächsten Freundschaft. Sie kann nicht hineilen, ihm die Hand drücken, mit ihm weinen und Sorge zu tragen dass er Ruhe hat. Andererseits aber steht er ihr nicht fern genug, um die Anzeige wortlos zu übergehen.

Aber sie kann nicht. Nicht nur die Worte versagen, sogar das Schreibwerkzeug. Sie versucht es mit dem Bleistift, mit der Feder, mit der Füllfeder, es geht nicht. Die Gedanken wirbeln, sie stottern. Selbst alltägliche Begriffe stellen sich nicht ein. Das einzige, was sie schreiben könnte, wäre: ich schäme mich zu leben, wenn Ihre süße kleine Frau tot ist. Aber das kann sie nicht schreiben. Denn da es wahr ist, klingt es wie eine Phrase.

Sie fängt einen neuen Briefbogen an. Jetzt kann sie's. Aber als der Brief, fertig ist, findet sie ihn zu literarisch, alles klingt diskret, als ob sie über den Tod von Victoria schrieb, jenes Wesen, das Hamsun so lieblich erdichtet hat. Der Brief muss einfacher sein, ganz einfach schreibt ihn. Er ist beredt und verrät trotzdem nicht mehr Gefühl als sie hat.

So, jetzt wird sie ihn sofort wegschicken. Aber sie kann nicht. Kennt sie den Adressaten? Weiß sie, an wen sie schreibt? Ist er ein Gefasster, ein Verzweifelter, der getröstet sein will, oder ein Untröstlicher. Wer sagt ihr, dass ihr Brief morgen früh nicht einen Toten antrifft? Und wenn er noch lebt und weiter zu leben gedenkt, wer weiß, ob ihm Worte etwas bedeuten. Man könnte sich denken, er wünschte, dass die ganze Welt verstummt, da der Mund, den er geliebt hat, für immer schweigt. Vorher war sie froh gewesen, dass ihr Brief beredt war, jetzt fühlt sie, dass der Empfänger die Stummheit der Geliebten umso schmerzlicher empfinden müsste, je geschwätziger die Überlebenden sich gebärdeten.

Sie zerreißt den Brief. Sie will etwas anderes versuchen. Nicht ein Klagegesang, sondern ein Lobeshymnus auf die Tote entsteht. Alles Gute, was sie von dem jungen Weibe weiß, will sie nach Stefan Georges Rezept als duftende Blume auf den Sarg legen, damit man ihn nicht sieht. Aber mitten darin hält sie inne. Wer hat zu loben, wenn der wahre Kenner da ist? Was kann sie ihm sagen, was er nicht besser wüsste? Nein: Vom Kinde sprechen ist das Beste. Aber das weist sich schon nach zwei Zeilen als unmöglich. Das Kind ist ja die Todesursache. Er wird es natürlich später einmal lieben müssen, dieses Kind, in diesem Augenblick ist es sein Feind. Es hat ihn beraubt. Augenblicklich kann er nur an sich selbst denken. Vielleicht sollte man lieber von seiner Zukunft sprechen, von seinem Beruf, den er so liebt: Aussichten eröffnen, Ausblicke geben. Unmöglich. In diesem Augenblick muss ihn gerade alles, was ihn beglückt, zur Verzweiflung treiben. Da sie nicht mehr ist, der er die Früchte der Arbeit zu Füßen legen wollte, hat diese Arbeit ihren Inhalt verloren. Die Zeit kann seine Beziehung zum Leben in Ordnung bringen.

Nein, sie wird ihm gar nicht schreiben. Alles, was sie sagen könnte wäre undelikat, indiskret, schief erschienen. Aber von dem Gedanken an das Unglück, das da geschehen ist, kann sie nicht los. Wo hat sie doch die beiden jungen Menschen zum ersten Mal gesehen. Ach ja, im Juli 1919 auf dem Westbahnhof. Bei Abgang des Ferienzuges, in der schlimmsten Zeit nach dem Kriege. Das Mädel war dreizehn, der Bub siebzehn Jahre alt. Sie hatte ein warmes, kühnes und dunkles Gesicht von Gewittern umloht, von seinen weizenblonden Haaren ging ein Licht aus. Beide waren schön, gerade und zuverlässig; Schon eine Viertelstunde später hatten sie, die sich eben erst kennen gelernt hatten, eine gemeinsame ehrenvolle Aufgabe übertragen: die Aufsicht über das Reisegepäck der Kleinsten. Sie schleppten Gepäckstücke und lächelten dabei fortwährend. Manchmal flüsterten sie einander geheimnisvoll etwas zu. Hörte man näher hin, so bestand das Zwiegespräch aus Mitteilungen wie: »Wo ist die Botanisiertrommel mit dem Butterbrot?« oder »Ist es möglich, dass wir 134 Rucksäcke haben?« Als dann der Zug aus der Halle rollte, standen sie beide schon zusammengehörig am Fenster. Das Glück des Zusammenseins wob einen Strahlenkranz um ihre jungen Köpfe.

Einige Jahre später erzählte ihr jemand als einen Scherz diese kleine Geschichte: ein junges Mädchen sei letzthin abends von einen Freunde angerufen worden. »Sind deine Eltern zuhause?« – »Sie sind in einem Vortrag.« – »Also, du bist allein?« – »Dann nimm dir einen Stuhl und setz dich ans Telefon, ich will dir was vorlesen.« Und dann habe er angefangen, ihr aus Hamsuns »Mysterien« vorzulesen. Als die Eltern abends um zehn Uhr heimkehrten, fanden sie ihr Kind mit glühenden Wangen am Telefon lauschend vorgefunden: der junge Mann aber sei gerade auf Seit 43 gewesen. Diese zarte Liebesgeschichte hatte sie damals angezogen: das altmodische Idyll, mit modernen technischen Mitteln bewerkstelligt, war ihr bemerkenswert erschienen. Sie fragte deshalb nach den handelnden Personen. Man nannte ihr die beiden Kinder vom Westbahnhof.

Jahrelang hatte dann nichts von ihnen gehört. Aber vor zwei Jahren am Tag vor Himmelfahrt, war sie beiden am Michaelerplatz begegnet. »Wissen Sie schon?« hatten sie ihr entgegengerufen. »Wir heiraten am Montag!« – »Ja«, sagte das Mädchen, »ich habe sogar ein neues Kleid.« – »Aber eine Wohnung haben wir noch nicht.« – »Sind aber vorgemerkt« – »Ich habe eine Arbeit.« – »Und ich kann ihm dabei helfen.« – »Heute früh haben wir eine Kaffeemaschine geschenkt bekommen.« – »Und Dienstag abend kommen schon Freunde zu uns.« – »Und im Sommer gehen wir nach Mönichkirchen.« – Keine Arie der Galli-Curci klingt so jubelnd wie diese einfachen Ausrufe klangen. Aus den jungen Augen strahlte eine unirdische Seligkeit, eine überzeugende Reinheit. So haben Liebende auszusehen, dachte sie.

Das Dunkel war hereingebrochen. Sie drehte das elektrische Licht an und schrieb den Kondolenzbrief. »Mein lieber Freund, sicher sind Sie der unglücklichste Mensch in unserer Stadt, aber Sie sind es nur, weil sie mal der Glücklichste waren. Das seltene unerhörte Erlebnis einer großen, feurigen und erwiderten Liebe, eines herrlichen Einklangs von Leib und Seele, das Ihn zuteil geworden, ist, verpflichtet Sie zu einem langen Leben. Denn wir brauchen Ohren-, Augen- und Herzenszeugen für die Tatsache, dass so etwas möglich ist, wie das, was Ihnen gegönnt war.«

Neue Freie Presse, 6. 10. 1929

DAS CELLO UND DER FETZENBINKEL

Die noch junge Frau gefiel mir sofort. Sie hatte ein lebendiges Gesicht und Augen, die mehr Augen waren als anderer Leute Augen. Auch sah sie aus, als hätte sie irgendein schönes Geheimnis zu wahren.

»Musizieren Sie?«, fragte ich aufs Geratewohl. – »Ja ich spiele Cello.« – Muss man da nicht viel üben?« – »Ja, ich übe vier Stunden täglich. Das muss ich, weil ich jede Woche Kammermusik habe mit Leuten, die wirkliche Künstler sind und alle viel mehr können als ich.« – »Wie lange spielen Sie schon?« – »Seit fünf Jahren.« – »So spät angefangen?« – »Früher hatte ich keine Zeit: da hatte ich nämlich drei Dienstboten.«

Diese pythische Antwort machte mich neugierig. »Und jetzt?« – »Jetzt hab' ich nur eine Bedienerin. Da ist es so still, dass ich ungestört üben kann.« – »Das müssen Sie mir erklären«, sagte ich – »Gern«, erwiderte sie, »ich tue nichts lieber, als davon sprechen. Bitte besuchen Sie mich in meinem Hause und dann will ich Ihnen erzählen, wie ich zu dieser glücklichen Veränderung in meiner Lebenslage gekommen bin.«

Ich ging hin. Draußen in einem Villenviertel lag das große, schöne, altmodische Haus in einem weiten Garten. Ich trat ein, eine charaktervoll schöne Tochter von achtzehn Jahren machte mir auf. »Die Mutter ist oben«, sagte sie. Es klang verheißungsvoll.

Ich wurde mit knapper, aber echter Freundlichkeit empfangen. Wir setzen uns. Sie begann sofort, ohne Einleitung, zu erzählen, was sie wissen wollte. – »Ich habe schon in den verschiedensten Vermögensverhältnissen gelebt, gute und schlechte Zeiten gesehen, aber eine Begleiterscheinung blieb meinen Leben treu: immer war ich von dienenden Leuten umgeben. Ich muss gestehen, dass mir das schon immer unbehaglich war. Dieses Unbehagen erreichte aber seinen Höhepunkt, als ich in dieses Haus zog. Drei Hausgehilfinnen waren, um es zu führen, notwendig; eine Wäscherin und eine Büglerin sowie eine Flickerin ergänzten meinen Hofstaat. Ich hatte alle Hände voll zu tun, diese fünf Personen zu beschäftigen und untereinander richtig ins Einvernehmen zu setzen. Ich vertrug mich mit meinen Leuten, was man so sagt, sehr gut. Aber ich war befangen ihnen gegenüber. Es war mir peinlich, in meinem Hause Menschen zu wissen, die ein vollkommen andersgeartetes Leben führten als ich, weniger Muße, weniger Freuden und – mit Unrecht – weniger Ehren genossen als ich. Auch fiel es mir auf, dass solche Frauen, die nur aushilfsweise ins Haus kamen, mir gegenüber freier und herzlicher auftraten als jene, die ganz in unseren Diensten standen. Augenscheinlich war hier die Tatsache, dass sie außer meinem Hause ein eigenes Leben führten, wirksam.

Trotzdem hätte ich nie daran gedacht, einen Wandel in unserem Haushalt herbeizuführen, ohne ein kleines Erlebnis. Eines Tages sah ich, und mir war, als sähe ich es zum erstenmal, wie meine achtjährige Tochter klingelte. Ins Zimmer trat die Hausgehilfin, um zwanzig Jahre älter als das Kind und empfing von diesem einen Auftrag! Mir wurde heiß, so stark fühlte ich, in welcher Gefahr sich ein Kind befindet, welches von früh an gedankenlos an solchen Unfug gewöhnt wird. Aber an eine Änderung dachte ich nicht. Ich verstand nichts vom Haushalt, ich liebte ihn nicht, interessierte mich nicht für ihn. Das Ganze war mir ein Buch mit sieben Siegeln. Ich hielt mich für unfähig, solche Arbeit zu machen. Kurz darauf kam mir ein glücklicher Zufall zu Hilfe. Eines Tages, mein Mann weilte fern auf Reisen und ich hatte nur zwei Mädchen, hörte ich, dass in der Küche ein heftiger Streit entbrannt war. Beide Kampfteile glaubten sich im Recht, beide trugen mir, sofern der andere Teil nicht sofort ginge, ihre Demission an. Mich durchfuhr es wie ein Blitz – hier ist eine Gelegenheit! Ich sagte, ich hätte eine große Leidenschaft für den Frieden und zöge es vor, wenn sie beide gingen. Worauf sie sich sofort versöhnten, einander beim Packen halfen und einträchtig abzogen.

Nun stand ich mit zwei Kindern, fünf Zimmern, drei Nebenräumen ohne meinen männlichen Berater da. Meine Lehrzeit begann. Eine sehr harte Lehrzeit. Jetzt erst merkte ich, wie schwer Hausarbeit ist. Aber bald ging es besser. Ich lernte Zimmer überraschend schnell aufräumen. Ich versuchte zu kochen, und es gelang. Jedenfalls wagten meine kleinen Kinder nichts gegen meine Kochkunst vorzubringen. Bald merkte ich: irgendwie machen konnte ich die Arbeit schon. Aber nach vier Wochen bereits langweilte sie mich. Ich begriff allmählich, dass diese Art von Arbeit nur dann Freude bereitet, wenn man sie wirklich tadellos macht, wenn man sie beherrscht. Ein Bett machen ist sehr langweilig. Ein Bett gut und mit Verstand machen ist beglückend wie eine gewonnene Schachpartie. Ich begann meine Mopbürste mit dem langen Stiel zu lieben. Mit ihr auf die höchsten Schränke und in die entlegensten Ecken zu gelangen, war so vergnüglich, dass ich das Instrument sogar oft in die Hand nahm, wenn ich allein durch die Zimmer ging. Bald fand ich, dass der Kampf gegen den Staub konsequent und siegreich durchgeführt, einer der lustigsten Sporte ist, die es gibt. Auch die Kochkunst schritt vorwärts. Ich las Kochbücher, ich wärmte meine Schulchemie auf, ich telefonierte mit Freundinnen. Nach drei Monaten etwa – mein Mann war inzwischen heimgekehrt und hatte die Hände über dem Kopf zusammengeschlagen – fühle ich mich so weit, von meiner Weisheit an andere abzugeben. Ich nahm mir für ein paar Stunden am Zuge eine Hilfe, eine Frau reiferen Alters, gerade deshalb geneigt, etwas zu lernen. Wir räumten zusammen auf, was sehr flott ging. Sie putzte das Gemüse, ich kochte es. Allmählich nahm sie mir immer mehr Arbeit ab, denn jede schien ihr verlockend, wenn sie sie vorher von mir machen gesehen hatte. Aber eine Arbeit bekam sie nicht: jene, die als die erniedrigendste, schmutzigste gilt, jene, die in jedem Haushalt dem Aschenbrödel zugeschoben wird: die Reinigung des Geschirrs. »Darf ich nicht Geschirr waschen?« fragte öfter bescheiden, aber begehrlichen Blickes Frau Dworschak. »Nein, liebe Frau Dworschak, danke«, sagte ich, »ich bin sehr heikel auf mein Geschirr. Ich wünsche mit dem Service, das ich zu meiner Ausstattung bekommen habe, an meinem silbernen Hochzeitstag aufwarten zu lassen. Außerdem könnte ich Sie nur dann zum Geschirrwaschen verwenden, wenn Ihre Hände so gut gehalten wären wie die meinen. Wissen Sie was, ich gebe Ihnen Seife, Creme, Nagelbürste, Nagelschere, und in einem Monat sprechen wir weiter darüber.« Es war ein großer Tag, an dem Frau Dworschak zum erstenmal Geschirr wusch; niemals ist ein Orden mit größerem Stolz empfangen worden. Wenn wir jetzt manchmal irgendeine Aushilfe haben – das Geschirrwaschen bleibt als eine heilige Handlung Frau Dworschak vorbehalten.

Wir haben seither viele Vereinfachungen erfunden. Jeder Hausgenosse bedient sich selbst, das heißt, wir sind dahintergekommen, dass es amüsanter ist, wenn jeder den anderen bedient. Mein kleiner Junge würde sein eigenes Bett sicher vierzehn Tage ungemacht lassen. Meines macht er täglich mit der Sorgfalt einer zärtlichen Frau. Umso männlicher sieht er aus, wenn er die Uhren aufzieht, eine Arbeit, die er stillschweigend seinem Vater abgenommen hat.«

Sie lachte glücklich. »So und jetzt zeige ich Ihnen das Haus.« Dieses Haus duftete nach Reinlichkeit und guten Sitten. Jetzt begriff man erst, wie alles vorher Erzählte möglich war. Nicht nur an der Hausfrau lag es, sondern auch am Haus. Glatte Wände, einfache, glatte Möbel, waschbare Lampenschirme und Sofakissen, eine beglückende Ornamentlosigkeit, keine Nippes auf den Tischen, wenig Bilder an den Wänden. Bücher hinter Glas, Musikinstrumente hinter Glas, Noten hinter Glas. Hier war dem Staub und der Unordnung Krieg angesagt. Die Schönheit der Räume lag in den Formen der Möbel, im guten Material und in dem Mut zur Farbe. Eine aufmunternd-gelbe Vase, ein romantisch-grüner Krug, ein lebensbejahend-rote Schale leuchteten durch den Raum. Nirgends war eine Handarbeit zu sehen. Versteckt Hygiene, heimliche Pädagogik: das war die Signatur dieser Wohnung, die bis in den letzten Winkel gezeigt werden konnte.

»Sie haben Zentralheizung«, fragte ich. »Gibt das heillose Arbeit?« Sie lächelte verschmitzt. »Im Gegenteil, wir brauchen wenig Zeit und wenig Koks. Aber«, wandte sie sich geheimnisvoll zu mir, »das hat seine Gründe: man muss eine Zentralheizung ganz in Ruhe lassen.« Auf der Zentralheizung stand ein großes Gefäß aus Nickel, von dem ein zauberhafter Schimmer ausging. »Wissen Sie«, erklärte sie, »das Wasser zum Verdampfen sieht nämlich immer so leer aus und da hab' ich mir Donaukiesel aus Kritzendorf mitgebracht und hineingetan.«

Jetzt kamen wir in die Küche. Eine Wiener Küche, keine amerikanische. Nichts von kostbaren Apparaten war da zu sehen, die der Hausfrau das Leben zum Paradiese machen. Aber doch ein lieber, ansprechender Raum mit klug ausgedachten Raumverhältnissen.

»Wollen Sie sehen, wie ich Geschirr wasche?« fragte sie eifrig. Schon schaufelte sie mit einer Gummispachtel die Speisereste vom Porzellanteller auf ein Zeitungspapier. Im Nu war dieses in den danebenstehenden Papierkorb gewandert. Dann wurde der Teller, ohne angerührt zu werden, mit einem winzigen Mop mit heißem Wasser abgewaschen und nachgespült. Mit den spitzen Fingern ihrer schönen Hände stellte sie den Teller auf das bereitstehende Drahtgestell. »In ein paar Stunden ist er trocken, viel reinlicher, als wenn er abgewischt wäre, und ich brauche wenig Geschirrtücher.«

Auf dem Küchenherd lagen drei Bücher. In Hellgelbes Wachstuch gebunden – überall in diesem Hause ist etwas Gelbes, augenscheinlich ein Versuch, die Sonne einzufangen – Kochbücher, Küchenbücher sind das. Hier wird nämlich Wirtschaft und Kochkunst wissenschaftlich betrieben. Neben den Büchern stand eine Zündholzschachtel von riesigen Dimensionen. »Ja ich muss immer große Zünder haben, damit mein Mann und seine Freunde sie nicht stehlen.« Eine Riesenrolle, von der man Seidenpapier abwinden kann, fällt mir auf »Beim Kochen verwenden wir viel Papier. Der Löffel, mit dem Fett aufgenommen, das Messer, mit dem Zitrone geschnitten wurde, wird sofort mit Papier gereinigt, und so kommen wir mit schmutzigen Dingen gar nicht in Berührung.«

Beim nächsten Raum fragte ich: »Was geschieht hier?« – »Hier nähe ich alle Kleider für mich und die Kinder mit Hilfe einer Hausschneiderin. Das ist ein großes Vergnügen.« – »Da müssen Sie ja durch die jetzige hässliche und kostspielige Mode ganz entmutigt sein?« – »Nein«, sagte sie mit sanfter Bestimmtheit, »die Mode überspringe ich. Nur einmal habe ich mir ein Mieder gewünscht, da war ich aber erst zwölf Jahre alt. Ich bekam es, trug es einen ganzen Tag mit Stolz und kam mir wie eine Dame vor. Aber als ich es am Abend ablegte und die abscheulichen Striemen an meinem Körper sah, begann ich zu weinen. Seither habe' ich keines mehr angehabt.«

Bisher war sie von einer vorbildlich bescheidenen Haltung gewesen. Nun plötzlich hebt sie das Haupt und sagt: »Jetzt muss ich Ihnen etwas zeigen, worauf ich stolz bin.« Sie führt mich an einen Kasten, der ist von oben bis unten, nach Mustern und Farben geordnet, mit Stoffflеckern angefüllt, malerisch, übersichtlich, beinahe appetitlich. »Das ist mein Fetzenbinkel. Ich hab' es nie leiden können, wenn man drin wühlte und doch nie fand, was man suchte. Auch ist es so schön, die Fetzerln so vor sich zu sehen. Jedes erinnert mich an etwas Angenehmes: an ein Fest, an eine Sommerfrische, an ein Schulkleid meiner Tochter, an eine Krawatte meines Mannes, an eine Bluse, die ich für eine Freundin genäht habe.« Bei dieser letzten Erinnerung strahlen ihre Augen ganz besonders, und ich verstehe jetzt, warum in ihrem Wirtschaftsbuch unter der Rubrik »Vergnügen« die erste Unterabteilung »Geschenke« heißt und dann erst Konzert, Theater und Landpartien folgen.

»Sind Sie müde am Abend?« frage ich. »Nein«, sagt sie, »jetzt gehe ich mit meinem Manne ins Konzert und dann bringen wir auch noch einige Fremde zu Schinkenbrot und Tee mit nach Hause. So späte Orgien habe ich zur Zeit meiner Hausgehilfinnen nie gewagt. Und schon gar nicht, gute Freunde über Nacht als Logierbesuch zu behalten. Da hab' ich mich zu sehr gefürchtet. Jetzt kann ich tun, was ich will.«

Ich verabschiede mich. »Darf ich den Frauen von Ihren Erfahrungen etwas erzählen?« – »Gern«, sagt sie, »aber ich glaube, die Frauen können das alles auch und noch besser. Lieber wäre es mir, Sie schrieben so einen Artikel, den die jungen Männer lesen, damit sie sehen, dass man sich getrauen darf, zu heiraten.«

Neue Freie Presse, 17. 11. 1929

SIND ENGEL NÜTZLICH?

Während ich mich anschicke, über Engel zu schreiben, rast durch mein Zimmer, vom Lautsprecher vermittelt, der Lärm der Befreiungsfeier der Stadt Aachen. Harte Sache, so einen Anachronismus zu überwinden. Umso schwerer als ich schon im Alter von sieben Jahren mit dem einzigen Engel, den ich damals kannte – er hing über meinem Bett, spielte Viola und war von Melozzo da Forli – jäh gebrochen hatte. Das kam so: diesen Engel hatte ich nie geliebt. Wunderschön war er ja, aber nur viel zu gut genährt. Ich konnte damals noch nicht wissen, dass der heilige Augustinus sich die Engel in Kugelgestalt vorgestellt hatte, weil das die vollkommenste Form sei. Ich hegte nur damals wie noch heute eine Leidenschaft für Opfer der Auszehrung. Aber in einem Achtungsverhältnis stand ich zu meinem Engel schon. Gerade sein gut bürgerliches Aussehen weckte mein Vertrauen. Ich vermutete, er sei für Kinder so etwas wie ein Advokat, was die Schweizer Fürsprech nennen. Indes hatte ich ihn jahrelang nicht auf die Probe gestellt. Da geschah folgendes: Ich bekam eines Morgens den langersehnten kleinen Schubkarren für meine Gartenarbeit geschenkt, und am Abend des gleichen Tages schon eine Krankheit, von der man fürchtete, es könnten die Masern sein. Das kam mir natürlich äußerst ungelegen. Also beauftragte ich meinen Schutzengel mit der Abwendung des Unerwünschten. Als es dann aber am nächsten Morgen doch ganz richtige Masern waren, sagte ich dem Engelwesen endgültig ab. Nur noch in der Kunst ließ ich es später gelten.

Und da gilt es auch. Dem menschlichen Bedürfnis, sich beschützt zu fühlen und irgendwo reine himmlisches Gestalten zu wissen, die nicht nach Mann und Weib fragen, hat die Kunst immer mit ihren stärksten Mitteln gedient. Von Milton bis Georg Trakl haben alle Dichter ihre Federn in Schmetterlingsstaub getaucht, um sie zu besingen und zu preisen: von Giotto bis Kokoschka, alle Maler ihre zarteste Phantasie an dieses lockende Bild gewendet. Sie haben die Engel gütig und streng, mild und feurige, sanft und herb und lachend dargestellt. Sie haben alles Schöne gesagt, was von Engeln zu sagen war, alles Licht über sie ergossen.

Wie denkt die neue Generation? Das zu erkunden habe ich letzthin Fachleute interviewt: Wiener Kinder von zehn Jahren. Ich trat in ihre Klasse und fragt: »Wollte ihr mir was von den Engeln erzählen?« – »Bitte, lieber singen.« – »Was denn?« – »Vom Himmel hoch « Die ersten Akkorde der Klavierbegleitung erklingen, die Kindergesichter, erst noch vom Alltag umdunkelt, werden lichter, schwebend setzen die Stimmen ein:

Vom Himmel hoch, ihr Engelein kommt,
Eia, eia susani, susani, susani,
Kommt singt und klingt, kommt pfeift und trombt, Halleluja, halleluja:
Von Jesus singt und Maria.

Die zweite Strophe ertönt schon stürmischer. Mit frenetischer Begeisterung erteilen sie den Engeln den schalkhaften Auftrag:

Kommt ohne Instrumente, nit,
Bringt Lauten, Harfen, Geigen mit!

In der Schlussstrophe aber schienen Ahnungen von menschlichem Unheil in ihnen aufzutauchen. Sie verkünden beinahe befehlend:

Singt Fried den Menschen weit und breit,
Gott Preis und Ehr in Ewigkeit.

In der Klasse herrscht Schweigen. Sollten sie schon wissen, dass es nichts nützt, den Menschen Frieden zu wünschen? Jedenfalls fühle ich, die Stimmung muss gehoben werden. »Könnte ihr auch was Lustiges von Engeln singen?« – »Ja! Das Innsbrucker Weihnachtslied«:

Es hat si mal eröffnet das himmlische Tor,
Da kugeln die Engeln gar haufeweis hervor,
Die Bübelen, die Madelen,
Sie schlagen Buzzigagelen,
Bald affi, bald abi, bald hin und bald her,
Bald übeschi, bald unterschi, bald siehst du keins nit mehr.
Hallelujah!
Das Hallelujah wir mit wirkliches aber drolliger Frömmigkeit exekutiert.
Geh Veitele, wie wölln die Scheiteren wohl sein
Und beten an das Kindele im Ochsenkrippelei.
Geh, Bübele sag', was willst du haben,
Wir wölln dir bringen unsere Gaben.
Willst Äpfel oder Birnen, oder Zwetschken oder an Kas,
Willst Pflaumen oder Nussen oder sünst a sölles Gfraß
Hallelujah

Bei dem unhygienischen Angebot von Speisen, die wie die Kinder ganz genau wissen, für einen Säugling völlig ungeeignet sind, leuchten sie vor Vergnügen. Das ist Wasser auf ihre Mühle. Zuträgliches Essen ist ihnen höchst zuwider. Sie huldigen dem Grundsatze: gesund, schmeckt nicht.

Jetzt herrscht in der Klasse ein Übermut, der vielleicht produktiv gemacht werden kann. »Kinder, wollt ihr was von Engeln schreiben?« – »Jaa!« – »Wer?« – »Ich!« Alle wollen. Schon liegt vor jedem ein Blättchen Papier, die Augen glänzen, die Öhrchen beginnen zu glühen, die Zunge begleitet den Bleistift auf allen seinen Wegen.

Zehn Minuten später liegen die Aufzeichnungen vor mir. Achtzig Prozent aller Kinder denken dasselbe. Die Aussagen stimmen überein: Sie glauben an Engel. Natürlich, warum sollte es auch keine geben? Sie stellen sich sie so vor, wie man sie ihnen geschildert hat. Sie wissen von ihnen, was sie gelesen haben. Sie lieben sie so, wie man es von ihnen erwartet. Sie glauben, dass die Engel brave kleine Kinder sind, oder gute, leider verstorbene Menschen. Sie sind herrlich anzusehen, ob sie nackt oder in prächtigen Kleidern gehen. Sie atmen Liebe; sie schauen unverwandt auf Gott, sie tragen Blütenkränze und Sternenkronen. Sie essen nichts, obgleich sie Schwerarbeiter sind. Denn zu tun haben sie nicht wenig: sie beschützen Kinder, warnen Erwachsene, verkündigen Botschaften, fegen den Himmel, schieben die Wolken, schneiden sorgfältig aus abgetragenen Sonnen neue Sterne, schleppen auf dem weiten Wege vom Himmel zur Erde die Liebesgaben für die Menschen. Sie tanzen, so oft man es verlangt, und singen bis zum Eintritt totaler Heiserkeit. Wenn sie nicht die Gewohnheit hätten, beim Baden zu plantschen – wodurch bekanntlich auf Erden der Regen entsteht – so wären sie einfach – Engel.

Aber einige Kinder gibt es doch in der Klasse, die über ihr Verhältnis zu den Engeln selbständig nachgedacht habe. Franz schreib: »Obwohl die Engel schon in der Bibel vorkommen, denke ich mir, dass sie vielleicht doch nur ein guter Gedanke von den Menschen sind.« Fritz: »Früher einmal mag es Engel gegeben haben, jetzt bestimmt nicht mehr.«

Aber nicht alle sind ihrer Sache ganz so sicher. Annerl lässt sich eine Hintertüre offen: »Ich glaube noch immer ein wenig an Engel, aber nicht sehr und nicht wirklich.« Ilse ihrerseits bemüht sich, ihre Vorstellung der neuen Zeit anzupassen: »Ich glaube schon an unsere Schutzengel. Aber sie sehen nicht so aus wie auf den Bildern, sondern hässlicher und tüchtiger.«

Einige der Kinder haben den Engeln früher angehangen, sind aber seither von ihnen abgefallen. Hans: »Als ich ganz klein war, stellte ich mir Engel als Kinder vor, wie ich bin. Nur dass sie mehr Verstand haben. Jetzt weiß ich aus der Geographie, dass über der Erde ein leerer Raum ist.« Wie ihn die Wissenschaft, hat Hedwig eine Erfahrung um ihren Engelglauben gebracht. »Früher habe ich gedacht, dass die Engel alle Leute an einer unsichtbaren Schnur führen und wenn die Menschen lügen, so lassen die Engel die Schnur sinken und die Leute fallen um. Dann habe ich ein paarmal versucht zu lügen, und es ist mir nichts passiert.«

Angelus Silesius sagt von den Engeln: »Sie leben stets in Unannehmlichkeiten.« So fassen auch die Kinder die Sache auf. Lili meint mitleidig: »Ich muss die Engel immer sehr bedauern, weil sie so besonders langweilige Sachen machen müssen. Zum Beispiel mich bewachen, derweil ich schlaf'«

Neue Sachlichkeit zeigt sich in der Auffassung anderer. Diese wollen die Engel nur ihrer Nützlichkeit willen gelten lassen. Ihnen gefällt ein handfester Engel, wie in Gottfried Keller im »Tanzlegendchen« erfunden hat, der sich als Pfeifenbläser das Notenblatt praktischerweise mit den rosigen Zehen hält. Karl ein Junge aus der Vorstadt, schreibt: »Seit ich von dem vielen Unglück höre, das mit Gas in der Nacht passiert, bin ich über meinen Schutzengel sehr froh. Er kann ja das Gas zudrehen.« Ein Wirtssohn, Erwin, erzählt: »Mir hat geträumt, dass bei uns im Keller Feuer war. Da ist ein Engel gekommen und hat ein Bierfass aufgemacht und hat das Feuer gelöscht. Dann hat er die Wohnparteien aus dem Haus herausgeführt.

Aber es gibt auch Kinder, die eine wesentlich feinere Beziehung zu den Engeln unterhalten. Lene: »Ich hab' immer geglaubt, dass hinter mir ein Engel geht und das war mir sehr ungemütlich. Jetzt hab' ich mich entschlossen, das nicht mehr zu glauben.« Liesl: »Mir ist es sehr angenehm, dass die Engel nicht sichtbar sind. Ich möchte' mich furchtbar genieren, einen zu treffen.«

Nun liegt das letzte Blättchen vor mir. Es enthält einen Stoßseufzer über die Vergänglichkeit alles Irdischen und Unirdischen. Else: »Ich stelle mir meinen Schutzengel immer genau so groß vor, als ich gerade selbst bin. Wir wachsen mitsammen. Schade, klein waren wir hübscher.«

Als ich die Klasse verlasse, treffe ich im Korridor zwei junge Mütter. Sie warten auf Brita und Martha, die im Kindergarten sind. Wie stehen Ihre Kinder zu Engeln?« frage ich. Britas Mutter sagt: »Letzthin habe ich gehört wie Brita am Telefon, das sie an ihrer Bettwand persönlich mit Buntstift aufgemalt hat, eine unwahrscheinlich hohe Nummer anrief. »Wen rufst du an?« fragte ich. »Den lieben Gott.« – »So? Wer pflegt sich denn da am Telefon zu melden?« – »Ein Engerl« sagt sie. Im weiteren Gespräch stellt es sich heraus, dass in ihrer Vorstellung der Engel als eine Art von blondlockigem Telefonfräulein lebt. – »Große Geister begegnen einander; Ihre Tochter trifft sich hier mit Voltaire, der bekanntlich die Engel »die Türsteher des lieben Gottes« nennt.«

Inzwischen hat Marthas Mutter ihre Kleine aus dem Kindergarten geholt. Sie muntern das Kind auf: »Erzähl' doch, Martha den Witz vom Schutzengel.« Und nun erzählt Martha mit blitzenden Augen und einer beneidenswerten Vis comica folgenden »Witz«: »Weißt du, da sagt eine Mutter zu ihrem Mäderl: »Mimi, hol dir deinen Regenschirm.« Da sagt die Mimi: »Nein, Mutter, ich trau mich nicht.« Da sagt die Mutter: »Aber dein Schutzengerl beschützt dich doch.« Da sagt die Mimi: »Ist denn das Schutzengerl auch im finsteren Zimmer?« Da sagt die Mutter: »Natürlich ist es dort.« Da hat die Mimi die Tür ins finstere Zimmer ein bissl aufgemacht und hat durch den Spalt hineingerufen: »Schutzengerln, bring' du mir meinen Regenschirm!« – »Es hat ihn aber nicht gebracht«, setzt Martha hinzu. »Schutzengerln sind gut zum Drandenken, aber haben kann man von ihnen nichts.«

Als ob Drandenken nicht die beste Art von Haben wäre!

Neue Freie Presse, 1. 12. 1929

ES LEBE DIE PROTEKTION

Wir leben in einer Zeit, wo alles dem Zufall überlassen ist. Es ist notwendig, dass wir diesem Zufall so viel von seiner Beute entreißen, als irgend möglich.

Um nur eines herauszugreifen: wenn in unserer durch den andauernden Krieg aller gegen alle zerstörten Welt irgendeine Stelle mit dem richtigen Menschen besetzt wäre, so hieße das wahre Rationalisierung und bedeutete moralisch und materiell die Rettung eines Teiles des Nationalvermögens. Wer also in unseren Tagen einem Menschen zu einer Stelle, vor allem aber einer Stelle zu einem Menschen verhelfen kann, der täte gut, sich zu beeilen.

Aber er tut es nicht. Denn wir sind alle mit dem Satz aufgewachsen: »Und wer den Papst zum Vetter hat, kann Kardinal noch werden.« Daraus haben wir den Trugschluss gezogen, dass, wer den Papst nicht zum Vetter hat, überhaupt nicht Kardinal werden kann, oder wer als Vetter des Papstes Kardinal wird, es nicht verdient hat. Keinesfalls aber will ein besserer Mensch der Papst sein, der seinem eigenen Neffen zum Kardinal verhilft. Das überlässt er den minderen Leuten, die ja ohnehin alles Gute sich und ihrer Familie zuschanzen. Der Begriff Nepotismus und Protektionswirtschaft ist uns so in Fleisch und Blut übergegangen, dass wir alle Unbefangenheit im Empfehlen verloren haben.

Gründe zum Nichtempfehlen gibt es wie Brombeeren. Der Gewissenhafte zittert davor, einen Missgriff zu tun; der Schüchterne will nicht anmaßend erscheinen; der Eitle fürchtet sich vor einer Blamage; der Berechnende hat Angst, sein Guthaben bei dem zu verringern, an den er empfiehlt; der Vorsichtige will sich nicht zu Gegendiensten verpflichten; der Mann von Grundsatz verkündet mit Stolz: ich protegiere niemand. Ist er Minister, sagt er: ich halte mich prinzipiell von Personalfragen fern.

Aus all dieser Reserve, sei sie nun von Anständigkeit oder auch nur von Trägheit des Herzens diktiert, ergibt sich unabsehbarer Schaden. Ausgezeichnete Leute sind arbeitslos. Wertlose versehen wichtige Stellen. Leute, die Geschäftssinn haben, betätigen sich in der Kunst. Schönheiten sitzen in der Telefonzelle, Geisteskranke regieren Länder. Die Welt ist voll von Fehlbesetzungen, die keine Schmiere wagen dürfte. Und das alles nur, weil niemand zur rechten Zeit das rechte Wort spricht. Nur weil niemand hellwach ist, wenn es sich nicht gerade um seine eigenen Angelegenheiten handelt.

Höchstens noch lassen sich die Menschen durch das Mitleid bestimmen, für jemand ein gutes Wort einzulegen. Und gerade das ist es, was alles Empfehlungswesen kompromittiert und entwertet. Wer mit einem Empfehlungsbrief erscheint, wird schon als Bittsteller empfangen und behandelt.

Das müsste anders vor sich gehen. Jeder Mensch, der von einer Arbeit hört, sollte sich besinnen, ob er nicht für diese Arbeit einen Menschen weiß.

Niemand ist so ohnmächtig, dass er nicht irgendeine Wirkung üben könnte. Die Geschichte von der Protektion, die die Maus dem Löwen angedeihen ließ, ist uns allen bekannt.

Bei der allgemein herrschenden Indolenz darf man nicht hoffen, dass man durch gutes Zureden irgendjemand bewegen kann, sich für einen andern von ganzem Herzen und mit aller Kraft einzusetzen. Das höchste, was man erreicht, ist ein Empfehlungsbrief. Die Empfehlungsbriefe, die geschrieben werden, sind ein Kapitel für sich Ein Meer von Langeweile strömt von ihnen aus. Schon ihr Anblick erweckt in dem Empfänger die Sehnsucht nach ungestörter Bettruhe, sodass er nur noch gerade so viel Kraft hat, den Empfehlungsbrief dem Papierkorb zu überantworten.

Ob ein Empfehlungsbrief klug oder dumm, anziehend ist oder nicht, eines muss er an sich haben: er muss irgendwie »striking« sein. Ein Wort muss darin vorkommen, welches zwingt, weiterzulesen.

In unserer ungeduldigen Zeit Empfehlungsbriefe zu schreiben, die wirklich gelesen werden, ist nicht leicht. Ein Hilfsmittel scheint nicht überflüssig. So habe ich mich entschlossen, einen Briefsteller für Empfehlungsbriefe herauszugeben. Hier einige Proben.

An Frau Else Schmitt in Godesberg. Von unserem kleinen Hans höre ich, dass Sie eine Reinmachefrau suchen. Ich habe das dringende Bedürfnis, Ihnen einen Dienst zu erweisen und empfehle Ihnen deshalb Frau Mariken Tönnies. Sie hat eine leidenschaftliche Liebe zur Ordnung und zwar nicht, wie die meisten Frauen, anfallsweise, sondern beständig. Ordnung aufrechtzuerhalten, ist ihr Lebensprinzip, Ordnung zu machen, ihre Lebensaufgabe. Von gebrauchter Wäsche, die sie mit zarter Sorgfalt behandelt, es dunkel abfließen zu sehen, erweckt ihr Wollust Empfindungen. Da zwischen ihr und der Ordnung eine wirkliche Liebe besteht, ist diese Liebe still und zurückhaltend. Der fatale Lärm des Großreinemachens liegt ihr ganz fern. Nicht Scheuerfeste sind ihr Ziel, sondern der selbstverständlich-blinkende Alltag.

An die Direktion des Josefstädtertheaters in Wien. Ob Fräulein Marie Pfenninger zum Theaterspielen Talent hat, werden Sie besser erkennen als ich. Dass sie schön, schmal, braun und äußerst beweglich ist, sehen Sie selbst. Ich kann Ihnen nur sagen, aus welchen Gründen ich sie Ihrem Theater gönne. Sie ist herrlich unintellektuell, hat keinen Schimmer von Literatur, spricht wie ihr der Schnabel gewachsen ist, singt unbefangen wie ein tschechisches Dienstmädchen beim Schuhputzen; kann, wenn man sie erschreckt, durchdringend aufschreien und lacht geradezu ansteckend. Was mich besonders für sie einnimmt: sie will um keinen Preis einen Künstlernamen annehmen.

An die Universität in Tübingen. Ich glaube, Sie würden, hochverehrte Herren, eine sehr glückliche Wahl treffen, wenn Sie Herrn Merkinger zum Bibliothekar machten. Von Jung an hat er eine große und achtungsvolle Liebe zum Buch. Schon als Schulknabe hatte er seine eigene kleine Bücherei in eine Leihbibliothek für seine Kameraden verwandelt. Er drängte ihnen gute Bücher zum Lesen auf. Bekam ein Schulkollege ein Thema zu behandeln, so war er es, der ihm mit größter Genauigkeit das Material hierzu sammelte. Auch führte er Kataloge und hielt streng an dem Datum der Ablieferung fest. Mit vierzehn Jahren hatte er eine Krisis zu bestehen; da hätte er nämlich um ein Haar mit seinem besten Freunde gebrochen, weil dieser in das Reclam Bändchen »Goethes Briefwechsel mit einem Kinde« ein Eselsohr hineingemacht hatte.

An die Filmschauspielerin Miss Daisy Harrison, Hollywood. Fräulein Maria Gössler aus Mondsee sehnt sich, bei Ihnen Kammerjungfer zu werden. Sie hat eine große Vorliebe für schöne Menschen und schöne Sachen, mit beiden versteht sie auch ausgezeichnet umzugehen. Ihre Stimme klingt am Telefon selbst bei Ausreden überzeugend. Mit einem Händchen kann sie, wenn sie sich unbeobachtet glaubt, die längste und freundlichste Konversation führen. Geht sie mit einem Arm voll von Kleidern durchs Zimmer, so kann kein Besucher umhin, an Figaros Susannchen zu denken. Notabene: sie will nicht zum Film, und ihr Schönheitstypus ist dem Ihrigen geradezu entgegengesetzt.

An Herrn Nationalrat E. in Salzburg. Frau Bolimann, die ich gut und gern kenne, bewirbt sich um die Stelle einer Sekretärin bei Ihnen. Sie werden sie wunderbar brauchen können. Die Briefe, die sie schreibt, sehen so aus, dass man von vornherein annimmt, sie enthielten nur angenehme Nachrichten. Nie stolpert sie über ein Fremdwort, nie schreibt sie einen Eigennamen falsch, bei jeder Unverständlichkeit im Diktat stockt sie. Vor allem aber hat sie die Fähigkeit, bei einem sonst vollkommen zuverlässigen Gedächtnis Geheimnisse, die man ihr anvertraut, sofort zu vergessen.

An die Schulbehörde in Hannover. Ich kann Ihnen Herrn Brander als Lehrer sehr empfehlen. Ich kenne ihn zwar nicht persönlich, wohl aber seine Schüler. Die Kinder in seiner Klasse halten den Sonntag für eine Fehleinrichtung. Täglich kommen sie gespannt in die Schule, was er wohl Neues an Wissen und Spaß für sie vorbereitet haben mag. Seine Singstimme finden sie schöner als die Carusos im Grammophon und sie sind fest überzeugt, dass er, wenn er nur wollte, schneller laufen könnte als Nurmi. Deshalb halte ich ihn für einen guten Lehrer.

An die Zentrale für Fürsorge in Berlin. Was mich veranlasst, Ihnen Fräulein Vollmar als Fürsorgerin zu empfehlen, ist nichts als eine kleine Geschichte, die man sich aus ihrer frühesten Kindheit erzählt. Kaum vier Jahre alt, riss sie sich einmal auf der Straße von der Hand ihrer Mutter los. Ehe diese es verhindern konnte, zog sie ihr Taschentüchlein und putzte damit einem gerade vorübergehenden wildfremden Kind die Nase. Auf die Frage: »Warum hast du das getan?« antwortete das Kind, strahlend vor Freude über den Erfolg, mit sachlichem Ernst: »Bitte, es war sehr nötig.« Genau so ist sie noch heute.

An das Verlagshaus X. in Leipzig. Den jungen Helmuth Werner sollten Sie, verehrte Herren, als Reporter nehmen. Er eignet sich vorzüglich dazu. Schon als Kind wusste er alles, was bei allen Parteien im Hause Wien, Ottakringerstraße 131, in, dem seine Eltern lebten, passierte. Er wusste alles, traf aber beim Weiterverbreiten eine merkwürdige Auswahl. Er erzählte nämlich nur solche Dinge, die niemandem zur Unehre gereichten und doch für all interessant waren. Als Gymnasiast hat er einmal ein großes Brandunglück verhindert. Er ging nachts an einem geschlossenen Straßenladen vorbei und wollte um jeden Preis erfahren, warum unten Licht durchschimmerte. Zu diesem Zweck begab er sich in die Wohnung des Ladenbesitzers, und so wurde die Tatsache, dass Hobelspäne in Brand geraten waren, aufgedeckt. Für Verkehrsmittel hat er eine leidenschaftliche Vorliebe, nicht nur für Auto und Flugzeug, sondern auch für die Untergrund-, ja sogar für die Straßenbahn. Bekanntschaften zu machen, ist seine höchste Freude, Bahnhöfe sind sein liebster Aufenthalt. Noch eins: herausgeworfen wird er nirgends. Er ist hübsch und treuherzig und funkelt von wohlwollender Neugierde.

An die Theaterdirektion von Zittau. In Fräulein Anna Wartleff bekämen Sie, sehr geehrte Herren, eine getreue, dem Beruf innig ergeben Souffleuse Sie ist gegenwärtig an einem Theater in Böhmen angestellt Letzthin schrieb sie mir »Sie können sich mein Glück vorstellen, wenn ich Ihnen sage, dass ich nun zum ersten Mal in meinem Leben auch in einer Oper soufflieren darf, und sogar in einer Wagner-Oper. In »Lohengrin«! Vorige Freitag hatten wir keine Probe, da bin ich in den Wald gegangen, habe ich mich auf eine Bank gesetzt und habe mir alle die wunderschönen Texte vorgesungen, mit einer selbstgemachten Melodie. Wie herrlich wird es erst sein, wenn ich die wirkliche Musik dazu höre und dabei soufflieren darf.«

Diese Beispiele sind erfunden, daher fehlt ihnen das Beste, was Empfehlungsbriefe haben müssen: die zitternde Angst, sie konnten nicht wirken. Die muss nämlich dabei sein.

Vossische Zeitung, 12. 5. 1929

KUHWARME MILCH

Als ich einmal in jungen Jahren in einem Marsroman las, auf dem Mars müsste jeder Mensch für sich allein in einem Kämmerlein seine Nahrung zu sich nehmen, taten mir die Marsbewohner leid. Gesellige Freude an den Gaben der Natur schien mir das Wichtigste an einer Mahlzeit. Neuerdings neige ich immer mehr zu den Sitten der Marsbewohner. Seitdem das Essen als Krankenkost aufgemacht erscheint und Gegenstand fortwährender theoretischer Erörterungen ist, hat man das dringende Bedürfnis nach einem stillen Winkel, um da ein paar Bissen in sich hineinzuschlingen.

Es kann nämlich das gemeinsame Essen niemand mehr recht freuen. Wenn die Dame, die neben einem sitzt, mit todesmutiger Entschlossenheit nichts als zwei Bananen und eine halbe Zitrone zu sich nimmt, der Herr vis-a-vis mit schlecht gespieltem Behagen seinen Kamillentee schlürft und der Tischnachbar einem die glückliche Botschaft ins Ohr flüstert, es gäbe jetzt ein Öl, welches, ohne die geringste Veränderung zu erleiden, den menschlichen Körper wieder verließe, dann muss einem der Appetit vergehen. Wenn ich erst genau weiß, wie viel Kalorien und wie viel Vitamine eine Speise hat, dann fühle ich die größte Mühe, sie zu schlucken. Ich bin ganz der Meinung meines achtjährigen Freundes Walter: »Was gesund ist, schmeckt nicht.«

Ein Kind hat es nämlich im Instinkt: »Was schmeckt ist gesund!« Es will schwarzes Brot mit Butter essen. Es lechzt nach Obst. Es reißt die gelbe Rübe aus dem Boden, wo es ihrer habhaft werden kann und verzehrt sie, wenn es sich unbemerkt weiß, mitsamt der Erde. Erbsen zu schälen fällt keinem Kinde ein. Zur Zitrone steht es in einem geradezu zärtlichen Verhältnis; um einer Limonade willen hat schon manches Kopfweh simuliert.

Die Höhepunkte kindlichen Lebens in meiner Generation waren: in eine grüne Gurke, in eine rote Tomate, in eine gelbe Aprikose hineinzubeißen; dagegen verhielten wir uns durchaus ablehnend zu eingebranntem Gemüse. Aber das half uns nichts, denn die Köchin, die aus der Tatra stammte, hatte die Gewohnheit, sogar das Kompott einzubrennen. Gegenstand zu häuslichem Unfrieden bildete das täglich auftretende gekochte Rindfleisch. Nicht einmal die Drohung »wenn du kein Rindfleisch isst, bekommst du keine Mehlspeise« konnte verfangen. Bis ich endlich ein Mittel fand, mich dieser Speise zu entziehen: ich behauptete nämlich, ich bekäme von ihrem Genuss eine rote Nase. Man sieht, alle Kinder von einst und jetzt stehen ungefähr dort, wo heute der hygienisch informierte Mensch steht. Wenn man uns Kinder damals nach unserer Lust hätte essen lassen, so brauchten wir jetzt nicht alle sechs Monate zu einer neuen Diät überzugehen, denn wir wüssten, wie alle besseren Tiere es wissen, welche Nahrung uns gut tut.

In voller Erkenntnis der bisher noch recht unerforschten ungeheuren Wichtigkeit der Ernährung, stehe ich doch mit den wechselnden Speisemoden von früher Jugend an auf schlechtem Fuße. Natürlich nicht ohne Grund: das alles kommt von der kuhwarmen Milch. Das war nämlich so. Am Ostersonntag, als ich mit meinen Eltern behaglich beim Nachmittagskaffee saß, kam unversehens Tante Emmeline dazu und sagte zu meiner Mutter: »Das Kind muss kuhwarme Milch trinken. Sie ist lächerlich mager und da gibt es nichts Besseres als kuhwarme Milch; ich habe es selbst in der Gartenlaube gelesen.«

Mit Unlust hörten meine dreizehnjährigen Ohren dieses Diktum. Erstens begegnete ich allen Äußerungen meiner Tante von früh an mit Misstrauen und zweitens ging mir das Wort »kuhwarm« auf die Nerven. Noch mehr aber die Sache selbst. Meine Mutter – jeder neuen Anregung im Interesse ihrer Kinder zugänglich – hatte nämlich bald einen Bauernhof ausfindig gemacht, nur zwanzig Minuten von unserem Wohnhause entfernt, wo man geneigt war, mir dieses köstliche Nass allmorgendlich vor der Schule direkt von der Kuh zu kredenzen. Nun begannen schlimme Tage. Es hieß eine ganze Stunde früher aufstehen, bei jedem Wetter den schlechten Weg gehen, um dann am Ziele das unangenehme Getränk mit zugehaltener Nase einzugießen. Der Stall roch abscheulich.

Das Kälbchen, dem man seine angestammte Nahrung wegsoff, tat einem leid. Die unerhörte Intimität, in der man gezwungen war, mit einem anderen Lebewesen zu stehen, erweckte Abscheu. Das Ganze war eine Zumutung. Aber nicht lange. Ein lebensfähiges Kind weiß jede Sache so zu drehen, dass zuletzt ein Rosenschimmer von ihr ausgeht. Ich konnte schon ein wenig Latein und wusste, dass es heißt: »Est solamen miseris socios habuisse malorum.« Solche begann ich anzuwerben. Mit dem Fanatismus aller Neubekehrten pries ich meinen Schulkameradinnen das Glück des Genusses kuhwarmer Milch an. In kurzem war es in meiner Klasse die große Mode, kuhwarme Milch zu trinken. Bald schritt ich fröhlich an der Spitze einer kleinen, aber tapferen Schar von Kolleginnen zu der heilbringenden kuhwarmen Quelle. Was allein eine Pein und beinahe eine Schande gewesen war, mit Gleichgesinnten zusammen war es eine Ehre, jedenfalls ein Vergnügen. Ein slawisches Sprichwort sagt: »Guter Gesellschaft zuliebe lässt sich der Zigeuner sogar aufhängen.« Genau so sind Kinder. Gemeinsamer Lebertran ist ihnen lieber als einsamer Nektar. Bald bildeten »die Kuhwarmen«, so nannten wir uns, eine eigene Gruppe mit feststehenden Riten, einer Geheimsprache und kleinen Überheblichkeiten gegen die Umwelt, von der wir uns durch ein am Kleide angestecktes grünes Blatt unterschieden.

Den Höhepunkt aber erreichte unsere Unternehmung im Mai, als meine Freundin Hermine ihren Bruder Rudolf mitbrachte. Er war schon siebzehn

Jahre alt und sah, darauf schwöre ich noch heute, sehr gut aus. Er nannte uns alle »Fräulein« und übte uns alle Artigkeiten ein, die er in der Tanzstunde mit großen Mädchen gelernt hatte. Ich aber galt ihm mehr. Mir brachte er an einem Tage einen Maiglockenstrauß, an einem anderen ein Büschel Walderdbeeren und eines Tages sogar – wie war das atemraubend schön – ein Gedicht. Er sagte es nicht, aber es, war ganz deutlich: ich war seine Muse. Denn wenn er durch seine Dichtung ein Mädchen wandeln ließ, welches permanent »die rote Flamme« genannt wurde, so konnte das nur ich sein. Kannte doch die ganze Stadt das hochrote Kleid, das ich anhatte seit drei Jahren. Früher fand ich es verwaschen und ausgewachsen. Jetzt war ich auch des Sonntags damit festlich angetan.

Jede Woche bekam ich ein Gedicht. Nie zuvor hatte ich geahnt, dass die Natur, unsere kleine Stadt und meine Person so viel Stoff bieten könnten. Leider zog ich mir auch einmal den Zorn des Dichters zu. Ich war nämlich ohne besonderen Anlass drei Tage dem Milchtrinken ferngeblieben. Da überreichte er mir, nicht wie sonst, mit einem vielsagenden Blick, sondern traurig und abgewandt, ein Gedicht. Es stak ausnahmsweise in einer Enveloppe. Sechs Strophen waren es, in denen Sehnsucht nach der Ungetreuen abgewandelt wurde, bei dem Refrain »o liebliche Schlange, mir ist so bange« schauerte ich jedes Mal zusammen. Aber ich fragte nicht, ob ich das sei. Ich hatte das nicht nötig. Ich wusste genug. Alle meine Tage waren durchsüßt und durchsonnt. Mein Ansehen in der Klasse stieg von Stunde zu Stunde.

Am 29. September, am Michaelistag, ich weiß das Datum deshalb, weil wir »Kuhwarmen« vorhatten, zur Feier des Tages im Freien Kartoffeln zu braten, stürzte Tante Emmeline in unser Speisezimmer. In der Hand schwang sie ein Heft von »Über Land und Meer«. »Denkt euch«, rief sie aufgeregt, »da drin steht, dass kuhwarme Milch Tuberkelbazillen enthält und für zarte Kinder Gift ist. Sag mal«, fragte sie mich mit jenem Vorwurf, der ihrer Stimme angeboren war, »du trinkst doch nicht etwa kuhwarme Milch?« »Doch«, antwortete ich mutig. »Um Himmels willen, dann musst du sofort damit aufhören«, sagte sie in jenem Ton, der in unserer Familie als inappellabel galt. Der nächste Tag war schwarz verhangen für mich. Ich musste in der Klasse sagen, dass das mit der kuhwarmen Milch ein Irrtum der »Gartenlaube« gewesen sei. An diesem Tage sanken meine Aktien ins Bodenlose und erholten sich erst nach vierzehn Tagen, als ich Ibsens »Volksfeind«, der uns, verboten war, in die Schule einschmuggelte. Ein anderes Unglück aber, das mich aus diesem Anlasse traf, war nicht wieder gutzumachen, ich habe meinen Dichter niemals wiedergesehen.

Wer kann mir da übelnehmen, wenn ich nichts von Ess- und Trinkmoden hören will? Ich werde kribblig, so oft mich einer fragt: »Essen Sie schon Rohkost?« Oder mir rät: »Sie sollten morgens nur Kefir und Orangensaft zu sich nehmen.« Oder behauptet: »Ein Liter heißes Wasser gleich nach dem Aufstehen, ist ein Zaubertrank!« Die Warnung, der Gemüsenahrung nicht den Vorzug zu geben, da sich die Landwirtschaft neuerdings des Kunstdüngers bediene, findet bei mir taube Ohren. Die Empfehlung: »Essen Sie Luftbrot, es riecht nach nichts, es schmeckt nach nichts, es ist ganz neutral«, werde ich nächstens mit einem tätlichen Angriff beantworten.

Wir haben gelernt: man lebt nicht, um zu essen, sondern man isst, um zu leben. Beides ist falsch. Wahr ist vielmehr, dass man lebt, und da man zu diesem Zwecke essen muss, es bitter Not tut, aus dieser Notwendigkeit ein bisschen Lust herauszuholen. Alle unsere Sinne wünschen sich an der Mahlzeit zu beteiligen, nur unser Verstand möchte dabei nichts zu tun haben. Er verlangt, dass der Mensch instinktiv alles ihm Schädliche ablehne und nur das verzehre, wobei ihm das Wasser im Munde zusammenläuft. Jedenfalls will er nicht bei jedem Bissen interviewt werden.

Aber bis es einmal so weit kommt, dass man einen Menschen, der unrichtige Dinge isst, sich überisst, sich aushungert, sich in der Ernährung aus einem Extrem ins andere stürzt, einen dummen Kerl nennt, wird es noch lange dauern. Denn die Menschheit kommt in der Frage der Ernährung nur in der Art der Echternacher Springprozession vorwärts: Drei Schritte vor und zwei zurück.

Neue Freie Presse, 13.7.1930

DIE ENKELKINDER DER KÄTHE KOLLWITZ

Wer von uns kennt nicht das Antlitz der Käthe Kollwitz, dieses erhabenste Kunstwerk, das sie geschaffen hat: Mater dolorosa und Weltgewissen zugleich? Das Antlitz, vor dem alle menschliche Bosheit erschweigt und bei dessen Anblick in jedem die Freude aufblüht: auch du bist ein Mensch. Wie sie sich selbst gesehen hat, so sehen wir sie alle und so wird sie auf die Nachwelt kommen.

Wer Käthe Kollwitz aber auch noch anders sehen will, der muss sich nach Lichtenrade hinausbegeben. Dort wirkt ihr Sohn, ein echter Menschendoktor wie sein Vater, mit einer jungen Künstlerin vermählt, die mit Recht den klassischen Namen Ottilie trägt. Dort leben Peter, Jördis und Jutta, Käthes Enkelkinder, mit lichten Augen, als sehen sie in eine bessere von Käthe Kollwitz erträumte Welt, und mit Haaren, so sonnenhell wie der Weizen, aus dem Käthe Kollwitz gern das Brot für alle Hungrigen der Welt backen möchte.

Wenn Käthe Kollwitz in Lichtenrade ist und Peter beim Eislaufen auf dem gefrorenen Tümpel zuschaut, dann sieht sie weder traurig noch erhaben aus, sondern ganz wie eine glückliche und freundliche Großmutter. Überwältigt steht sie vor so viel Anmut und Lebenskraft und vor dem Stück Künstlertum, das sie sicher an diese Kinder vererbt hat und das ihnen aus jeder Falte guckt. Sie ist ganz Auge und Ohr. Denn sie verfolgt mit kollegialen Verständnis den künstlerischen Aufbau ihrer Äußerungen.

Peter berichtet eine wilde Sache von einem furchtbaren Halsweh. Das davon geplagte Wesen ist augenscheinlich ein Kind, vielleicht er selbst. Aber im Eifer des Erzählens sagt er plötzlich – ihm selbst überraschend: »Und da haben sie ihm einen Wickel um den Hals gemacht, so lang wie von Berlin nach Lichtenrade«, und setzt sofort erklärend hinzu: »Er hatte einen so langen Hals, er war nämlich eine Giraffe.«

Die Großmutter glaubt ihm die Giraffe. Sie glaubt alles. Auch ist sie jederzeit bereit, mit Jördis die Frage zu ventilieren, ob wohl die Hunde in Hamburg anders aussehen als die Hunde in Berlin. Jördis nimmt das als sicher an. Denn es wäre ihr peinlich, wenn auch unter den Hunden Gleichmacherei herrschte. Sie liebt Sensationen und das Menschenleben kann ihr gar nicht bunt, gar nicht prächtig, gar nicht exotisch genug sein. Nur das Dasein des lieben Gottes liebt sie, sich in bescheidenen Grenzen abspielen zu sehen. Er hat nur eine kleine Wohnung, aus zweieinhalb Stuben bestehend. In der einen wohnt er selbst, in der anderen die Kammer dient dazu, die Flügel der Engel aufzubewahren. So oft sie auch von Gottes Lebensform sprechen man, größeren Komfort gesteht sie ihm niemals zu, obwohl sie Gottes Leistungen durchaus nicht unterschätzt. So rechnet sie ihm hoch an, dass er den Menschen bei der Schöpfung mit Knochen versehen hat. »Sonst wäre ihm der Mensch zusammengerutscht.« Aber sie findet es auch richtig, dass er das Fleisch so fest um die Knochen gewickelt hat«. Sie staunt über die Geschicklichkeit, mit der er das gemacht hat. Kühler denkt Jutta. Sie sagt einfach: »Ich glaube, der liebe Gotte ist auch nur eine große, runde Scheibe, wie die Sonne und wie der Mond.«

Auch das Interesse für das Gottesproblem haben diese Kinder ererbt. War doch ihr Urgroßvater Julius Rupp, der Prediger einer freireligiösen Gemeinde, auch für diese noch zu frei, sein ganzes Leben lang als ein wahrer Christ für Gott eingetreten, indem er für Gütergemeinschaft, freie Verantwortung des Einzelnen und vollkommene Gleichstellung der Klassen und Geschlechter kämpfte.

Die drei Kinder in Lichtenrade sind ganz modern, körperlich und seelisch wohltrainiert, gewöhnt an einfaches Leben, gänzlich unsentimental. Die zärtliche Einladung der Großmutter: »Wollt ihr diese Woche einmal zu uns nach Berlin kommen?« beantworten sie mit der Frage: »Was esst ihr denn so alle

Tage?« Als die junge Mutter letzthin drei Tage infolge von Krankheit zu Bette lag, hat Jutta mit aller Entschlossenheit verkündigt: »Auf die Dauer werden wir mit Vater und Hedwig allein nicht auskommen. Wir müssen uns eine Stiefmutter holen.« Als die Zwillinge Jördis und Jutta drei Wochen alt waren, sagte Peter: »Bleiben denn diese Kinder immer hier? Vater sorg' dafür, dass sie wieder abgeholt werden.« Auch jetzt sind die Geschwister nicht immer einig. Dann tritt Jutta als Richter auf und spricht das salomonische Urteil: »Wenn Peterchen sagt, ich hab's nicht getan, dann glaub' ich, er hat's getan.« Diese Menschenkenntnis lässt einen für die Zukunft der Kinder das Beste hoffen, da sie auch mit den Mitteln, durch die Welt zukommen, genau vertraut sind. Jutta will etwas haben. Die Mutter verlangt, sie möchte »Bitte!« sagen. Lange Pause, mit diesem Sinnen ausgefüllt. Dann: »Mutter, wenn du mir das gibst und ich das nicht zu sagen brauch', schenk ich dir all mein Geld.« Gegen Erziehungsversuche sind sie so empfindlich, wie Kinder unserer Zeit eben sind. Die Mutter sagt zu Peter, als er drei Jahre alt ist, einmal sehr energisch: »Iss jetzt Kind.« Er: »Ich heiße nicht Kind, und sprich nicht so deutlich zu mir, Mutter.« Man wollte, alle Eltern könnten es sich abgewöhnen, mit ihren Kindern »so deutlich« zu sprechen.

Diese Kinder, so »matter of fact«, so von 1930, leben dennoch in einer Märchenwelt. Sie zerlegen den Alltag in seine Bestandteile und ziehen alles Märchenhafte, das in ihm schlummert ans Licht. Diese ihre Welt ist mit selbstgeschaffenen Gestalten bevölkert. Wenn irgend möglich, tragen die Personen schmackthafte Namen. So hat der kleine Held einer ihrer Dichtungen den gustiosen Namen: »Der Orangentorkel.« Die Sprache zieht sie mächtig an. Schöne und gutklingende Worte lassen sie sich wie Bonbons auf der Zunge zerfließen. Jeder Gegenstand, der sie umgibt, hat einen Namen. Der Spielbär heißt »Der große Rally«, die holländische Trachtenpuppe – mögen es die Holländer verzeihen – »Bürgerchen«, eine pfiffig aussehende süddeutsche Figur »Lügenbauer«. Der Kakao, der unten in der Tasse bleibt, heißt »Grundwasser«. Zu ihrem eigenen Vergnügen ersinnen sie Worte. Jutta kommt und sagt strahlend, als machte sie den Geschwistern ein kostbares Geschenk: »Ich weiß ein komisches neues Wort: Kakuleia.« Wenn Jutta Kakuleia sagt, dann kann Käthe so lachen, als ob sie noch kein Erdenleid erfahren hätte. Ja, mehr als das, sie vergisst in solchen Augenblicken sicher alles, was sie ist und was sie kann. So kommt es, dass die Kinder von der Bedeutung ihrer Großmutter keine Ahnung haben. Als sich Peter, fünfjährig, zum ersten Mal verliebte, in ein Mädchen, das Lottchen Meyer hieß, fragte Käthe verzückt: »Großmutter, möchtest du nicht auf gerne Lottchen Meyer heißen?«

Wen ihre Enkelkinder es wünschen, ist Käthe Kollwitz sicher bereit, fortan Lottchen Meyer zu heißen.

Neue Freie Presse, 31. 8. 1930

Seit zwanzig Jahren war der Pariser Freund nicht in unserer Stadt. Vor ein paar Tagen kam er, um sich den Bürgerkrieg auszusehen, der in ganz Europa angekündigt war, und schon ist er in Wien ganz zu Hause wie in jungen Jahren. Als ob er nie weggewesen wäre. Er strahlt von Verbundenheit und Wohlwollen.

Wenn man bedenkt, wie viel Wien seither an Glanz und Freudigkeit eingebüßt hat, so scheint das erstaunlich. Man fragt nach den Gründen. Er sagt: »Wien ist so anziehend wie ehedem, und die paar Sorgenfalten in seinem schönen Antlitz machen es nur interessanter. Was soll es denn aber auch sein, was Wien verloren hat, was es verlieren kann?«

»Ich sehe«, sagt der freundliche Gast, ein angenehmes Stadtbild von wohltuender Harmonie und Milde. Ein Landschaftsbild und eine Architektur, die zusammenpassen. Eine Vergangenheit, die nicht vergangen ist und infolgedessen keinen Verwesungsgeruch hat. Man kann sich in sie einfühlen und so bleibt sie lebendig. Glaubst du, dass der Reiz Wahlverwandtschaft zwischen dem Kobenzl und der Minoritenkirche zwischen Wienerwald und der Maria am Gestade durch den Krieg vermindert worden ist? Diese Harmonie ist ewig und sie ist kein Zufall, sie ist das Produkt eines wertvollen Menschenschlages.

Ein Volk, das eine so eigenartige und lebensfähige Stadt erzeugt hat, kann nicht untergehen. Es gibt tatsächlich so etwas wie eine spezifisch wienerische Kunst- und Lebensfarbe. Beides ist eins. Das Leben ist in Wien der Kunst ist nicht lebensfremd.

Merkwürdig ist, wie falsch das Ausland Wien seit jeher sieht, wie konventionell seine Auffassung ist. Eine Heiterkeit, die wie die Wienerische aus tiefen und reinen Quellen fließt, die einen Schubert und einen Nestroy hervorgebracht hat, verdiente es besser verstanden zu werden. Aber du kannst mir glauben, immer noch glaubt man, dass sich in Wien am Herde der Spieß dreht, oder dass die Wiener verzweifelt sind, wenn er sich nicht dreht.

Auf der ganzen Welt glaubt man, dass jeder Wiener den heißen Drang hat, ein Gent zu sein, der mit der letzten Blauen oder noch besser, mit dem Auto, weil es kein Fiaker mehr sein kann, aus Grinzing kommt. Das Wiener Liebespaar, welches jetzt mit tiefstem Ernst sein Leben aufbaut, auf eine Gemeindewohnung wartend, jeder Mensch von Helsinfors bis nach Barcelona, sieht es nur tanzend. Eure ernsthaften, sorgenvollen Arbeiter, bekanntlich mit die besten auf der Welt, immer sieht man sie beim Frühstücksgulasch, Heurigen trinkend und meterweise Apfelstrudel essend.

Immer noch glaubt man im Ausland, dass ihr es liebt, fünf gerade sein zu lassen, dass ihr für alles Unglück, das geschieht, einen Sündenbock sucht, dass euer Servilismus gegenüber den Großen der Erde unsterblich ist und dass ihr noch immer ruft: »Verkauft's mei G'wand, i fahr in Himmel.« Neu dazugekommen ist nur die Vorstellung, dass Mordbrennen und Aufeinanderschießen die Sonntagsbeschäftigung aller Wiener ist.

Wer aber unvoreingenommen nach Wien kommt, wird dieser Stadt froh. Wien hat herrliche Möglichkeiten, was man in Deutschland und in Italien will, Österreich kann es. Seine Geschichte und seine Geographie machen es zum Schmelztiegel von Europa.

Wien ist reizend, weil ihr immer hier so viele Rassen gehabt habt. Überall sind der Mischung die köstlichsten Blüten des Menschlichen Genius zu verdanken. In Athen wie in Rom, in Paris wie in Wien. Ich habe natürlich nichts gegen Schotten- oder Baskenkunst. Sie sind mir sympathisch, aber sie sind nicht groß genug, um für die Menschheit wirkliche Bedeutung zu gewinnen. Wien aber ist die Stadt der glücklichen Auslese. Denk' nur an unsere schöne Freundin mit der italienischen Urgroßmutter, der slawischen Großmutter, dem ungarischen Großvater und der Mutter aus Lerchenfeld.

Aber ob das Produkt nun gut oder schlecht ist, eigenartig ist es auf jeden Fall. Und unbestreitbar. Das hat sich beim Zusammensturz gezeigt. Weißt du, ich kenne eine Menge Leute in den Nachfolgestaaten. Die besten unter ihnen, zum Teil rabiate Patrioten, die das alte Österreich hassen, können den Wiener Stil in sich selbst nicht ausmerzen, in inneren wie in äußeren Dingen, er ist zu widerstandsfähig. Und was das Eigentümliche an ihm ist: er bewahrt die Eigenart der Elemente, die in ihm verschmolzen sind.

Während Amerika in seinem Endprodukt keine Spur von den darin verschmolzenen Nationalcharakteren übriglässt, ist man ein Wiener, und zeigt ungarische, jugoslawische, italienische Elemente harmonisch zur Einheit gestaltet.

Von dieser Herkunft schreibt es sich her, dass Wien eine Stadt ist, die lebt und leben lässt, dass hier menschliche Besinnung zu finden ist und eine tiefe Einsicht in die Notwendigkeit des Kompromisses angesichts der Unvollkommenheit der Welt.

Wer als Fremder am letzten Wahlsonntag hier war, musste Wien liebgewinnen. Verarmt, zermürbt, verhetzt, haben sich die österreichischen Völker in ihrem reinen Instinkt tapfer gehalten gegen die Anmaßung fremder Agitatoren. Wie Kinder einen Schutzengel haben, so haben die Österreicher einen.

Wenn alles ganz verzweifelt aussieht, im letzten Augenblick zeigt es sich immer, dass sie bei aller Zerspaltenheit, Parteiwut und Eigenbrötlerei wissen, was sie ihrem Menschentum schuldig sind. Sie lassen sich keine ausländische Politik diktieren, sie lassen sich von Phrasen nur den Augenblick blenden; sie fühlen sich von extremen Richtungen nicht angezogen, weil ihr harmonisch-musikalisches Wesen zu innerem Gleichgewicht hinstrebt.

Dieses zeigte sich auch in der großen Zucht und Organisationsfähigkeit, die man in diesen Tagen mit Bewunderung beobachten könnte. Auch hier irrt das Ausland, wenn es den Österreichern nachsagt, dass Individualismus ihre höchste Religion und ihre Abneigung gegen Disziplin umwandlbar ist. Das in letzter Zeit hie und da auftauchende Wort vom balkanischen Wien ist wieder einmal glänzend widerlegt worden. Niemals war so viel vom »Putsch« geredet worden wie in den letzten Wochen in Wien. Und was ist geschehen? Eine geordnete besonnene, kluge Wahl ist vor sich gegangen, schöne Umzüge aller Parteien haben wir erlebt, ohne Auswüchse, ohne Ausschreitungen. Die oberflächlichen Kenner Wiens haben sich blamiert, und alle Leute, die Wien lieben, konnten erkennen, dass Wien etwas ist, was Europa geradezu braucht: eine Quelle der Ordnung und schaffender Kraft gegen Balkanismus, Bürgerkrieg und Demagogie.

Und diese Stadt soll untergehen? Diese Stadt soll höchstens ein Venedig werden, in dem Hochzeitsreisende Tauben füttern? Es ist eine europäische Frage: Wie erhält man diese Stadt, abseits von Politik und Wirtschaft, als eine moralische Anstalt?

Da muss etwas geschehen, Wien ist in der Welt nicht richtig bekannt. Die Welt assoziiert mit Wien Nachtlokal, leichte Musik, oberflächliche Halbeleganz. Aber nur Gentlemen, die Blonde präferieren, finden jenes Wien, an welches das Ausland glaubt. Die Portiers der großen Hotels zeigen es ihnen. Der unvoreingenommene Besucher kann es nicht finden.

Das Wien, das ich kenne, ist ein anderes. Ich weiß, dass die »note personelle« des Wieners seine Liebe zur Natur ist, zu Kindern und Tieren, dass er eine Neigung zu Gärten hat und ein Bedürfnis nach freier Luft. So erklärt sich sein hochentwickeltes Gesundheitswesen. Er hat ein geistiges Leben und liebt es, dieses in die Stille zu verlegen. So kommt es, dass Wiener Spitzenleistungen erst durch den Nobelpreis der Welt bekannt werden. Wien hat das Glück, in Bezug auf modernsten Bahnen zu wandeln. Aber es hat verstanden, sich in Musik und Wissenschaft seine wertvollen Traditionen zu bewahren.

Das Schicksal Wiens steht nicht allein. Bei dem allgemein herrschenden Missverständnis weiß natürlich kein Mensch vom anderen und keine Stadt von der anderen. Das Paris der Amerikaner ist nicht das Paris der Pariser.

Aber Wien kann sich dieses Missverständnis leider nicht mehr leisten. Wenn man arm ist, muss man besonders auf seinen guten Ruf bedacht sein. Es wäre besser für Wien, wenn man draußen erführe, dass jeder Säugling in Wien als erstes Geschenk der Stadt Tetrawindeln bekommt, als dass sich Studenten untereinander prügeln, statt zu studieren.

In Java und an anderen weltabliegenden Orten habe ich viele Österreicher in hervorragenden Stellungen nützlich schaffend getroffen. Sie könnten zu Hause bleiben, sie brauchten kein Exportartikel zu sein, wenn die Welt wüsste, was Wien wirklich ist.

Neue Freie Presse, 24. 11. 1930

KOPENHAGEN SILVESTERGESCHICHTE

Sie hatte allen Silvesterverlockungen widerstanden: dem Hausball bei Ameseders, der Dinereinladung ins Imperial, den Theaterkarten zu »Carmen«. Welchen Zweck hatte es auch, abgestandenen Humor ohne Lust, Punsch ohne Durst und Pfannkuchen ohne Hunger zu sich zu nehmen! Immer schon waren ihr die Silvesterfeiern lärmend und unfreudig erschienen. Und jetzt gar, wo ihre Gedanken auf Reisen weilten: wie sollte sie dann den Schwung und die Wärme aufbringen, um sich und andern über die letzten Stunden des alten Jahres hinwegzuhelfen?

Es war etwa neun Uhr, sie saß im halbdunklen Raum, den Blick auf ein Portrait gerichtet, dessen Umrisse halb verwischt waren, gerade so war es ihr recht. Da konnte ihre Phantasie dazutun, was dem Maler nicht gelungen war. Selbst der größte Maler kann nämlich nur ungeliebte Menschen vollkommen richtig darstellen.

Eigentlich war die Situation komisch. Sie war sonst nie allein. Wien hatte etwa zwei Millionen Einwohner. Tausende davon kannte sie, und viele waren ihr gut. Jetzt aber saß sie ganz allein, weil der eine, den sie wollte, nicht hier war. Er war weit weg. In –

Ein schrilles Geklingel schreckte sie auf. Telephon! »Hier Überlandzentrale«. Die Telephonistin sagte: »Sind Sie Fräulein Rieder? Kopenhagen verlangt nach Ihnen. Das ist jetzt die Voranmeldung. Wir werden Sie später rufen.«

Ein wirbliger Freudentaumel erfasste sie. Kopenhagen verlangte nach ihr! Ihm war also ganz so zumute wie ihr. Auch ihm schien seine große Vaterstadt menschenleer. Er wollte nicht im königlichen Theater sitzen, er wollte nicht bei Wivel speisen. Sicher saß auch er im halbdunklen Raum und schaute auf ihr Bild und dache an sie, aber da er ein Mann war, hatte er mehr Initiative und kam auf den herrlichen Gedanken, sie anzurufen. Was für eine wunderbare Sache doch die Technik war!

Bald würde er am Telephon stehen und sie würde ihre Stimme hören. Was sollte sie nur so rasch sagen? Wenn man doch nur die rechten Worte fände in der Eile. Sie begann sich vorzubereiten wie ein Schulkind. Wenn er sagt Dann werde ich antworten oder Nein: ich werde sagen ... Nein. Jetzt hab' ich's.

Plötzlich fühlte sie das Bedürfnis einen Menschen zu sehen. Sie rief nach ihrem Mädchen. »Ach Resi. Sie wollten doch zu ihrer Freundin. Heute kann ich ganz gut allein bleiben.« Das Mädchen wandte sich erfreut zum Gehen. »Halt, einen Augenblick. Ich glaube, ihnen hat der Rodlerschal so gut gefallen, den ich zu Weihnachten bekommen habe. Wollen Sie ihn haben? Ich bin zu blass, Ihnen wird er besser stehen.« Wirklich: er stand ihr herrlich. »Und jetzt noch einen Augenblick. Hier ist eine Schachtel Lavendelpfeife für Ihre Freundin.« Nun ging das Mädchen.

Aber sie blieb doch nicht allein. Ganz Kopenhagen war da. Meernahe Luft wehte durch den Raum. Wenn sie die Augen schloss, sah sie junge Mädchen wie Schmetterlinge auf ihren Rädern den Roskidevej dahinsausen. Weiche Laute einer geliebten fremden Sprache schlugen an ihr Ohr. Die behagliche Heiterkeit des Nordens, die so viel wirkliche innere Sonne hat, umfing sie.

Was er wohl sagen würde? Pläne für Ostern machen? Oder gar? Nein, das nicht. Er konnte ja nicht. Das war ganz ausgeschlossen. Vielleicht aber doch.

Der Anruf kam noch immer nicht. Sie nahm ein Buch von Knut Hamsun zur Hand. Durch alle diese Bücher ging ihr Held, der so verträumt, so schwach, so menschenfreundlich und so weltunkundig war. Merkwürdig, wie Kunst und Leben sich nicht berührte. Er, den sie im Leben liebte, war eigentlich das strikte Gegenteil des Mannes, der mit gedämpftem Saitenspiel unter Herbststernen ein Vagantendasein führte.

Sie las und wartete. Wartete und las. Es zuckte in allen Nerven. Das Herz brannte, die Pulse flogen. Aber es nützte nichts, das Telephon stand still und trotzig und gab kein Lebenszeichen von sich.

Und schon war die Mitternacht da. Die Glocken der nahen Liechtentalerkirche begannen zu läuten. Wie schön! Mitten hinein schrillte das Telephon. Endlich! Jeder Blutstropfen in ihr tanzte vor Freude. Sie schöpfte tief Atem. Aber nur zwei Worte erklangen am Telephon: »Kopenhagen verzichtet.« Was war das? Konnte so etwas Entsetzliches geschehen? Wie grausam war doch die Technik! Sie trank ein Glas kaltes Wasser und sprach sich selbst zu. Das alles ist ja ganz natürlich. Er hat zwei Stunden gewartet. Den ganzen Silvesterabend hat er verloren. Er konnte einfach nicht länger warten. Er war klug, dass er der Quälerei ein Ende gemacht hat. Es war sehr richtig von ihm gewesen zu verzichten.

Aber hatte er wirklich nur darum verzichtet? Nein! Ein kalter Schauer überlief sie; sie wollte es besser. Drei Stunden hat er gewartet. Und in dieser Zeit hat sich seine Stellung zu ihr verändert. Mit Liebe hat es angefangen. Dann hat ein Gedanke dem anderen die Hand gereicht, und nach drei Stunden war alles vorbei. Die intensive Beschäftigung mit ihr, in völliger Einsamkeit, hat ihm all das ins Gedächtnis gerufen, was ihn an ihr stört. Scharf umrissen zog jede nicht ganz geglückte Situation vorbei. Errötend erinnerte sie sich an jedes nicht ganz so richtige Wort, das sie gesprochen hatte. Einmal war sie zu spät gekommen, da hatte er sie so fremd angeschaut. Einmal hatte sie einen Brief verlegt, da war er ordentlich böse gewesen. Und der Abend im Theater: da hatte sie in einem Stück vom Öhlenschläger heimlich – aber nicht heimlich genug – gegähnt. Und ihr rotes Kleid konnte er nicht leiden. Er hielt so viel auf Distinktion. Die Art, wie sie sich einhängte, fand er zu intim, und als sie einmal gesagt hatte, ihr gefiele es, dass König Edwards die englischen Bergarbeiter besucht habe, war ihm das auch nicht recht sein. »Man muss ganz sein«, hatte er gesagt. Er war so ganz. Keinen Spaß gab es in seiner Vollkommenheit. Sie hatte viel auf dem Gewissen; immer neue Missgriffe fielen ihr ein. Aber sie konnte so viel nachdenken als sie wollte, ihm war nichts vorzuwerfen. So vollendet, zweckbewusst und sicher, wie er war, konnte er über sie nicht froh sein, die so unfertig, so infantil, so wechselnd erschien.

Jetzt wusste sie es. Ganz bestimmt. Er hatte verzichtet, weil ihm klargeworden war, dass er sie nicht liebte. Wie konnte er auch! Sie passte nicht in den Rhythmus seines Lebens. Sie war so stürmisch. Sie schrieb ihm sicher zu viele Briefe. Täglich fragte sie, ob er sie noch liebe. Das musste so einen Mann ungeduldig machen. Immer war sie in einer beunruhigten Weise um sein Leben besorgt. Dann auch war sie so brennend ehrgeizig für ihn. Sie sagte ja gar nichts. Aber ihr ganzes Wesen war eine Forderung nach Leistung und Tat. Gott, wie unbequem sie doch war! Einmal hatte er gesagt: »Du tust zu viel. Vor deinem Wesen steht die Leistung und verbirgt es.«

Sie sah es ein, sie musste sich von Grund aus ändern. Von jetzt ab sie reserviert, abwartend, vielleicht sogar damenhaft sein. Jedes Wort, dass sie sprach, wollte sie überlegen, nur selten lächeln und sich um alles bitten lassen. Vielleicht wäre es gut, wenn sie ihn etwas quälen könnte? Aber womit nur? Es fiel ihr gar nichts ein.

Plötzlich ließ sie mutlos den Kopf hängen und begann zu weinen. Mit solchen unausführbaren Vorsätzen hatte sie sich die ganze Jugend verdorben. Sie sah sich, vierzehn Jahre alt, vor dem Spiegel stehen, um ein »kaltes Gesicht« zu probieren. Sie hatte es fertig gebracht. Aber niemand hatte es ihr geglaubt.

Nein, sie konnte sich nicht ändern. So aber, wie sie war, konnte nicht lieben. Als ob es im Zimmer eine laute Stimme ausspräche, so hörte sie: »Kopenhagen verzichtet.« »Bitte, Fräulein, ein Telegramm aus Kopenhagen.« Sie schlug die auf. Auf dem Sofa neben dem Telephon war sie eingeschlafen und jetzt war Neujahrsmorgen, und das war Resis Stimme. Unwahrscheinlich langsam öffnete sie das Telegramm. »Haben gestern vergeblich versucht, Ihnen zu telephonieren, dass Ihr Liederabend in Oslo schon am 12. Januar stattfinden muss. Konzertdirektion«.

Eine Stunde lang saß sie ohne ein Zeichen von Leben. Dann schrieb sie ein paar Zeilen, legte ihren Ring in ein Schächtelchen, trug beides Post und gab es auf: nach Kopenhagen.

Neue Freie Presse, 2. 1. 1931

FRAU RAT ERZIEHT IHREN SOHN

Aus einem Rundfunkvortrag
bei der Südwestdeutschen Rundfunk AG in Frankfurt am Main

Goethes Mutter! Wir alle glauben, diese prachtvolle Frankfurterin gekannt zu haben: groß, behaglich, schönäugig, stattlich angetan, unverbildet, gut gelaunt, voll überlegen-schalkhafter Menschlichkeit steht sie vor uns herzlich, herzvoll, herzhaft.

Viele Bilder aus ihrem Leben sind uns so vertraut, als hätten sie die Wände unserer Kinderstube geziert: sie kniet, selbst noch ein halbes Kind, wie die ihren Bambino anbetende Madonna des Correggio, vor ihrem Knaben, das Herz von Begeisterung erfüllt, staunend, dass solches Werk ihr gelungen. Wir sehen sie, kühn und verlegen, vor dem raffinierten Grafe Thoranc stehen, ihn mit ihrem bisschen Französisch zugunsten des unvorsichtigen Gatten umzustimmen. Wir bewundern sie als Märchenerzählerin im Kreise ihrer und fremder Kinder, von denen Wolfgang am aufmerksamste zuhört, weil er weiß, dass das Märchen so ausgehen wird, wie er es sich vorher gedacht hat. Oder sie nimmt den prachtvollen farbigen Mantel von ihre Schultern, um ihn dem schönen Sohne umzuhängen und ihm beglückt nachzusehen, wenn er wie ein junger Gott über das Eis fliegt. Wie anheimeln muss sie ausgesehen haben, als sie den bramarbasierenden Stolbergs, um die immer heftiger werdenden Äußerungen gegen die Tyrannen ins Heitere zu wenden, ihren besten, hochfarbenen alten Wein vorsetzt: »Da habt Ihr Tyrannenblut« Wir hören sie lachen, wenn sie, auf einem steifbeinigen Sofa sitzend, ihren Samstagsmädels, sie, die Jüngste unter ihnen, von dem geliebten Weimar erzählt. Wir sind anwesend bei dem drolligen Toast, mit dem sie als Ehrengast den Fürstprimas erschreckt, der sicher noch nie vorher eine Frau hat eine Tischrede halten hören. Ein andermal prangt sie in der Loge, prächtig geputzt, und flennt und lacht und ärgert sich über die Lauen und über die Geschmacklosen und über alle jene, die nicht verstehen, dass das Theater eine herrliche Täuschung ist. Staunend lesen wir die wunderbar gelenkige überströmend ausdrucksvollen Briefe an Hohe und Geringe, an Fromme und Zöllner und Sünder, aber alle sind gleich echt und gleich liebreich. Erfreulich ist es auch, sich die kleine Bettina auf dem Schemel zu ihren Füßen sitzend zu denken. Alles, was diese ihr abgelauscht oder auch nur in den Mund gelegt hat – uns ist es lieb und wert.

Schöne Bilder sind das und uns so vertraut. Wir sind froh, dass es ihr all ihre Tage so gut gegangen ist. Selbst das Alter, mit so viel Verstand getragen, mit so viel geistiger Hygiene gelebt, dass sie im letzten Winter ihres Lebens dem Enkel noch sagen kann: »Die Großmutter sei ganz Allegro«, verliert: alle Schrecken für uns Ebenso der Tod, der so rechtzeitig, so rasch und wohl aufgenommen kommt. Sie zwingt den Arzt, ihr zu verraten, wie viele Stunden sie noch zu leben habe. Sie bestimmt die Weinsorte und die Größe der Brezeln, mit denen ihr Totengeleite erquickt werden soll Ihre Sorge ist nur, dass die Mägde zu wenig Rosinen in den Kuchen nehmen könnten, denn das habe sie ihr Lebtag nicht leiden können und darüber wurde sie sich noch im Grabe ärgern. Sie entschuldigt sich bei Freunden, die sie zu einer Gesellschaft einladen, sie müsse alleweil sterben. Wer möchte nicht so aus der Welt scheiden? Deshalb sind wir alle in der Vorstellung aufgewachsen, Frau Rat war ein Sonntagskind.

War Frau Rat ein Sonntagskind?

War sie das wirklich? Sehen wir mal näher hin. Ein schönes, heiteres, lebensdurstiges Mädchen von siebzehn Jahren heiratet im Auftrag des Vaters einen um einundzwanzig Jahre älteren Mann, den sie nicht liebt. Aber der Altersunterschied ist nicht das schlimmste. Schlimmer ist: der Gatte hat kein Talent zum Glück. Von feinem und zartem Innern hat er sich, die eigene Weichheit zu bekämpfen, in die Würde hineingerettet. Er glaubt nicht an sich, infolgedessen verlangt er nach Autorität. Er hat keine Berufsarbeit, so wendet er alle seine Tatkraft an seine Familie. Nicht gewohnt, Geld zu erwerben, gelangt er zu einer Überschätzung des Geldes, die sich in Geiz ausdrückt, so dass weder Frau noch Kinder je zum Bewusstsein des tatsächlichen Wohlstandes kommen. Diesen schwierigen, wertvollen Mann zu behandeln, wird eine Kunst, in der es die Frau zur höchsten Vollendung bringt. Zuerst spielt sie seine Tochter, lässt sich von ihm brav zum Sprachenlernen und Klavierüben anhalten, dann, mit jähem Übergang, ist sie seine Mutter. Sie trifft Entscheidungen für den Unentschlossenen, von dem der Sohn so bezeichnend sagte: »Er stimmte die Laute länger als er sie spielte.« Wie eine Mauer steht sie zwischen ihm und der Welt und ihren Konflikten. Sie schafft ihm Freunde ins Haus. Zuletzt ist sie in langjähriger Krankheit seine getreue und geduldige Pflegerin. Wie man sieht, kein ganz leichtes Frauenschicksal. Aber ein noch schwereres war ihr als Mutter beschieden. Sie bringt in zarter Jugend innerhalb eines Jahrzehnts sechs Kinder zur Welt. Vier davon welken ihr hin. Nur zwei bleiben am Leben. Aber auch von diesen zeigt sich nur eines zum Leben geeignet. Die Tochter Cornelia, ein hochbegabtes und hochgestimmtes Wesen, lebt, wie der Bruder sagt, »ohne Glaube, Liebe und Hoffnung«. Hier liegt vielleicht die tiefste Tragik der Mutter. Wie gern möchte sie der Tochter von der eigenen überschäumenden Lebenskraft und Lebensfreude abgeben. Aber das geht nicht. Sie sind zu verschieden. So muss sie ihr Kind leiden sehen, ohne es aufrichten zu können. Sie kann der Tochter keine Freude an sich selbst verschaffen, sie kann ihr keine natürliche Einstellung zu Ehe und Mutterschaft geben. Zuletzt muss sie sie früh und verzweifelt sterben sehen. Nun hat sie ja noch immer den Sohn. Aber auch dieses einzige wirkliche Glück ihres Lebens ist nichts weniger als wolkenlos. Eigentlich eine unglückliche Liebe. Schon mit sechzehn Jahren muss sie ihn hergeben. Krank und schiffbrüchig kehrt er ihr nach Jahren heim. Kaum hat sie ihn gesund gepflegt, treibt ihn die Sehnsucht, der Enge des Vaterhauses zu entfliehen wieder in die Welt. Ihr ganzes Glück ist in jene wenigen Jahre zusammengedrängt, in denen er, äußerlich ein junger Rechtsanwalt, innerlich ein junger Dichter, bei ihr in Frankfurt lebt. In dieser Zeit genießt sie seine Gegenwart, sein Ansehen, seine Freunde. Was will es dagegen verschlagen, dass sie auch in diesen Glückstagen fortwährend ausgleichen, vertuschen, verheimlichen versöhnen muss? Dann geht er einmal an einem trüben Novembertag aus Frankfurt weg und kommt nie wieder Ihre Lebenssonne ist untergegangen. Einige karge Besuche, hie und da ein langerwarteter Brief, Angst um seine Gesundheit, und zuletzt ein einsames Alter, denn hundert Leute, die sie umgaben, vermochten nicht ihr den einen zu ersetzen. Den Sohn aber hat sie in den letzten elf Jahren ihres Lebens überhaupt nicht gesehen. Auch sonst geht durch diese strahlende Beziehung viel unausgesprochenes Leid. Der heiße Wunsch nach einer Frankfurter Schwiegertochter geht nicht in Erfüllung. Das Kind, das ihm seine spätgewählte Lebensgefährtin schenkt, darf die stolze Großmutter aus guten Gründen nicht ins »Anzeigblättgen« setzen.

Die letzten Jahrzehnte ihres Lebens sind überdies von Krieg und Kriegsgeschrei erfüllt. Man lebt in täglicher Angst und Gefahr. Die tapfere Frau flieht nicht und am wenigsten nach Weimar, wo sie vielleicht nicht ganz gelegen käme. Ihre häusliche Ruhe ist gestört, die Einquartierung sie kocht in ihrer Küche, braucht ihre Mägde. Sie lässt keinen Trübsinn bei sich aufkommen, arbeitet, musiziert, geht spazieren, kümmert sich erfolgreich um da Geschick der Freunde. Aber manchmal verrät ein Wort ihre wahren Empfindungen. »Was ich mache? So wenig als möglich, und das Wenige noch oben drauf von Herzen schlecht. Einsam, ganz allein mir selbst überlassen. Wem die Quellen abgeleitet oder verstopft sind, wird der tiefste Brunnen leer. Dann stirbt sie. Nicht ungern. Das sind die äußeren Umrisse des Lebens de lustigen Frau Aja.

Selbsterziehung zum Glück

Wie mag es also kommen, dass sie nicht nur der Mit- und Nachwelt als ein Glückskind galt, sondern auch tatsächlich sich an jeder guten Stunde ihre Lebens zu freuen wusste? Das ist ganz einfach: Frau Rat war eine große Erzieherin, und was hier als Lebensresultat vorliegt, ist ein bemerkenswerte Fall von Selbsterziehung. Elisabeth Textor war ein kluges Mädchen. So hat sie unter ungünstigen Verhältnissen aus dem wunderbaren Rohmaterial, das ihr ihre Natur bot, ein Kunstwerk geschaffen: Frau Rat Goethe.

Vor allen Dingen ist, sie eine Lobrednerin des heiligen Lebens. Sie fragt nicht, was ist das Leben uns schuldig, sondern was bin ich dem Leben schuldig, und so lebt sie. Vor allen Dingen in Frieden mit sich und der Welt. Sich selbst klar sehen, ist ihre Forderung. Ohne Verkleinerung, ohne Vergrößerung, ohne Verzerrung. Ihre Vorzüge wertet sie als Glücksfälle: ihre Menschenliebe, ihre Anspruchslosigkeit, ihre Entschlossenheit. Deshalb überhebt sie sich nicht und moralisiert sich. Zwischen Nord und Süd geboren, hat sie die pedantische Ordnungsliebe des Nordens, die sie zwingt, alles gleich frisch weg von der Hand zu tun, das Unangenehmste immer zuerst. Sie verschluckt den Teufel, ohne ihn zu begucken. Aber weil sie auch vom Süden ist, aufgewachsen in der milden Luft, die vom Taunus herüberweht, hascht sie die kleinen Freuden, bückt sich bereitwillig, wenn Türen niedrig sind, und geht um Steine herum, wenn sie zu schwer sind, um weggeschafft zu werden.

Nicht nur für sich selbst, auch für andere ist Frau Aja eine vortreffliche Erzieherin. Wie genau weiß sie, dass man Kinder wie Erwachsene und Erwachsene wie Kinder behandeln muss. Wenn sie den jungen Fritz v. Stein bittet, er möchte für sie ein Tagebuch führen, so tut sie das wie eine Dame zu einem Herrn. Schreibt sie an Erwachsene, so sind sie alle ihre Buben. Sie kennt auch den hohen Erziehungswert des Lobes. Große und kleine Menschen erquickt sie, erhebt sie, ermuntert sie durch die Anerkennung, die sie ihnen spendet. Bezeichnend ist auch, dass sie genau weiß, dass der Frieden in der Kinderstube beginnt. Sie, die Milde, wird nur ein einziges Mal scharf, als ihr der Sohn zumutet, dem kleinen August eine Guillotine als Spielzeug zu kaufen. Sie gerät über diesen unpädagogischen Gedanken völlig außer sich und lehnt schroff ab.

Frankfurter Brenten als Erziehungsmittel

Alles, was Frau Rat tut und unterlässt, ist eigentlich heimliche Pädagogik. Nur an einem hat sie ihre Erziehungskünste nie versucht: an ihrem Sohn. Was also hat nun diese Mutter für ihren Sohn getan? Für den doch beinahe nichts zu tun war, weil die Natur alles für ihn getan hatte. Sie hat ihn nicht gehindert, das Genie, das er nun einmal war, zu bleiben. Sie wusste: Kinder brauchen Liebe. Ihr Wolfgang lebte, lernte, wuchs, sie sah begeistert zu. Sie schuf ihm lieben Verkehr. Sie förderte seine Interessen. Wenn er fragt, ob ihm die Sterne Wort halten würden, erkundigt sie sich: »Wozu brauchst du den Beistand der Sterne, da wir andern doch ohne sie fertig werden müssen?« – »Was andern Leuten genügt«, sagt der Knirps, »mit dem kann ich nicht fertig werden«. Die Mutter lacht nicht. Sie glaubt ihm.

Wenn der Vater versucht, durch Schrecken dem Sohn die Furcht vor Dunkelheit und Einsamkeit auszutreiben, Frau Rat weiß ein besseres Mittel: Frankfurter Brenten.

Großartig wird Frau Rat in dem Augenblick, den die meisten Eltern zu ihrem Schreck verschlafen: in dem die Kinder erwachsene Menschen werden. Sie tritt ohne weiteres Aufsehen in die Reihe der Freunde des Sohnes.

Diese Freunde macht sie zu den ihren. Jeder Mensch, den er ihr bringt, ist ihr willkommen. Auch die Mädchen, die er liebt, bleiben ihr wert. Anna Sybilla und Maxe und Lili und vor allem Christiane, die sie zu seiner Zeit schon Tochter nennt, als der Sohn noch nicht im entferntesten daran denkt, ihr Frau Rat zur Mutter zu geben. Wenn er Freunde fallen lässt, wie den armen närrischen Lenz oder den unaufrichtigen Lavater oder die unvorsichtige Bettina: sie bleibt ihnen und damit ihm treu. Ihre eigenen menschlichen Beziehungen aufrecht zu erhalten, ist ihr selbstverständlich. Wie ihr Christiane die Tochter ist, so sind die Schlosserkinder aus Schlossers zweiter, sehr kurz nach dem Tode Corneliens eingegangener Verbindung mit Johanna Fahlmer, dem kindlichen Gemüt der Frau Rat ihre »Enkeleins«. Auf kindlich reimt sich eben unüberwindlich.

Frau Rat hat ihrem Sohne geholfen, zu sich selbst und zu der Welt die richtige Stellung zu gewinnen. Aber vor allem ist es seine Beziehung zu den Frauen, die durch sie festgelegt ist. Er liebt die guten, wahren und wertvollen. Wenn er das Naturell der Frauen der Kunst nahe verwandt findet, so ist seine Mutter diese nahe Verwandte der Kunst. Und wenn er zuletzt trotz glühender Liebe nicht die Staatsdame Lili, sondern das Naturkind Christiane wählt, so tut er das, weil in dieser ein Fünkchen von seiner Mutter lebt. Eigentlich gefiel ihm keine Frau, die anders war als seine Mutter.

Neue Freie Presse, 22. 2. 1931

ERZIEHUNG ZUM GLÜCK

Da es kaum so etwas wie Erziehung und kaum so etwas wie Glück gibt, muss ein Titel »Erziehung zum Glück« befremden. Es sei also gleich gesagt, dass jedes Mal, wenn das Wort »Erziehung« kommt, natürlich nur jener latente Einfluss gemeint ist, den die Umwelt, Eltern, Lehrer und Freunde, auf das Kind ausüben. Unter »Glück« aber ist der erreichbare Grad von Schmerzbefreitheit, Zufriedenheit, Heiterkeit und Beschwingtheit zu verstehen, den wir im Alltag Glück zu nennen pflegen. Zu jenem höchsten Glück, welches ausschließlich Höhenmomenten vorbehalten bleibt, braucht man ja nicht erzogen zu werden.

Im letzten Jahrhundert war das Ziel der Erziehung: Der nützliche Mensch! Der gute Staatsbürger. Infolgedessen war die Jugend nichts anderes als ein Mittel zur Erreichung des reiferen Lebens, eine Art von Übergangszeit, die an sich keinen Wert hat. Nur wenige Denker sagten schon damals, dass die Jugend ein selbständiges Recht auf Existenz hat und dass es ein Verbrechen ist, sie um diese kostbare Lebenszeit zu bringen.

Diese Meinung ist in letzter Zeit pädagogisch Gemeingut geworden. Niemand darf mehr wagen, einem Kinde die Jugend zu verderben, um es für spätere Zeiten, die es vielleicht nicht einmal erlebt, brauchbar zu machen. Die Eltern sind mit dieser Wendung der Dinge sehr zufrieden, denn sie wollten ja nie etwas anderes, als ihr Kind glücklich machen.

Wie aber macht man sein Kind glücklich? Wir können ihm keine unverrückbaren äußeren Verhältnisse verschaffen; Geld können wir ihm nicht sicherstellen: Der nächste törichte Krieg kann es entwerten. Wir können es nicht in ein harmonisch geordnetes und gerechtes Staatswesen hineingebären, weil es derzeit ein solches überhaupt nicht gibt. Wir können unser Kind nur schwer vor falscher Berufswahl bewahren und noch seltener von schädlicher Gattenwahl abhalten. Wir können ihm nicht jeden Ehrgeiz stillen und es nicht vor unglücklicher Liebe schützen. Wir wissen ihm kein sicheres Mittel gegen Tuberkulose und Krebs. Wir können ihm keinen Weltfrieden versprechen. Wir können ihm nicht verbürgen, dass es vor Hungersnot und Seuchen bewahrt bleibt. Von den tausend feineren: Gründen zu manchem Leiden sei hier geschwiegen.

Was können wir also tun, damit unser Kind doch sein Glück macht? Schon in diesem Wort ist die Antwort beschlossen. Die tiefschürfende deutsche Sprache sagt, man müsse »sein Glück machen«. Also, es ist nicht fertig zu kaufen, es muss persönlich angefertigt werden Um das zu können muss man aber wer sein. Natürlich wäre man am liebsten die Persönlichkeit, die an sich »höchstes Glück der Erdenkinder« ist. Aber die ist selten. Doch auch dem Durchschnittsmenschen sind Glücksmöglichkeiten gegeben, nur muss er sie sich selber schaffen. Dazu braucht er Hilfe. Die Eltern, die ihm das Leben geschenkt haben, sind verpflichtet, es ihm zum zweiten Mal schenken, indem sie ihn lehren, es zu leben.

Sie können für das Glück ihres Kindes das Fundament bauen. Schon durch die Gesundheit, die sie ihm mitgeben. In dieser Sache sind wir gegenwärtig auf guten Wegen. Die alte Vorstellung, man müsse rotes Fleisch essen und roten Wein trinken, um rotes Blut zu bekommen, ist verschwunden. Das Kind ist reich geworden, seit man ihm die Sonne, das Wasser und den Schnee geschenkt hat, seit man seinen Gliedern Freiheit lässt. Was aber die Ernährung anlangt, so bringt uns jeder Tag neue Erkenntnisse. In solchen Dingen ist es eine Lust, jetzt zu leben. Trotz aller herrschenden Not und Großstadthast werden künftige Generationen über bessere Körper und Nerven verfügen als irgendein Zeitalter bisher. Was gesund ist, weiß jetzt jeder. Übung und Luftzutritt und Wasser werden mit der Zeit zu einer Vollkommenheit des menschlichen Körpers führen, die, vielleicht das Ideal, das uns die Griechen überliefert haben in den Schatten stellen wird.

Jedenfalls gibt es kaum mehr Eltern, die ihrem Kinde gestatten, mit vorstehenden Zähnen, einer Hasenscharte, mit Schielaugen, mit abstehend Ohren, mit krummem Rücken, mit missfarbenen Haaren oder gar mit ein Sprachfehler aufzuwachsen. Wer das noch tut, hat sein Kind um das größte Glück betrogen: um das Glück, sich selbst zu gefallen. Der Trost, je Mensch gefiele sich ohnehin selbst, verfängt nicht mehr. Mit fortschreiten Erkenntnis wächst die Zahl der Menschen, die sich nicht gefallen. »Das kann doch nicht mein Ernst sein?« sagte letzthin bestürzt meine Freundin Emmy als sie sich im Spiegel sah. Die Schönheit, seit Jahrhunderten ein Aschenbrödel, galt bis vor, kurzem als verdächtig, als machte sie eitel, selbstsüchtig und oberflächlich. Heute weiß man, dank der Forschung, dank den Dichtern und eigener Einsicht dass nur jener Mensch, aus dem das Leben alle Schönheit herausgeholt hat, mit sich selbst im Einklang ist, gut, nachsichtig, neidlos und begeisterungsfähig sein kann. Allerdings gehört dazu nicht nur, dass man gut aussieht, sondern auch, dass man sich von der Umwelt bestätigt fühlt. Auch darin wurde früher gesündigt. Nie hörte ein Kind ein aufmunterndes Wort über seine äußere Erscheinung. Noch im Grabe werde ich das Wort hören: »Wenn du nur brav, bist.« Jetzt weiß man, dass aller Narzissmus, alle Koketterie, alle Skalpsammelei der Frauen, aller Donjuanismus der Männer daher rührt, dass die Menschen in der Jugend entweder gar nicht oder auf eine falsche Art gelobt wurden.

Wer in seiner Jugend erfahren hat, über welche Vorzüge er wirklich verfügt, wird Lebensmut haben und nicht unter Menschenfurcht leiden. Man betritt mit ganz anderer Sicherheit einen Raum, wenn man ein für alle Mal weiß: Ich bin kein unangenehmer Anblick. Wer sich im Besitze einer angenehmen Sprechstimme weiß, der wird es wagen, eine eigene Meinung zu haben und zu äußern.

Natürlich muss dazu auch sein Geist turnen gelernt haben wie sein Körper. Eltern, die ihrem Kinde von Geburt an helfen, die Welt zu entdecken, die jede Frage nach bestem Wissen beantworten; Lehrer, die jede selbständige Regung unterstützen, die freie Meinungsäußerung verlangen, Abhängigkeit vom Lehrbuch nicht dulden, die nicht gestatten, dass man auf ihre Worte schwöre, sind Glücksbringer ersten Ranges. Denn geistige Selbständigkeit führt zur Beschäftigung mit den geistigen Erzeugnissen der Großen, und so ist eine der tiefsten und reinsten Glücksquellen eröffnet.

Ein noch wichtigeres Mittel zum Glück ist die Gemütsbildung. Sie ist es auch, die einer größeren Menge zugutekommt. Denn der Mensch ist, bis auf wenige Wesen, die gemütsverrückt zur Welt kommen, allem Guten in hohem Grade zugänglich. Das Kind kommt menschenfreundlich zur Welt. Es gehört schon eine lange und sorgfältige Erziehung durch Schule und Haus dazu, um es so böse, unfreundlich und streitsüchtig zu machen, wie es die Menschen gegenwärtig sind. Das Kind kommt ohne Misstrauen zur Welt. Wenn man es lehrte, an Mensch und Tier das Gute zu genießen, das Böse zu übersehen, wenn man ihm gestattete, in eine warme und wirkliche Beziehung zu allen Lebewesen zu treten, so wäre sein Glück gemacht. Hedwig Heyl sagte bei der Feier ihres achtzigsten Geburtstages, von den Mitteln, die ihr, zu einem so langen, fruchtbaren und glücklichen Leben verholfen hätten, wolle sie uns das Beste verraten: »Ich habe mir nie meine Freude am Menschen nehmen lassen.«

Eine weitere Vorbedingung für künftiges Glück ist Gemütsruhe. Es versteht sich von selbst, dass in einem Hause, in dem Kinder leben, weder Streit noch Unrast herrschen darf. Leute, die Katastrophenpolitiker sind, deren Wesen zum Kurzschluss neigt, für die Materialschaden eine Bedeutung hat, die sich nicht beherrschen können, dürfen mit Kindern nichts zu tun haben.

Um die Gemütsruhe des Kindes zu befestigen, ist es auch notwendig, dass es das Recht habe, mit seiner Umwelt vollkommen aufrichtig zu sein. Es darf sich seiner Fehler nicht schämen. Es muss wissen, dass es ein Mensch ist und dass es heiliges Menschenrecht ist, Fehler, zu haben. Wir sind als Kinder gelehrt worden, dass man vollkommen zu sein hat. Infolgedessen hatten wir immer ein schlechtes Gewissen. Aber vollkommen sind wir deshalb doch nicht geworden.

Um dauernde Seelenruhe zu gewinnen, muss das Kind gelehrt werden, mit Vergangenheit, Gegenwart und Zukunft richtig zu hantieren. Unangenehme Erinnerungen an die Vergangenheit dürfen nie aus der Versenkung hervorgeholt werden; angenehme müssen wunderbar frisch gehalten werden. Das Kind muss lernen, die Gegenwart mit allen Sinnen zu genießen, sonst geht es ihm wie jenem Kinde, dessen Eltern einen wunderbaren Christbaum aufgeschmückt hatten und um zitternd vor Erwartung, die Freude ihres Kindes zu sehen, fragten: »Gefällt es dir?« »Ich kann gar nicht sagen, wie ich mich auf Ostern freue.« Wenn Kinder sich zu Weihnachten auf Ostern freuen, so stimmt etwas nicht.

Eine der wirksamsten Glücksmöglichkeiten ist beim Kinde leicht zu erschließen, wenn man es in eine anständige Beziehung zur Arbeit bringt. Kinder wollen ja, wie schon ihr Spieltrieb zeigt, nichts als arbeiten. Jedenfalls ist die Vorstellung, Arbeit sei die Strafe für die Erbsünde, keinem Menschen angeboren Arbeit ist ein Glück und eine Ehre. Das kann man am besten sehen, wenn man Arbeitslose kennt. Arbeiten muss man nicht: Arbeiten darf man. Essen muss man auch, wenn man nicht arbeitet, aber wie schmeckt das Essen nach der Arbeit! Und wie die Ruhe! Kant sagt: »Der größte Sinnengenuss, der gar keine Einmischung von Ekel bei sich führt; ist Ruhe nach der Arbeit.«

Das Glück der Arbeit ist umso viel wichtiger für den Menschen, als das Glück, das ihm das Vergnügen bereitet, wie der Alltag schöner ist als der Sonntag. Immerhin haben Eltern auch dem Vergnügen ihre Aufmerksamkeit zuzuwenden. Hier ist der Geschmack des Kindes maßgebend. Ob man arbeiten soll, darüber gibt es keine Debatte, aber ob man sich vergnügen muss, auch wenn man nicht will, das ist noch sehr die Frage. Die immer wiederkehrende Äußerung von Erwachsenen: »Ein Kind hat lustig zu sein«, ist geeignet, ganze Generationen dem Trübsinn verfallen zu lassen Natürlich muss man versuchen, den Kindern an allerlei Dingen Freude beizubringen: Am Alleinsein, an der Geselligkeit, an der Natur, am Buch, am Sport, am Handwerk, am Briefschreiben, an Hausmusik, an Tanz, am Spiel; aber da muss man sie wählen lassen, was sie freut. Jedenfalls wird es ihnen dann besser gehen als mir, die ich als kleines Mädchen gezwungen war, eine affige, geputzte Kindergesellschaft aufzusuchen, um dort Schokolade mit Schlagsahne (ich verabscheue beides) zu mir zu nehmen. Ich nahm Rache an der Welt, indem ich die Schlagsahne in der Tasche meines einzigen Sonntagskleides verschwinden ließ. Ich habe einen Freund, der sich von der bürgerlichen Gesellschaft deshalb endgültig abgewendet hat, weil er als Kind genötigt war, jeden Sonntag in der Hauptallee des Praters mit seinen Eltern in einem Zweispänner auf- und abzufahren.

Das Allerwichtigste für künftiges Glück bleibt aber die Lebenslust, in der man aufgewachsen ist: die muss mit Heiterkeit gesättigt sein. Wie Eltern ihren Kindern Brot schuldig sind, so sind sie ihnen Lachen schuldig. Wer einmal seine Lebensbejahung so weit getrieben hat, sein Dasein im Kinde fortzusetzen, der hat jedes Recht verloren, übelgelaunt, nörglerisch, verstimmt oder gar weltschmerzlich zu sein. Ist er es doch, so muss er es kunstreich verbergen. Den Giftschrank, worin er seinen Pessimismus eingeschlossen hat, muss er vor seinem Kinde sorgfältig absperren. Vor allen Dingen ist es seine Pflicht, die kleinen Betriebsunfälle des Lebens mit aller ihnen gebührenden Nichtachtung zu behandeln. Wer den Unterschied zwischen Preis und Wert nicht versteht, wer Wesentliches von Unwesentlichem nicht zu unterscheiden vermag, wer den Alltag nicht zu organisieren weiß, der versage sich das Kinderkriegen.

Durch die Geburt sind die Eltern dem Kinde viel schuldig geworden. Vor allen Dingen, ihnen das Leben lebenswert zu machen. Zum Glück erzogene Kinder werden nichts von außen erwarten, denn sie werden wissen, nicht was wir erleben, sondern wie wir es erleben, macht unser Glück aus. Für den einen ist es kein Erlebnis, über den Ozean zu fliegen, kein Erlebnis, Chaplin kennen zu lernen (»Wie kommt ein Clown auf die englische Gesandtschaft?« fragte letzte Woche ein Herr aus der sogenannten Gesellschaft); dem andern ist es ein Erlebnis, auf einer blumigen Wiese zu liegen und ein Gedicht von Erich Kästner zu lesen. Wer seinem Kinde beigebracht hat, aus dem Alltag alles herauszuholen, was drin ist, wer ihm Gelegenheit gegeben hat, die »Märchen des Lebens«, wie Peter Altenberg sie nennt, zu erleben; wer es das Lied hat hören lassen, welches, wie Eichendorff sagt, in allen Dingen schläft, der hat seinem Kinde zum Glück verholfen. Sein Leben wird von tausend Freuden erfüllt sein und es wird nicht genötigt sein, von Weihnachten auf Ostern zu warten. Freude ist in Blumenkelchen zu riechen, ist im Regenbogen zu sehen, zerfließt als Erdbeere auf unserer Zunge, strömt im Rhythmus eines Tanzes durch unsere Glieder, steckt in der Lösung einer Schachaufgabe. Vor allem aber ist sie zu finden in der Freude, die wir andern machen.

Aus dieser letzteren Tatsache ist zu schließen, dass der glückliche Mensch von übermorgen nützlicher sein wird als der nützliche Mensch von vorgestern.

Neue Freie Presse, 5. 4. 1931

DAS GENIEHOSPIZ IM MYTHENTAL

In einer stillen Straße in Zürich steht ein Haus, wie es in der Welt viele Häuser gibt: ein schönes, altes Haus, in dem ein nicht mehr junges Ehepaar wohnt. Ohne Kinder. So ein Haus könnte so leicht ein Haus Herzenstod sein, voll von Egoismus und Resignation. Hier aber ist ein Wunder geschehen. Vor allen Dingen wohnt nicht ein Ehepaar darin, sondern ein verheiratetes Liebespaar: er 73 Jahre alt, sie entsprechend jünger; beide durch eine späte, aber dafür umso verständnisvollere und bewusstere Neigung zusammengeführt. Liebe zu einander. Liebe zu den Menschen und Liebe zur Musik, das ist der Dreiklang, auf dem ihr Leben aufgebaut ist.

Von acht bis neun Uhr früh tönen Celloklänge ans Ohr; der alte Herr, frisch und voll jugendlichen Eifers, übt, bevor er in seine Fabrik geht. Vormittag erkennt ein wissender Hörer, dass am Klavier ein Komponist am Werke ist. Die Frau vertont gerade die Mutterlieder der liebreichen Dichterin Johanna Stebel. Am Nachmittag erklingt das Zusammenspiel von Cello und Klavier; das ist die Feierstunde des Tages, in der sich zwei Menschen in einem Kunstwerk zusammenfinden.

In diesem Hause – Richard Strauß nennt es »das Geniehospiz im Mythental« – kann man viel und Wichtiges lernen. Niemand braucht zu altern, wenn er nur fleißig übt. Niemand braucht einsam zu sein, wenn er fleißig liebt. Vor allem aber lernt man, dass wahre Gastfreundschaft die lustigste und produktivste Art von Geldverwertung ist.

Das Geniehospiz ist immer voll von Gästen. Das sind alles Menschen, die irgendeiner Kunst treu dienen und die ihr Dienst gerade nach Zürich geführt hat. Entweder sind sie schon lange die Freunde des Hauses – die Hausfrau war als junges Mädel eine Liszt-Schülerin, ihr Mann von Jung auf mit allen Künsten verbandelt – oder sie sind Freunde von Freunden. Beides gilt als vollwertige Legitimation. Vor allem für Musiker. Die Liebe zur Musik durchweht alle Räume des Hauses. Wer Musik erfindet, wer Musik macht, ist hier liebes Kind. Aber die Lieblinge unter den Musikern sind jene, die mit ihrem Talent die höchste Reinheit der Gesinnung, die tiefste Achtung vor dem Kunstwerk verbinden. Man wird das am besten verstehen, wenn man erfährt, dass Adolf Busch und Rudolf Serkin zu den höchstverehrten Gästen des Hauses zählen.

Wie ist nun diese einzigartige Gaststätte entstanden? Vielleicht hatten die beiden eines Tages in der Bibel geblättert und dort den Satz gefunden: »Gastfrei zu sein vergesset nicht, denn durch dasselbigte haben Etliche ohne ihr Wissen Engel beherberget.« Sie ließen sich das gesagt sein. Um aber ihre Chance, Engel zu beherbergen, ein bisschen zu vergrößern, haben sie angefangen, sich Künstler zu Gaste kommen zu lassen. Und diese kamen.

Warum kamen diese schwierigen, zurückhaltenden und meist misstrauischen Menschen? Was hatte man ihnen zu bieten? Ein ruhiges und behagliches Heim gab es wohl auch anderswo. Aber hier war ein Ort, wo sie vergessen durften, dass sie berühmt sind. Kein Mensch, der sich nach Ruhm sehnt, kann sich vorstellen, wie das Getöse des Ruhmes dem davon Betroffenen auf die Nerven geht. Jedes junge Mädchen, welches gerne Elisabeth Bergner wäre, könnte das Leben der Elisabeth Bergner gar nicht ertragen. Dazu gehört die innere Sendung. Der berühmte Mensch ist das Eigentum der Menschheit, und zwar meistens nicht ihres wertvolleren Teiles. Selten haben Genie und Talent den Verkehr, den sie wünschen und den sie brauchen. Sie werden überlaufen, überrannt und konfisziert. Die Erklärung ist sehr einfach. Während sich die feinfühlige Menschheit aus Schüchternheit oder aus Stolz zurückhält, ist die weniger zart empfindende von einer Durchschlagskraft, die alle lebendigen Keime zerstört. So kann man oft aus dem Munde gefeierter Menschen echte Klagetöne hören, weil nicht der beste zu ihnen dringt. Am liebsten möchten sie sich wie Brunhilde mit wabernder Lohe umgeben, um nicht der Banalität, der Schmeichelei und Konvention zum Opfer zu fallen.

Im Geniehospiz geht es ihnen gut. »Guten Tag, Herr Pfitzner«, sagt Martha, die treue Schaffnerin des Hauses, und ebenso gelassen sagt sie »Herr Hubermann«, »Herr Lamond« oder »Herr von Sauer«. Ohne Überschwang, ohne Überhitzung, liebreich und einfach wird der werte Gast empfangen. Die Frau des Hauses fragt ihn mit echter Teilnahme nach seinem Ergehen; gerade nur so viel und so weit, als einer gern antworten mag. Der Hausherr, mit jenem handfesten Humor begabt, der nur den besten Schweizern eignet, empfängt den Ankommenden mit einem Scherz, der die Rührung des Wiedersehens verdecken soll. Sicher sagt er zu Bela Bartok oder zu Egon Wellesz etwas Ketzerisches über neue Musik; sicher macht er Mary Wigman, Elisabeth Schumann, Alma Moodie oder gar Anette Kolb ein unerwünschtes Kompliment über ihren neuen Hut. Oder er versichert der reizenden und eindrucksvollen Rezitatorin Marga Muff-Stenz, Rezitation sei ihm ein Gräuel. Aber das hilft ihm gar nichts. Künstler, mit schärferen Sinnen begabt als Menschen sonst, fühlen, wie viel Verehrung für ihr Können und welche Freude, wieder einmal ein Stück Vollendung unter seinem Dach zu haben, den Mann erfüllt.

Er freut sich der Arrivierten, aber seine ureigenste Domäne sind jene, die noch nichts sind, die doch nichts gelten. Als man ihn eines Tages fragte, ob er den jungen Maler Schiele kenne, sagte er hastig teilnahmsvoll: »Geht es ihm schlecht?« – »Nein«, war die Antwort, »dem geht es gut.« – »Dann kenne ich ihn nicht.« Dafür kennt er aber alle, die ein Talent haben, das noch nicht zur Entfaltung gelangt ist. Diese, ob es nun künftige Maler, Schriftsteller, Musiker oder Schauspieler sind, finden bei ihm materielle und moralische Hilfe. Er lässt sie was lernen und sieht ihrem Wachstum wohlwollend kritisch zu. Werden sie etwas Rechtes, dann freut er sich, misslingt es ihnen, so verschafft er ihnen trocken und sachlich, ohne Vorwurf und ohne Sentimentalität, eine andere Arbeit, in der sie immerhin einen ganzen Kerl vorstellen können.

Um Vorwände, zu helfen, ist ihm nicht bange. Jeden, der ihn braucht, ernennt er zu etwas. Er und seine Frau haben Adoptivkinder, Pflegekinder, Wahlkinder,

Ferienkinder, Samstagkinder, Ausflugskinder, Kinder aller Arten und jeglichen Alters. So fern von Snobismus ist das alles, dass der Außenstehende nie erführe, was für merkwürdige Freunde diesem Hause in allen Erdteilen wohnen, wenn es nicht zufällig herauskäme. Aber es kann geschehen, dass man den Namen einer berühmten Künstlerin nennt und der Hausherr darauf melancholisch sagt: »Ich bin so glücklich, dass ihre Ehescheidung so gut vonstattengegangen ist; die Stellung als Vertrauensmann beider Teile war mir schier zu schwer.« – Man lobt das neue Buch von Löhndorff. »Das ist bei uns im gelben Zimmer entstanden«, sagt die Hausfrau. Es gibt zu Mittag Salzburger Nockerl. »Die isst Thomas Mann so gern.« Es kann aber auch Weingartner, Casella oder Anton Wildgans gewesen sein, der gern Nockerl aß. Das weiß ich nicht mehr.

Kommt der Tag, an dem der berühmte Gast in Zürich auftritt und sind seine Pflegeeltern im Saal, so kann er sich darauf verlassen, dass sie gekommen sind, weil sie in diesem Augenblick nirgends lieber sind als bei ihm. Fehlen sie einmal, so heißt das: »So innig wir dich lieben, dein heutiges Programm interessiert uns nicht.«

Der peinliche Begriff Logierbesuch, wie verliert er hier alle Schrecken! Alles ist selbstverständlich, absichtslos, unaufdringlich. Man ist bei sich zu Hause, aber in einem Hause, in dem einem jede Verantwortung abgenommen wird. Nichts muss man vorstellen, nichts muss man tun, nichts fürchtet man zu versäumen. In der Beleuchtung dieses Hauses sind auch die Schrecknisse des Auftretens nicht arg. Hat man Lampenfieber, so geniert man sich nicht, ist man heiser, so wird man gepflegt. Ob der Saal voll war oder leer, wie die Kritik ausfällt, alles Böse, was die Welt für den Künstler bereit hält, hier ist es leicht zu ertragen. Denn in der Gesandtschaft des Genies fühlt man sich exterritorial. Aus der heterogenen, individualistischen Bevölkerung dieses Hauses eine Gemeinschaft zu machen, war sicher nicht leicht. Aber es ist gelungen. Man könnte sich gut vorstellen, dass sich zwei Künstler in Helsingfors oder Barcelona, in Kapstadt oder Detroit begegnen und an irgendeinem nicht vorher vereinbarten Zeichen einander erkennend ausrufen: »Aha, auch Sie pflegen, wenn Sie in Zürich sind, in der Mythenstraße zu wohnen?« Dass diese Tatsache ältere und berühmtere verpflichtet, jüngeren und unberühmten Mitgliedern der Gemeinschaft beizustehen, leugnen die Gastgeber.

Wem sie Liebes erwiesen haben, dem soll daraus keine Verpflichtung erwachsen. Aber wie können sie es hindern, dass sich aus der Mythenstraße über die ganze Welt hin goldene Fäden der Menschlichkeit ziehen?!

Was macht den Reiz dieses Friedenshortes aus? Die Freiheit darin ist so groß wie jene auf den Schweizer Bergen und ebenso hell ist das Licht. In Zürich besteht die Sitte, an Nebeltagen auf den Uetli zu steigen und dort in der Sonne auf das Nebelmeer in der Stadt hinunterzusehen. Die Leute in der Mythenstraße haben das nicht nötig. Sie leben geistig immer über dem Nebelmeer. Bruno Walter sprach für alle, als er in das Gästebuch dieser Freunde eintrug: »Wer so viel Huld verkennen kann, den seh' man mit Verachtung an.« Schade, dass Mozart selbst niemals im Geniehospiz in der Mythenstraße war. Der hätte am besten hingepasst.

Neue Freie Presse, 28. 6. 1931

ZÜRCHER STUDENTENLEBEN UM 1900

Von wem Dichtung und Melodie sind, weiß ich nicht mehr. Aber ich kann an meine Studentenzeit nicht zurückdenken, ohne dass mir durch Kopf und Herz ein Lied geht: »O Zürich, gold'ner Brunnen, aus dem ich Segen trank!«

Es ist nur natürlich, dass die berauschende Freiheit des ersten Universitätsjahres jedem fühlenden jungen Menschen unvergesslich bleibt. Aber um die Jahrhundertwende eine Zürcher Studentin sein, war doch noch was ganz anderes.

Studentenunruhen gab es damals nicht, wohl aber eine Studentenunruhe: Wird es mir gelingen, mich und die Menschheit vorwärts zu bringen? Mit allem Bestehenden war man unzufrieden, wie die Jugend immer. So träumte man von Revolution. Da kam man nach Zürich. Hier von glücklich-regsamem Frieden umgeben, wurde man ruhig und froh. Also es brauchte nicht durchaus Revolution zu sein! Hier bot sich einem durch Anschauungsunterricht die Erkenntnis, dass auch die Evolution allerlei Gutes hervorbringen könne: Taktvolles Nationalgefühl, Sprachenverständigung auf Grund gemeinsamer Interessen, wahrhaft demokratische Ordnung, Mäßigung des Klassenkampfes durch einfache Lebensform aller, eine unaufdringliche und zielbewusste Selbstdisziplin, und über allen schwebend: eine heitere Gesittung.

Wie Bergwind vom Säntis umwehte uns Junge die frische und herbe Luft der republikanischen Schweiz. Aber nicht nur die großen Fragen schienen uns wohlgeordnet. Auch kleine Dinge konnten uns entzücken: Dass es keine Bettler auf der Straße gab; dass Kinder auf belebten Plätzen auf Stelzen gehen durften, und Erwachsene ihnen lächelnd auswichen; dass, wenn man zu Leuten kam, die in Hemdärmeln und auf Wachstuch ihre einfache Mahlzeit einnahmen, diese ohne Wimpernzucken hundert schwer erworbene Schweizerfrancs (»Fränkli«, sagten sie zärtlich) für einen Gemeinschaftszweck hergaben. Wäre man ein Schweizer Kind gewesen, so hätte die Gewöhnung diesen Dingen jeden Reiz genommen. Wäre man älter gewesen und erfahrener, so hätte man die verborgenen Schäden, die in keinem Gemeinwesen fehlen, erkannt oder mindestens geahnt; aber jung sein, hieß 1900 als Student in Zürich aus einem frohen Staunen ins andere fallen.

Was hatte es da zu sagen, dass man es materiell schwer hatte; dass man Unterrichtsstunden zu fünfzig Centimes gab tagsüber und nachts Übersetzungen zu fünf Pfennig die Zeile anfertigte. Man war ja von Beispielen von Fleiß und Genügsamkeit umgeben. Die beiden alten Fräulein, bei denen man wohnte, gingen schon um 6 Uhr morgens zum Schneidern ins Kundehus. Kamen sie dann nach zehnstündigem Arbeitstag nach Hause, so sie erst den ganzen Haushalt. Wie sollte man da nicht helfen wollen! Man setzte seinen ganzen Stolz darein, jeden Samstag die Messingklinken an dem geliebten Haus an der Spitzkehre besonders glänzend zu putzen, die Wäsche im Garten mit Sorgfalt aufzuhängen, wobei natürlich auch die Eitelkeit mit unterlief, zu zeigen, was eine Studentin alles könne.

Am liebsten aber ging man einkaufen, gleich auch für die Nachbarn mit, weil man da Gelegenheit hatte, die ganze Plattenstraße (wir nannten sie die akademische Laufbahn) hinunterzulaufen, was immerhin zu angenehmen Begegnungen führen konnte. Am Ende dieser Straße lag der Konsumverein, und das war auch sehr schön, denn darin waltete ein adrettes junges Ehepaar. Die Frau sagte einem mit dem Mund, der Mann mit den Augen, wie sehr man ihnen gefiel. Da fühlte man sich gehoben, denn Artigkeiten waren zu jener Zeit in Zürich selten; man lebte etwas steifleinen und philiströs und betrieb die Ehrbarkeit als ein Handwerk.

Erst allmählich lernte man diese Welt lieben; denn man konnte sich in ihr durchsetzen und sie war von tausend heimlichen Humoren erhellt. Jedenfalls gediehen in solcher Atmosphäre Leib und Seele. War das Essen dürftig, so gab es doch gute Unterhaltung. In der Sommerau zeigten einem Mediziner während der Mahlzeit Präparate und Knochen, in der Pomona hielten bei Schnitzel aus Gemüse Anarchisten blutrünstige Reden. Der aufgeregteste hieß Senftleben und war auch so. Vor Zuhören und Staunen kam man nie zum Essen. So legte man einen einsamen Esstag ein, an dem man sich zu Hause an Brot, Sprüngli-Schokolade und herrlichem kalten Wasser erlabte. Dagegen war die geistige Nahrung an der Universität, wenn auch manchmal etwas vitaminarm, doch immer auf das sorgfältigste zubereitet und mit Ernst und Tiefe gereicht. Man fühlte: Cresco – ergo sum!

Was von den Märchen meiner Jugend sich am tiefsten in mein Herz gegraben hat? Alles! Wo beginnen? Soll ich vom Zürichsee sprechen, an einem Septembertag, in Licht gebadet und flimmernd von Leben? Oder von einer aufschlussreichen Unterredung mit Jakob Bächtold über Gottfried Keller? Noch unvollendet ruht in meinem Herzen eine wundervolle, innerlich erlebte Berggeschichte auf dem Faulhorn. Unvergänglich bleibt die Erinnerung an einen Winterspaziergang auf den Uetliberg, um das Nebelmeer zu sehen; noch höre ich in schlaflosen Nächten das Glockenläuten aller Zürcher Kirchen in der Silvesternacht 1899. Als ob's heute wäre, fühle ich die heiße Freude über einen erhaltenen Seminarpreis oder die Begeisterung über den Wagner-Zyklus im Stadttheater.

Auf der Ufenau habe ich das Werk Conrad Ferdinand Meyers lieben gelernt. Die tiefste Wirkung aber übten die heftigen Gespräche in meinem kleinen Zimmer, das nur für vier Personen Platz hatte, aber gewöhnlich zwölf fassen musste. Bei Tee, bereitet auf einem merkwürdig unzulänglichen Spirituskocher, der aber glücklicherweise nur selten explodierte, getrunken aus Gläsern, die die Gäste in der Tasche mitgebracht hatten, ebenso wie Gebäck und Zucker. Diese Gespräche wurden mit einem Eifer geführt, als hinge das Heil der Welt davon ab, dass wir Zwanzigjährigen aus allen Ländern uns über Landerziehungsheime, Kinderwanderungen, Schulreform und Massenspeisung einigten. Aber natürlich einigten wir uns nie.

Es war ein ruhiges Studentenleben. Eine Sensation war es schon, wenn ich einmal einen verehrten Lehrer nach Hause begleiten durfte, der so streng blickte und so viel wusste.

Das Gespräch floss sanft dahin. Man sprach von Phonetik. Ich aber gab mir noch keine Blößen, weil ich es verstand, über die Lücken meines Wissens hinweg zu voltigieren. Aber zuletzt passierte doch etwas Unangenehmes: des geschätzten Mannes unbestechliches Auge blieb auf den Büchern unter meinem Arm hängen. Ich zeigte sie ihm, stolz auf meine gediegene Lektüre. Es war nämlich Hermann Hettners Geschichte des achtzehnten Jahrhunderts. »Aber Fräulein, müssen Sie denn immer Allotria treiben«, sagte der Professor. Ich war für vierundzwanzig Stunden vernichtet. Länger dauert es in der Jugend nicht.

Schöner war es, als ich einmal den jungen Privatdozenten allein im Kolleg traf. Er hatte immer nur drei Hörer und wusste nie recht, ob er »meine Herren und meine Dame«, oder »meine Dame und meine Herren« sagen sollte. Nun waren wir allein und er brauchte mich gar nicht anzureden und überhaupt keine Vorlesung zu halten, und da erzählte er mir mit brennendem Eifer von der Tulpenzucht in Holland. Seither errege ich das Staunen jedes Tulpenfachmannes.

Einer der größten Tage war jener, als ich zum ersten Mal zu Ricarda Huch kam. Ich wagte nicht zu reden und starrte nur immer die interessante Frau an, die den Ludolf Ursleu geschrieben hatte. »Warum sehen Sie mich so an?« fragte sie. Ich errötete heiß und stotterte: »Sie sind nämlich meine erste berühmte Bekanntschaft.«

Ehrenvoll und erfreulich war die Aufgabe, Kollegen und Kolleginnen zum Examen zu geleiten. Zuerst musste man ihnen einen echten Wiener Schwarzen bereiten. Der galt für ein probates Examenmittel. Dann musste man sie zum Prüfungssaal bringen und dort auf sie warten, um sie dann je nach dem Ausfall der Prüfung triumphierend zu den anderen zu geleiten oder tröstend nach Hause. Meistens aber ging alles gut aus. Die Lehrer, die es sonst im Geschmack der damaligen Zeit an autoritativen Mienen nicht fehlen ließen, waren in diesen Entscheidungstagen bei aller Sachlichkeit behutsam und schonend. Noch weiß ich, wie ich an einem glutheißen Julitag des Jahres 1900 bei der Klausurarbeit vor einem riesigen Stoß schneeigen Papiers saß, als hätte ich mindestens vor, ein zweibändiges Geschichtswerk zu schreiben. Mein Thema hieß: Das Haus der Brentano, und mir war zumute, als hätte ich von dieser Familie in meinem ganzen Leben überhaupt noch nie etwas gehört. Die Butterbrote und Pfirsiche, die mir meine Freundin Adele mitgegeben hatte, waren schon um neun Uhr morgens gegessen, an den Blumen meines Freundes Karl hatte ich ein Dutzend Mal gerochen, aber noch immer fiel mir nichts ein. Schon die versperrte Tür ließ keinen Gedanken in mir aufkommen. Da tat sich diese auf, und herein trat Professor Frey, freundlich-verlegen, wie immer. »Warum schreiben Sie denn nicht?« fragte er mich. – »Bitte, es fällt mir nichts ein.« – »Dann schreiben Sie das.« Dann ging er. Und plötzlich wusste ich von Brentano alles, was ich sollte.

Was die reichen Arbeitsjahre auf der Universität mir für mein Leben genutzt haben? Selten habe ich Gelegenheit gehabt, an den Mann zu bringen, was ich vom Wesen des Anakoluths weiß; nach der Analogiebildung hat mich überhaupt nie jemand gefragt und einen Interessenten für Sinnesvikariat habe ich bis heute noch nicht gefunden. Und doch wollte ich nicht um die Welt, ich hätte das alles nicht gelernt. In seiner Jugend dem Getriebe des Alltags fern stehen und sich mit so wunderbar-unnützen Dingen beschäftigen dürfen, ist eine Bereicherung für das ganze Leben. Wenn einer von uns im nachherigen Berufsleben Hingabe an übernommene Aufgaben und Methode in ihrer Durchführung, Besonnenheit im Unternehmen und Entschiedenheit im Vollbringen an den Tag gelegt hat, so will mir beinahe scheinen, er könnte das seinerzeit im germanischen Seminar in Zürich gelernt haben. Ich selbst bin Dankes voll bis an den Rand für diese Stadt meiner Jugend, die Kinder aus dem Ausland an ihr Herz nahm und ihnen ein ruhiges Dasein bereitete, ehe sie hinaus mussten in Sturm und Not des Lebens.

Neue Freie Presse, 13. 7. 1931

UNTERRICHT DURCH FASZINATION

Ein Erlebnis mit Anna Bahr-Mildenburg

Trüber Berliner Spätnachmittag im Winter. Fröstelnd geht man durch die Straßen, mitten durch eine Bevölkerung, geschüttelt vom Fieber des Existenzkampfes, und fühlt sich zerfallen mit der Welt. Da betritt man ein Haus im Berliner Westen. Ein kirchlich anmutender Raum tut sich vor einem auf, und fromm ist auch die Stimmung, die darin herrscht. Alte und junge Menschen mit ihren, durchgeistigten Zügen sitzen darin. Die schönste ist die fünfundsiebzigjährige Hausfrau, die, mit tausend Augen, Ohren und Humoren begabt. Jeden Gast mit einem Worte zu begrüßen weiß, welches ein dankbares Lächeln auf seinem Gesichte zum Aufblühen bringt.

Man sieht es sofort: das ist eine Frau, die Erfolg gewohnt ist. Bald versteht man auch, wie und warum sie ihn zwingt. Alles, was sie tut, ist eine Huldigung für einen geliebten Toten. Wie sollte die Witwe Hans v. Bülows die Musik nicht lieben; ihr nicht mit tiefem Ernst dienen! Sie tut es. An ihren berühmten Mittwochnachmittagen lässt sie vor geladenen Gästen herrliche Musik machen. Die größten drängen sich dazu Cortot, Casals, Adolf Busch, Lotte Leonhard – alle. Hier musizieren sie con amore. Das ist die erste Hälfte des Gottesdienstes, den Marie v. Bülow für ihren toten Gatten hält; der andere besteht darin, dass die reichen Mittel, die diese Konzerte an Eintrittsgeld ergeben, in ihrer Gänze liebreich und verständnisvoll Bedürftigen zugewendet werden: junge Menschen, die in der Musik in Zukunft haben, oder alten, deren Vergangenheit der Musik gehört hat, was sie wohl beglückte, aber nicht bereicherte.

Ein Zusammensein, das auf solchen Säulen ruht, ist natürlich immer schön. Heute aber liegt noch eine ganz besondere Spannung in der Luft, als käme etwas, das man sich nicht vorstellen kann. Es soll nämlich nicht Musik gemacht, sondern ein Vortrag gehalten werden über das Thema: Musik und Gebärde. Das kunstsinnige Auditorium wartet auf Anna Bahr-Mildenburg.

Wenn es irgendwo feierlich zugeht, fallen mir sofort komische Dinge ein, kaum höre ich etwas von Gebärde und Musik, da muss ich daran denken, wie vor zwanzig Jahren meine Freundin Emmy Heim für die Oper dramatisch vorgebildet wurde. Das arme, junge Kind zeigte keine Lust, als Margarete an ihren dramatischen Lehrer, der schwitzend und keuchend den Faust mimte, sich so zärtlich zu schmiegen, als er es erforderlich fand. »Aber Fräulein«, sagte der Gute, »Sie müssen feuriger sein, sie liebt ihn ja, sie liebt ihn penetrant!« Sie sang infolgedessen die Margarete sehr ungern. Besser ging es ihr als Agathe. Wenn sie sang »All meine Pulse schlagen« dann brauchte sie nur das Taschentuch mit der rechten Hand flattern zu lassen. Kam sie aber zu der Stelle »Er ist's! Die Flagge der Liebe mag wehen!« so rief der Lehrer: »Fräulein, wacheln Sie jetzt ein bisschen mit der linken Hand.« Dann wachelte sie eben mit der linken Hand.

Aus meinen trivialen Erinnerungen werde ich durch das Erscheinen Anna Bahr-Mildenburgs gerissen. Sie steht vor uns, groß, schön und selbstverständlich, wie man sich als Kind die Frau Königin vorgestellt hat: Hoheit, ohne Absicht. Aber Mildenburg scheint es sehr darum zu tun zu sein, diesen Eindruck zu verwischen. Sie fängt zu sprechen an, leise, dialektisch gefärbt, gemütlich und einfach. So hat man sich immer Frau Emma vorgestellt, die berühmteste Wirtin von Tirol.

Die Aufgabe, die sie sich an diesem Nachmittag gestellt hat, ist, zu zeigen, wie die Gebärde des Sängers aus der Musik geboren werden muss. Und sie zeigt es: ohne Bühne, ohne Kostüm, ohne Orchester, ohne theoretische Einleitung, mit schlichten Worten, beinahe um Entschuldigung bittend, weiht sie uns ein, auf welche Art sie bemüht ist, ihren Schülern den Fliegenden Holländer, den Wotan und den Tamino ihren Schülerinnen alle großen Frauenrollen nahezubringen. Mit wenigen Worten deutet sie an, wie sie es macht. Man versteht sie sofort und man glaubt ihr, wenn sie das stolze Lehrerwort ausspricht: »Ich muss alles in meine Schüler hineinerleben«.

Während sie so spricht, fällt mir ein, dass wir ja sozusagen alle Schüler waren. Was hat man nicht verstanden und empfunden, wenn man die Mildenburg mit allen Ausdrucksmitteln, die einem Künstler zur Verfügung stehen können, eine der großen Frauen in der Wiener Oper verkörpern sah und hörte. Schon damals dachte ich mit Trauer: wird die grausame Zeit auch diese Vollkommenheit zerstören? Ich hatte nicht mit der Weisheit der Mildenburg gerechnet. Sie zeigte sich ihrem Schicksal gewachsen. Die Zeit hat sie nicht überrannt. Sie nicht entwertet. Aus einem einfachen Grund. Anna Bahr-Mildenburg ist nicht nur eine erhabene Künstlerin, sondern auch ein ganzer Kerl, Inhaberin der besten österreichischen Eigenschaft: jeder Lebensform neue Reize abzugewinnen. Sie erkannte früh genug, was sich ziemt, wenn man nicht mehr jung, dafür aber reif und klug geworden ist. So verlor sie ihre Zeit nicht damit, verklungenen Jugendtönen nachzutrauern, sondern bereitete die mütterlichen Arme nach der Jugend aus, um dieser weiterzugeben, was sie erarbeitet, erfühlt, erdacht, erfunden und für immer festgelegt hat. So ein Lehrerwerk mag nicht leicht sein. Nicht alle jungen Menschen sind geschickt. Nicht alle lenksam, nicht viele kongenial. Diese jungen Menschen singen zu hören und agieren zu sehen, was man selber so tausendmal besser konnte und innerlich auch noch heute kann, mag eine wahre Geduldprobe sein. Und nach Geduld sieht die Mildenburg nicht aus. Wie aber wäre auch eine solche Leistung möglich ohne Opfer!

Jetzt ist inzwischen die Mildenburg dazu übergegangen, an einzelnen Beispielen darzulegen, wie sie es meint. Elsa liegt im Gebet auf den Knien. Die Mildenburg markiert die Musik und tut nichts anderes, als dass sie ihre Glieder tun lässt, was ihnen die Musik eingibt. Elsa sieht nicht, dass Lohengrin ankommt. Sie ist abgewendet. Aber die Musik teilt ihr mit, dass das Unbegreifliche, Heißersehnte geschehen ist. So überwältigend ist dieses Glück, dass sie nicht die Kraft hat, sich umzuwenden. Und plötzlich wissen wir alle, dass es überhaupt unmöglich ist, dem Glück in die Augen zu sehen und dass man abgewendet bleiben muss, um es zu ertragen. Nun kommt Elisabeth. Die Mildenburg erhebt sich und es ertönt jene Schlussmusik nach dem Gebet, die von normalen Theatersängerinnen am liebsten ganz gestrichen würde, weil sie dann »ja doch nichts zu tun hätten«. Die Mildenburg gibt uns in stummen Spiel das tragische Leben der in allen Tiefen ergriffenen Jungfrau Elisabeth. Schweigend teilt uns Elisabeth mit, warum sie Wolframs Liebe verschmähen muss, mit zartester Gebärde deutet sie uns an, dass sie nicht mehr von dieser Erde ist. Das Drama einer großen, einer frommen Liebenden spielt sich erschütternd vor uns ab.

Nächstes Bild: Leonore gräbt dem Florestan das Grab. Das dickste Buch über vollkommene Ehe sagt uns nicht so viel als die Art, wie sie unsicher nach dem Ärmel des langentbehrten Gatten tastet.

Weht Isolde mit ihrem Schleier vage ins Ungewisse und weiß sie plötzlich an einer bestimmten Stelle der Musik, dass nun im nächsten Moment er, Tristan, in ihr Blickfeld treten wird, so zittern wir vor Liebesglück. Drückt die Mildenburg (sie hat eine souveräne Verachtung gegen die Gefahr komisch zu sein) als Cherubin die Bandschleife der Gräfin an ihre Lippen, so haben die Leiden und Freuden der erwachenden Liebe kein Geheimnis mehr für uns.

Und immer ist die Musik die absolute Herrscherin. Glucks gelassene, hoheitsvolle, maßvolle Heldin, Richard Straß' gejagte, gepeinigte, von Träumen verwüstete Megäre, beide sind sie Klytämnestra, weil der schöpferische Geist des Komponisten sie in verschiedenen Jahrhunderten so gesehen hat.

Wie gering sind doch die Mittel, die sie verwendet! Sie hebt die schönen Augen, sie streckt die schönen Hände vor, sie lächelt ihr schönes Lächeln und wir glauben ihr alles, so stark ist die Emanation dieses Charakters, so groß ist der Sieg des Geistes über die Materie. Man muss an das abgebrauchte Bild vom händelosen Maler Rafael denken. Sie zeichnet eine einzelne Situation und das ganze Werk erscheint erhellt, seine Struktur, sein Gefühlswert. Sie spielt die Elsa und wir spüren die Ortrud durch. Sie ist der schlanke junge Cherubin, aber zugleich auch Figaro und Almaviva und Beaumarchais und das ganze achtzehnte Jahrhundert.

Da Stärke des Gefühls ewig ist, ist das, was die Mildenburg ihre Schüler lehrt, nicht alter, nicht neuer Stil, nicht eine Auffassung, sondern die Auffassung. Sie zeigt hingerissen und so einfach, wie ein Arbeiter einen schweren Balken trägt, ihre Auffassung, um die jungen Menschen, die sie fördern will, zu zwingen, sich auf ihre eigene Auffassung zu besinnen. Deshalb muss sie alles in sie »hineinerleben«. Haben sie keine Auffassung, so sollen sie nicht singen.

Wozu soll ich mich plagen, um Worte für diese außerordentliche Frau zu finden. Das Beste hat ja schon Hermann Bahr von ihr gesagt: »Der demütig bis zur Selbstaufopferung gehorsame Enthusiasmus ist ihre Natur.«

Neue Freie Presse, 1. 3. 1932

KARIN MICHAELIS 60 JAHRE?

Wer Karin Michaelis persönlich kennt, wird erstaunt sein zu hören, dass diese Frau voll von Anmut, Heiterkeit, Lebenslust, Arbeitskraft und weitausgreifenden neuen Plänen schon sechzig Jahre alt ist. Wer aber ihr Leben nur aus der Ferne beobachtet hat, wird nicht glauben wollen, dass es nicht hundert Jahre sind. Karin Michaelis war nämlich schon mit fünfundzwanzig Jahren berühmt und hat außerdem ihr Leben so viel Taten, Werke, Ideen, Menschen und Länder hineingezwängt, dass niemand, der davon Kunde hat, ihr diesen Geburtstag glauben kann.

Alle Lexika vermelden, dass dem Herrn Bech-Bröndum und seiner Frau Nielsine am 20. März 1872 eine Tochter geboren wurde, eben Karin. Dies geschah in der kleinen Stadt Randers, die seitdem wie Odense durch Andersen, durch Karin Michaelis berühmt wurde. Dort ging das phantastische Kind zur Schule und langweilte sich, dort schöpfte sie all die Erfahrungen, hatte sie all die Erlebnisse, die sie nachmals zur Meisterin der Darstellung kleinstädtischer Verhältnisse und zur tiefschürfenden Erklärerin der Kinderseele gemacht haben. Doch strebte sie aus dieser Umwelt fort. Schon mit sechzehn Jahren ist sie Lehrerin auf einer Insel, mit achtzehn Musikstudentin in Kopenhagen, mit zwanzig die Gattin des Dichters Sophus Michaelis und sehr bald seine anerkannte und von ihm bewunderte Kollegin. Schon zu Anfang des Jahrhunderts drang der Ruhm ihrer zarten Dichtungen: Gyda, Das Kind, Ulla Fangel über die Grenzen Dänemarks hinaus. Deutschland bildete für Karin Michaelis wie für alle bedeutenden Skandinavier die Brücke zur großen Welt. Aber erst 1910 hat sie mit einem Buche Weltruhm erlangt. Seltsamerweise mit einem viel missverstandenen, zuerst angefeindeten und verspottete, dann restlos anerkannten Buch. Sie hat darin an einer – ihr antipathischen Figur – eine, wie ihr schien, allgemein gültige

Beobachtung gemacht: es ist das jener Zustand der Frauen, der jetzt von den Ärzten offiziell als »Das gefährliche Alter« bezeichnet wird. Damals glaubte man fälschlich, es handle sich um ein eigenes Erlebnis Karin Michaelis und um dessen Glorifizierung. Aufklärend zu wirken, entschloss sich die Dichterin zu einer Vortragsserie durch alle deutschen Städte. Auf dieser Reise mag sie viel gelitten haben. Keiner Karikatur, keinem faulen Witz konnte sie und ihr Werk entgehen. Das gefährliche Alter war in aller Munde. Aber dieser Eintritt in die Welt wurde ihr doch zum Heile. Sie erwarb Freunde, Verehrer, Schätzer, Gesinnungsgenossen und Schützlinge. Seit damals steht sie mit ganz Europa in ständiger Verbindung.

Seit zwanzig Jahren hat sie in ihrem kleinen Hause Torelore auf der dänischen Insel Thurö als Schriftstellerin, Hausfrau und Gärtnerin ihren ständigen Wohnsitz. Aber nur im Sommer und Herbst. Diese Jahreszeiten gehören Dänemark und ihrer lebensvollen und originellen dreiundneunzigjährigen Mutter. Eine ungeheure Arbeitskraft, ein beispielloser Fleiß (nur dieser vermag zu den höchsten Leistungen zu führen: siehe das Weimarer Goethe-Archiv), machen es ihr möglich in jedem Jahr zwei Bücher zu schreiben, eine Menge Arbeit zu produzieren, Tausende von Briefen zu beantworten und für zahllose Existenzen werktätiges Interesse zu zeigen. Sie hat Zeit, dem Terror in allen Ländern Schach zu bieten, Kinder und Tiere und alle jene Menschen, zu schützen, die um ihre politischen Überzeugung willen von rechts oder von links verfolgt werden; sie hat auch noch Muße, junge Talente zu entdecken, mit ihrer alten Mutter um die Wette herrliche Handarbeiten zu machen, köstliche Salate zu erfinden und eine rege Gastlichkeit mit den Nachbarn zu unterhalten. Die zweite Hälfte ihres Jahres gehört Europa und den Freunden. Der Winter wird zu Vorträgen in aller Welt verwendet. Karin Michaelis spricht immer und überall Deutsch, obgleich sie ebenso gut Französisch oder Englisch sprechen könnte. Überall, auch wo diese Sprache nicht gern gehört wird, bringt sie sie mit höchster Unbefangenheit zu Ehren; bisher in vierzehn Ländern. Ihre nächste Station ist Mailand! Der Frühling aber gehört Österreich, ihrer zweiten Heimat. Hier hat sie den Weltkrieg, statt ruhig und behaglich in der Heimat zu leben, miterlitten, hierher fühlt sie sich gebannt. Liebe und Mitleid sind die stärksten Antriebe dieser merkwürdigen, einmaligen Frau. Wie sie zu Wien steht, geht auch daraus hervor, dass sie ihren sechzigsten Geburtstag nicht besser zu feiern weiß, als durch einen Vortrag »Aus meinem Leben«, den sie in Wien hält. Hier wird sie von den Leiden und Freuden ihrer bisherigen Existenz sprechen. Das heißt nur von den Freuden. Denn was sie zu einer vorbildlichen nachahmenswerten großen Figur macht, ist nicht ihr Talent, nicht ihr wahrhaft weiblicher Verstand, sondern vor allem ihre Lebenskunst, die sie in voller Erkenntnis der

Tragik unserer Zeit jedes dunkle Ding so lange drehen und wenden lässt, bis ein Rosenschimmer davon ausgeht.

Radio Wien, 11. 3. 1932

SECHS MÄDCHEN SPIELEN RINGTENNIS

Wenn man die ganze Nacht vorher ganz schlaflos gelegen hat, so gibt es nichts Tröstlicheres, als im hellen Sonnenschein auf einer Salzkammergutterasse zu sitzen. Alle menschliche Dummheit, Verschrobenheit und Brutalität scheint da ganz unwahrscheinlich.

Nur eines ist wirklich: die sechs jungen Mädchen, die mit heißem Kindereifer vor dem Hause Ringtennis spielen. Manchmal dringt ein lustiges Wort, ein beschwingtes Lachen hinauf: die schönste moderne Musik.

Herrlich sind diese Mädchen und so verschieden, wie sechs Mädchen von 1932 irgend sein können. Sie sehen aus, wie die Natur sie in ihrer besten Laune geschaffen hat und ihre Kleidung passt zu ihnen, wie die dunkelbraune Haut, die sie sich durch chargiert-eifriges Sonnen verschafft haben. Die junge Schauspielerin hat sich ihr rot-weiß punktiertes Kleidchen mit ursprünglichem Raffinement an den schlanken Leib genäht. Darin wird sie nur von der entzückenden Schneiderin übertroffen, die eben aus Paris kommt und dort den Leuten die feinsten Nuancen und Akzente abgelauscht hat Wer die süße, kleine Gymnastiklehrerin in ihrem weißen Leinenkleid sieht, hat sofort Lust, bei ihr Turnen zu lernen. Ihre Toilette stammt aus der Nadel der sanften, alten Sesa unten im Dorf. Die geistreiche Journalistin wirkt in ihrem hellblauen Trainingsanzug wie eine Verheißung des Himmels; die Architektin gleicht in dem billigen Indanthrenkleid, das ihr die Mutter angefertigt hat, einer prachtvoll blühenden Wiese. Die Medizinstudentin aber, in einem Kittel so gelb wie ihre Haare, sieht aus wie Frau Hygieia selbst. Die wird ihre künftigen Patienten durch ihren bloßen Anblick heilen. Liebe Kinder, denkt man, welch ein Glück, dass es so was wie euch auf der Welt gibt.

Von diesen sechs erlesenen Geschöpfen dringen die Gedanken weiter zu ihren Altersgenossinnen, den jungen Mädchen, die heute in aller Welt zwanzig Jahre alt sind. Auch da kommen einem nur angenehme Vorstellungen. Auch diese Mädchen sind bewunderungswürdig. Statt den Erwachsenen Vorwürfe zu machen, dass sie ihnen eine armselige, entgötterte, verfeindete Welt hinterlassen, haben sie sich auf ihre, mit jedem Jahr hübscher werdenden Beine gestellt und arbeiten. Viele verdienen ihren Lebensunterhalt; alle sind fest entschlossen, nicht zu altern und bis ans Lebensende unterhaltend zu bleiben. Männer sein oder scheinen wollen sie nicht. Männer zu bekämpfen, fällt ihnen nicht ein, ebenso wenig ihnen zu imponieren oder sie zu umschmeicheln. Bei der gemeinsamen Arbeit gerecht und kameradschaftlich behandelt werden, ist alles, was sie wollen. Kommt dann einer, der sie liebt, so wird er bald merken wie er daran ist, keinesfalls werden sie es dazu kommen lassen, ihm einen »Korb« zu geben. Wenn sie geliebt werden und wiederlieben, so tun sie es, soweit es auf sie ankommt, nicht weniger dauerhaft als zur Zeit der tiefsten Romantik. Da sie wissen, dass zwanzig Jahre nicht ewig dauern, haben sie keine Lust, mit einer Arbeit, einem Vergnügen, einem Entschluss auf übermorgen zu warten. Sie sind bemüht, aus ihrer Jugend so viel reine Freude wie möglich herauszuschlagen, als ahnten sie, dass nur, wer eine wirkliche Jugend hatte, mit Anstand zu altern versteht.

Wie viele Eigenschaften muss doch das Mädchen von heute in sich vereinigen, wenn sie der Zeit gerecht werden soll: Einfachheit und Raffinement, Handfestigkeit und Subtilität, Vorsicht und Wagemut, schwingende Einbildungskraft und festen Zweckwillen, Sparsamkeit und Freigebigkeit, Selbständigkeit und Unterordnung, Energie und Sanftmut. Sie muss Humor genug haben, um die dunkelste Lage, die ja täglich droht, zu erhellen. Verständnis für die angenehmen Dinge des Lebens, die so selten sind, und Geschicklichkeit, sie, wenn es nottut, auch durch Gebrauch der Ellbogen zu erbringen.

Alles das kann sie, weil sie klug ist, auf eine neue Art klug. Die zur Biedermeierzeit hochgeschätzte Einfalt ist gänzlich außer Kurs. So verliebt ist heute keiner, um gerührt zu sein, wenn man Unsinn schwatzt. Mangel an Kenntnissen gilt nicht mehr als Schmuckstück. Also muss man Verstand haben und zeigen. Aber auch der Intellektualismus, der die vorige Generation verunzierte, hat sich zu seinen Müttern, den im Übrigen so verdienstvollen Frauenrechtlerinnen, versammelt. Die sind einfach draufgekommen, dass Abstraktion nicht kleidsam ist. Das Neueste, was man trägt ist: Instinktweisheit und Naturverstand. Man freut sich seiner Denkkraft und, was sehr wichtig ist, man kennt ihre Grenzen.

Seit die allgemeine Bildung abgewirtschaftet hat, hat sich das Mädchen auch nach einigen wirklichen Kenntnissen umsehen müssen. Natürlich können es bei der ungeheuren Flut des gegenwärtigen Wissens und beim Schwanken aller Wissenschaft – nicht einmal Mathematik und Astronomie stehen ja fest – nur wenige sein. Aber diese muss sie durch die Poren der Haut aufgenommen haben. In der Muttersprache zu Hause sein, fremde Völker durch ihre Sprachen und Literaturen ohne Vorurteil kennen, die technischen und Naturphänomene, die uns umgeben, möglichste verstehen, ist alles, was sie erreichen kann. Sie tut es.

Der Politik möchte sie gern aus dem Wege gehen, da ihr, als einer Frau, alle künstlichen Gebilde verhasst sind. Aber sie fühlt, dass sie das nicht darf. Sie muss den Männern, die ja gegenwärtig mit all ihrer Staatskunst Bankrott angesagt haben, beistehen, schon deshalb, weil sie, die künftig dazu berufen sein soll, Leben hervorzubringen, ein vitales Interesse am Frieden hat. Sie nimmt sich also vor, den Krieg und alles, was zu ihm führt, militant zu bekämpfen. Sie will künftig versuchen, Rüstungen und unmenschliche Gesetze zu verhindern. In einer Welt, in der alles die Menschen trennt: Nation, Rasse, Klasse, Alter, Geschlecht, Weltanschauung, ja sogar Rohköstlertum und Nikotin wird sie ein ausgleichendes Element darstellen.

In dem uninteressanten Chaos der gegenwärtigen Moral hat sie sich eine einfach zurecht gemacht, die nichts anderes ist, als Lebenskunst. Um ein gutes Gewissen zu haben, vermeidet sie alles, was ein anderes Lebewesen schädigen könnte. Sie braucht Frieden, will Zeit und Nerven sparen, deshalb macht sie keine Schulden, übt keine üble Nachrede und lügt nur, wenn sie muss. Sie schont auch die Nerven der anderen, deshalb spricht sie klar, schreibt eine leserliche Handschrift, lässt keinen Menschen warten und hat Geduld am Telefon. Ihr Leben verläuft deshalb nicht problemlos; die Probleme liegen nur tiefer.

Mit Geburt und Tod ist sie genau bekannt. Dieses Wissen nimmt ihr alle Angst. Sie freut sich auf ihr Kind, will es aber erst dann zur Welt bringen, wenn sie ihm erträgliche Lebensbedingungen bieten kann. Gegen das natürliche Ende des Lebens kämpft sie für sich und die ihren mit den Mitteln richtiger Ernährung, sportlicher Übung und geistiger Hygiene. Dieses Ende möglichst weit hinauszuschieben, ist ihr Ziel. Auf Betriebsunfälle des Lebens ist sie gefasst. Ihrem Leben deshalb vorzeitig ein Ende zu machen, fällt ihr nicht ein. Sie ist erlebnishungrig und weiß, dass das Leben kurz, Tod sein aber endlos ist. Zu Totenkult hat sie nur wenig Zeit, da sie den ganzen Tag damit beschäftigt ist, das Glück der Lebenden zu fördern. Ihr Wissen von der Kürze des Lebens und von der Wirklichkeit des Todes beflügelt ihre ohnehin beträchtliche Lebenslust. Diese ist keineswegs beeinträchtigt durch die Erkenntnis, wie unvollkommen Welt und Menschen beschränkt sind, alle fehlerhaft, alle ein bisschen komisch, keiner ganz schuldlos, so entsteht eine neue menschliche Gemeinschaft. Innerhalb dieser ist dann die Frage: »Was werden die Leute sagen?« nicht mehr sehr wichtig.

Seit das junge Mädchen einen Beruf außer Hause hat, interessiert sie der Haushalt. Sie hat eine neue Stellung zu ihm gewonnen, sie ist nicht mehr seine Sklavin, sondern seine Herrin. Materialschaden nimmt sie leicht. Sie kennt Wert und Preis aller Dinge. Möglichst wenig fremde Hilfe zu brauchen ist ihr Stolz. Aber sie, die doch gelernt hat, in Almhütten, Zelten und Faltbooten zu wohnen, träumt doch ganz altmodisch von ihrem künftigen Hause. Wenn es auch noch so klein sein wird, sie wird ein Schloss des Behagens daraus machen.

In diesem Hause gedenkt sie mit einem zu wohnen, den sie liebt. Sie geht nicht mit viel Illusion an die Sache. Es ist ihr ganz klar, dass man sein Glück machen muss, weil man es nirgends fertig zu kaufen bekommt. Man kann ihr glauben, dass es ihr gelingen wird, ihre Ehe zum Kunstwerk zu gestalten, wenn man weiß, von welchen drei Grundsätzen sie ausgeht: Liebe ist ein Lebensmittel, das nicht verfälscht werden darf: Eifersucht ist eine zu bekämpfende Krankheit wie etwa Besitzwahn und charity begins at home. Sollte es ihr nicht gelingen, dann wird sie dem Lebensfreund für tausend gute Stunden Dank und Lebewohl sagen und das Experiment entweder noch einmal beginnen oder es aufgeben, sich selbst und anderen immer treu.

Dieses lebens- und liebenswürdige Mädchen – weit davon entfernt ein Ideal zu sein – läuft schon heute in Wien, Berlin, Paris und London, in Helsingfors und Barcelona in Tausenden von Exemplaren herum. Ein Trostgedicht in Widerwärtigkeiten des Friedens.

Neue Freie Presse, 28. 8. 1932

WIE SOLL ER SEIN?

Ein Interview mit elf Mädchen und einem jungen Mann

So sehr sich das junge Mädchen von heute von dem von gestern und vorgestern unterscheidet, in einem Punkt ist keine Veränderung zu verzeichnen. Das Lieblingsgespräch ist und bleibt »Er«. Die latente Neigung zu diesem Thema habe ich letzthin einmal dazu benützt, mir von elf Mädchen zwischen achtzehn und zweiundzwanzig Jahren sagen zu lassen, wie sie sich ihren künftigen Gatten denken. Sie wussten sofort Antwort, denn alle wollen sie heiraten und haben trotz des Männermangels ziemlich gute Aussichten, da sie gutaussehende, angenehme, durch eigene Arbeit Unabhängige, wirklich weibliche Wesen sind. Sie sind marriageable und sich dessen froh bewusst.

Wir saßen vertraulich beieinander und aßen Zwetschken. Zuerst war das Gespräch allgemein und es zeigte sich, dass sie eine ganze Reihe von Forderungen gemeinsam hatten. Übereinstimmend und stürmisch verlangten sie Verstand (sie sind noch so jung, dass sie an die menschliche Denkkraft glauben); dann kamen gleich danach Humor, gute Nerven, lebendiges Interesse an allem, was ist und was geschieht, und vor allem wirkliche Liebe zu Kindern.

Das Wort, das am häufigsten vorkam, war Zärtlichkeit. Sie wollen Zärtlichkeit, viel Zärtlichkeit, phantastisch viel Zärtlichkeit und noch mehr. Von Geld und Schönheit war nur sehr wenig die Rede. Diese praktischen jungen Menschen wissen genau, was man verlangen darf und was nicht, und ebenso genau, was sie nicht wollen. Großen Abscheu vertreten sie durch Feierlichkeit, Wichtigtuerei, Lehrhaftigkeit, Steifheit, Snobismus, Passivität, Schwarzseherei, Sportfetzerei, Kettenrauchen und Barthaaren. Im Einzelnen äußerten sie sich wie folgt:

Maria: Eine Menschengattung ist ausgeschlossen: der Künstler. Mein Mann soll einen ordentlichen, männlichen Beruf haben, am liebsten einen technischen, und dann Leistungen vollbringen, die mir imponieren. Er muss von selbstverständlicher Uneitelkeit sein, darf nie von sich reden und überhaupt möglichst wenig sprechen; auch ich schweige gern. Denken darf er, so viel er will, aber er braucht es sich nicht merken zu lassen. Eifersucht ist ausgeschlossen. Auch ich verspreche, nie eifersüchtig zu sein, nur müssen die Frauen, denen er seine Aufmerksamkeit zuwendet, meinen Beifall haben. Über mich muss er ein bisschen erstaunt sein.

Eva: Ich suche vor allen Dingen Schutz. Väterliche Nachsicht wäre mir sehr erwünscht; ein durchaus nicht agiler, schwerblütiger Mensch, eine Art von Felsblock schwebt mir vor, der zu erobern sehr schwer ist, bei dem man dann aber für Lebenszeit geborgen ist. Mit den sozialen Problemen unserer Zeit muss er sich beschäftigen. Wenn er wirkliche Männerfreundschaften hätte, würde mich das sehr freuen. Ein Unterhalter braucht er nicht zu sein. Ich will ihn unterhalten. Ich kann singen, Klavier spielen, Geschichten erzählen und sogar kochen.

Ilse: Ich werde so froh sein, einen zu bekommen, dass mir alles recht ist. Er darf blond oder braun sein, groß oder klein, laut oder leise. Nur einige Spezialwünsche habe ich. Ich möchte nicht, dass er Interesse an der Hauswirtschaft hat. Es wäre mir peinlich, wenn er einen Werkzeugkasten hätte. Er soll alles Geschäftliche und Wirtschaftliche mich machen lassen. Er braucht mich nicht einmal besonders oft zu loben. Schön wäre es, mit einem Improvisationsgenie verheiratet zu sein, mit einem Menschen, bei dem man nie weiß, was die nächste Stunde bringt; der, wenn er die Absicht hat, sich im Verkehrsbureau eine Karte von Bison in Schweden zu lösen, plötzlich mit einer nach Les Avanis am Genfer See herauskommt; der seiner Frau zum Abendbrot sechs Gäste einlädt, ohne sie davon zu benachrichtigen, und sich dann halbtot lacht, wenn es im Hause nichts als Hering und Kartoffeln gibt.

Dorothee: Mein Mann darf kein Held sein, ich wünsche, dass er mir gesteht, wenn er Zahnweh hat, dass er mir erlaubt, einen warmen Mantel umzuhängen, wenn die Witterung im Begriffe steht, umzuschlagen, und dass er sich ins Bett legt, wenn er erkältet ist. Er darf sich auch nicht genieren, zu nießen. Auf gefährliche Berge darf er nur richtig ausgerüstet und mit Führer steigen; auf dem Eis oder auf Skiern darf er nichts machen, was er nicht wirklich kann. Ich werde trotz alledem immer bereit sein ihn zu bewundern; nur darf er morgens nie schlecht gelaunt sein und unter keinen Verhältnissen Witze erzählen.

Brigitte: Er muss einen bedeutenden und interessanten Beruf haben, bei dem ich helfen könnte. Am liebsten wäre ich eine Sekretärin, da käme ich mir wichtig vor und würde aus Liebe erfinderisch sein. Ich gedenke nur einen zu nehmen, in dessen Gegenwart man alle Menschen netter und alle Dinge leichter findet. Er muss es gut aushalten, fortwährend verwöhnt und gelobt zu werden, denn das habe ich mit ihm vor. Über meine Fehler muss er mit Humor zur Tagesordnung übergehen. Außerdem verlange ich ununterbrochen beschenkt zu werden, aber es dürfen Geschenke sein, die weniger als eine Mark kosten. Nie darf er vergessen, welche Schokolademarke ich vorziehe. Seine Nettigkeit gegen mich und andere muss Nuancen haben. Er hat Streichhölzer bei sich zu haben, auch wenn er nicht raucht.

Marlene: Ich wünsche mir einen, der etwas pflegebedürftig ist, aber trotzdem fest und energisch die Hand drückt. Was er denkt und sagt, muss von großer Leichtigkeit getragen sein. Wenn wir uns zusammen irgendwo sehen lassen, möchte ich gern das Gefühl haben, dass er mir gut zu Gesicht steht. Seinen Beruf muss er ernster nehmen als mich. Von diesem Beruf etwas zu verstehen, lehne ich ab. Die Natur darf er lieben, aber nicht zu penetrant. Er muss das komisch finden, was ich komisch finde. Je mehr er lacht, desto lieber ist mir das, aber er muss auch gelegentlich weinen können, denn es ist wunderschön, wenn ein Mann vor Rührung weint. Er darf keine Glatze haben und keinen Senf essen, beides ist mir zu männlich.

Lore: Ich wünsche mir einen, der lang und schlank, braun gebrannt, rasch entschlossen, flott, hilfsbereit und bei besten Appetit ist, er muss imstande sein, sich über sich, mich und die Welt lustig zu machen. Er darf nicht die Spur ehrgeizig sein. Er braucht mich nicht zu erhalten, nicht zu beschützen, nicht zu trösten, nicht zu bewundern. Wenn er mich nur wirklich lieb hat, so will ich ihm schon dankbar sein. Richtig, etwas muss er doch für mich tun: Er muss jedes Buch zuerst lesen und mir davon so erzählen. Dass mir das Wasser im Munde zusammenläuft. Ohne solche Anregung lese ich nämlich gar nichts.

Joanna: Er muss nicht betont männlich sein, sondern vor allem sanft. Kleine Dinge darf er nicht verachten. Er muss es wichtig finden, in welche Vase man Blumen stellt, und muss einer Beratung über die Farbe des Fadens, mit dem ein Knopf angenäht wird, zugänglich sein. Jede seiner Äußerungen muss Gefühl verraten. Geistreich auf Kosten anderer Leute darf er nicht sein. Er muss sehr kritisch sein, aber mit Güte, weil er alles versteht, was passiert. Wenn er so ist, habe ich auch nichts dagegen, dass er sich aktiv an der Politik beteiligt.

Lili: Ich möchte einen Mann haben, der lacht, wenn ich etwas Dummes sage, wenn sein Gehalt um 10% gekürzt wird, wenn einmal ausnahmsweise das Frühstücksporridge angebrannt ist (Haferflocken legen sich so leicht an), wenn er seinen Manschettenknopf nicht finden kann (die verschliefen sich bekanntlich aus Bosheit), wenn die Uhr stehen bleibt. Die Zeitung muss er mit Gelassenheit lesen. Sollte er mir beim Geschirrwaschen helfen, so wäre ich beglückt. Bindfaden, Sicherheitsnadeln, und ein Taschenkämmchen, muss er immer in der Tasche haben. Wenn alle diese Vorbedingungen zutreffen, darf er bedeutend, überlegen, geistreich, ja sogar originell sein.

Christine: Ich möchte einen haben, von dem man denkt, alles was er tut, muss er tun. Lebenstechnik darf er keine besitzen. Wenn er zu geschickt, zu gewandt, zu rezidiv wäre, so würde mich das beunruhigen. Am liebsten wäre mir ein Wissenschaftler, und zwar ein schöpferischer Forscher, dessen Uninteressiertheit für die Umwelt ebenso groß wäre wie sein Interesse für mich. Aber seine Liebe zu mir darf ihn nicht aus dem Häuschen bringen. Im Gegenteil. Ich möchte ihn mir täglich neu erobern müssen. Je schwerer, desto lieber. Ich kenne mich genau. Wer mit mir allzu leicht zufrieden ist, der wird bald keine Ursache haben, es zu sein.

Hanna: Ich muss ihn anbeten können trotz zeitloser Vertraulichkeit und bei vollkommenem Mangel jeglicher Diskretion. Äußerlich muss er so aussehen, dass man hoffen darf, er werde mit jedem Jahre schöner werden. Er muss von Natur aus so sauber sein, dass Waschen beinahe unnötig ist. In schlechten Zeiten wünsche ich mir, im zäh, gleichmütig und beherrscht. Er darf keine Launen haben, immer freundlich zu allen Leuten sein und genau so gut wie für mich, auch für den Dienstmann an der Straßenecke eine lebenserleichternde Idee haben. Er muss fest überzeugt sein, dass seine Kinder nur mich zur Mutter haben können. So viele Frauen ihm auch einleuchten mögen, muss ich doch immer das Gefühl haben, ihm lieber und wichtiger zu sein.

Als die elf Mädchen mit ihren Geständnissen zu Ende waren, fragte mein anwesender junger Freund, ob nicht auch er einen Mann schildern könnte, wie sich ihn ein Mädchen wohl wünschte. Wir stimmten ab: er durfte sich äußern.

Hans als Mädchen: Er muss unerhört gütig und wahnsinnig aufmerksam sein, was sich aber keineswegs andauernd äußern. Er muss wie ich geneigt sein, durch mich und mit mir für viele, viele andere Menschen zu leben. Äußerlich muss er ganz kräftig und ausdauernd sein, sich körperlich betätigen, aber lieber für zweckmäßige und nützliche Dinge als für Sport. Ohne wehleidig zu sein, muss er gut pflegbar sein. Wenn er sich mit mir beschäftigt, sonst hat das vollkommen zu geschehen, aber sonst lieber gar nicht. Trotzdem, und nicht, weil er verheiratet ist, müssen ihm auch andere Frauen gut gefallen.

»Aber Hans!«, riefen alle Mädchen als er fertig war, das bist du ja selbst, den sie sich da wünscht.« – »Natürlich sagte Hans, was gehen mich andere Männer an?«

Neue Freie Presse, 4. 9. 1932

DER LIEBLINGSSCHRIFTSTELLER ALLER DEUTSCHEN KINDER

»Nachdenkereien« über Erich Kästner

Wenn man von Erich Kästner nichts weiter wüsste, als dass er, um den Kindern das Denken schmackhaft zu machen, das Wort »Nachdenkerei« erfunden hat, könnte einen das allein schon verstehen lassen, warum er gegenwärtig der Lieblingsschriftsteller aller deutschen Kinder ist.

»Parole Erich!« sagen sie. Sie halten ihn nämlich für einen Jungen. Jedenfalls wissen sie genau, dass er kein Onkel ist, kein Lehrer, kein Herr mit einem Umhängebart. Natürlich ist er klüger als sie und deutlich erfahrener, aber im Übrigen kein gleichgesinnter, gleichgestimmter, gleichgerichteter Freund. Nichts trennt sie von ihm. Er versteht ihren Bewegungsdrang, ihre Sensationslust, ihr Gemeinschaftsgefühl, er weiß, dass man sich seiner noblen Einfälle mehr schämt als seiner Übeltaten, und er weiß auch, wie schrecklich einem zumute ist, wenn man einen Sonntagsanzug anhat. Wie wichtig Autos, Motorräder, Staubsauger und Luftballons sind, ist ihm klar. Er selbst ist das Kind, welches am verhexten Telefon den Bürgermeister zwingt, »Am Brunnen vor dem Tore« zu singen, er selbst ist einer der Detektive, die Emils gerechte Sache vertreten.

Der Dichter Kästner hat das Glück, seine Jugend treu im Gedächtnis bewahrt zu haben. Wenn er nicht selbst Emil und Anton und Gustav ist, so wäre er es doch gern. Es schmerzt ihn ordentlich, dass er vor zwanzig Jahren klein war und nicht heute. Denn unsere verflucht schlechte Zeit gefällt ihm doch besser als die seine. Freilich haben es die Kinder von heute nicht leicht. Doch sind ihnen viele kleine Freuden neuerdings erschlossen. Sie dies zu erkennen zu lassen, ihnen ihren Alltag zu zeigen, sie zu lehren, diesem jeden Reiz abzugewinnen, ihre Vorurteile zu bekämpfen, ihren Widerstand gegen alles Unsaubere und zweifelhafte zu befestigen, in ihnen Hoffnung auf eine selbstgebaute Zukunft zu erwecken – das ist sein Ziel. Er ist ein Tröster, der Erich Kästner. Das ist ihm umso höher anzurechnen, als er pessimistisch geboren ist und sehr genau weiß, dass, wer nicht zur Welt kam, nicht viel verloren hat. Auch steht riesengroß hinter allem, was er sagt, die Angst, dass es bald wieder einmal für Kinder statt der großen Ferien Weltkrieg geben könnte.

Gerade deshalb vertritt er eine heroische Lebensauffassung. Deshalb macht er den Kindern nichts vor. Die gegenwärtige Welt ist schlecht und der Mensch könnte leicht besser sein. Es gibt Armut und Lüge und sogar Verbrechen; es gibt Herrn Grundeis, der einen armen Knaben bestiehlt, und Fräulein Andachts Bräutigam, der gern einbricht, und Gottfried Klepperbein, der das Paradigma des Schweinehundes ist. Eine Menge hässlicher Dinge gibt es, da ist nicht dran zu tippen. Aber gerade deshalb darf man nicht verzweifeln. Man muss selbst besser werden, man muss sich um alle anderen kümmern, dann wird sich schon für alle eine Form finden, zu leben und leben zu lassen. Die Schrecknisse der Welt sind keine unübersteiglichen Hindernisse zum Glück. Man braucht auch kein Genie zu sein, die Welt braucht Männer, die einfach so fleißig und anständig, so tapfer und so ehrlich sind wie der Emil und der Anton, und Frauen, so resolut, so liebenswürdig, so intuitiv wie Pünktchen. Mit solchen Kindern möchte Kästner zusammen eine neue Welt gründen, da würde es so zugehen, wie sich das für ein modernes, mit allem Komfort der Neuzeit ausgestattetes Paradies schickt.

Er macht aus dem Leben keine Schulaufgabe für Kinder. Flott und amüsant, mit romantischer Sachlichkeit erzählt er ihnen in ihrer Sprache, von ihrem Gesichtspunkt aus gesehen, in ihrem Tempo Geschichten, die so wirklich sind, dass sie in der Zeitung gestanden haben. Und der Held dieser Geschichten sind sie selbst. In ihren Straßen spielt das moderne Märchen, und das ist das lustige daran. Am Ende ist es ja auch für Pünktchen viel interessanter, an der Weidendammer Brücke zu betteln, als wie Dornröschen, hundert Jahre auf einen langweiligen Prinzen zu warten.

Da er ohne Pathos, ohne Feierlichkeit auftritt und redet, nehmen sie ihm nicht einmal übel, wenn er ihnen moralisch kommt. Er hat ebenso wie sie selbst eine heiße Sehnsucht, dass es auf der Welt richtig zugehe, und ärgert sich wahnsinnig über die dummen Menschen, die sich selbst und anderen das Leben so schwer machen. Die Kinder sind vollkommen seiner Meinung, da diese Moral von aller Erdenschwere befreit, heiter, selbstverständlich und von allen Dingen zweckmäßig ist.

Was immer er erzählt, die Kinder hören es gern. Vor allen Dingen berauscht sie das Wie. Er spricht ja ihre Sprache; er schreibt, wie den Kindern der Schnabel gewachsen ist. Als man die schöne junge Jacky letzthin fragte: »Bist du verlobt?« sagte sie ärgerlich: »Bitte gebrauche keine so dicken Worte.« Diese Worte gebraucht Erich Kästner nie. Die Wucht des Gefühls, das bei ihm hinter allen Dingen steht, ist so groß, dass die Worte sich ducken und bescheiden müssen. Das Gefühl selbst lässt er, der Zeit angemessen, »getarnt« auftreten, das heißt, er treibt eine durchsichtige, auch für den erwachsenen Leser reizvolle Gefühlscamouflage, bei der man nicht weiß, wo die Gêne aufhört und der Kunstgriff anfängt.

Die Kinder leben leidenschaftlich gern in der unfeierlichen und behaglichen Welt, die ihnen Kästner erbaut. Sie dürfen alles – Sie dürfen Kritik üben, aber sie dürfen auch begeistert sein, ja sogar gerecht. Auch der Lehrer Bremser ist kein Unmensch, auch der Schutzmann Jeschke ist nett, es gibt sogar vernünftige Eltern, ja mehr als das, es gibt Mütter, die man anbeten darf. Nur muss die Mutter danach sein. Die Mutter ist die beste Frau, sie ist die Frau überhaupt. Mit ihr in die Welt zu fahren, ist ein Glück, obgleich man gegen sie immer ein schlechtes Gewissen hat. Aber deshalb darf man doch auch zwischen Müttern Unterschiede machen: die Mutter Pogge ist eine dumme Weltdame, die Friseuse Tischbein eine rührende Arbeiterin. Es kommt nicht darauf an, Kinder zu kriegen, man muss sich auch richtig lieb haben.

Trotz der sokratischen Methode, die Erich Kästner mit Vorliebe anwendet, verschmäht er es, ein Führer der Jugend zu sein. Er zieht es vor, ein Verführer zu sein. Ein kleines Beispiel für die Faszination, die er übt: In einem Dörfchen, Katzhütte im Thüringer Wald, hatte sich eine Klasse aus pfennigweise gespartem Geld »Pünktchen und Anton« gekauft. Leider war es schon der letzte Schultag, als der junge Lehrer mit der Vorlesung beginnen konnte. Gerade als Herrn Bremser ein Licht aufging, läutet die Schulglocke die großen Ferien ein. Aber damit war das Schuljahr noch nicht zu Ende. Denn die Kinder wollten keine Ferien, ehe sich Antons Schicksal vollendete. So fand der Lehrer, als er abends nach Hause kam, die ganze Klasse vor seiner Haustür. Sie verlangten stürmisch, dass das Buch noch heute zu Ende gelesen werde. Er las bis elf Uhr nachts. Erst als Anton und seine Mutter im Glück saßen und Pünktchen daneben, gingen die Kinder schlafen.

Glücklicher Kästner! So viel Talent und ein solche Publikum!

Neue Freie Presse, 16.10.1932

Und wenn es im Mai noch so eisig weht: die Natur lässt sich nicht bange machen. Sie tut ihre Pflicht und liefert den Flieder, die Maiglöckchen, die Narzissen und die Pfingstrosen prompt und zu bester Qualität. Und mag in der Welt latenter Krieg herrschen, mag die Politik noch so verworren sein und der Goldstandard noch so arg gefährdet: junge Menschen treffen sich, finden sich, lieben sich. Ja, mehr als das. Sie gründen neue Familien und haben das Gefühl, dass das ganz in Ordnung ist.

Das Blumen und junge Menschen wachsen wie immer, gehört zu den wenigen fröhlichen Fakten unseres gegenwärtigen Lebens. Deshalb sammle ich Blumen und junge Ehepaare. Dem schönen Beispiel der »Ravag« folgend, die eine Stunde eingeführt hat »Wir stellen vor«, will ich heute mir und anderen einige junge Ehepaare nach der Mode von 1933 vorstellen.

Die Auswahl fällt mir schwer. Zu viele gibt es die mir einleuchten. Die Nachkriegsjugend hat nämlich ohne auf das theoretische Geschwätz der Erwachsenen zu achten, in aller Stille eine neue Art von Ehe geschaffen, geeignet, das Herz des Menschenfreundes zu erwärmen und mit neuer Hoffnung anzufüllen.

Die vier sehr einfachen – aber doch glaubwürdigen – jungen Paare, von denen ich heute reden will, sind sehr verschieden. Nur einiges haben sie gemeinsam: sie sind gesund und lebensfähig, sehen gut und nett aus, verfügen über einigen Verstand und Humor und sind ganz unverwöhnt. Geld hat keines von ihnen.

Hans und Liesel werken beide in einem Frisiersalon, tüchtig und gern gesehen. Der junge Mann schneidet gerade meine Haare, und so sehe ich im Spiegel sein zufriedenes Gesicht. »Ihnen scheint«, so sage ich, »die böse Zeit nicht viel anzuhaben.« – »Nein, meint er, uns geht es sehr gut. Denken Sie nur, was das heißt, dass wir beide Arbeit haben und noch dazu zusammen! Jeder von uns weiß immer, was der andere macht. Aber sprechen dürfen wir im Geschäft natürlich nicht, und so sind wir schon geradezu gespannt, am Abend miteinander wegzugehen. Unterhalten tun wir uns großartig. Wir haben uns so viel zu erzählen, dass wir manchmal nicht einmal dazukommen, Radio zu hören. Am Sonntag fahren wir nach Greifenstein und schwimmen. Im Winter haben wir acht Tage Urlaub gehabt, da waren wir mit den Bretteln weg. Die acht Urlaubstage im Sommer machen wir eine Hochtour. »Ecco«, sagt er abschließend, indem er die Schere weglegt, denn er hat einmal in Italien gearbeitet.

Härter ist der Lebenskampf bei Polly und Fritz. Sie ist Röntgenschwester, er studiert Medizin. Als sie sich kennenlernen, wollen Freunde und Verwandte, dass sie noch drei Jahre warten, bis er fertig ist; aber sie haben sich auf das Experiment Liebe auf Jahre einzupökeln, nicht eingelassen. Auf die Frage eines vorwitzigen Herrn, ob ihm denn seine Männerehre erlaube, sich von seiner Frau erhalten zu lassen, antwortete Fritz: »Freilich erlaubt sie mir das! Warum soll denn die Polly jetzt nicht einmal drei Jahre für uns beide arbeiten? Wir haben ja doch die Absicht 75 Jahre alt zu werden. Da werde ich noch 50 Jahre Gelegenheit haben, für sie zu arbeiten. Ich werde sie übrigens sicher besser ernähren, als sie mich. Sie zwingt mich nämlich altes Brot zu essen, weil das mehr ausgibt!« Polly rächt sich, indem sie sagt: »Übereil« du dich nicht mit dem Studium, sonst tun mir die Damen leid, die zu früh in deine Hände geraten. Sie müssen nämlich wissen, setzt sie erklärend hinzu, wenn Fritz fertig ist, gehen wir aufs Land, wo mein Onkel Oberförster ist. Der Fritz ist der geborene Bauerndoktor und ich und die vier Kinder, die wir ja nach und nach bekommen wollen, werden ihm Assistenzdienste leisten. Aber schöner als jetzt kann es nie sein. Ich gehe jeden Tag an die Arbeit, Fritz kocht – am besten kann er Pilzling mit Ei – und am Abend lese ich ihm dann, damit er sich die Augen nicht verdirbt, aus dem Skripten vor. Da lachen wir uns manchmal halbtot.«

Ebenso folgerichtig leben ihren Plänen Elly und Franz. Sie ist Kindergärtnerin, er ist Beamter. Woran sie sparen, kann kein Mensch verstehen. Aber sie sparen, um sich gewisse Wünsche, die sie beide hegen, zu erfüllen. Im ersten Jahr der Ehe war der Gegenstand der Sehnsucht ein Zelt. Die vorgeschriebene Linie wurde rechtzeitig erreicht. Im zweiten Jahr war es ein Faltboot, das Wirklichkeit werden musste. Im dritten Ehejahr wurden die Mittel zur Pachtung eines Schrebergartens erübrigt, der dann in den Mittelpunkt des Interesses rückte. Schon war das vierte Ehejahr beinahe vollendet, ohne dass ich von einem neuen Plan vernommen hätte, als mich im Monat April die junge Frau aufsuchte. So reizend wie nur eine Wienerin sein kann, wenn sie froh geniert ist, sagte sie: »Ich bringe eine gute Nachricht. Seit drei Monaten ist mein Mann definitiv angestellt.« – Und weiter?« fragte ich. Sie sah nämlich so aus, als wäre das noch durchaus nicht alles, was sie mitzuteilen hätte. Ja sagte sie einfach, »und im Oktober kommt jetzt auch unser Kind«. Das Kind blieb ebenso wenig aus, wie Zelt und Faltboot. Schön und lebensfroh liegt es im Wagen, welchem abwechselnd Vater und Mutter vorgespannt sind. Sprechen kann es noch nicht viel aber wenn es in seinem Grinzinger Schrebergarten in der Sonne liegt und auf Wien heruntersieht, fragen die braungoldenen Augen: »Was kostet diese herrliche Stadt, die mir zu Füßen liegt?«

Bei Rudi und Martha aber ist das Glück noch größer, denn ihr Hammi (das hat er selbst aus seinen guten deutschen Taufnamen Hermann gemacht) kommt schon bald in den Kindergarten. Er freut sich zwar gar nicht darauf, denn so schön wie bei ihm zu Hause ist es nirgends. Er bekommt ja auch alles was er braucht. Des Vaters Gehalt als kaufmännischer Angestellter wird durch die Einnahmen der Mutter ergänzt, die drei Monate im Jahr in einem Sommerheim wirkt. In den weiteren drei Vierteln des Jahres aber widmet sie sich Mann, Kind und Haus so frenetisch, dass alle drei vor Behagen und Reinlichkeit glänzen. Hammi er zediert in letzterer. So hat er kürzlich peremptorisch verkündet, er verkehre nicht in Familien, bei denen der Fußboden schmutzig sei. Was Hammi von den materiellen Verhältnissen seiner Eltern hält, ist nicht zu erfahren, aber man sieht es ihm an, wie reich er sich vorkommt. Seine dunkelblauen Augen, die kostbarer glänzen als alle Saphire der Welt, sind ja auch an sich Reichtum genug. Außerdem verfügt er über Güter, die um kein Geld zu haben sind. So würde seine Mutter um nichts in der Welt ihren Mann auch nur fünf Minuten warten lassen, wenn er von der Arbeit heimkehrt. Vater Rudi aber verbringt die letzten drei Nächte vor Mutter Marthas Heimkehr aus der Sommerstelle auf einer Leiter, weil er nämlich durchaus die ganze kleine Wohnung zu ihren Ehren neu anstreichen muss. Weißer Lack ist der Hauptbedarfsartikel dieser Familie. Außer diesen moralischen Besitztümern hat Hammi gerade Glieder, ein schönes, klares Antlitz, Mut zum Leben und Vertrauen zu allen Menschen. So ist er sehr reich, denn das sind goldbeständige Güter in einer Zeit von Geld- und Charakterinflation.

Die wahre neue Ehe ist auch ein solches Gut. Ein wunderbares junges Mädchen, welches in diesen Frühlingstagen seinen Lebensfreund gefunden hat, fragte mich letzthin mit hingerissenen und hinreißendem Ausdruck: »Sag ist das nicht ein Wunder, wenn zwei Leute sich lieben, kein Mensch was dagegen hat, das sie zusammenwohnen?« Und ich fünf Minuten vorher noch total lebensüberdrüssig, antwortete tiefüberzeugt: »Jawohl. Ein Wunder.« Wenn wir nicht verlernt hätten, an Wunder zu glauben.

Neue Freie Presse, 10. 6. 1933

DAS EHRENMAL DER 700.000 AM RUSSENKIRCHLEIN ZU KAGRAN

Wo ist der Dichter, der die Überzeugungskraft hätte, darzustellen, was die österreichischen Kriegsgefangenen in Russland gelitten haben? Unvorstellbar diese Ungeduld, dieses Heimweg, diese Entbehrungen, diese Enttäuschungen, dieses herausdörrende Warten von Tag zu Tag, diese Sinnlosigkeit der Existenz.

Aber was man nicht beschreiben kann, man kann es überleben. So wunderbar ist die menschliche Natur beschaffen, dass auch unter solchen Verhältnissen Menschlichkeit geübt, Güte erwiesen, ja sogar Freundschaft geschlossen wird. Da hat ein junger Arzt sein ganzes Gefühl und Können an die Kameraden gewendet, dort ein lebensfähiger Soldat eine ganze Kompanie bei Mut erhalten, hier ein junger Künstler allen Stunden der Erhebung verschafft, dort ein Unteroffizier durch angeborene Organisationsgabe eine Gruppe vor dem Verhungern gerettet.

Nur aus diesen kleinen lichten Vorfällen, hineingewoben in das dunkle Leben des Plenny, ist es zu verstehen, dass die österreichischen Kriegsgefangenen nach ihrer Heimkehr hier in Wien einen so schönen und festen Bund geschlossen haben. »Durch Leid zum Licht, im Licht zur Liebe« – heißt ihr Motto. Dieses Licht finden sie in der Fortsetzung der in Russland geknüpften Beziehungen. In den wilden Nöten unserer Zeit findet der Plenny beim Plenny ein Herz, aber auch seine Witwe und seine Waisen. Nicht nur im Schmerz, auch in Bedürfnis nach Freude kommen sie zu einander: ein Plenny-Orchester, ein Plenny-Theater, ein Plenny-Ball, sind ihre Geselligkeit. Alles eint sie.

Vor allen Dingen aber sind sie durch einen gemeinsamen unauslöschlichen Schmerz aneinander gebunden. Sie, die zurückkehren durften, nie können sie vergessen, dass siebenhundertausend österreichische Krieger in Krankheit, in Schmutz in Russland ihr junges Leben haben lassen müssen. So gute autoritätsgläubige Soldaten sie auch sind: dieses Schicksal scheint ihnen überlebensgroß. Arme Kameraden! Kein Heldenrausch war ihnen gegönnt; die Nachwelt wird von ihrem endlosen Leiden, von ihrem Tod in der Fremde keine Lieder singen. Ich denke da an den wunderschönen hochbegabten, strahlenden achtzehnjährigen Franz Wiesenthal, der wenige Tage nach der Matura hinaus musste, um draußen an einer Krankheit zu sterben, die die linke Hand seiner Mutter in wenigen Tagen verscheucht hätte. An so einen Einzelfall muss man denken, um das Grauen der Zahl 700.000 zu begreifen.

Diese toten Kameraden – wo immer die Plenny sind – ihnen sind sie anwesend. In diesem Kreise wird ihr Gedächtnis treu bewahrt. Jeder Totensonntag findet sie beim Russenkirchlein in stiller Trauer vereinigt. Heuer aber wollen sie ihren Schmerz um die Kameraden und ihre Ehrfurcht vor ihrem Erlebnis für alle Zeiten verewigen. Aus ihren bescheidenen Mitteln ist es ihnen gelungen, ein schönes Ehrenmal zu errichten.

Wenn am 5. November dieses Ehrenmal enthüllt wird. Dann werden die Lieder, die ihnen die Nachwelt schuldig geblieben ist, in zärtlichen und starken Tönen durch alle Herzen ziehen. Wer weiß? Vielleicht ist der Klang durchdringend genug, um nach Krasnojarsk, nach Tschita, nach Samara, nach Tobolik, nach Totskoi zu dringen. In alle diese armen Gräber. Nein, keine armen Gräber: in jedem liegt ein Held.

Neue Freie Presse, 1. 11. 1933

UMGANG MIT BÜCHERN

Täglich kommen Menschen, die über Einsamkeit klagen, ja über Vereinsamung: sie kennen zu wenig Menschen, mit den wenigen verstünden sie sich schlecht, neue kennen zu lernen, hätten sie nicht das Talent. Wie soll man da helfen? Was soll man da raten? Natürlich drängt sich einem sofort der Hinweis auf das Buch auf, aber wer wagt es, solche Binsenwahrheiten auszusprechen? Dazu gehört Zivilcourage, und gerade diese ist ein besonders rarer Artikel.

Zuletzt aber bleibt einem wirklich nichts anderes übrig, als jedem, den es nach Gesellschaft gelüstet, zu sagen: Lesen Sie! Jedes Vergnügen, das ein Mensch sich leistet, kostet Zeit, Kraft, Geduld und Überwindung von Schwierigkeiten. Nur das Höchste nicht. Der schweigende Umgang mit den größten Geistern aller Zeiten kostet nichts. Hier tritt der eigentümliche Fall ein, dass das Beste zugleich das Billigste ist. Der Historiker Macaulay hat einmal gesagt: »Plato ist nie schlecht gelaunt, Cervantes ist nie frech, Demosthenes kommt nie zu ungelegener Zeit, Dante hat nicht die Gewohnheit, zu lang zu bleiben.« Diese Liste kann man leicht nach Belieben ins Unendliche fortsetzen: Goethe ist nie vorurteilsvoll; Byron nie gefühllos; Schopenhauer macht keine konventionellen Redensarten; Rousseau erzählt keine zweideutigen Witze; bei Mörike ist immer Sonntag; bei Gottfried Keller trifft man die liebenswürdigsten Frauen; bei Fontane hört man reizende Dialoge; bei Dickens speist man am vergnüglichsten; Bernard Shaw ist nie fad; Jakob Wassermann nie oberflächlich; Proust nie banal; Hamsun ist nie zudringlich; die Lagerlöf nie frivol; Sinclair Lewis nie weltfremd; bei Karin Michaelis, Mechtild Lichnowsky und Colette braucht man sich nicht vor Tierquälerei zu fürchten.

Diese Dichter können wir alle zu Freunden haben, ohne viel Mühe. Friedlich und bescheiden stehen sie in Bücher gebannt an unseren Wänden! Nie ungeduldig, auch wenn wir sie monatelang vernachlässigen, nie verstimmt, wenn wir sie ermüdet beiseitelegen, nie einer auf den anderen eifersüchtig. Wie wunderbar kann man seinen ganzen Sonntag mit ihnen zubringen, ohne vorherige telefonische Ansage, ohne Reisefieber, ohne Angst vor dem Wetter, ohne Hotelrechnung. Mit ihnen allein zu Hause ist man nie allein. Aber auch außerhalb des Hauses sind sie unentbehrlich. Wie manchem verregneten Sonntag haben einzig sie Sonne verliehen. Sie sind wahre Tröster, denn in ihrer Gesellschaft ist das Schlimmste leicht: die weite tägliche Fahrt mit der Elektrischen; das Warten im Vorzimmer eines Mächtigen, dem man eine dringende Bitte vortragen will; des Arztes, von dem man eine lebensentscheidende Auskunft erwartet. Sogar eine schlaflose Nacht kann man sich in ihrer Gesellschaft zum Fest gestalten. Was wäre Rekonvaleszenz ohne sie? Und wer versteht es wie sie, Bekanntschaften im Eisenbahnzug zu verhindern oder zu vermitteln?

Aber wir brauchen uns mit einem Buch gar nicht soweit einzulassen. Schon ein einzelner Satz kann bedeutungsvoll sein, den man absichtlich oder zufällig aufgeschlagen hat. Am besten zufällig. Die altmodische Methode, sich bei Büchern Rat zu holen, ist sehr empfehlenswert – man steckt eine Stricknadel, oder wenn man weniger häuslich ist, ein Papiermesser in ein Buch, und was dann darin gedruckt steht, das tut man. In alten Zeiten wurden die Bibel und Vergil benutzt, aber auch Marc Aurel, Montaigne, Balthasar, Gracian, La Rochefoucauld und Lichtenberg eignen sich dazu.

In der letzten Zeit habe ich sogar Versuche mit Musils »Mann ohne Eigenschaften« und mit Hermann Brochs »Schlafwandlern« gemacht. Beides mit großem Erfolg. Natürlich will die Kunst des Lesens gelernt sein. Welche Bücher man dann wählt, ist Geschmackssache. Die besten Freunde sind gute Bücher, aber nicht »gute Bücher«, sofern wir darunter (insbesondere wir Deutsch sprechenden Menschen) solche verstehen, die schwierig, langweilig, unverständlich oder mindestens undurchsichtig sind; wir neigen dazu, da es ist, wie Grillparzer sagt: »Der deutsche Geist zuhöchst in Kunst und Wissen stellt hier, was er nicht versteht, dort, was ihm nicht gefällt.« Einfache, unverbildete Menschen finden ein Buch schon dann gut, wenn es ihre Wunschträume erfüllt, wenn ihre Stimmung, wenn Ort und Stunde ihm günstig sind. Es gibt Zeiten, in denen man einen illustrierten Erfurter Katalog über Blumenzucht mit heißerer Anteilnahme liest als Thomas Manns »Unordnung und frühes Leid«.

Es gibt Tage, an denen uns die Lektüre im Baedeker oder im Fahrplan aufregender erscheint als die aufschlussreichen Lebenserinnerungen eines großen Mannes. Man kann sich sogar eine Nachtstunde vorstellen, in der einem Frank Hellers »Führe uns in Versuchung« mehr Lebensweisheit zu enthalten scheint als das Werk eines chinesischen Philosophen.

Das Buch muss vielerlei können. Wir wollen daraus nicht nur Anregung, Anschauung und Kenntnisse schöpfen. Das Bucherlebnis muss auch die Fähigkeit haben, uns von der Welt abzusondern, wenn wir Lust haben, die Wirklichkeit zu übersehen, der Welt abhanden zu kommen. Viele Bücher können das. In Kriegszeiten, wie wir sie seit zwanzig Jahren haben, sind Schriftsteller wie Cervantes, Swift, Thackerey, Jean Paul, Conrad Ferdinand Meyer, Wilhelm Raabe und Stifter die richtigen Leute, natürlich die aufheiternden, wie Mark Twain, Jerome und Felix Timmermans, nicht zu vergessen.

Wer seine Kinder frühzeitig an diesen bildenden und billigen Umgang gewöhnt, hat ihnen ein köstliches Erbe hinterlassen. Vor dem Übermaß des Zuviellesens braucht man sie heute nicht mehr zu warnen. Kein junger Mensch wird leicht ein Bücherwurm, wo sich ihm doch im Sport ein so wunderbares Gegengewicht bietet. Eher ist zu befürchten, dass dieser, wie früher das Buch, eine zu große Rolle spielt. Erst wenn jeder Skiläufer ein lustiges Buch in der Tasche mit sich trägt, um es abends auf der Hütte zu lesen oder vorzulesen, erst wenn jeder Bergsteiger einen Gedichtband mit sich führt, für jenen Augenblick, da er im Sonnenschein auf dem Gipfel ruhend, müde geworden ist, ins Weite zu schauen, dann ist das wahre Gleichgewicht hergestellt.

Wer von Jung auf gewohnt ist, das Buch zu lieben, es überall hin mitzunehmen, ihm überall Beachtung zu schenken, wird es nirgends entbehren können. Er wird in eine neue Beziehung zum Buch treten, es nicht oberflächlich überfliegen, es nicht zerstreut durchblättern, ihm nicht ungeduldig sein Ende vorwegschnappen, sondern liebreich den Gedankengängen folgen, die uns der Autor führt. Dieser aber wird sich dafür dankbar erweisen wie kein Freund sonst.

Neue Freie Presse, 7. 4. 1934

ESTHER GRENEN, ODER WIE KOMMT EINE WIENERIN ZU ERFOLG?

Es war einmal – vor ganz kurzer Zeit – in Wien ein Mädchen, von dem sagten alle Menschen, als sie schon eine Studentin war: »Die ist eine Schriftstellerin.«

Und das war sie auch. Sie schrieb, nicht weil sie wollte, sondern weil sie musste, nur wenn ihr etwas einfiel, und das in knappsten Worten. Sie zog niemand in die Ecke, um ihm ihre neuestes Opus vorzutragen, hielt nicht in Kaffeehäusern Reden darüber, sie drängte sich in keine Clique ein. Sie wollte nur schreiben. Als sie aber schon ziemlich viel geschrieben hatte, wurde sie von dem begreiflichen Ehrgeiz ergriffen, gedruckt zu werden. Dieser Wunsch ging ihr in Erfüllung, nachdem sie das Abitur gemacht hatte. Ein jungen Talenten geneigter Wiener Verlag nahm sich ihres Jugendwerkes an. Aber die Zeit, die Inflationszeit, war so reingeistigen und seelisch zarten Gebilden nicht günstig. So ging das bemerkenswert aufrichtige und merkwürdige Buch – es hieß »Die Vergiftung« und bot reichen Aufschluss über das innere Leben der damaligen Jugend – unbemerkt vorbei. Wer interessierte sich dann damals auch für die Jugend? Die Hausse in Jugend, die gegenwärtig herrscht, war noch nicht ausgebrochen.

Es kamen schlechte Zeiten für Maria Lazar, so hieß das Mädchen. Niemand wollte ihr Buch kaufen und lesen, und so kam es dahin, dass sie bald auch nicht mehr die Mittel gehabt hätte, nachts ihre guten Bücher zu schreiben, wenn sie nicht tagsüber die Bücher anderer mit Sorgfalt und großem sprachlichen Geschick aus den verschiedenen Sprachen übersetzt hätte. Aus dem Ertrag dieser Tätigkeit fristete sie ihre Leben und das ihres Werkes.

Zehn Jahre ging es so. Zehn Jahre ließ die junge Künstlerin kein Pförtchen unversucht, welches geeignet schien, den Weg zum deutschen Leserpublikum zu erschließen. Natürlich sind damit geistige Pförtchen gemeint. Die richtigen Haus- und Telefonnummern kannte Maria Lazar nicht. Die kennt kein Dichter.

Alle Wege erwiesen sich als ungangbar. Aber sie schrieb hartnäckig weiter. Novellen, Romane, Dramen. Das heißt, sie goss ihr Talent, ihr Temperament, ihr Erlebnis in jene Formen, die man so nennt. Sie erzählte faszinierend. Aber was sie erzählte, war nicht geeignet, den Leuten zu gefallen. Mit diesem Zeitgefühl begabt, war es ihr nämlich unmöglich, an den Ereignissen des Tages achtlos vorüberzugehen. So war ihre Stoffwahl nicht genehm. Da sie die Dinge überdies rein menschlich – ohne Parteizugehörigkeit – behandelte, schien sie auch nirgends hinzugehören. Auch das wollten die Menschen damals nicht. Da sie noch dazu eine Frau war, aber doch den Mut hatte, Dunkel und Licht zu mischen, wie das Leben selbst es tut, statt, wie dies bei weiblichen Handarbeiten Brauch ist, alles tadellos in Weiß, in Rosa oder in Schwarz zu halten, so ging ihr auch jener Teil des Publikums verloren, der sich nur unterhalten will.

Das alles geht nicht. Nirgends hingehören, eigene Gedanken haben eine eigene Überzeugung, einen knappen Stil, der zum Nachdenken zwingt – so was hat keinen Marktwert. Trotzdem hatte ihre Erzählkunst etwas Zwingendes; jeder attestierte ihre Begabung, jeder versicherte sie seiner Bewunderung. Aber sie bekam keinen Verleger für ihre Bücher und keine Bühne für ihre Stücke.

Maria Lazar musste zuletzt, so jung sie noch ist, einsehen, dass sie nicht die Kraft habe, den Widerstand der Welt gegen die Art ihrer Begabung ohne Hilfe zu brechen. Da beschloss sie eines nachts – so kann man sich das vorstellen – sich ihrer schöpferischen Kraft zu entäußern, sie in eine andere Person hineinzulegen. In dieser Nacht schuf sie eine dänische Schriftstellerin und nannte sie Ester Grenen. Sie sollte von jetzt aber ihre Werke schreiben!

Warum es eine Dänin war? Das war so gekommen: Maria Lazar war als junges Mädchen in der Nachkriegszeit einen Sommer lang auf einer dänischen Insel zu Gast gewesen. Mit einer Aufgeschlossenheit, die diesem Alter eignet, hatte sie sich dort ein Weniges von der Sprache angeeignet; mit dem psychologischen Schrifttum des werdenden Künstlers aber Land und Leute, Sitten und Möglichkeiten, Diktion und Humor erkundet und begriffen. Wie gut sollte sich bald erweisen. Sie setzte sich hin und schrieb eine Geschichte, die in Dänemark spielte, von dänischen Menschen und Geschehnissen handelte. Als die Sache fertig war, schrieb sie auf den Umschlag: Roman von Esther Grenen, aus dem Dänischen übersetzt von Maria Lazar«. Und schickte sie an einen deutschen Verlag. Ihr

Herz schwoll vor Stolz, als dieser das Buch mit der Begründung ablehnte, ihm sei das »zu spezifisch dänisch«. Es scheint, der Lektor hatte voll Phantasie die nahe Meerluft geatmet und nordische Laubbäume rauschen gehört, während er Esther Grenens Buch las.

Nun bekam ein Berliner Blatt das Buch. Auch dieses fand es eminent dänisch, nahm es aber gerade deshalb zum Druck an. Zum ersten Mal hatte Maria Lazar wirklichen Erfolg. Aber sie sollte sich seiner nicht lange ungetrübt erfreuen, denn nun begannen unvorhergesehene Schwierigkeiten. Nach der deutschen Schriftstellerin Maria Lazar hatte kaum jemand gefragt, nach der von ihr erfundenen Dänin entstand eine riesige Nachfrage. Die wahrheitsliebende junge Übersetzerin geriet in große Seelennot. Sie musste zu der erdichteten Figur jetzt auch noch eine Legende erfinden. Ester Grenen – so erzählte sie den Fragern sei eine exzentrische, geschiedene Dame von planloser Lebensführung. Als Globetrotter durchreise sie alle Länder, Briefe und Telegramme erreichten sie nicht, jedenfalls würden sie nie beantwortet. So zerrann Esther Grenen für die Mitwelt, Maria Lazar vergaß sie beinahe selbst.

Bis sie eines Tages durch ein unvorhergesehenes Ereignis wieder an sie erinnert wurde. Eine skandinavische Freundin, die in Wien lebt, hatte das Buch ins Schwedische übersetzt und es in einem vornehmen Stockholmer Verlag erscheinen lassen. Da hatte sich die Kopenhagener Zeitung »Politiken« gesagt: Wo eine schwedische und eine deutsche Übersetzung aus dem Dänischen vorliegt, muss es doch auch ein dänisches Original geben? So telegrafierte die smarte Feuilletonredaktion eines schönen Mittags an die deutsche Übersetzerin in Wien: »Sendet sofort Grenens Originalmanuskript behufs Abdruck.« Jetzt erkannte Maria Lazar, was es heißt, wenn man dem lieben Gott ins Handwerk zu pfuscht. Sie war ratlos. Hilfesuchend wandte sie sich an Karin Michaelis. Diese sollte in Dänemark jemand auffinden, der bereit wäre Ester Grenens deutsches Buch ins Dänische zu übersetzen. Da geschah etwas á la Karin Michaelis, die immer Dinge tut, die ihr niemand nachmachen kann oder will. Sie verlangte umgehend nach dem Buch, ließ ihre eigene Arbeit liegen, übersetzte bei Tag und Nacht und nach vierzehn Tagen gab es ein dänisches Buch von Esther Grenen.

Nun begann in Kopenhagen ein großes Rätselraten. Wer ist der Autor? Niemand wusste es. Nur ein Ausländer, der ausgezeichnete deutsche Übersetzer Erwin Magnus sagte: Dieses Buch kann nur eine Wienerin geschrieben haben!« Erst als Karin Michaelis die Geschichte persönlich erzählte, des gelungenen Streichs – so nennt sie ihre guten Taten – froh wie ein Kind, begriff man in Dänemark, dass die neue dänische Dichterin von der Donau stammt.

Von da an war Maria Lazar das, was man »gemacht« nennt. Sie heißt Esther Grenen, übersetzt nicht aus fremden Sprachen, sondern schreibt deutsche Bücher, die zwar immer nicht in deutscher Sprache erscheinen, dafür von anderen in fremde Sprachen übersetzt werden. Neuerdings ist sie auch von England entdeckt worden. Im letzten Winter wurde ihr neuestes Stück »Der Nebel von Dybern«, das mit ungeheurer Gewalt vom Gaskrieg handelt, in der »Stage Society«, die auch G.B. Shaws erste Erfolge sah, unter großer und echter Teilnahme des friedliebenden englischen Volkes aufgeführt. Letzte Woche kam ein neues Buch von ihr heraus: »Nicht weiterleben!« das heißt, so wird es betitelt sein, wenn es einmal in Deutsch zu haben sein sollte. Vorläufig heißt es »No right to live« und ist im Verlag Wishart & Co., London erschienen.

Daraus ergibt sich meine gegenwärtige merkwürdige Situation. Ich sitze mit dem Wörterbuch von Muret-Sanders bewaffnet und lese mühsam das englische Buch von Maria Lazar aus dem Schottenhof in Wien.

Prager Tagblatt, 27. 5. 1934

HERZENSHÖFLICHKEIT

Wenn Höflichkeit des Herzens eine allgemeine und weitverbreitete Sache wäre, so brauchte die Menschheit nicht jenen Paravent, den man gute Manieren, den man seine Lebensart, den man ordentliche Kinderstube nennt. Aber diese Art von Höflichkeit ist so selten wie der Durchgang der Venus. Trotzdem wissen wir alle, dass es sie gibt. Wir haben von ihr gehört, wir sind ihr persönlich begegnet, wir haben sie selbst geübt oder wenigstens gefühlt, und vor allen Dingen haben wir sie bei den Dichtern gefunden. In den Wahlverwandtschaften heißt es: »Es gibt eine Höflichkeit des Herzens; sie ist der Liebe verwandt, und ihr entspringt die bequemste Höflichkeit des äußeren Betragens.«

Also wer die hat, der hat ausgesorgt. Er braucht nicht zu wissen, wie man sich benimmt, was man spricht, was man verschweigt. Er tut, was sein Herz ihm gebietet, und siehe da, alles ist richtig. Solche Menschen haben wir schon alle getroffen. Wer hat nicht einmal erlebt, dass eine Taktlosigkeit, in Gesellschaft begangen oder ausgesprochen, plötzlich durch ein heiteres Wort, ja auch nur durch ein Lächeln in ihr Gegenteil gewandelt wurde. Herzenshöflichkeit kann – wie jeder weiß – darin liegen, was wir sagen, was wir verschweigen, in einer Handbewegung, einer sanften Berührung, in einer Verbeugung, in einem Blick, im Wegschauen, in der Trauer über eigene Unzulänglichkeiten, in der Bewunderung fremder Größe. Wir finden sie häufiger bei fühlenden als bei denkenden Menschen, öfter bei einfachen als bei sogenannten Gebildeten; am öftesten bei Kindern. Diese werden traurig, wenn um sie herum Trauer herrscht, sie geraten in übermütige Stimmung, wenn ihre Umwelt froh ist. Sie schleichen gespenstisch umher, wenn sie merken, dass sie überflüssig sind. Sie reichen plötzlich einem wildfremden Menschen, der ihre Anteilnahme erweckt hat, die Hand, während sie sich standhaft weigern, die Tante Aurelie zu küssen. Diese bringt ihnen nämlich zwar öfters Schokolade mit; aber dann spricht sie immer so schlecht von anderen Leuten, und das hören die Kinder nicht gern. Ihre Herzenshöflichkeit ist eben nichts anderes als ein aufrichtiges Verhalten, das aus einem wohlwollenden, gerechten und zärtlichen Gemüt fließt.

Wir alle kennen Personen, Begebenheiten, Vorfälle, die wir als herzenshöflich empfinden. Gilt es aber, Beispiele dafür aus seinem Gedächtnis emporsteigen zu lassen, so zeigt es sich, dass das gar nicht so einfach ist. Was weiß ein Mensch vom anderen? Wie will man Gefühle abgrenzen? Jene Tat der Herzenshöflichkeit, die ich gerade preisen will, ist sie nicht vielleicht mehr, Liebe oder Freundschaft? Beruht sie nicht etwa auf Mitleid oder Schonung? Wie kann ich erkennen, ob nicht Eitelkeit, nicht Ehrgeiz, nicht Gefallsucht, nicht schlechtes Gewissen die Triebfeder ist? Oder auch nur Weltklugheit. Denn es ist ja sicher das klügste, was man tun kann, wahrhaft herzenshöflich zu sein. Wer das ist, verschafft sich Sympathie, Hilfeleistung, Lebenswärme, vermeidet Streit und Unfrieden, peinliche Vorkommnisse, und erspart sich schlaflose Nächte. Deshalb hat man oft Gelegenheit, Höflichkeit aus Lebensklugheit zu sehen. Wenn man eine Stadt in der französischen Schweiz mit dem Auto durchfährt und bei der Einfahrt auf einem Wegweiser groß angeschrieben liest: »Attention aux en-fants!« und bei der Ausfahrt aus der Stadt einem ein ebenso überlebensgroßes »Merci!« nachwinkt, so ist man gerührt und fühlt sich dieser Stadt verbunden, die einem so ohne weiteres glaubt, dass man ihre Kinder wirklich in acht genommen hat, und sich außerdem noch die Mühe gibt, dafür zu danken. Das ist eine Stadt, die es versteht, den Fremdenverkehr zu fördern. Auch kluge Geschäftsleute begreifen manchmal diese Art von Vorteil. Da gibt es in Wien einen großen Wirkwarenbetrieb, an dessen Eingangstor man von zwei Tafeln begrüßt wird. Auf der einen steht: »Der Chef dieses Hauses ist jederzeit und für jedermann zu sprechen.« Auf der anderen: »Der Besuch von Agenten und Vertretern ist uns hochwillkommen, denn sie sind die Seele des Geschäftes.« Wann ist jemals ein Agent so empfangen worden? Dieser Kaufmann verdient es, auch in Krisenzeiten glänzende Geschäfte zu machen. Noch viele solcher Grenzfälle habe ich mir von allen Seiten besehen und sie als unbrauchbar zurücklegen müssen, da sie von Eigennutz nicht ganz frei waren, was durchaus zur Sache gehört. Dann sind mir endlich doch zwei eingefallen, für deren Echtheit und Uneigennützigkeit ich jede Bürgschaft übernehmen kann. Diese will ich hier erzählen:

Zu Anfang unseres Jahrhunderts ließ sich ein junges Ehepaar durch Adolf Loos seine Wohnung einrichten. Der Architekt machte einen Voranschlag. Der junge Ehemann strich aus Sparsamkeit mehr als die Hälfte, womit sich auch das Architektenhonorar, das ja perzentuell berechnet wird, auf die Hälfte verringerte. Fünfundzwanzig Jahre später schrieb er dem Architekten folgenden Brief: »Verehrter Herr Architekt! Alle meine Freunde haben sich in den letzten Jahren entweder neu eingerichtet oder wenigstens eine Menge neuer Möbel dazugekauft. Meiner Frau und mir sind die Räume, die Sie seinerzeit für uns geschaffen haben, so lieb wie am ersten Tag; wir haben kein Bedürfnis nach Veränderung. Ich wollte nur, ich hätte Sie seinerzeit ganz nach Ihrem Willen schalten lassen. Verzeihen Sie mir, dass ich es nicht tat: so habe ich damals Ihr Werk eingeschränkt. Aber nun sollen Sie wenigstens nicht auch materiell zu Schaden kommen. Ich erlaube mir deshalb, das Ihnen seinerzeit geleistete Honorar noch einmal zukommen zu lassen.« An diesen Brief kann man glauben, denn er war nicht zur Publikation bestimmt und kann nur deshalb veröffentlicht werden, weil sowohl der Schreiber als auch der Empfänger des Briefes nicht mehr am Leben sind.

Dieser Männerherzenshöflichkeit lasse ich die eines Kindes folgen: Diese Geschichte spielt in Köln, und ihr Held ist der achtjährige Volksschüler Konrad Schultz. Eines Morgens sieht er (zum ersten Mal mit Bewusstsein) an dem Hause, in dem seine Eltern wohnen, die bekannte Tafel: »Betteln und Hausieren verboten.« Das findet er verletzend für die armen Leute, die an dem Hause vorüberkommen. Er geht nach oben, schreibt mit großer Mühe einen Zettel und klebt ihn mit Leim unter das Schildchen. Jetzt steht da zu lesen: »Betteln und Hausieren verboten, außer bei Familie Schultz, 4. Stock, Tür 17.«

Zum Schluss fällt mir noch eine berühmte Anekdote ein, die vielleicht hierher gehört. Goethe, der mit einem Freunde spazieren geht, erblickt ein Liebespaar, das ohnehin in Weimar im Gerede ist, in unmissverständlicher Haltung. »Sehen Sie?« sagt der Begleiter zu Goethe triumphierend, weil dieser jenem Tratsch bisher immer ungläubig gegenüberstand. Und Goethe darauf: »Ja, ich sehe es, aber ich glaube es nicht.«

Neue Freie Presse, 16. 6. 1934

DAS GLÜCKLICHSTE MÄDCHEN VON MORGEN

Das junge Mädchen von heute gefällt mir. Sie sieht so reizend aus, wie sie kann. Ihr einfaches, gut gemachtes Kleid wirbelt keinen Staub auf. Ihr kurz geschnittenes Haar gibt ihr Seelenruhe, da der Kampf mit den Haarnadeln entfällt. Man kann sie freundschaftlich anfassen, ohne sich an einer Stecknadel zu stechen. Ihr Körper ist gelenkig, der Kopf sitzt frei auf dem freien Halse, ihr Gang ist beschwingt, ihr Blick geradeaus und ihr Händedruck gehaltvoll. In dieser guten Form geht sie in die Schule, auf die Universität, in die Klinik, ins Laboratorium, in die Fabrik, ins Amt, ins Geschäft, in die Theaterprobe. Überall leistet sie gute Arbeit. Überall will sie angenehm wirken; nicht nur die Schauspielerin und die Verkäuferin, sondern sogar auch die Ärztin und die Lehrerin. Diese Mädchen sind bewunderungswürdig. Statt den Erwachsenen Vorwürfe zu machen, dass sie ihnen eine armselige, entgötterte, verfeindete Welt hinterlassen, haben sie sich auf ihre, mit jedem Jahr hübscher werdenden Beine gestellt und arbeiten. Viele verdienen ihren Lebensunterhalt; alle sind fest entschlossen, nicht zu altern und bis am Lebensende unterhaltend zu bleiben.

Männer sein oder vorstellen wollen sie nicht. Männer zu bekämpfen, fällt ihnen nicht ein, ebenso wenig ihnen zu imponieren oder zu umschmeicheln. Bei der gemeinsamen Arbeit gerecht und kameradschaftlich behandelt werden ist alles, was sie wollen. Kommt dann einer, der sie liebt, so wie er dran ist, keinesfalls werden sie es dazu kommen lassen, ihm einen, »Korb« zu geben. Wenn sie geliebt werden und wiederlieben, so tun sie es, soweit es auf sie ankommt, nicht weniger dauerhaft als zur Zeit der Romantiker. Da sie wissen, dass zwanzig Taler und zwanzig Jahre nicht ewig dauern, haben sie keine Lust, mit einer Arbeit, einem Vergnügen, einem Entschluss auf übermorgen zu warten. Sie sind bemüht, auf ihrer Jugend so viele reine Freunde wie möglich herauszuschlagen, als ahnten sie, dass nur, wer eine wirkliche Jugend hatte, mit Anstand zu altern versteht. Sehr verschiedene Eigenschaften muss das Mädchen von heute um sich vereinigen, wenn sie der Zeit gerecht werden soll: Einfachheit und Raffinement, Handfestigkeit und Subtilität, Vorsicht und Wagemut, schweigende Einbildungskraft und festen Zweckwillen, Sparsamkeit und Freigebigkeit, Selbständigkeit und Unterordnung, Energie und Sanftmut. Sie muss Humor genug haben, um die dunkelste Lage, die ja täglich droht, zu erhellen, Verständnis für die angenehmen Dinge des Lebens, die so selten sind, und Geschicklichkeit, sie, wenn es nottut, auch durch Gebrauch der Ellbogen zu erringen. Alles das kann sie, weil sie klug ist. Auf eine neue Art klug. Die zu Biedermeierzeit hochgeschätzte Einfalt ist gänzlich außer Kurs. So verliebt ist heute keiner, um gerührt zu sein, wenn man Unsinn schwatzt. Mangel an Kenntnissen ist kein Schmuckstück mehr. Also muss man Verstand haben und zeigen. Aber auch der Intellektualismus, der die vorige Generation verunzierte, hat sich zu seinen Müttern, den im so Übrigen so verdienstvollen Frauenrechtlinien versammelt. Die Mädchen sind einfach draufgekommen, dass Abstraktes nicht kleidsam ist. Das Neuste, was man trägt ist: Instinktweisheit und Naturverstand. Man freut sich seiner Denkkraft und, was sehr wichtig ist, man kennt ihre Grenzen. Seit die allgemeine Bildung abgewirtschaftet hat, hat sich das Mädchen auch nach einigen wirklichen Kenntnissen umsehen müssen. Natürlich können es bei der ungeheuren Flut des gegenwärtigen Wissens und beim Schwanken aller Wissenschaft, nicht einmal Mathematik und Astronomie stehen fest, nur wenige sein. Aber diese muss sie durch die Poren der Haut aufgenommen haben. In der Muttersprache ganz zu Hause sein, fremde Völker durch ihre Sprache und Literaturen ohne Vorurteil kennen, die Technischen- und Natur-Phänomene, die uns umgeben, möglichst verstehen, ist alles, was sie erreichen kann. Sie tut es. Der Politik möchte sie gern aus dem Weg gehen, da ihr, als eine Frau, alle künstlichen Gebildete verhasst sind. Aber sie fühlt, dass sie das nicht darf. Sie muss den Männern, die ja gegenwärtig mit all ihrer Staatskunst Bankrott angesagt haben, beistehen, schon deshalb, weil sie, die künftig dazu berufen sein soll Leben hervorzubringen, ein vitales Interesse am Frieden hat. Den Krieg und alles, was zu ihm führt, militant zu bekämpfen, nimmt sie sich vor. Sie wird künftig Rüstungen und unmenschliche Gesetze verhindern und in einer Welt, in der alles trennt: Nation, Rasse, Klasse, Alter, Geschlecht, Weltanschauung, Besitz, ja sogar Rohköstlertum und Nikotin, ein ausgleichenden Element darstellen.

In das uninteressante Chaos der gegenwärtigen Moral hat sie sich eine einfache zurechtgemacht, die nichts anders ist als Lebenskunst. Sie will ein gutes Gewissen haben, so vermeidet sie alles, was irgendein anderes Lebewesen schädigt. Sie will Frieden haben, Zeit und Nerven sparen, so macht sie keine Schulden, hält sich von übler Nachrede fern und lügt nur wenn sie muss. Auch die Nerven der anderen schont sie. Sie spricht klar, schreibt eine deutliche Handschrift, lässt niemand warten und hat Geduld am Telefon.

Ihr Leben verläuft deshalb nicht problemlos; die Probleme liegen nur tiefer. Mit Geburt und Tod ist sie genau vertraut. Dieses Wissen nimmt ihr alle Angst. Sie freut sich auf ihr Kind, das sie aber erst dann zur Welt bringen will, wenn sie ihm erträgliche Lebensbedingungen bieten kann. Das natürliche Ende des Lebens durch vernünftige Lebensführung, richtige Ernährung, geistige Hygiene, für sich und die Ihren möglichst weit hinauszuschieben, das ist ihr Ziel. Auf Betriebsunfälle des Lebens ist sie gefasst. Ihren Leben vorzeitig ein Ende zu machen, fällt ihr nicht ein. Sie, die Erlebnishungrige, weiß dass es die einzige Möglichkeit ist, etwas zu erleben; das Leben kurz, das Tot sein aber endlos ist. Auf

Totenkult verliert sie nicht allzu viel Zeit, da sie den ganzen Tag beschäftigt ist, das Glück der Lebenden zu fördern. Das Wissen um die Kürze des Lebens und nur die Wirklichkeit des Todes beflügelt ihre ohnehin beträchtliche Lebenslust.

Mit der Kunst hält sie es so: Was ihr gefällt, gefällt ihr. Sie gibt nicht vor für Gauguin oder Grünewald zu schwärmen, wenn ihr Öldrucke lieber sind. Öffentlich Bergson zu lesen und heimlich Wallace, liegt ihr fern. Offen sagt sie was sie in der Kunst freut, sie erlaubt sich ohne Bedenken, etwas nicht zu verstehen. Geht sie lieber ins Kino als ins Museum, so sagt sie es. Hat sie keine Beziehung zu Kunst, so ist sie wenigstens fern von der verlogenen Kunst und Literaturprotzerei von ehedem. Dabei ist sie nicht kritiklos. Im Gegenteil. Sie weiß von allem Anfang an, wie unvollkommen Welt und Menschen (sie selbst inbegriffen) sind. Eine neue Art von Weltliebe fließt aus dieser Erkenntnis. Wenn alle dumm sind, alle ein bisschen komisch alle nicht ohne Schuld, so entsteht eine neue menschliche Gemeinschaft, die auf Wahrheit beruht. »Was werden die Leute sagen?« ist dann nicht mehr wichtig.

Die neue Wissenschaft der Haushaltsführung weckt ihr Interesse; zum Haushalt selbst hat sie eine neue Stellung gewonnen; sie ist nicht mehr seine Sklavin, sondern seine Herrin. Materialschaden nimmt sie leicht. Sie kennt Wert und Preis aller Dinge. Aus der Not macht sie eine Tugend. Möglichst wenig fremde Hilfe zu brauchen, ist ihr Stolz.

Sie die gelernt hat, in Almhütten, Zelten und Faltbooten zu wohnen, träumt noch ganz altmodisch von ihrem künftigen Hause. Wenn es auch noch so klein sein wird, sie wird ein Schloss des Behagens daraus machen. In diesem Hause gedenkt sie mit einem zu wohnen, den sie liebt. Sie ist sich bewusst das der Roman erst am Traualtar beginnt, das man sein Glück machen muss, das heißt anfertigen, weil es nirgends fertig zu kaufen ist; sie spürt, dass die Ehe eine schwierige Einrichtung ist, aber sie fühlt die Kraft, die veraltete Institution neu aufzubauen. Da sie weiß, dass Liebe ein Lebensmittel ist, das nicht gefälscht werden darf, das Eifersucht ebenso zu bekämpfen ist wie Besitzwahn, und dass »charity begins at home«, ist es nicht unmöglich, dass es ihr gelingt.

Wenn nicht, dann wird sie dem Lebensfreund für tausend gute Stunden Dank und manierlich Lebewohl sagen und das Experiment entweder noch einmal beginnen oder es aufgeben. Dieses Normalmädchen weit davon entfernt, ein Ideal zu sein läuft schon in Tausenden von Exemplaren herum. Wenn es noch nicht Hunderttausende sind, so liegt das nur an uns. Wir wurden seinerzeit erzogen, nützlich zu sein. Das junge Mädchen von heute erzieht sich selbst zum Glück.

Es ist keine Frage, dass das glückliche Mädchen von übermorgen nützlicher sein wird, als das nützliche von gestern.

Die Bühne, 12. 1934

Gauklerwiesen ist nicht ein von einem Romantiker erfundener Name. Die gibt es wirklich und noch dazu auf italienisch. Da heißt sie Pian di Giullari und ist eine Straße in Florenz oder bei Florenz oder besser über Florenz. Eine Straße, nicht mehr jene Wiese, auf der wahrscheinlich früher einmal die Lustigmacher, die Hanswurste, die fahrenden Leut', mit einem Worte, die Giullari, ihre Zelte aufgeschlagen hatten oder aufzuschlagen gehalten waren. Sie liegt in der Gegend des Hahnenturms, des »Torre del Gallo«. Wenn man am Domplatz die rote Dreizehner nimmt und bis zum Chalet Fontana fährt, einem minimalen Kaffeehäuschen, welches dort ein berühmter Radfahrer, der sich zur Ruhe gesetzt hat, führt, so braucht man nun aufwärts zu steigen, immer aufwärts, zwischen hohen italienischen Gartenmauern, die bekanntlich lebensvoller sind als andernwärts Fassaden. Da wuchert es aus allen Fugen; da huscht flinkes Getier über brüchiges Gestein; da quillt von oben die Sträucherfülle herunter; da öffnen hochgeschwungene Gittertore Aussichten in ruhevolle Arkadenhöfe und unverhoffte Lücken geben einen Blick in die volle Weite der Landschaft frei. Immer schöner wird es, je höher man steigt; Oliven und Wein, Hügel auf, Hügel ab, bis zu den sanftlinigen Ketten der Apenninenberge. Auf den Feldern aber, zwischen den Obstbäumen warten pflaumenblaue Früchte auf die Ernte, zugleich aber bereiten die Bauern die reinlich gefurchte tabakbraune Erde schon wieder zu neuem Erträgnis vor. An Toscana erkennt man die Vornehmheit nicht nur an Domen und Palästen, sondern auch an dem Landmann, wenn er hinter seinem schön gehörnten Rind schreitet und mit Selbstverständlichkeit Geräte handhabt, die Jahrhunderte alt sind.

Auf dieser sonderbaren Gauklerwiesen kommt man an dem Hause vorbei, in dem Galileo Galilei lebte und durch sein Denken mehr zur Überwindung alter Vorurteile tat, als irgendjemand sonst vor und nach ihm. »Coeli maximus spectator« heißt es auf seiner marmornen Gedächtnistafel. Sicher ist es eine Fügung des Genius loci, dass sich das astrophysikalische Institut und das astronomische Observatorium der Universität in seiner nächsten Nachbarschaft angesiedelt haben. Aber vielleicht ist das auch kein Zufall, dass deutsche Lehrer, als sie vor wenigen Jahren an die Gründung einer Erziehungsanstalt für Knaben und Mädchen gingen, sich gerade diesen Platz erwählten. Die Nähe des größten Himmelsschauers ist ja verlockend für Menschen, die mit der Jugend zu tun haben: Hier kann man edle Freiheit lehren.

Auf einem Hügel, von dem aus sich diese einzige Landschaft zu einem überwältigenden Panorama zusammenschließt, erhebt sich pinienbeschattet, mit breitem wuchtigem Turm, die Villa Pazzi, einst der Palast der florentinischen

Adelsgeschlechtes, das mit den Medici wettereiferte, heute ein Haus mit Zentralheizung, fließendem warmen Wasser und allen Einrichtung, einer modernen Lehranstalt: das deutsche Landschulheim Florenz.

Vor einer Fassade, die mit Majoliken aus der Werkstatt der Robbia geschmückt ist, im Angesicht der toskanischen Berge, treiben deutsche Knaben und Mädchen ihren Sport. Eine unerhörte Freude erfüllt das Herz des Beschauers. Welch' ein herrliches Experiment! Das Wunschbild der Renaissance, der »uomo universale«, der allseitige Mensch, hier könnte er gebildet werden. Die deutschen Lehrer haben, als sie an diese Gründung gingen, gefühlt, dass sie, die alte deutsche Tradition, die Bildungsidee Goethes und Wilhelm von Humboldts allen Gewalten zum Trotz zu erhalten und fortzuführen, keinen passenderen Platz finden könnten, als diese Villa Pazzi auf der Gauklerwiese.

Ein schöner italienischer Spätherbsttag. Auf Leitern an die Bäume gelehnt, stehen Knaben und Mädchen und streifen reife Oliven in Körbe, die ihnen von den Schultern hängen. Gärtnerische und landwirtschaftliche Arbeit sind sie gewohnt, da drei Bauerngüter zur Schule gehören. Helle Arbeitsfreude strahlt aus den jungen Augen. Die Stimmen vermählen sich zu einem deutschen Volkslied, dessen Genuss dem Hörer nur dadurch etwas gestört wird, dass aus der Werkstatt im Turmzimmer Hammerschläge und heftiges Sägen sich hören lassen. Dort wird nämlich mit ungeheurem Eifer ein neues Bücherregal für die Bibliothek gezimmert und so was duldet bekanntlich bei der Jugend keinen Aufschub.

Entfernt genug, um nicht gestört zu sein, sitzt ein Schülerkreis mitten in der schönsten Sonne und lernt gierig die Sprache Dantes aus dem Mundes eines Italieners, dem die ganz romanische Begeisterung für die eigene Muttersprache aus Augen und Herzen sprüht und der jedesmal peinlich zusammenzuckt, wenn ein deutsches Mäulchen seine geheiligte »lingua toscana« zu radebrechen beginnt.

Anders geht es bei den riesigen Tonkübeln mit den Zitronenbäumen zu. Dort wird gerade eine deutsche Literaturgeschichtsstunde zu Ende geführt. Im Vorbeigehen kann man aus Mädchenmund die Worte hören:

»Ist ein Schoß. Das vergehende
Wappen über dem Tor,
Wipfel wachsen wie flehende
Hände höher davor.«

Wie hätte sich Rilke gefreut, diese seine Verse in solcher Umwelt und so silberzart gesprochen, hören!

Plötzlich aber eilt alles ins Haus. In die Schneiderstube. Dort werden nämlich gerade Kostüme für die Schulaufführung zugeschnitten. Jetzt beginnt dieser

Zusammenklang von deutscher und italienischer Kultur komisch zu werden, denn Nestroy hat sich bestimmt nicht träumen lassen, dass seine »schlimmen Buben in der Schule« unter Oliven, Zypressen, Oliven und Zitronen ihre Auferstehung feiern werden. Aber auf alle Fälle hatte es ihm Spaß gemacht, dass es eine deutsche Zauberschule gibt. Die auf einer italienischen Gauklerwiese steht, dicht neben Galileo Galilei, der der ganz Welt gehört.

Neue Freie Presse, 18. 1. 1935

WIE MAN EINEN MANN BEKAM

Man soll nicht in alten Kisten kramen. Gespenstische Unternehmung. Da ist mir letzthin ein Lichtbild in die Hände gefallen, auf dem ich und meine Schulkolleginnen von einem kleinstädtischen Photographen verewigt sind. Mir schauderte. Was waren das für alte Gesichter! Der unfertige Leib in ein Mieder gezwängt, der Kopf durch einen Stehkragen gezwängt, der Kopf durch einen Stehkragen gestützt, der an der Seite mit kleinen Metallschienen versehen ist, die sich tief in den Hals eingraben, auf diesem Kopf Haartürme aufgebaut. Überdies hat jedes Kleid zwei riesige Schinkenärmel, so dass man aus der Entfernung die Illusion von sechzig statt zwanzig jungen Mädchen hat.

Im Anblick des Bildes gesellt sich zum Abscheu Wehmut. Ich muss mir gestehen, dass es damals überhaupt keine Jugend gab. In solchen Kleidern, mit einer solchen Haartracht konnte man nicht jung sein. Unser Geist trug ein Fischbeinkorsett, und in unsere Herzen gruben sich Metallschienen. Wer so aussah, konnte weder richtig denken, noch fühlen, noch gehen. Das verlangte aber auch niemand von einem. War man reich, so wartete man auf den Mann. War man arm, dann wartete man erst recht auf ihn, denn er war der einzige Gewinn in der Lebenslotterie. Nur musste man sich mehr anstrengen, um wirklich einen zu kriegen. Alles, was im Hause gegessen wurde, hatte man selbst gekocht, alles, was man anhatte, selbst geschneidert – angeblich. Von den Gefahren des Lebens durfte man nichts ahnen. Blut konnte man nicht sehen. Vor einer Maus musste man auf einen Stuhl flüchten.

Von lebenswichtigen Dingen durfte man nur kichernd in dunklen Ecken mit Altersgenossinnen sprechen, vom Mysterium der Liebe erfuhr eine Tochter aus gutem Hause nur durch die Frage der Mutter, ob die Köchin einen Geliebten habe. Die vernünftigsten Mädchen wurden in eine Schar von gezierten

Gänsen umgewandelt, wenn ein Mann das Zimmer betrat, der ein Heiratskandidat war. Erzählte dieser den gleichen Witz zehnmal, so musste das Mädchen dazu lachen, heiter wie ein Frühlingstag. Keine Straße weit durfte man unbegleitet gehen, aber auf einem Ball so viel Champagner trinken, wie man wollte. Jede Operette galt als anständig, der Faust war unanständig, weil Gretchen ein Kind bekam. Man begriff nicht, warum das so schlimm war, denn als die Cousine Berta das gleiche tat, war sogar der strenge Onkel Hans gerührt davon, und ich musste sogar dem Kind eine weiße Wiegendecke sticken, mit blauer Seide, denn es war ein Knabe; wäre es ein Mädchen gewesen, so hätte die Seide rosa sein müssen.

Ein besonders schweres Kapitel war die Lektüre. Ich kannte ein Mädchen, welches heiratete, um endlich einmal Ibsens Nora lesen zu dürfen und Haeckels Welträtsel, unter denen sie sich etwas besonders Pikantes vorstellte. Vor ernsten Kenntnissen floh man nämlich wie vor der Pest. Gesund sein durfte man nicht; das war nicht fein. Das mindeste, was einem fehlen musste, war Bleichsucht. Diese zu bekämpfen wurden blutige Beefsteaks und roter Wein verordnet, obgleich man mit derselben Wirkung hätte rote Tinte trinken können.

Kennen durfte man nur Leute, die einem vorgestellt waren; befreundet zu sein hatte man mit keinem, denn man hatte ja genug Verwandte. Der Alltag war vom Festtag streng geschieden, der Alltag durfte keine improvisierte Freude bringen und wenn sie noch so billig war. Der Festtag dagegen war lange vorbereitet, über alle Maßen kostspielig, machte allen Mühe und hinterließ Katzenjammer. Sport (der wenige, den es gab) war unweiblich. Eine Tanzgelegenheit etwas Erlaubtes, Seltenes, heiß Ersehntes, was den Vater Geld kostete, der Mutter, wenn sie an der Wand als Gardedame saß, Langeweile und das Gefühl des Überflüssigseins verursachte, der Tochter einen billigen Triumph oder schmerzliche Zurücksetzung brachte. Man wird hier einwenden, dass es sich um die Naturgeschichte eines eng begrenzten Kreises handelte. Nun, es ist möglich, dass das Bauernmädchen und die Fabriksarbeiterin, schon damals ein verständigeres und menschlicheres Leben führten. Das bürgerliche Mädchen aber, welchen Standes auch immer, war und lebte so: zwischen Thumann-Bildern, Makart-Buketts, Blumen aus Brotteig, Lampenschirmen aus Fischschuppen, alles dies überstrahlt von einer falschen Vorstellung der Ehe, von der sie sich nur Rechte, aber keine Pflichten versprach.

War sie dann verheiratet, so hörten alle schöngeistigen Bestrebungen der Mädchenzeit auf. Pinsel und Palette flogen in einen Winkel, das Klavier, vormals ein wichtiges Instrument der Erotik, verstummte. Der Haushalt trat in seine Rechte. Ohne Vorstellung vom Wert und Preis der Dinge, ungeübt im Umgang mit arbeitenden Menschen, wurde hier eine wahre Orgie des Dilettantismus gefeiert. Das Kind, Spielzeug und Eitelkeitsbehelf, wurde egoistisch geliebt und mit falscher Romantik verzogen. Der Mangel eigener Vertiefung schuf übertriebenes Interesse an den Schicksalen anderer. Die Leere der Existenz erzeugte jene Langeweile, die, wie Fontane richtig bemerkt hat, mehr Ehen zerstört hat als die Eheirrung.

Da aber kein Mensch leben kann, ohne sich eines höheren Zieles bewusst zu sein, so hatte die Frau jener längst vergangenen Zeit auch eines: sie war nervös. Ich bin nervös. Du machst mich nervös. Wie die Frau des achtzehnten Jahrhunderts ihre Vapeurs gehabt hatte und wie heutzutage die ganz feinen Leute ihre Hemmungen haben, so war sie nervös. Das veranlasste sie, Mann, Kinder und Dienstleute fortwährend in Trab zu halten. Unmotiviertes Umstellen der Wohnung, das allzu häufige Scheuerfest, der Kaffeeklatsch, sie waren die Sturmzeichen der Nervosität. Es gab zu jener Zeit Hausfrauen, die sich und ihren Angestellten den Schlaf abbrachen, um die Möbel über Nacht zur Schonung in Tücher zu hüllen. Zum Ritus der Nervösen gehörte es auch, jede Geselligkeit im Hause, die man selbst gewünscht und herbeigeführt hatte, als eine Strafe Gottes anzusehen, die man unschuldig erfahren.

Diese Frauen hatten auch ihre eigene Terminologie. Ich kannte eine, die jeden Satz anfing: »Denken Sie sich, wie schrecklich« Schrecklich war, wenn die neue Köchin im Ragout fin ein Gewürz vergessen hatte; schrecklich war, wenn man sich für Bordighera oder Nizza zu entscheiden hatte, schrecklich war, wenn der Mann unversehens zwei Leute zu Tisch mitbrachte; und am schrecklichsten war, wenn der Sohn ein Mädchen liebte, welches keine Mitgift besaß. Dieses Mädchen nannte man eine Person im Gegensatz zur reichen Schwiegertochter die ein Wesen war.

Die Stunde, 27. 9. 1935

BEI MARIE EBNER-ESCHENBACH

Zum 20. Todestag der Dichterin am 12. März

Als ich eines Tages der Interviews mit Filmstars, Boxern und Politikern müde war, kam ich auf den Gedanken, wieder einmal mit einem Dichter zu sprechen. Da sich ein lebendiger entweder durch die Flucht entzieht wie die Lagerlöf oder durch einen schlechten Witz wie G. B. Shaw, so beschloss ich, bei einer Toten anzuklopfen. Diese schien mir noch lebendig genug, und meine Meinung erwies sich als richtig. Sie empfing mich mit der zurückhaltenden Freundlichkeit einer feinen Dame ihrer Zeit. »Sie kommen von einer Zeitung? Zeitungen sind doch eine sehr merkwürdige Sache.

Als ich jung war und mich nach Beachtung sehnte, mein Gott, wie haben sie mich da vernachlässigt! Jetzt, da ich zwanzig Jahre tot bin, interessieren sie sich für mich! Aber fragen Sie mich immerhin: ich habe Gründe, zu antworten. Ich möchte nämlich gern, dass die Jugend von 1936 meine Bücher liest. Diese Jugend auf etwas aufmerksam zu machen, gibt es aber gar keinen anderen Weg als den der Zeitung, denn ich kann mir nicht gut denken, dass ein moderner Bub zwischen zwei Fußballspielen in einer alten Literaturgeschichte liest. Also kommen Sie mir gerade gelegen. Fragen Sie nur.«

»Ich werde mir nur wenige Fragen erlauben, solche, die unsere Generation gerade beschäftigen. Sind Sie für den Frieden?« Ein Schatten zog über ihr liebenswertes Gesicht. »Ja, wissen Sie das denn nicht? Wofür habe ich denn dann gelebt? Frieden zwischen den Völkern, den Klassen, zwischen Mann und Frau, zwischen Eltern und Kindern ist doch immer das höchste Ziel meiner Wünsche gewesen. Wer will übrigens keinen Frieden haben? Es will ja nur keiner Frieden geben. Erst wenn über jeder Kinderstubentür mit großen Buchstaben geschrieben stehen wird: Frieden kannst du nur haben, wenn du ihn gibst, und wenn dieser Spruch in alle Herzen eingegraben sein wird, wird es vielleicht Frieden geben. Aber natürlich darf es kein fauler Friede sein, der auf Schwäche beruht. Friede muss militant sein, sonst führt er zu öden Kompromissen. Ich hasse das Wort: der Gescheitere gibt nach! Das ist eine traurige Wahrheit. Sie begründet die Weltherrschaft der Dummheit.«

»Kann gegen diese nicht vielleicht die den Menschen angeborene Güte etwas ausrichten?« Ach wie schön, dass Sie an die noch glauben. Das tue ich nämlich auch. Aber wissen Sie, Güte ist selten! Mancher denkt, er hätte ein gutes Herz und hat nur schlechte Nerven. Und wenn schon Güte. Ohne Klugheit hat sie keine Kraft. Ach Gott, wie weise muss man sein, um immer gut zu sein.«

Halten Sie das moderne Eheproblem für lösbar?«

»Das Eheproblem ist nicht modern, mein Kind. Es ist so alt, wie die Ehe selbst. Wenn man verlangt, dass eine menschliche Beziehung Liebe, Wohnungsgemeinschaft, gesellschaftliche Zusammengehörigkeit, Vermögensinteressen und die Aufzucht der neuen Generation vereinigen soll, so ist das eine schwierige Angelegenheit. Glauben Sie mir, es war schon immer so. Manche Ehen sind ein Zustand, in dem zwei Leute es weder mit-, noch ohne einander aushalten können. Aber früher waren die Menschen geduldiger, schamhafter, weniger zungenfertig, weniger schreibselig und vor allen Dingen weniger belesen. So erfuhr man nichts von ihren inneren Kämpfen. Aber sie waren da. Ehen werden nämlich im Himmel geschlossen, aber dass sie gut geraten, darauf wird dort nicht gesehen. Ich glaube, da müssen sich die Frauen selbst darum kümmern. Eine Vernunftehe schließen, heißt in den meisten Fällen, alle seine Vernunft zusammen zunehmen, um die wahnsinnigste Handlung zu begehen, die ein Mensch begehen kann. Aus Liebe muss man heiraten, seinen Instinkt muss man sprechen lassen und dann muss man aus seiner Ehe ein Kunstwerk machen. Die Frauen, die ich geschaffen habe, haben es meistens fertig gebracht, zu einer richtigen Ehe zu gelangen, wie ich ja selbst auch. O, wie war das schön. Soweit die Erde Himmel sein kann, so weit ist sie es in einer glücklichen Ehe. Aber einfach ist das nicht. Da heißt es vor allem bei sich selbst die Fehler suchen, an sich selbst arbeiten, vor allem das fernhalten, was ich das Schädliche nenne: Kälte, Eitelkeit und Selbstsucht. Die kleinen Dinge sind es, die die Liebe töten. Die Liebe überwindet den Tod.

Aber es kommt vor, dass eine kleine üble Gewohnheit die Liebe überwindet. Dass das nicht geschieht, dafür haben die Frauen zu sorgen.«

»Warum verlangen Sie das alles von den Frauen und nicht von den Männern?« »Weil ich eine Frau bin und weiß, dass die Männer bei all ihrer ungeheuren geistigen Überlegenheit – als ich ein Kind war, wollte ich ein Shakespeare werden, aber seither habe ich es gelernt: keine Frau ist ein Shakespeare – dass also die Männer naiv sind wie die Kinder. Nur müssen natürlich die Frauen so aufrecht, so tapfer und so menschlich sein, wie meine Magd Bozena, mein Bürgermädchen Loti, meine Komtesse Paula.« »Sie machen wohl keine Standesunterschiede?« »O doch, wer unter günstigen Verhältnissen geboren ist oder ungerechterweise in besserer materieller Lage lebt als seine Mitmenschen, hat größere Verpflichtungen und eine weitergehende Verantwortlichkeit. Der Arbeiter soll seine Pflicht tun. Der Arbeitgeber soll mehr tun als seine Pflicht. Aber Arbeitgeber oder Arbeitnehmer, das braucht die Leute nicht voneinander zu trennen. Es gibt eine große Gleichmacherin, das ist die wahre Höflichkeit.

Durch sie werden alle Standesunterschiede aufgehoben.«

»Da Sie so viel von den Frauen halten, freut es Sie wohl, dass diese jetzt in der Welt was mitzureden haben?« »Natürlich freut mich das. Aber ich fürchte, sie werden fürs erste nur wenig ausrichten. Dann sind sie zu wenig selbständig im Denken. Nein, nein, im Gefolge der Männer werden die Frauen keine besonderen Fortschritte machen.

Nur wenn sie sich, weit entfernt von männlich tuender Emanzipation, ganz auf ihr weibliches Gefühl verließen, wenn sie sich bemühten, mit dem Herzen zu denken, dann könnten sie vielleicht den Männern in der gegenwärtigen Menschheitskrise mit einigen neuen Ideen und neuen Gesichtspunkten beistehen. Aber wo ist eine solche Frau? Und wenn sie da wäre, ich glaube, gerade sie hätte einen schweren Stand. Ich bleibe nämlich bei dem ketzerischen Ausspruch, den ich einmal in meiner Jugend getan habe: eine gescheite Frau hat Millionen geborener Feinde: alle dummen Männer.«

»Verdanken Sie diese Erkenntnis eigenen Erlebnissen?« »Ach nein. Mir ist es mit den Männern immer gut gegangen. Lesen Sie nur meine Kinderjahre, was habe ich doch für einen ausgezeichneten Vater gehabt. Und dann habe ich auch noch einen feinen Ehemann dazubekommen. Und an treuen Freunden hat es mir auch nicht gefehlt.« »Aber Otto Ludwig, der verständnislos die ersten Keime Ihrer Kunst vernichtete?« »Ach, das machte mir nichts. Wer in die Öffentlichkeit tritt, hat keine Nachsicht zu erwarten und keine zu fordern. Im Übrigen galt Otto Ludwigs Feldzug gegen mich nicht der Frau, sondern der Jugend, die ja von denen, die auf der Höhe des Lebens stehen, beinahe nie verstanden wird. In keinem Beruf ist Nachwuchs willkommen. Am wenigsten in der Literatur. Außerdem war ich meinem Erfolg selbst im Wege.

Ich zeigte einen übergroßen Eifer, der mich meiner Umwelt verdächtig erscheinen ließ. Ich klopfte an jedes Pförtchen, welches zu literarischem Ruhm führen kann; das haben die Menschen nicht gern, weil sie selbst eine platonische Liebe zur Tat haben. Sie wissen ja: ein Fauler und ein Fleißiger können nicht beisammen leben, der Faule verachtet den Fleißigen gar zu sehr.«

»War Ihnen der späte Erfolg schmerzlich?« »Nein, denn ich liebte meine Arbeit um ihrer selbst willen. Auch war ich früh schon zu einer Erkenntnis gelangt. Wer einmal die Quellen der Berühmtheit erforscht hat, der kennt auch die Gründe der Nichtberühmtheit und kann sich damit trösten, dass die Katzen keinen für eloquent halten, der nicht miauen kann. Bei den Hottentotten ist nicht einmal ein Napoleon berühmt. Da tat es meiner Selbstschätzung keinen Eintrag, in Österreich unberühmt zu sein. Im Gegenteil, ich verfügte immer über ein starkes Selbstbewusstsein, ohne deshalb meine Fehler zu verkennen. Um ein ganz großer Dichter zu werden, war ich zu vornehm geboren, in zu guten Verhältnissen aufgewachsen und zu wenig unterrichtet. Ich habe ja in meiner Jugend eine Komtessenerziehung genossen. Mein Geographielehrer sagte: man könnte am Nordpol wegen der Kälte und am Südpol wegen der Hitze nicht existieren. Und meine Gouvernante lehrte mich alle Blumen zu unterscheiden, indem sie sie in coucous jaunes, coucous bleus und coucous rouges einteilte. So kommt es, dass meine Bücher nicht mit jener geistigen Überlegenheit geschrieben sind, die mir von Natur aus eignet. Auch mag für euch hastiges Volk von heute mein Stil etwas zu weitläufig sein. Wir hatten damals viel Zeit und wenig Verkehrsmittel. Aber ein Dichter war ich doch, wenn ich auch nicht in alle Tiefen hinabgestiegen bin. Wenn man ein Seher ist, braucht man kein Beobachter zu sein. Ich bin sogar ein Naturalist, wenn es auch, als ich anfing, diesen Begriff noch nicht gab. Denn ich sah das Gute immer, auch im Auge des Verbrechers.«

»Was halten Sie für Ihr höchstes Glück?« »Dass ich im alten Österreich zu Hause war. Denken Sie, ich möchte gar nicht wo anders als in Zdislawitz in Mähren geboren und im Burgtheater in Wien erzogen sein! Ich möchte es auch nicht missen, dass ich dann mit meinem Mann, der Genieoffizier war, durch alle Garnisonen der Monarchie ziehen musste. Denn so habe ich gelernt, viele Vaterländer zu besitzen, viele Sprachen zu sprechen, im Dorf und Schloss mit Bauern, Arbeitern, Bürgern und Aristokraten zu verkehren. Der alte Spott, der Österreicher bestehe aus lauter Kompromissen, mir ist er zum Heil geworden. Er hat meine Welt erweitert. Wenn ich keine Österreicherin wäre, wäre ich keine Künstlerin. Österreich hat meine Bücher geschrieben. Sie finden darin die heitere Fruchtbarkeit der mährischen Hanna ebenso wie die hoffnungslose Melancholie der galizischen Tiefebene und den feurigen Rhythmus der Puszta. Meine Gedichte aber, wissen Sie, hat mir der linde musikalische Hauch vom Kahlenberg zugetragen. Kennen Sie mein Gedicht: ›Ein kleines Lied, wie geht's nur an, das man so lieb es haben kann? Was liegt darin? Erzähle! Es liegt darin ein wenig Klang, ein wenig Wohllaut und Gesang und eine ganze Seele.«

Was haben Sie in Ihrem Leben als Unglück empfunden?« »Keine Kinder zu besitzen. Ich habe zwar mich und meine Leidensgenossen mit dem Worte getröstet: Die Kinderlose hat die meisten Kinder, aber glauben Sie mir, das ist nur eine Redensart. Ich habe zwar mein Leben lang alle Enterbten, alle Missratenen und alle Leidenden als meine Kinder angesehen und dann habe ich ja auch viele Kinder geliebt, die ich in meinen Büchern geschaffen habe, vor allen Dingen den kleinen Pavel, das Gemeindekind. Aber eigene Kinder sind doch noch ganz was anderes.«

»Sind Sie mit den Fortschritten der heutigen Kindererziehung zufrieden?« »O ja, ich fand, dass schon während meiner Lebenszeit die Menschen in der Kinderbehandlung wesentlich weiterkamen. Sie gaben ihrem Körper und ihrem Geiste größere Freiheit und ich kann mir denken, dass es jetzt nicht mehr so schlimm ist, ein Kind zu sein, wie ehedem. Aber ich sage Ihnen, hüten Sie sich vor Rückschlägen! Die Moral, die gut genug war für unsere Väter, ist nicht gut genug für unsere Kinder. Aber ich sehe es ein, dass es schwer ist, in diesen Dingen vorwärts zu kommen, denn es gibt leider nicht sehr viele Eltern, deren Umgang für ihre Kinder wirklich ein Segen ist, und auch die Lehrer haben meistens einen Kapitalfehler: sie haben ihre Vergangenheit vergessen. Wer sich an seine eigene Kindheit nicht mehr deutlich erinnert, ist ein schlechter Erzieher. Ja, noch eines. Etwas gefällt mir nicht an der modernen Erziehung. Die Kinder werden nicht angehalten, alle Dinge so lange zu betrachten, bis sie ihnen ihre positiven und schönen Seiten abgeguckt haben. Sie sind mir zu kritisch. Vom ganzen Achilles sehen sie nur die Ferse.«

»Nur noch eine Frage: Sie wissen, dass alle Menschen sich jetzt so vor dem Alter fürchten. Fanden Sie es schlimm, zu altern?« »Ich bin gar nicht alt geworden. Man bleibt jung, solange man noch lernen, neue Gewohnheiten annehmen und Widerspruch ertragen kann. Lernen aber müssen wir immer, zuletzt auch noch sterben lernen.«

Ich erhob mich. »Wie lieb von Ihnen, dass Sie mir so viel Zeit geschenkt haben. Große Persönlichkeiten sind sonst nicht so leicht zugänglich.«

»Der Hochmut ist ein plebejisches Laster«, sagte sie und lächelte dabei. Als ich erwachte, fand ich mich vor meinem Schreibtisch. Ein verfrühter Frühlingssonnenstrahl schien auf das Buch, das vor mir lag. Darauf stand, wie auf Goldgrund gemalt: Marie Ebner-Eschenbach: Aphorismen.

Die Bühne, 3. 1936

SHAW UND DIE FRAUEN

Zu G. B. Shaws achtzigsten Geburtstag

Wie alle richtigen Männer hat Shaw keine besondere Vorliebe für seine Geschlechtsgenossen: sie langweilen ihn. Außerdem ist er ein Feind der gegenwärtigen Gesellschaft, und da es die Männer waren, die diese aufgebaut haben, macht er sie dafür verantwortlich. Sie haben die bisherigen Kriege veranstaltet, sie haben die törichten Friedensverträge geschlossen, sie sind es, die eine höchst anfechtbare Gerichtsbarkeit unterhalten; ihr Werk ist unsere unverständige und unökonomische Produktion, unsere falsche Moral. Und alles haben die Männer ganz ohne Mitwirkung der Frauen besorgt. Deshalb setzt Shaw alle seine Hoffnung auf die Frauen. Da es ihre Aufgabe ist, das Leben hervorzubringen, hofft er, dass es ihnen heilig sein wird. Da sie erdgebunden sind, glaubt er, sie wären naturnahe. Da sie unverbildet sind, hofft er auf ihren Naturverstand. Vor allen Dingen aber meint er, dass die Frau, die von der Natur immer wieder an ihre Unzulänglichkeit gemahnt und von der Gesellschaft niedergehalten wird, niemals jenen Grad von Feierlichkeit erreichen kann, den Shaw so hasst, weil er die Welt so öde macht.

Wie Shaw die Frauen wünscht? Viele seiner Heldinnen sind die Antwort auf diese Frage. Drei vor allem: Candida, Cicely und Johanna. So verschieden sie sind, Shaw liebt sie alle drei und häuft alles, was er an Kleinodien besitzt, um sie herum. Candida ist die Frau voll mütterlicher Nachsicht: ein Gesicht von klaren Verhältnissen, eine heitere Stirne und mutige Augen. Vielleicht hat sie ein trauriges Herz, aber das lässt sie sich nicht merken. Geduld und Güte zeichnen sie aus, und so ist sie in ihrer werktätigen Liebesfülle sowohl dem predigenden Gatten als auch dem dichtenden jungen Verehrer überlegen. Wenn sie einen ebenbürtigen Partner hätte, so könnte sie aus ihrer Ehe ein Kunstwerk machen. Aber hier beginnt der Konflikt. Sie kann keinen solchen brauchen. Es entspricht ihrer Natur, gerade den zu wählen, der ihres Schutzes bedarf, für den sie arbeiten muss. Einen Erwachsenen, der doch ein Kind ist, wie die Kinder, die sie Welt gebracht hat. Die Schwäche des Gatten erzeugt ihre Stärke. Die Trostlosigkeit der Umwelt lässt ihre Heiterkeit erwachsen. Sie ist hellseherisch. Durch die Lappen von Abstraktion und Selbstgefälligkeit, in die ihr Mann gehüllt ist, blickt sie zärtlich in seine wertvolle Seele. Alles andere verschmähend, baut sie ihm ein Schloss von Behaglichkeit, welches auf den goldenen Säulen ihrer Einsicht und Nachsicht ruht. Jetzt hat sie ihre Lebensaufgabe gefunden: ihr ganzes Dasein lang wird sie wird sie als Schildwache vor diesem Schloss stehen.

Anders Lady Cicely. Auf den ersten Blick nichts als eine liebenswürdige, wohnliche Frau mittleren Alters. Welch' eine wunderbare Lebensgefährtin könnte sie sein! Aber das ist die Rolle, die sie nicht mag, obgleich ihr Herz so leicht bewegt ist, wie eine Wasserfläche, wenn ein sanfter Wind darüber streicht. Sie will keinen Gatten, weil sie fühlt, dass ihre Menschenliebe für einen einzigen zu viel wäre. Auch könnte sie keine Ehe schaffen, weil es ihr an jener Behutsamkeit fehlt, die zum Aufbau dieses Kartenhauses notwendig ist. Sie fühlt die Begrenztheit des menschlichen Daseins und wählt infolgedessen das abgekürzte Verfahren. Wenn sie einen Menschen kennenlernt, so beginnt sie ihre Bekanntschaft dort, wo Männer erst nach dreißig Jahren zu stehen pflegen. Aufrichtigkeit hält sie für den Gipfel guter Manieren, eine Ansicht, die sie in der Ehe wahrscheinlich nicht leicht durchsetzen könnte.

Für jede komplizierte Sache hat sie eine einfache Erklärung. Zu einfach, um von Männern verstanden zu werden. Man sagt ihr, die Eingeborenen Afrikas seien gefährlich. »Warum«, fragt sie teilnahmsvoll, »hat irgendein Forscher etwa auf sie geschossen?« Sie hat ihrerseits die Erfahrung gemacht, dass Kannibalen reizend sind, wenn man sie artig mit »How do you do« anspricht. Könige wilder Volksstämme, sagt sie, hätten sie sogar immer heiraten wollen. Sie ist ehescheu, aber sie weiß, wie man Männer fesselt.

Sie wendet sich einfach an den kleinen Jungen, der in jedem Mann steckt. Sie lobt ihn, tadelt ihn, muntert ihn auf, zwingt ihn, zu baden, pflegt ihn, wenn er verwundet ist, flickt seine Kleider und sorgt für seine Nahrung.

Seinen Rang und sein Kommando nimmt sie einfach nicht zur Kenntnis. Auf dem fremden Schiff ändert sie im Interesse der Hygiene die Schlafordnung der Heizer. Sie hat nicht den blassesten Schimmer von Verständnis für das, was man männliche Würde nennt. Den Unterschied zwischen vornehm und gering lässt sie nicht gelten: sie weiß wichtigere Unterschiede. Ein Untergeordneter will sich auf einen gesellschaftlich Höhergestellten stürzen. »Was fällt Ihnen ein«, ruft sie, »Sie sind doch jung, da können Sie doch einem alten Mann nicht etwas tun.«

Alle Dinge, die geschehen, führt sie auf die einfachste Formel zurück. Der englische Richter und der Seeräuber Brassbound sind natürliche Todfeinde. Nichts kann sie versöhnen. Cicely weiß den Grund. »Natürlich sind sie Feinde«, sagt sie, »sie sind ja Onkel und Neffe.« Brassbound klagt den Richter der schwersten Vergehen an. Cicely gibt alles zu. »Aber«, sagt sie erklärend, wenn man einen Menschen hernimmt und ihm jährlich fünftausend Pfund dafür bezahlt, damit er böse sei, so kann er doch nicht anders.« Alles, was sie sagt, klingt scherzhaft, beinahe platt vernünftig. Man hat das Gefühl, dass sie alle tiefe Weisheit respektvoll den Männern überlässt. Aber hie und da verrät sie sich. Wenn sie sagt: »Als ob jemals irgendjemand die ganze Wahrheit über irgendetwas wüsste!« Da spürt man plötzlich, dass sie klüger ist als ihre Umgebung, und welche Mühe es ihr macht, das zu verbergen.

Erst dann lässt sie sich ihren Verstand merken, wenn der Ernst des Lebens beginnt, wenn sich der Kampf zwischen dunklen Leidenschaften und trivialen Interessen zuspitzt. Denn es ist ihre kluge Güte, die alles ins Reine bringt

Candida und Cicely sind Shaw sympathisch. Johanna aber ist seine große Leidenschaft. Er, der Heldenzerstörer, für den die Worte Held, Heldentod und Heldenverehrung einen operettenhaften Klang haben, er, der Napoleon und Cäsar klein sieht, er hat doch einen Helden: das siebzehnjährige Landmädchen Johanna. Der Genius, der seiner Epoche vorauseilt, der eine idiotische Zeit und ihre Vertreter gegen ihren Willen rettet, von der Meute dafür verkannt und vernichtet wird, also der wahrhaft tragische Held, der um seiner höheren Antriebe willen in den Tod gehen muss, ist ein kleines Mädchen. Cäsar und Napoleon, meint Shaw, hätten auch anders können. Johanna aber lebt und stirbt, wie sie muss. Sie hört nicht auf die Stimmen der Welt, nur auf ihrer eigenen Seele Flüstern. Ihr Gefühl für das Vaterland und den Dauphin ist umso stärker und reiner, als diese beiden Gegenstände ihres Gefühls unwürdig sind. Ihre Kraft beruht darauf, dass sie alles Gute für möglich, ja für selbstverständlich hält. Sie kann sich nicht vorstellen, dass jemand das Rechte nicht will, das Verständige nicht versteht. Sie verlangt Unmögliches, sie erreicht alles und muss es bezahlen. Mit dem Leben. Denn nie gestattet die Welt, dass man sie ihrer Dummheit überführe.

G. B. Shaw hat eine Reihe wunderbarer und doch erreichbarer Frauenbilder vor uns aufgestellt. Wir haben uns an ihren Anblick gewöhnt. Ohne es zu wissen, leben wir ihnen nach. Schon jetzt trifft man Frauen, die wirken, als wären sie von Shaw erfunden. Und das ist gut so. Denn unsere Zeit braucht nur solche Frauen, die ein Genie des gesunden Menschenverstandes zum Vater haben.

Die Bühne, 7. 1936

GAGNER SA VIE

Um sechs Uhr morgens schon weckt mich der Pariser Straßenlärm. Aha Paris! Denkt man im Erwachen und ist gar nicht so gereizt wie sonst, wenn man aus dem Schlafe geweckt wird. Denn hier gibt es keinen Gegner. So unglaubwürdig das klingen mag: in Paris macht niemand absichtlich Lärm. Die Symphonie von Geräuschen ist dadurch herbeigeführt, dass große menschliche Freiheit herrscht, dass alle Menschen wirklich leben, herzhaft reden und sich energisch bewegen. Die Dominante aber ist ein Lachen, welches nur in Paris gelacht wird und sonst nur von Schulkindern in der Pause.

Wir haben alle gelernt, dass der Mensch eines Tages dazu verflucht wurde, im Schweiße seines Angesichts Brot zu fabrizieren und zu verzehren. Die Pariser haben diesen Fluch durch ihre Auffassung von Arbeit ins gerade Gegenteil verwandelt. Kaum irgendwo tritt einem die Liebe zum Beruf, das Glück des Schaffens, die Freude am Erfolg so naiv und so überzeugend entgegen wie da.

Kaum bin ich in dem Zimmer, des kleinen Familienhotels in den Champs-Elysées völlig erwacht, klopft es schon an meine Tür. Monsieur Louis der Hausdiener, fragt, ob ich Tee haben will. Er und seine junge Frau, die reizende Francine, haben die ganze Hausarbeit – es wohnen mindestens fünfzig Menschen im Hause – ganz allein zu besorgen. Bis acht Uhr morgens arbeiten sie lautlos. Dann aber ist der Bann gebrochen, da summt es bald auf der Treppe, die sie miteinander kehren, bald aus irgendeinem Zimmer heraus, das sie aufräumen: »Trois jeunes tambours s'en revenant de guerre.« Nie verlieren sie die Singstimme und nie die Geduld. Ich wohne im dritten Stock und werde unaufhörlich ans Telefon gerufen, welches sich im Parterre befindet. Sie holen mich zehnmal in einer Stunde, immer lächelnd, höchstens mit einem Bedauern für mich, dass ich so viel gestört werde. Ich schreibe nämlich Briefe, und sie haben von jeder auch nur scheinbar geistigen Betätigung einen Riesenrespekt. Dazwischen putzen sie unter unaufhörlichem Geplauder unzählige Stiefel. Alles geschieht mit regem Interesse, mit natürlicher Würde, mit einem Gefühl für die Notwendigkeit der

Arbeitsteilung, selbstverständlich auch ohne sich herabgesetzt zu fühlen. »Haben Sie nicht zu viel zu tun?« frage ich. »Oh ja, sehr viel; mais ca fait rien, il faut gagner sa vie.«

Dann komme ich, zum Ausgehen bereit nach unten Madame la Patronne, nicht mehr ganz jung, empfängt mich doch mit der verblüffenden Frische einer Französin, die ein Geschäft betreibt. Sie ist hellwach, obgleich sie noch um drei Uhr morgens dem letzten Gaste, der den Hausschlüssel vergessen hatte, die Tür geöffnet hat. Beim Anblick meines Kleides, welches aus Wien stammt und vier Jahre alt ist, bricht sie in lichtes Entzücken aus. Sie findet es très chic et tout parisien. Dann erzählt sie mir in fabelhafter Geschwindigkeit alles, was in der Pension gestern nachmittags passiert ist, was Francine gesagt, was die Caissière geantwortet hat. Dann fragt sie mich, ob es in Malaison schön war und berichtet mir mit großer innerer Anteilnahme, welche telefonischen Botschaften für mich hinterlassen worden sind.

Ich gehe um die Ecke zur Plätterin. Die hat meine reisezerdrückten Kleider wunderschön wieder hergerichtet. Ich trete ein, um die Rechnung zu zahlen. Aber das ist nicht so einfach. Man verwickelt mich in ein Gespräch, wie in Paris überall. Denn, wie allen Leuten, die viel zu tun haben, bleibt den Parisern kolossal viel Zeit übrig. Der Gegenstand des Gespräches ist bei Madame Renée ihr Beruf. Ich erfahre, dass es nichts Schöneres auf Erden gibt als »repasser«. Allerdings müsse man es auch wirklich können. Sie, Madame Renée, sei eine Meisterin. Aber das sei nicht ihr Verdienst. Sie erzählt mit Stolz, schon ihre Mutter und ihre Großmutter wären Repasseusen gewesen. »Ach«, sagt sie, »wenn so der Stoff unter dem Bügeleisen allmählich glatt wird, »ein größeres Vergnügen gibt es nicht. Nicht einmal Tanzen auf der Straße am vierzehnten Juli.« Sie lächelt genießerisch.

Ich trete meinen Vormittagsspaziergang an. An der Seine mache ich bei einem Antiquar halt, der mir bekannt vorkommt. Sicher bin ich ihm schon einmal bei Anatole France begegnet. Dieser Mann schwelgt in seiner Arbeit. Die Beschäftigung mit Büchern ist ihm so lieb, dass er vergessen hat, zu sterben. Den Käufer schätzt er etwas gering. Merkt er aber, dass er es mit einem Bücherwurm zu tun hat, wird er so animiert, wie eine Mutter, wenn man ihre Tochter engagiert.

Er nennt den Autor, den Verlag, die Jahreszahl mit einer Stimme, die streichelt.

Mit Freunden treffe ich zum Mittagessen bei »Le chef Depaul« zusammen. Der ist ein Künstler. Der kocht nicht etwa, damit irgendwelche Leute satt werden, sondern damit die platonische Idee eines in seiner Seele seit Urzeiten lebenden Gerichtes endlich zur Erfüllung gelange. Unendlich umständlich stellt er das Menu zusammen, wobei er sich mit dem Herrn kameradschaftlich, mit der Dame galant berät. Zuletzt aber bestellt man doch nur das, was er will. Also Kalbsniere. Nie hätte ich gedacht, dass ein so bescheidenes Gericht einen solchen Apparat erfordern könnte! Mit weihepriesterlichen Mienen werden seltsame Gerätschaften herbeigetragen, unzählige Flaschen werden herbeigeschafft. Dann beginnt das Rituale der Zubereitung. Gerührt – belustigt – sieht man dem Treiben zu. So mag Spinoza ausgesehen haben, wenn er seine tiefsten Gedanken niederschrieb, so entschlossen und so verantwortungsbewusst. Noch eine Spur Likör, noch ein Prischen Pfeffer, noch ein Tröpfchen Kognak, und immer noch etwas und noch etwas. Der ganze Raum ist von gespannter Aufmerksamkeit, von Künstlerfreude und Künstlerehrgeiz erfüllt. Nur einmal unterbricht er sich und blickt nach dem Rosenstrauß hin, der neben mir liegt. »Welch wunderschöner Duft«, sagt er. »Eine angenehme Abwechslung nach den Speisengerüchen.« Aber, ich glaube, er sagt das nur aus Ritterlichkeit, denn der Duft der von ihm bereiteten Speisen scheint ihm mindestens so süß, wie der Geruch von Junirosen. Jetzt ist die Speise fertig. Eine napoleonische Handbewegung an den Servierkellner: sie steht vor uns. Man hat das Gefühl, als gelte es, eine Prüfung zu bestehen, ob man wohl würdig sei, von dieser Speise zu kosten. Wir fühlen, dass hier etwas Besonderes gesagt werden muss, zu Lob und Dank. Ich esse mir der trüben, dumpfen Versonnenheit des Menschen, der eine Tischrede zu halten im Begriffe steht. Dann nehme ich mein ganzes Französisch zusammen: »Solche Kalbsnieren hat nicht einmal der selige Sardanapal bekommen!« Der Chef lächelt herablassend: Ja, damals sei man eben noch nicht so weit gewesen.

Nachmittags bei der Modistin. Eine Pariser Freundin hat gefunden, ich könnte keine Stunde länger in meinem vorjährigen Hut in Paris spazieren gehen und führt mich zu ihrer Hutkünstlerin. »Ich bitte um ihren einfachsten und bescheidensten Hut«, sage ich. »Gern«, sagte die schöne Madame Susanne mit den stahlgrauen Locken, voll Leben, Farbe und Bewegung. Sie ist ganz bei der Sache, als ob es auf der Welt nichts Wichtigeres gäbe, als eben meinen neuen Hut. »Aber, bevor wir den auswählen, möchte ich noch Verschiedenes an Ihnen probieren«, sagt sie. »ich habe den Wunsch, Ihren Stil herauszufinden.« Sie holt kostbare Brokate und Samte, Blumen und Agraffen und verkleidet mich bald in einen römischen Kaiser, bald in einen Abruzzenräuber, bald in eine ukrainische Braut; sie probiert mit einem Wort, was aus mir zu machen wäre. Sie kost die Stoffe, sie streichelt zärtlich über meine Haare, sie verharrt minutenlang bewundernd vor ihrem Werk, obgleich sie genau weiß, dass ich den Turban und die Mitra nicht kaufen werde. Endlich bitte ich um den Hut, den ich brauche. Den hat sie nicht, will ihn aber anfertigen. Denn nichts von den Gebilden, die fertig sind, scheint ihr für mich zu passen. So oft ich mich, um der Sache ein Ende zu machen, zu irgendeinem entschließen will, sagt sie energisch: »Nein!« Endlich holt sie die verschiedenartigsten Materialien herbei; meinem Kopf wird Maß genommen. Morgens soll ich zur ersten Anprobe kommen. Dann setzte ich meinen alten, schwarzen Deckel auf und will gehen. Madame Susanne bleibt sprachlos vor Entsetzen stehen. »Wohin geht Madame?« fragt sie. Ich nenne einen berühmten Pariser Salon, wo man Musik macht. »Ich bin zum Tee eingeladen.« »Aber doch nicht mit diesem Hut?« »Ich werde ihn abnehmen!« Bei diesem Gedanken erstarrt Madame Susanne zu Eis. Das ist blasphemisch, hier gilt es zu handeln. Schaudernd entreißt sie mir meine Kopfbedeckung, verschwindet und kehrt im Nu mit einem kleinen Wunder an Eleganz zurück. »So«, sagt sie, »den Hut leihe ich Ihnen, bis der Ihre fertig wird.« Aber noch darf ich nicht gehen. »Ein wunderschönes Kleid, das Sie da anhaben«, sagt sie. Ich erschrecke. Jetzt kommt was. Jede Belehrung fängt nämlich in Paris mit einem Kompliment an: »Aber das Kleid wirkt ein bisschen streng. Zu dem dunklen Lila wird ein kleines weißes Krägelchen, so ein Pariser Nichts gut stehen. Hier in der Straße gibt es ein Geschäft, wo sie entzückende Sachen machen. Ich will Sie dorthin empfehlen.«

Bis ich nach Paris kam, habe ich immer geglaubt, Gagner sa vie« hieße: seinen Unterhalt verdienen. Jetzt weiß ich, es heißt: das Leben gewinnen.

Die Bühne, 1937

HOTEL IN SPANIEN

Wie wäre doch die Geschichte der Völker bunt und aufschlussreich, wenn wir nicht in der Schule von der sieben römischen Königen, die es bekanntlich gar nicht gegeben hat, hätten lernen müssen, nichts von Kriegen, Herrenübergriffen und Sklavenaufständen, sondern, wenn man uns lieber Frauentagebücher, Frauenbriefe, Küchen- und Waschzettel als Quellen erschlossen hätte. Leider hatten in der alten Zeit die Frauen nur selten Mut, zu schreiben, was ihnen einfiel und was sie erlebten. Nur die freimütige Lieselotte von der Pfalz, die prachtvoll lebensstarke Mutter Goethe und die geistreiche Madame de Sévigné taten es und errangen so unsterblichen Ruhm. Leider geschieht es auch in unserer Zeit nicht allzu häufig, dass Frauen ungeschminkte, überzeugende Lebensberichte schreiben.

Manchmal aber fasst sich ein weibliches Wesen doch einen frischen Mut, geht hin und schreibt kunstlos und heiter auf, was ihr des Aufzeichnens wert erscheint. Und da geschieht etwas Unerwartetes: der Leser unserer Zeit, an das Krasseste, Sensationelle gewöhnt, liest zuerst abwartend, dann amüsiert und zuletzt verzaubert. Es schläft eben wirklich in allen Dingen des Alltags ein Lied, und wer es versteht, dieses zum Klingen zu bringen, dem lauschen die Menschen erfreut. So auch der jungen irischen Journalistin Nancy Johnstone, die in ihrem Buch »Hotel Span« (Faber u Faber, London) erzählt was passiert, als sie und ihre Gatte Archibald, ein schottischer Journalist, auf die abstruse Idee kamen, ein Hotel in Spanien zu errichten.

An der Costa Brava, zwischen Barcelona und der französischen Grenze liegt der Ort Tossa. Dort sucht und fand das junge Ehepaar vor einigen Jahren, nach schwerer journalistischer Arbeit, rein durch Zufall, seine Ferienwohnung. Helles Entzücken ergriff sie über die Unberührtheit von Land und Leuten. »Hier sollte man bleiben!« dachten sie, und wie im Märchen kam ihnen schon in den nächsten Tagen unerwartet eine kleine Erbschaft zu, zu klein, um in England davon zu leben, aber groß genug, um in Tossa damit ein Hotel zu bauen. Für ihr neues Gewerbe brachten die jungen Leute außer ein wenig Geld auch noch anderes mit: die vollkommenste Sprachunkenntnis, einen geradezu staunenswerten Mangel an Erfahrung und eine nebulose Vorstellung von Spanien und den Spaniern. Sie kamen aus dem Staunen nicht heraus. Schon der Ankauf des Baugrundes war ein Mysterium. Niemand darf merken, dass man etwas kaufen will. Dann kann man es eventuell erwerben. Alles was geschieht, ist überraschend. Der Besitzer des bestehenden Hotels, in dem sie als Gäste gewohnt hatten, begrüßt ihren Entschluss, seine Konkurrenz zu werden, mit echt katalanischem, charmantem Jubel. Täglich merken sie auf neue, hier kann man viel Freundlichkeit erfahren, hier kann man viel geschenkt bekommen, nur kaufen, ist schwer. Katalanen verkaufen ungern zögernd, und pflegen mit Vorliebe den Laden vis-avis zu empfehlen. Sie sind weder geldgierig noch arbeitsgierig. Will Nancy, dass die Arbeiter beim Hausbau Überstunden machen, so muss sie sie mit Tränen in den Augen darum bitten; Frauentränen kann kein Katalane widerstehen. So kommen die Arbeiter, wirklich zwei Stunden früher als sonst, weil sie es versprochen haben, aber die Arbeit fängt nicht eine Minute früher an als sonst. Die Tradition ist stärker als die Galanterie.

Zwei Dinge helfen Nancy, mit den ihre fremden Menschen von Tossa auszukommen: sie ist kein Snob, und sie hat Humor. Aber sogar dieser versagt manchmal; zum Beispiel bei der katalanischen Gewohnheit, ein Haus erst einmal aufzubauen und wieder einzureißen, weil man vergessen hat, die Leitungsdrähte zu legen. Auch mit der fatalen Eigentümlichkeit, ein Haus erst oben fertigzustellen, wenn man noch keine Treppe und keinen Eingang hat, kann sie sich nicht befreunden. Dass die Bevölkerung keinen Tropfen Regen vertragen kann, macht die wettergewohnte Engländerin nervös, und über das Zähne ziehen in Barcelona weiß sie viel zu erzählen. Ihr muss ein Zahn gezogen Das ganze Hospital stürzt sich auf sie, wie auf eine Botin des Himmels. Man hat nämlich einen neuen Operationssaal und will ihn einweihen. Aus unerfindlichen Gründen findet die ganze Sache um zwei Uhr morgens statt. Obgleich Nancy vollkommen gesund ist, wird sie auf einer Bahre gelegt und wie ein Leichnam davongerollt, zum Entsetzen ihres Gatten. Sie hat gerade noch so viel Geistesgegenwart, um ihm zuzuwinken, zum Zeichen, dass sie nicht tot ist. Gute Menschen. Ihr »Nein«, sagt Nancy, klingt so freundlich wie unser »Ja«. Sie liebt ihre Volksgesänge, ihre Trachten, ihre Atmosphäre. Alle Engländer, die zu ihr kommen, verbrüdern sich mit den Eingeborenen. Plötzlich sagt der ganze Ort Cheerio!

Mit dem englischen Publikum geht sie nicht so sanft um wie mit den eingeborenen Spaniern. Schon der Prospekt des Hotels ist so verfasst, dass er viele abschrecken muss. Er stellt indiskrete Fragen: »Lieben Sie Melonenhüte, servile Diener, organisierte Vergnügungen, Tapioca in der Suppe? Wenn Sie das tun, dann leben Sie diesen Prospekt sogleich beiseite.«

Trotzdem oder deshalb kommen die Gäste in Scharen.

Natürlich ist in solch einem Hause das Personal die Hauptsache. Und das wäre ja auch gut genug, denn Isabel, enorm fett und enorm tüchtig, ist der Traum einer Köchin, und das Stubenmädchen Quimeta ist einfach entzückend. Aber die verständigt man sich mit ihnen? Wo ist der Mittler? Er findet sich. In Tossa lebt ein Junge, der Hotelfachmann ist. Man erzählt Nancy, er hätte eine Stelle mit wenig Gehalt, aber dafür mit Familienanschluss. Da trägt sie ihm an, zu ihnen zu kommen und gibt ihm das Versprechen, ihn nicht als Familienmitglied zu betrachten, worauf er mit tausend Freunden zusagt.

Fortan ist die Gestalt, auf die alles Licht sich konzentriert, dieser rettende Engel Nancys, der junge Walter Leonard. Sie nennt ihn so in ihrem Buch, weil er wirklich so heißt. Ein reizender deutsche Junge, von bester Erziehung, in der Lausanner Hotelfachschule ausgebildet, vorurteilslos, menschenfreundlich und von Herzen gut, wird er die Seele des Hotels in Spanien. Er lernt alles, er kann alles, er macht alles, er versteht alles, vor allen Dingen die Kunst, mit verkehren, ohne Klassenunterschiede, aber dafür in sechs Sprachen. Deshalb reagieren die Menschen mit Freude auf sein schwarzes Haar, sein liebes, sonnengebräuntes Gesicht, seine lichtgrauen, ernsten Augen und seinen lachenden Mund. Die Gäste überschütten Nancy mit Fragen nach Leon, wie er abgekürzt genannt wird. So dass Nancy beschließt, statt antworten zu müssen, ein Plakat machen zu lassen, auf dem stehen soll: »Ja, er ist a charming boy! Ja er sieht ganz wie ein Spanier aus; Nein, er ist ein Deutscher: Nein, man kann ihm kein Trinkgeld geben. Wo wir ihn gefunden haben? Im Schilfrohr.« Ebenso groß ist sein Erfolg bei den Dienstleuten. In jeder Notlage rufen sie Leon herbei. Besonders wenn ein Konflikt mit der Herrin entstanden ist. Einmal haben die Mädchen Kaffeebohnen in den Ausguss geworfen. Nancy sagt mit vor Zorn bebenden Augen: »Ich könnte sie ermorden!« Leon übersetze ins Spanische: »Madame ist tieftraurig über eure Unachtsamkeit.« Ein andermal sagt Leon: »Madame ist wütend über euer Versehen.« Nancy, die kein Wort versteht, lächelt süß zu seinem Ausbruch. Darauf Leon deutsch: »Um Gottes Willen, sei doch wütend!« Sie gehorcht und ist wütend.

So nimmt die Idylle ihren Fortgang. Sanft und menschenwürdig fließt das Dasein dahin. Den Höhepunkt dieser Existenz bildet ein Konzert von Lotte Leonhard, die Leons Mutter ist. Wie da die Sängerin, gewohnt, in den glänzendsten Sälen Europas und Amerikas mit Bruno Walter und Mengelberg zu musizieren, in einem Raum konzertiert, der mit Büscheln orangefarbener Maiskolben, Schnüren scharlachroter Tomaten und glänzender Zwiebeln ausgeschmückt ist, mit einem unbekannten Begleiter, auf einem elenden Klapperkasten, ist höchst amüsant zu lesen. Alle Zuhörer, Kinder, alte Frauen, Fischer, Obsthändler, berühmte Maler, Schriftsteller, Journalisten sind angewiesen worden, Stühle mitzubringen. Viele aber ziehen es vor auf Nuss- und Bohnensäcken sitzend, dem herrlichen Vortrag von Bach-Arien und Schubert-Liedern zu lauschen. Nancy sagt: »Wenn man seine Mutter singen hört, versteht man, warum Leon so reizend ist.« Kurz darauf, eines traurigen Tages ist Spanien kein Idyll mehr. Zwar dringt der Kriegslärm noch nicht bis Tossa, die gute Laune, der Glaube an die Sicherheit des Lebens schwindet. Nancy ist sehr traurig. Aber sie versucht, sich zu trösten: »So lernen wir wenigstens leben, wie echte Tossaleute.« Wenn man das Buch liest, hat man den heißen Wunsch, es möge Nancy und den Tossaleuten bald der Friede gegönnt sein, den sie und Spanien verdienen und den wir alle so heiß ersehnen.

Neues Wiener Tagblatt, 11. 3. 1938